Hunde der Welt

HUNDE DER WELT

EIN LEICHT VERSTÄNDLICHES, REICH BEBILDERTES NACHSCHLAGEWERK
ÜBER ALLE RASSEHUNDE DER WELT MIT WERTVOLLEN PRAKTISCHEN
INFORMATIONEN ÜBER ZUCHT, AUSBILDUNG, PFLEGE UND AUSSTELLUNGEN

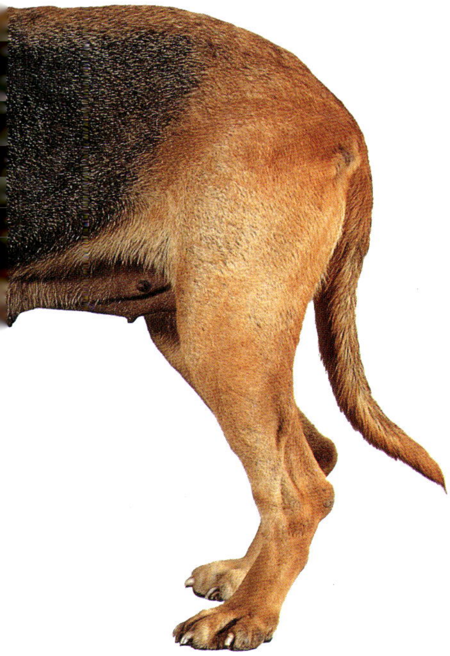

KÖNEMANN

This book was designed and produced by
Quarto Publishing plc
The Old Brewery
6 Blundell Street
London N7 9BH

Original title: The Illustrated Encyclopedia of Dog Breeds

Senior Editors: Cathy Meeus and Ellen Sarewitz
Senior Art Editor: Penny Cobb
Designer: Karen Skånberg
Photographer: Paul Forrester
Picture Researcher: Susannah Jayes
Picture Manager: Giulia Hetherington
Art Director: Moira Clinch
Editorial Director: Sophie Collins

© 1996 für die deutsche Ausgabe
Könemann Verlagsgesellschaft mbH
Bonner Str. 126, D–50968 Köln
Redaktion und Satz der deutschen Ausgabe:
Königsdorfer Verlagsbüro, Frechen
Übersetzung aus dem Englischen: Helmut Mennicken,
Hamburg; Simone Wiemken, Hamburg
Druck und Bindung: Sing Cheong Printing Co., Ltd.
Printed in Hong Kong
ISBN 3–89508–162–0

INHALT

GESCHICHTE UND URSPRUNG

Vor dem Kauf eines Hundes sollte man Informationen über die verschiedenen Rassen sammeln; nur so kann man den passenden Hund auswählen. Das betrifft nicht nur Aussehen und Größe, sondern auch Charakter und Temperament. Nur ein Hund, der zu seinem Menschen paßt, kann die in ihn gesetzten Erwartungen erfüllen.

Wer einen Hund kauft, geht eine jahrelange Verpflichtung ein. Man sollte nicht vergessen, daß manche Rassen 17 Jahre und älter werden können. Die durchschnittliche Lebenserwartung eines Hundes liegt bei zwölf Jahren, in denen er gefüttert, ausgeführt und gepflegt werden will, in denen er aufgrund von Krankheiten oder Verletzungen tierärztliche Hilfe brauchen könnte, und in denen sein Besitzer jedesmal, wenn er länger als ein paar Stunden außer Haus ist, sicherstellen muß, daß für ihn gesorgt ist. Außerdem sollte jeder Hundebesitzer ein Testament machen. Für den Fall, daß der Hund seinen Herrn überlebt, müssen darin eindeutige Anweisungen stehen – ob er ans Tierheim abgegeben werden oder ob er in den Besitz eines namentlich genannten Verwandten übergehen soll.

Eine langjährige Verpflichtung

Es gibt nicht viele Hundebesitzer, die so verantwortungsvoll sind. Das bedeutet nicht zwangsläufig, daß sie ihre Hunde nicht lieben oder sie schlecht behandeln. Wahrscheinlicher ist, daß sie beim Kauf ihres Hundes davon ausgehen, daß Bedürfnisse und Temperament bei allen Hunden gleich sind, und meist achten sie nur darauf, daß der Hund groß und gefährlich oder klein und niedlich aussieht. Es gibt aber eine ganze Reihe von großen Hunden, die in Wirklichkeit echte »Softies« sind, und auch nicht wenige kleine Rassen,

Ein geliebter und gepflegter Hund wird die Zuneigung seines Besitzers ein Leben lang erwidern.

Um ein Gefühl für die Psychologie des Hundes zu bekommen, beobachtet man am besten Welpen.

Hunde leben im Rudel und fühlen sich nur in einer festgelegten Rangordnung sicher. Bereits im Alter von vier bis fünf Wochen sieht man deutlich, welcher Welpe der Ranghöchste ist. Er ist der erste, der trinken darf, er fordert die anderen zum Spiel auf und ist auch der erste, der die Wurfkiste verläßt.

Wenn der Welpe die Gemeinschaft der Geschwister verläßt, bekommt er ein neues Rudel, das aus allen – menschlichen und tierischen – Bewohnern seines neuen Heims besteht. Hier fühlt er sich erst wieder heimisch, wenn er die neue Umgebung kennt und weiß, welche Stellung er in seinem neuen Rudel hat. Dies ist der Zeitpunkt, an dem der neue Besitzer die Position des Rudelführers einnehmen muß.

Hundesprache

Mit zunehmendem Alter wird der Hund ein ganzes Repertoire an Verhaltens- und Ausdrucksweisen entwickeln. Ein selbstsicherer Hund teilt den Artgenossen seine aggressionslose Dominanz durch seine aufrechte Haltung, die gespitzten Ohren und den hochstehenden Schwanz mit. Ein unterlegener Hund wird auf dieses Signal hin den Schwanz senken, die Ohren anlegen und vielleicht den Kopf zur Seite drehen, um dem Blickkontakt auszuweichen. Wenn er sich vollends unterwirft, legt er sich sogar auf den Rücken.

die für ihre Reizbarkeit berüchtigt sind. Nur wer die Merkmale der verschiedenen Rassen gründlich studiert, kann eine fundierte Entscheidung treffen, welche in die engere Wahl zu ziehen sind.

Wer kein eigenes Haus hat, muß vor dem Kauf außerdem abklären, ob der Vermieter die Hundehaltung erlaubt. Die meisten Mietverträge verbieten das Halten von Haustieren ohne ausdrückliche Genehmigung des Hausbesitzers.

Der therapeutische Wert von Hunden ist unbestritten – Kinder- und Seniorenheime halten Hunde, sie werden als Trostspender in Krankenhäusern eingesetzt und als Hörhunde für Taube. Gleichzeitig aber werden die Gesetze, die die Haltung von Hunden betreffen, immer strenger, und in einigen Teilen der USA sind bestimmte Rassen bereits verboten worden. In den einzelnen Bundesstaaten gelten unterschiedliche Gesetze.

In New York etwa ist es bei Strafe verboten, die Ausscheidungen seines Hundes liegenzulassen; in anderen Teilen Amerikas gibt es ein Gesetz, das vorschreibt, wie viele Hunde ein Halter maximal haben darf.

Wer glaubt, daß eine solche Reglementierung unnötig sei, sollte nicht vergessen, daß in Amerika pro Stunde bis zu 10 000 Katzen und Hunde geboren werden, und daß jedes Jahr 200 000 dieser Tiere beim amerikanischen Tierschutzverein landen. Allein aus diesem Grund ist es von entscheidender Bedeutung, von Anfang an den richtigen Hund auszuwählen, damit Mensch und Tier eine glückliche, dauerhafte Partnerschaft eingehen können.

Miacis   *Tomarctus*

Die ersten Hunde

Canidae, die Raubtierfamilie, von der Hunde und Wölfe abstammen, entwickelte sich vor etwa 60 Millionen Jahren aus prähistorischen Säugetieren. Generell gilt Cynodictis, ein merkwürdig aussehendes Tier mit einem langen Körper, einem säbelförmigen Schwanz und kurzen Beinen, als der Vorfahr aller Hundeartigen, darunter auch Wolf und Fuchs. Der

PSYCHOLOGIE DES HUNDES

▽ *Aggressive Haltung*

△ *Aufforderung zum Spiel*

▽ *Unterwerfung*

◁ *Verwirrung*

Die meisten Signale – vom freundlichen Schwanzwedeln bis hin zum furchterregenden Knurren – sind leicht zu deuten, aber es gibt auch solche, die oft fehlinterpretiert werden, etwa das Gähnen: Es ist kein Anzeichen von Müdigkeit, sondern von Verwirrung. Der Hund gähnt, wenn er einander widersprechende Befehle oder Signale empfängt. Ein anderes Beispiel ist das Anstarren. Für einen Hund ist es ein Warnzeichen für einen kurz bevorstehenden Angriff.

Instinkt

Hunde aller Rassen werden von ihrem Instinkt geleitet, nicht von einer Intelligenz, die der des Menschen vergleichbar ist. Hunde reagieren spontan auf Wahrnehmungen, sie planen nicht und handeln nicht aus Überlegung; die Unterschiede in ihrer Arbeitsleistung basieren auf angeborenen Merkmalen, nicht auf der Intelligenz.

Der Border Collie etwa ist ein unübertroffener Hütehund – für diese Arbeit wurde er im Laufe vieler Generationen gezüchtet. Es gibt keinen Grund, ihn nicht auch als Apportierhund auszubilden, doch er wird diese Arbeit niemals so gut und so sicher ausführen wie der Retriever, der ausschließlich zu diesem Zweck gezüchtet wurde.

Hunde sind Raubtiere, und ihr Instinkt veranlaßt sie, zu jagen, zu bewachen und sich fortzupflanzen. Zu einer so erfolgreichen Beziehung zwischen Mensch und Hund konnte es nur kommen, weil sich die Menschen die beiden ersten Instinkte zunutze machten und den dritten in die gewünschte Richtung lenkten.

DIE ABSTAMMUNG DES HAUSHUNDES

Alle Angehörigen der Art *Canis familiaris* stammen vermutlich vom Wolf ab, denn auch dieser ist ein geselliges Tier, das ähnliche Verhaltenweisen zeigt. Unter den 40 auf der ganzen Welt vorkommenden Wolfsarten sind vier die wahrscheinlichsten Vorfahren der Hunde: *Canis lycaon* (östliches Nordamerika), *C. lupus* (Mitteleuropa und Zentralasien), *C. pallipes* (Mittlerer Osten und Indien) und *C. lupus chanco* (Südostasien).

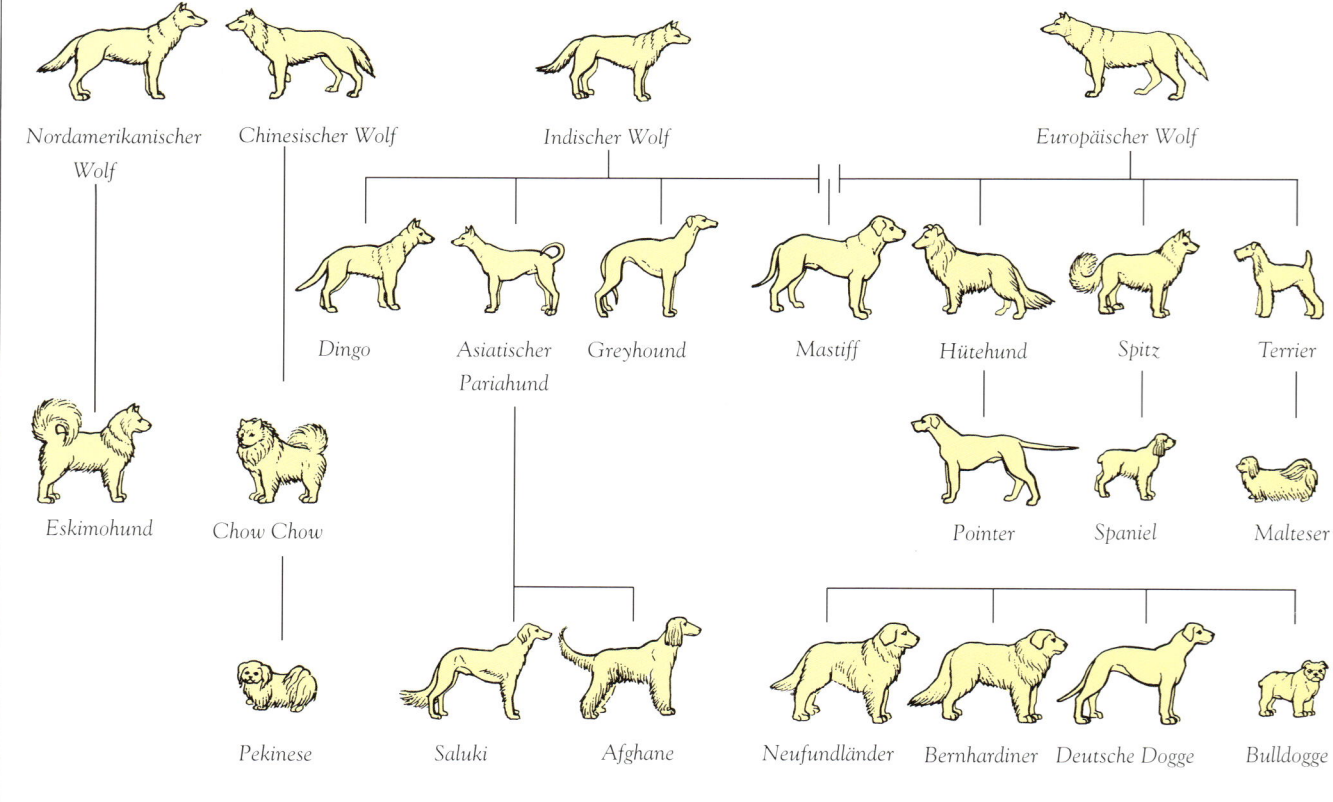

Haushund, *Canis familiaris*, läßt sich auf Miacis zurückführen, ein wieselartiges Raubtier, das vor etwa 50 Millionen Jahren lebte. Vermutlich ist aber Tomarctus, ein fuchsähnliches Tier, das 35 Millionen Jahre später erschien, der wahre Vorfahr unserer Hunde.

Im mittleren Pleistozän, vor einer Million Jahren, war Tomarctus wieder verschwunden, und heute ist man sich darüber einig, daß alle Hunde vom Wolf abstammen, einem geselligen Tier, das in vieler Hinsicht hundeähnlich ist.

Wie es dazu kam, daß Hunde zu Begleitern des Menschen wurden, läßt sich nicht mehr nachvollziehen. Funde aus Dänemark beweisen, daß Hunde bereits im Neolithikum domestiziert wurden. Wie dies vor sich ging, ist nicht bekannt; vielleicht warfen die Menschen ihnen Fleischbrocken zu, wenn sie sich in die Nähe der Lagerfeuer wagten, und erkannten dann später ihren Wert als Jäger und Beschützer. Möglich ist aber auch, daß die Menschen sich Jungtiere holten, um sie zu domestizieren und mit ihnen weiterzuzüchten, unabhängig davon, ob es sich nun um Wölfe, Schakale oder Wildhunde handelte.

Die Entstehung der Rassen

Sicherlich haben die Menschen schon recht bald gemerkt, daß sich bestimmte Merkmale durch gezieltes Verpaaren verstärken oder verringern ließen. So konnten sie Hunde hervorbringen, die nicht nur die gewünschte Farbe und Größe hatten, sondern auch bestimmte andere Merkmale aufwiesen.

Die ersten systematisch gezüchteten Hunde sollten einen bestimmten Zweck erfüllen. Die früheste bekannte Abhandlung über Hunde von dem Griechen Xenophon (um 430–350 v. Chr.) handelt vom Jagen und von Jagdhunden. Erst als der schwedische Naturforscher Carl von Linné (1707–1778) im Jahr 1735 sein *Systema Naturae* (*Das Natursystem*) herausbrachte, wurden Hunde erstmals nicht nur als Arbeitstiere klassifiziert. Mitte des 19. Jahrhunderts war das Interesse an Hunden so stark angewachsen, daß man die verschiedenen Rassen systematisch zu ordnen begann. Es gab Versuche, die Rassen anhand archäologischer Belege in Gruppen einzuteilen. Das heute gültige System der Gruppierung beruht vorrangig auf der Art der verrichteten Arbeit und auf der Größe der Tiere.

DIE DOMESTIZIERUNG DES HUNDES

Der Jäger und sein Hund – ein ganz alltägliches Bild, jedoch eines, das 17 000 Jahre zurückreicht und schon auf den Malereien in der Höhle von Lascaux in Frankreich zu sehen ist.

Hunde wurden in vielen Teilen der Welt domestiziert. Schon in der Bronzezeit unterschied man *Canis familiaris intermedius* für die Jagd; *C. f. metris optimae* für das Hüten von Tieren; *C. f. inostranzevi*, der Mastifftyp; *C. f. palustris*, der nördliche Spitztyp, und *C. f. leineri*, der Greyhoundtyp. Diese Einteilung ist möglicherweise zu schematisch, doch es gibt Darstellungen, die beweisen, daß es

in Mesopotamien um 6000 v. Chr. einen Hund vom Greyhoundtyp gab, der durch seine Schnelligkeit Beute machte. Um 2000 v. Chr. hatten die Ägypter aus der Kreuzung von Greyhound und Bluthund einen schnellen Hund hervorgebracht. 200 Jahre später brachten die Syrer ihre Mastiff- und Salukitypen aus dem Mittleren Osten mit nach Nordafrika. In Tibet wurden zu jener Zeit bereits Mastifftypen als Wachhunde eingesetzt, und die winzigen »Ärmelhündchen« des chinesischen Kaiserhofs dienten als Handwärmer. Homer machte den Hund in seiner *Odyssee* (um 850 v. Chr.) unsterblich.

Der Mastiff stammt von den Molosser-Kampfhunden ab.

Der Pharaonenhund ist in alten Grabmälern abgebildet.

Der Saluki, Begleiter nomadischer Beduinenstämme.

KÖRPERBAU UND FACHAUSDRÜCKE

Wer sich verschiedene reinrassige Hunde ansieht, wird unterschiedliche Kopfformen, Ohren, Augen und Farben entdecken und feststellen, daß sogar der Bewegungs- ablauf differiert. Im Laufe der Jahre sind viele neue Rassen entstanden, und noch heute werden ständig weitere von den Zuchtverbänden anerkannt. Aus diesem Grund war es nötig, Standards zu schaffen, die all diese Unterschiede beschreiben.

Für Leute, die nicht allzuviel davon verstehen oder die sich einen Rassehund nur als Haustier anschaffen, sind kleine Abweichungen von diesen Standards uninter- essant, doch bei einem Ausstellungshund muß jedes Detail stimmen, damit er als guter Vertreter seiner Rasse anerkannt wird. Die heute verwendeten Fach- ausdrücke wurden eingeführt, um alle äußeren Merk- male der Hunde genau zu beschreiben.

Es gibt keine Garantie dafür, daß sich ein Welpe zum Ausstellungshund entwickelt, denn das Potential eines Hundes läßt sich erst einschätzen, wenn er meh- rere Monate alt ist. Wer sich aber mit den typischen Merkmalen und Eigenschaften auskennt, die für eine bestimmte Rasse gefordert sind, und sich zudem mit der Abstammung und den Aufzuchtbedingungen sei- nes Hundes beschäftigt, hat gute Chancen, einen für Ausstellungen geeigneten Hund zu bekommen.

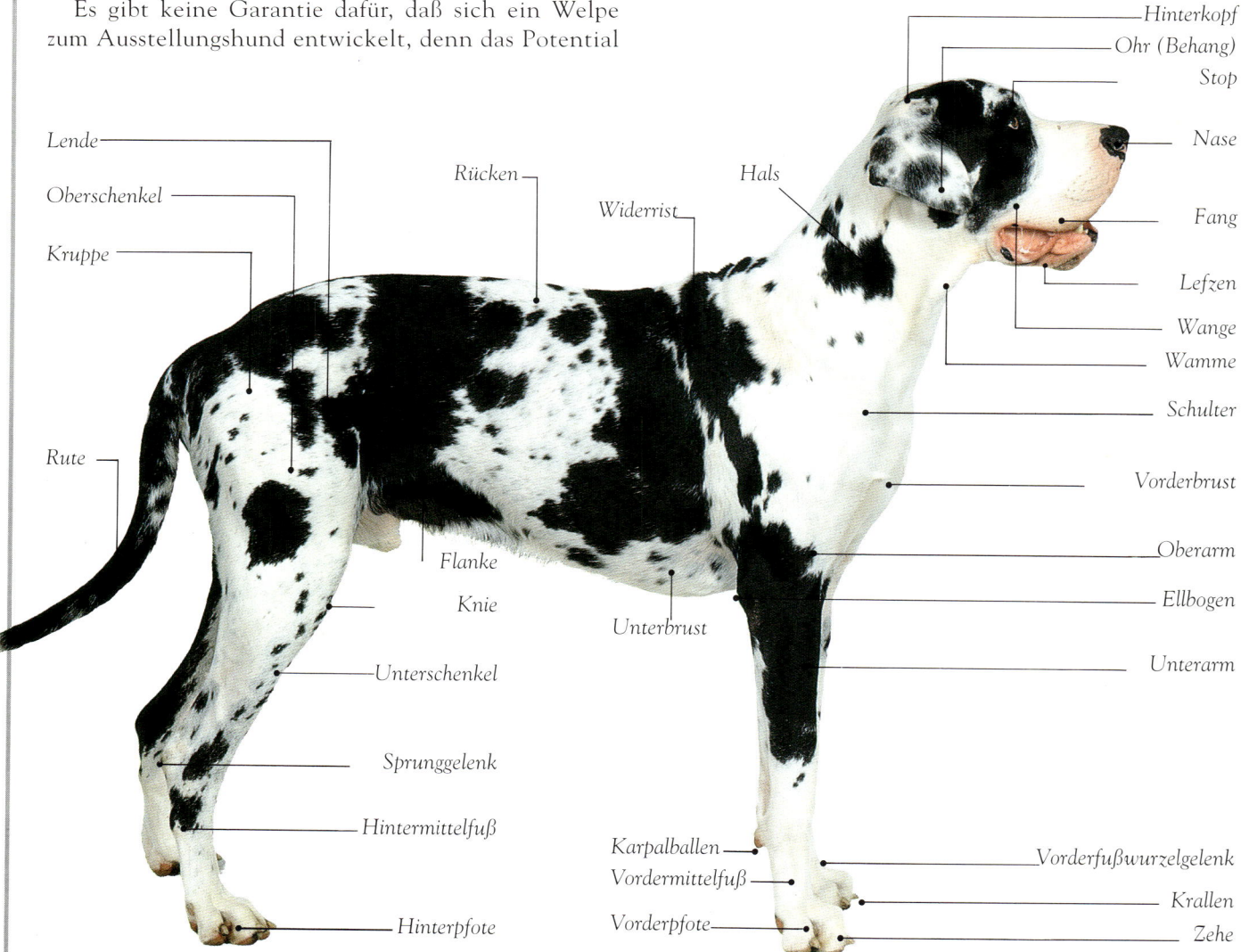

Lende · Oberschenkel · Kruppe · Rücken · Widerrist · Hals · Hinterkopf · Ohr (Behang) · Stop · Nase · Fang · Lefzen · Wange · Wamme · Schulter · Vorderbrust · Oberarm · Ellbogen · Unterarm · Rute · Flanke · Knie · Unterbrust · Unterschenkel · Sprunggelenk · Hintermittelfuß · Karpalballen · Vordermittelfuß · Vorderfußwurzelgelenk · Krallen · Zehe · Vorderpfote · Hinterpfote

GEBISS

Das Gebiß eines Hundes wird bestimmt durch die Stellung des Unterkiefers zum Oberkiefer. Nicht alle Hunde müssen ein perfektes Gebiß haben, doch bei manchen Rassen gelten Über- oder Unterbiß als Fehler.

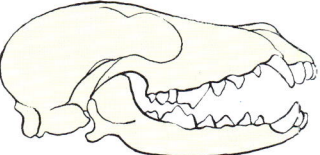

NORMAL
Auch als Scherengebiß bezeichnet, bei dem die oberen und unteren Zähne genau aufeinandertreffen.

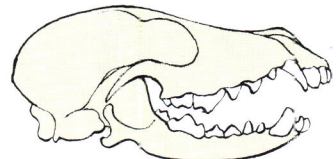

ÜBERBISS
Der Unterkiefer ist kürzer, und die unteren Schneidezähne greifen hinter die oberen.

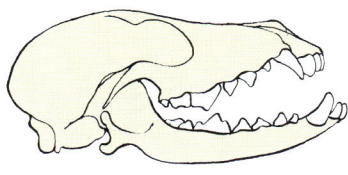

UNTERBISS
Der Unterkiefer ist länger, und die Schneidezähne greifen vor die des Oberkiefers.

KOPF

Es gibt drei Schädeltypen. Sie bezeichnen die Grundform des Schädels, der sich aus 50 Knochen zusammensetzt. Man kennt jedoch auch unzählige Mischtypen.

MESOTICEPHALUS
Die Länge des Kopfes entspricht in etwa seiner Breite (Irish Water Spaniel).

BRACHYCEPHALUS
Kurzer, kompakter Kopf mit gerundeter Schädelkapsel (Pekinese).

DOLICHOCEPHALUS
Langer, schmaler Kopf mit flacher Schädelkapsel (Barsoi).

APFELFÖRMIG
Gerundet mit hoher Stirn (Chihuahua).

AUSGEWOGEN
Schädel und Schnauze sind gleich lang (Springer Spaniel).

BREIT
Eckig oder würfelförmig (Staffordshire Bull Terrier).

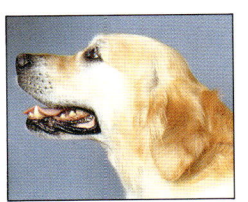

TROCKEN
Frei von Falten und von Knochen- oder Muskelwülsten (Golden Retriever).

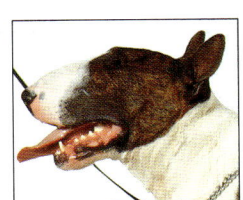

EIFÖRMIG
Kräftig, tief und bis zur Schnauzenspitze ohne Einbuchtung (Bullterrier).

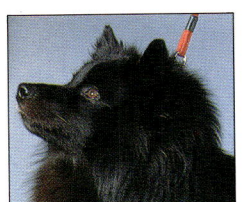

FUCHSARTIG
Aufmerksames Gesicht, spitze Nase, kurze Schnauze, spitze Ohren (Lapphund).

OTTERFÖRMIG
Kopfform wie beim Otter, breiter, flacher Schädel und kurze, kräftige Schnauze (Border Terrier).

BIRNENFÖRMIG
Schmaler Schädel ohne Stop, spitz zulaufende Schnauze (Bedlington Terrier).

ECKIG
Schädeldecke leicht gewölbt, an den Ohren schmaler als an den Augen (West Highland White Terrier).

GESICHT

Die Form des Gesichtes wird in erster Linie von der Kopfform bestimmt und hat sich im Laufe der Jahre mit der Entwicklung der verschiedenen Hunderassen immer wieder verändert.

Die Beschreibung des Gesichtes erfolgt sowohl nach der Kopfform als auch nach der Färbung.

FLACH
Hochsitzende Nase, tiefer Stop, Unterbiß und Falten (Pekinese).

CLOWNGESICHT
Abzeichen (Schwarz mit Weiß oder Lohfarben mit Weiß), mehr oder weniger symmetrisch in Längsrichtung verteilt (Glatthaariger Foxterrier).

KONKAV
Die Form des Nasenbeins macht die Nase höher als den Stop; die Linie vom Stop bis zur Nasenspitze ist leicht konkav (Deutsch-Drahthaar).

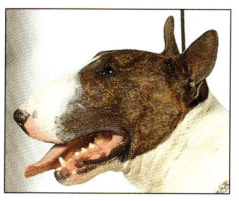

KONVEX
Die Oberseite der Schnauze verläuft bis zur Nasenspitze konstant abwärts (Bullterrier).

FROSCHGESICHT
Eine vorstehende Nase, gewöhnlich verbunden mit einem Überbiß, der bei Rassen wie etwa der Französischen und der Englischen Bulldogge als fehlerhaft gilt (Rottweiler).

OHREN

Die Ohren werden nach ihrer Form und ihrem Ansatz beschrieben. Wie die Ohren angesetzt sind, hängt von der Lage der Augen und/oder der Breite des Schädels ab. So hat zum Beispiel die Deutsche Dogge hoch angesetzte Ohren, der King Charles Spaniel tief angesetzte und der Deutsche Schäferhund weit auseinanderstehende Ohren. Es gibt zwei grundlegende Ohrformen und viele Variationen davon.

Kupierte Ohren sind so weit gekürzt, daß sie aufrecht stehen. Dieser Eingriff darf nur von einem Tierarzt ausgeführt werden. In Amerika werden bei mehreren Rassen die Ohren kupiert, unter ihnen bei Boxer, Dobermann, Deutscher Dogge, Riesen-, Mittel- und Zwergschnauzer, Brüsseler Griffon und Manchester Terrier. In Deutschland, England und einigen anderen Ländern ist das Kupieren der Ohren mittlerweile verboten.

FLEDERMAUS-OHR
Aufrechtstehend, breit im Ansatz, an der Spitze gerundet, Ohrmuschel nach vorn gerichtet (Französische Bulldogge).

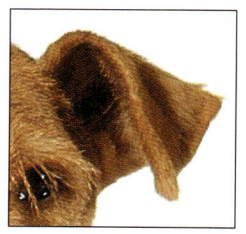

KNOPFOHR
Halb hängendes Ohr; die dicht am Schädel liegende Spitze bedeckt die Ohröffnung und zeigt in Richtung Auge (Irish Terrier).

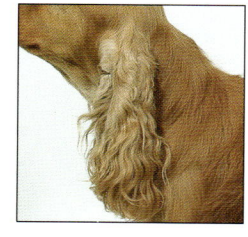

SCHLAPPOHR
Die Ohren sind nach innen gerollt oder fallen nach vorn. Sie sind tief angesetzt, herabhängend und lang (Englischer Cockerspaniel).

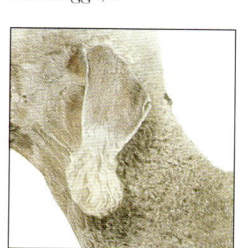

HASELNUSS-FÖRMIG
Hängende, haselnußförmige Ohren (Bedlington Terrier).

HERZFÖRMIG
Hängend und von der Form eines Herzens (Pekinese).

KAPUZENFÖRMIG
Klein, dreieckig, aufrechtstehend, aber etwas nach vorn gekippt (Chow Chow).

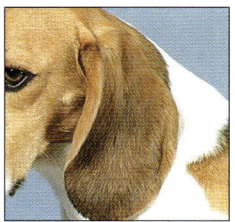 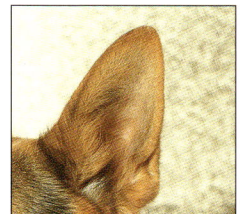 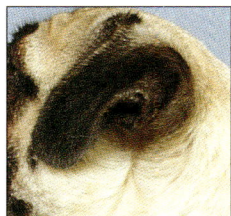 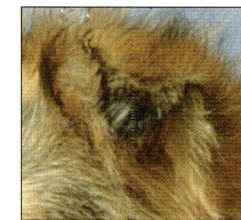 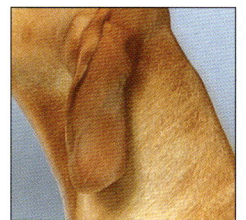

HÄNGEOHR
Dreieckig und gerundet, Ohrrand nach außen gefaltet, eng am Kopf anliegend (Beagle).

STEHOHR
Aufrechtstehend und gewöhnlich spitz zulaufend (Deutscher Schäferhund).

ROSENOHR
Ein kleines hängendes Ohr, das nach vorn geklappt ist (Mops).

ÜBERFALLOHR
Nur die Ohrspitze ist gekippt und fällt nach vorn (Shetland Sheepdog).

V-FÖRMIG
Fast immer in hängender Position getragen; auch als dreieckiges Ohr bekannt (Magyar Viszla).

AUGEN

Die Bezeichnung der Augen basiert auf ihrer Form und ihrer Position. Wegen der Größe der Schnauze ist das dreidimensionale Sehen bei Hunden eingeschränkt. Bei Rassen wie etwa der Bulldogge sitzen die Augen relativ weit vorn, was ihr Gesichtsfeld auf etwa 200 Grad beschränkt. Andere Rassen wie etwa die amerikanischen Coonhounds haben ein größeres Gesichtsfeld von etwa 270 Grad, denn ihre Augen sitzen weiter hinten. Glas- und Birkaugen gelten bei den meisten Rassen als Fehler.

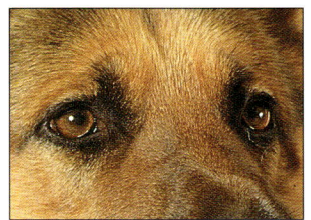 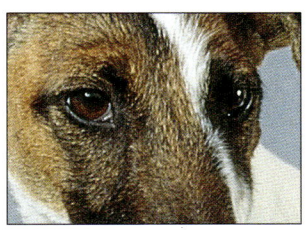

MANDELFÖRMIG
Annähernd von der Form einer Mandel (Deutscher Schäferhund).

RUND
So rund wie möglich (Glatthaariger Foxterrier).

   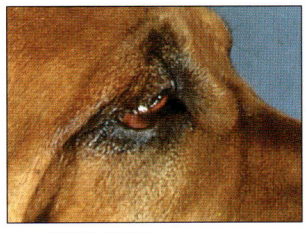

TIEFLIEGEND
Tief in den Augenhöhlen liegend (Chow Chow).

KUGELFÖRMIG
Scheinbar vorstehend, was jedoch nicht der Fall ist, wenn man den Hund im Profil betrachtet (Chihuahua).

GROSS
Rund und vorstehend (Brüsseler Griffon).

NICKHAUT
Bezeichnung für das dritte Augenlid im inneren Augenwinkel. Bei manchen Rassen gilt sein Erscheinen als Fehler (Bluthund).

SCHRÄG
Im Winkel zwischen Ohren und Schnauze gelegen (Zwerg-Rauhhaardackel).

SCHWEINSAUGEN
Beschreibt auch kleine, eng zusammenstehende Augen, die beim Zwergpinscher als Fehler gelten (Mops).

DREIECKIG
Eingebettet in dreieckige Hautfalten (Afghane).

RUTE

Der Schwanz eines Hundes, auch Rute genannt, wird anhand seiner Länge, Form, Position und Behaarung beschrieben. Retriever benutzen ihren Schwanz beim Schwimmen als Steuer; Deerhounds gebrauchen ihn, um sich auszubalancieren, doch bei den meisten anderen Rassen dient der Schwanz nur als Mittel zur Kommunikation.

Zur Beschreibung der Rute gehört auch, wie sie angesetzt ist – hoch, mittel oder tief.

Bei manchen Rassen, wie etwa dem Dobermann, wird der Schwanz kupiert, um die Hunde aggressiver aussehen zu lassen. Jagdhunde werden vielfach kupiert, um Verletzungen der Rute zu verhindern. Es gibt ungefähr 45 Rassen, bei denen das Kupieren üblich ist.

Dieser Eingriff darf nur von einem Tierarzt durchgeführt werden, sofern er in dem jeweiligen Land überhaupt zulässig ist.

STUMMELARTIG
Angeborene oder künstlich herbeigeführte Schwanzform (Bobtail).

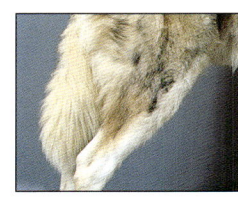

FUCHSARTIG
Üppig behaart wie der Schwanz eines Fuchses (Alaskan Malamute).

KURBELFÖRMIG
Abwärts getragen und einer Kurbel ähnlich (Kurzhaariges Italienisches Windspiel).

GEROLLT
Hoch angesetzt und aufgerollt, über der Wirbelsäule oder neben ihr. Möglich sind ein oder zwei Windungen (Finnenspitz).

FLAGGENFÖRMIG
Lang und hoch getragen (Beagle).

GEKNICKT
Scharf abgewinkelt (Lhasa Apso).

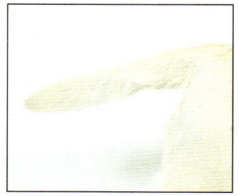

OTTERARTIG
Rund, an der Wurzel dick, spitz zulaufend, mit dichter, kurzer Behaarung, wird beim Schwimmen als Steuer verwendet (Labrador).

GERINGELT
Hoch getragen und zum Ring gedreht (Basenji).

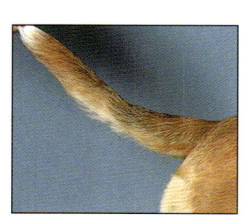

SÄBELFÖRMIG
Getragen wie ein Säbel (Basset Hound).

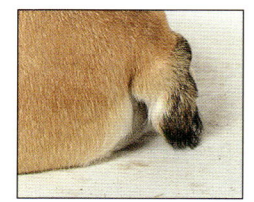

GESCHRAUBT
Von Natur aus kurz, gedreht wie eine Spirale (Französische Bulldogge).

SICHELFÖRMIG
Hoch getragen und in einem Halbkreis aufgerichtet (Affenpinscher).

DORNARTIG
Kurz und dick, zur Spitze dünner werdend (Lakeland Terrier).

STEIF
Rute des Jagdhundes (Pointer).

EICHHÖRNCHEN-ARTIG
Aufgestellt und nach vorn geklappt (Chow Chow).

PEITSCHEN-ARTIG
Steif und gerade vom Körper abstehend (Bullterrier).

FARBEN

GRAUMELIERT
(Englischer Setter)

BLACK AND TAN
(Hamiltonstövare)

BLUE
(Grand Bleu de Gascogne)

GESTROMT
(Greyhound)

BLAUSCHIMMEL
(Bobtail)

GESCHECKT
(Deutsche Dogge)

STICHELHAARIG
(Västgötaspets)

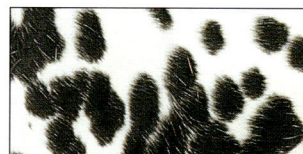

GEFLECKT
(Dalmatiner)

ROT
(Irish Setter)

ROTSTICHELHAARIG
(Welsh Corgi)

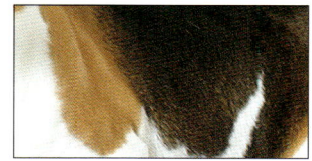

TRICOLOR
(Beagle)

WEIZENFARBEN
*(Soft-Coated Wheaten
Terrier)*

GANGARTEN

Als Gangart bezeichnet man den Bewegungsablauf in verschiedenen Geschwindigkeiten. Die Gangarten unterscheiden sich in Takt und Fußfolge voneinander.

Auf Schauen müssen die Hunde in vorgeschriebenen Gangarten vorgeführt werden. Fehler im Bewegungsablauf sind zum Beispiel die ausfallende Hinterhand, bei der sich Vorder- und Hinterläufe nicht auf einer Linie bewegen. Ein Stellungsfehler der Hinterbeine ist die Kuhhessigkeit, bei der die Sprunggelenke zueinander zeigen. Als Vorhandfehler gilt das sogenannte Bügeln, bei dem die Vorderbeine in der Bewegung im Halbkreis nach innen oder außen geführt werden.

In welcher Gangart Hunde im Schauring vorgestellt werden müssen, ist von Rasse zu Rasse verschieden. Einige müssen in flottem Tempo vorgeführt werden, während andere sich gemächlich bewegen dürfen. Daher sollten ältere Aussteller nicht gerade eine Rasse wählen, deren Vorführung sie möglicherweise nicht mehr gewachsen sind.

Halbtrab Eine entspannte, lockere Gangart, deren Tempo zwischen Schritt und Trab liegt. Vorder- und Hinterbeine einer Seite bewegen sich gleichzeitig.

Trab Eine rhythmische Bewegung im Zweitakt, bei der die diagonal gegenüberliegenden Pfoten gleichzeitig aufsetzen – der rechte Hinterfuß mit dem linken Vorderfuß und der linke Hinterfuß mit dem rechten Vorderfuß.

Galopp Eine Bewegung im Dreitakt. Zwei Beine bewegen sich einzeln, die beiden anderen paarweise. Die Gangart erinnert an die Bewegung eines Schaukelpferdes und ermüdet den Hund nicht allzusehr.

Renngalopp Die schnellste Gangart, bei der es eine Schwebephase gibt, in der alle vier Beine in der Luft sind.

Paßgang Eine Gangart, bei der das linke Vorderbein und das linke Hinterbein gleichzeitig nach vorn gebracht werden, gefolgt vom rechten Vorderbein und dem rechten Hinterbein.

Steppen Übertrieben hohes Anheben der Vorderbeine, wie es auch bei manchen Pferderassen zu sehen ist. Der Zwergpinscher bewegt sich steppend.

RASSE-GRUPPEN

Hunderassen werden in Kategorien aufgeteilt, die sehr nützlich sind, nicht nur, wenn es darum geht, auf einer Hundeschau aufzutreten, sondern auch, um dem Interessenten schon vor dem Kauf deutlich zu machen, welche Hunderassen für seinen Zweck in Frage kommen, etwa als Hund für ein Kind, als Jagd- oder als Wachhund.

Es gibt drei Organisationen, die für diese Einteilung in Gruppen verantwortlich sind: der britische Kennel Club (KC), der älteste nationale Hundezüchterverband, der 1873 seine Arbeit aufnahm und 189 Rassen anerkennt; der American Kennel Club (AKC), der 1884 gegründet wurde und von dem 135 Rassen anerkannt werden; und die Fédération Cynologique Internationale (FCI), die 1911 von Züchtern in Österreich, Belgien, Frankreich und den Niederlanden gegründet wurde. Heute ist die FCI in fünf Regionen gegliedert: Europa, Nord- und Südamerika, Asien, Afrika sowie Ozeanien und Australien. Die Fédération hat ingesamt 340 verschiedene Rassen anerkannt.

Der britische Kennel Club war Vorreiter für die nachfolgenden Organisationen, denn er führte sowohl ein Registrierungssystem zum Nachweis der Abstammung aller reinrassigen Hunde ein als auch einen offiziellen Standard für jede von ihm anerkannte Rasse.

Die Rassen jeder Gruppen in einem Buch wie diesem aufzulisten, ist immer heikel, denn es werden ständig neue Rassen anerkannt. Daher kann diese Anerkennung schon erfolgen, noch bevor ein Buch überhaupt gedruckt ist. Aus diesem Grund müssen die Listen immer auf den neuesten Stand gebracht werden.

Das Studium der verschiedenen Gruppen macht außerdem deutlich, wie auf Hundeschauen gerichtet wird. Die ausgestellten Rüden und Hündinnen müssen sich gegen andere Vertreter ihrer Rasse behaupten, um in die Endrunde zu kommen. Aus den Siegern jeder Gruppe wird der Tagessieger ermittelt, der den begehrten Titel »Best in Show« erhält.

FCI

- Schäfer- und andere Hütehunde
- Wach-, Dienst- und Gebrauchshunde
- Terrier
- Dachshunde
- Spitz-Typen/ Spürhunde für Hochwild
- Spürhunde für Niederwild
- Vorstehhunde
- Jagdhunde
- Begleit- und Zwerghunde
- Windhunde

CKC

- Sporthunde
- Terrier
- Begleithunde
- Spürhunde
- Zwerghunde
- Gebrauchshunde
- Hütehunde
- Verschiedene

AKC

- Begleithunde
- Gebrauchshunde
- Hütehunde
- Sporthunde
- Spürhunde
- Terrier
- Zwerghunde

KARTEN

Bei jedem Hund wird das Ursprungsland angegeben. Es ist auf der kleinen Karte eingezeichnet, die in der oberen Ecke jeder Rassebeschreibung zu finden ist.

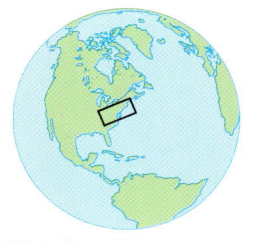

WAS IST EIN STANDARD?

Der Deutsch-Kurzhaar ist seit langem anerkannt.

Dem American Cocker Spaniel wurden Merkmale angezüchtet.

Über die Aufnahme des Leonbergers gibt es Kontroversen.

Für alle Rassen, die von den nationalen Züchtervereinigungen einer bestimmten Gruppe zugeordnet wurden, ist ein Zuchtstandard erstellt worden. Dieser beschreibt ein makelloses Exemplar jeder Rasse und beinhaltet Details wie Idealgröße und/oder -gewicht, die erwünschten Farben und natürlich auch eine genaue Beschreibung des idealen Körperbaus. Diese Idealvorstellungen variieren allerdings von Land zu Land geringfügig. So liegt in Amerika die Maximalgröße des Beagle bei 38 cm Widerristhöhe, während in England auch Beagles zur Zucht zugelassen werden, die zwischen 33 und 40,5 cm groß sind; beim Kerry

Blue Terrier ist diese Spanne deutlich geringer. Von solchen geringfügigen Differenzen lassen sich erfahrene Richter auf Hundeschauen jedoch nicht beirren.

Die Standards der älteren anerkannten Rassen wurden bereits bei der Gründung der Züchtervereinigungen erstellt, zum Teil schon in den 1870er Jahren. Wenn heute eine neue Rasse anerkannt wird, werden die nationalen Standards von der FCI geprüft, die manchmal auch außenstehende Fachleute zuzieht. Für importierte Rassen, die noch nicht im Hauptregister stehen, wird ein vorläufiger Standard erstellt.

SKAND. VEREINIGUNGEN

- Spitze
- Spür- und Jagdhunde
- Vorstehhunde
- Wach- und Gebrauchshunde
- Terrier
- Windhunde
- Begleithunde
- Zwerghunde

KC (GB)

- Spürhunde
- Vorstehhunde
- Terrier
- Gebrauchshunde
- Hütehunde
- Zwerghunde

KUSA

- Spürhunde
- Vorstehhunde
- Terrier
- Gebrauchshunde
- Hütehunde
- Wachhunde
- Zwerghunde

ANKC

- Zwerghunde
- Vorstehhunde
- Spürhunde
- Wachhunde
- Gebrauchshunde
- Begleithunde

SELEKTIVE ZUCHT

Erst seit dem 19. Jahrhundert werden Hunde auch auf ihr äußeres Erscheinungsbild hin selektiert. Bis dahin hatten die Züchter sich darauf konzentriert, nützliche Hunde wie Rattenfänger (Terrier), Jagdhunde zum Aufspüren und Verfolgen von Wild (Pointer und Spürhunde), Hunde für die Jagd auf Hoch- und Niederwild (Mastiffs und Windhunde) und Wachhunde (Mastiffs) hervorzubringen. Aus diesen Grundtypen entstanden dann stärker spezialisierte Rassen, die einem bestimmten Gebiet angepaßt waren oder eine bestimmte Aufgabe zu erfüllen hatten (wie die Bordeaux-Dogge).

Das neuerwachte Interesse an der Zuchtauslese wurde von dem 1873 in London gegründeten Kennel Club unterstützt. Er führte ein System ein, das den Züchtern ermöglichte, die Abstammung jedes reinrassigen Hundes registrieren zu lassen.

Merkmale wie die Größe, die Farbe oder die Form des Schwanzes lassen sich verändern, indem man nur noch Hunde mit dem gewünschten Merkmal zur Zucht verwendet. Es ist auch möglich, Merkmale anderer Rassen einzukreuzen – so wurde zum Beispiel Dingoblut in den Kurzhaar-Collie gekreuzt, und daraus ist dann der Australian Kelpie entstanden –, und mit den daraus hervorgegangenen Nachkommen so lange weiterzuzüchten, bis das gewünschte Merkmal fester Bestandteil der Erbgröße geworden ist. Dabei besteht allerdings immer das Risiko, daß diese Überzüchtung Erbkrankheiten wie Hüftgelenksdysplasie oder fortschreitende Netzhautatrophie (die schließlich zur Erblindung führt) mit sich bringt.

Der Bullmastiff entstand im 19. Jahrhundert aus der Kreuzung von Englischer Bulldogge und Mastiff.

BEGLEITHUNDE

Aus dieser Kategorie stammt ein Großteil der Haushunde. Einige der Rassen sind zwar einst Arbeitshunde gewesen, doch vorrangig handelt es sich bei ihnen um Hunde, deren Aufgabe es ist, ihrem Besitzer Freude zu bereiten. Die Auswahl reicht vom Dalmatiner, einem früheren Kutschenbegleithund, über die wesentlich ruhigere Französische Bulldogge bis hin zum hier abgebildeten Chow Chow.

GEBRAUCHSHUNDE

Diese Gruppe umfaßt die traditionellen Wach- und Arbeitshunde: Rettungs-, Schlitten- und Zughunde, die auch als Diensthunde eingesetzt werden, unter ihnen der hier abgebildete Rottweiler. Diese vielfach furchterregend wirkenden Arbeitstiere sind die geborenen Wachhunde, die am glücklichsten sind, wenn sie die Arbeit verrichten dürfen, für die sie gezüchtet wurden.

HÜTEHUNDE

Die Rassen dieser Gruppe wurden ursprünglich gezüchtet, um Schafe zu hüten (wie der Maremma Schäferhund, der Collie und der hier abgebildete Deutsche Schäferhund), aber auch zum Treiben von Rindern und anderem Vieh (wie der Lancashire Heeler und der Corgi). Viele dieser Rassen arbeiten noch heute für Viehzüchter und Schäfer.

JAGDHUNDE

Zu dieser Gruppe gehören die Vorstehhunde, Apportierhunde (hier abgebildet ist der Golden Retriever) und Spaniels – Jagdhunde, die zum Aufspüren, Aufscheuchen und Apportieren von Wild verwendet werden. Diese meist freundlichen Hunde sind sowohl wertvolle Begleiter von Jägern als auch gute Haushunde.

TERRIER

Diese Hunde wurden als Ratten- und Fuchsjäger gezüchtet, die die Füchse aus ihren Bauen treiben. Die lebhaften, manchmal aber auch lauten Terrier sind grundsätzlich freundlich, können aber auch einmal zuschnappen. Der oben abgebildete Yorkshire Terrier ist ein umgängliches und beliebtes Haustier.

SPÜRHUNDE

Spürhunde werden oft unterteilt in jene, die nach Witterung jagen (wie zum Beispiel Bluthund, Basset und der hier abgebildete Beagle) und solche, die sich auf ihr ausgezeichnetes Sehvermögen verlassen (wie etwa der Greyhound und der Saluki). Spürhunde sind gewöhnlich sehr umgänglich, neigen aber zum Streunen. Die meisten von ihnen werden nicht im Haus, sondern als Meute im Zwinger gehalten.

ZWERGHUNDE

Zu dieser Kategorie zählen viele kleine und kleinste Hunde, wie der oben abgebildete Zwergspitz. Obwohl sie auch als Schoßhunde bezeichnet werden, sind viele von ihnen in der Lage, ihre Besitzer müdezulaufen, wenn sie die Gelegenheit dazu bekommen. Die meisten Rassen sind ausgezeichnete, intelligente Wachhunde, sehr anhänglich – wenn auch manchmal etwas besitzergreifend – und mutig bis an die Grenze zur Dummheit.

 *Diese Übersicht zeigt, in welchem Alter die verschiedenen Rassen ihre volle Größe erreichen. In den ersten sechs Lebensmonaten ist das Wachstum am stärksten und verlangsamt sich in den darauffolgenden sechs Monaten. Die kleineren Rassen sind mit etwa einem Jahr ausgewachsen, die größeren brauchen etwas länger.*

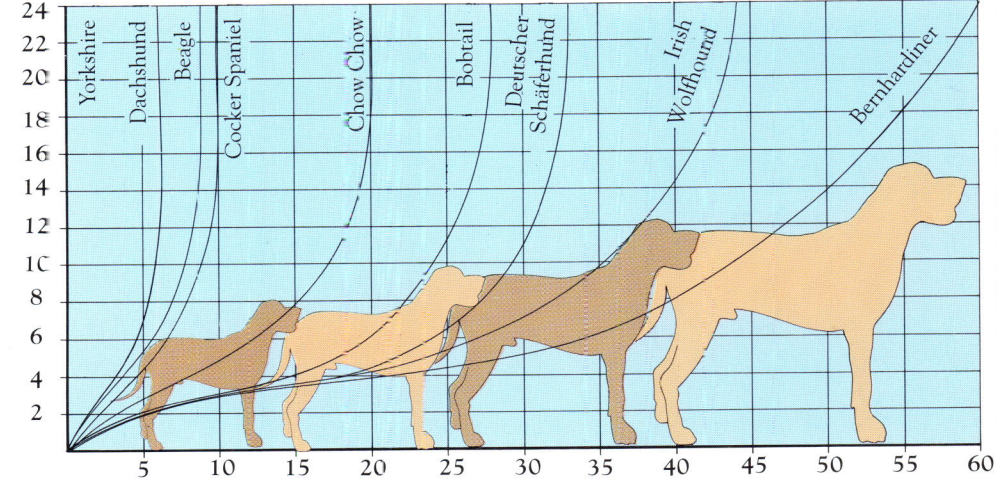

DIE QUAL DER WAHL

Das alte Sprichwort »In Eile gekauft, in Ruhe bereut« trifft auf den Kauf eines Hundes in besonderem Maße zu. Viele Leute, die merken, daß sie einen falschen Hund ausgewählt haben, lernen ihn trotzdem lieben, doch mit ein wenig Überlegung hätten sie von vornherein den richtigen Hund bekommen können.

Zunächst einmal ist es unerläßlich, daß sich alle Familienmitglieder darüber einig sind, daß ein Hund angeschafft werden soll; auch über die gewählte Rasse muß Einvernehmen herrschen.

Ein weiterer Punkt ist, daß man nie einen Hund nach seinem Aussehen kaufen sollte. Stattdessen ist darauf zu achten, daß seine Fähigkeiten und Bedürfnisse und sein Temperament zum Lebensstil und den Lebensumständen des neuen Besitzers passen. Entscheidend ist zum Beispiel, ob er in einer Wohnung lebt oder in einem Haus, in der Stadt oder auf dem Land. Bei großen, kräftigen Rassen oder solchen, die viel Bewegung brauchen, muß sichergestellt sein, daß alle Be-

Hunde werden oft als Arbeitstiere eingesetzt. Ob und wie sich die verschiedenen Rassen für die geforderte Aufgabe eignen, hängt von ihrem jeweiligen Temperament ab.

teilgten die physische Kraft haben, um im Bedarfsfall das Temperament des Tieres kontrollieren zu können. Inzwischen dürfte dem Leser klar geworden sein, daß das Studium der verschiedenen Kategorien dazu beiträgt, einige Rassen zu finden, die in die engere Wahl kommen können. Es sollte nicht allzu schwierig sein, solche Rassen zu finden, die sich zum Beispiel sowohl als Jagd- oder Wachhund wie auch als Haustier eignen, oder die sich auf Wunsch auch in einem Zwinger halten lassen, wobei allerdings bedacht werden muß, daß die meisten Menschen ihre Hunde im Haus halten, obwohl ein Leben im Zwinger vielen großen und langhaarigen Hunden körperlich nicht schadet. Einen Hund, der einige Zeit im Haus leben durfte, wieder in die eingeschränkte Bewegungsfreiheit des Zwingers zurückzuschicken, ist falsch.

Die richtige Entscheidung

Jeder Hundezüchter wird einem potentiellen Kunden versichern, daß die von ihm gezüchtete Rasse genau das richtige für ihn sei. Es kommt aber auch vor, daß jemand im Brustton der Überzeugung verkündet, daß er zum Beispiel nie einen Deutschen Schäferhund in einem Haus halten würde, in dem auch ein Kind lebt, während ein anderer vielleicht versichert, daß er genau diesem Hund ein Kind anvertrauen würde.

Dabei darf man nie vergessen, daß der Deutsche Schäferhund ebenso wie etwa der Dobermann und der Rottweiler ein geborener Wachhund ist. Möglicherweise kam es nur zu all den Unfällen, von denen die Medien immer wieder berichten, weil diese Hunde eine Situation falsch interpretierten und – in ihren Augen – ihrem Schutzbefohlenen einfach nur helfen wollten. Mit anderen Worten: sie haben sich nur so verhalten, wie es ihrer Natur entspricht.

Das Studium der Rassebeschreibungen wird ergeben, daß ein großer oder kleiner Hund nicht zwangsläufig mehr oder weniger Platz oder Auslauf braucht. Der Greyhound zum Beispiel, der es gewohnt ist, auf kleinem Raum zu leben, wenn er nicht auf der Rennbahn ist, wird sich auch bei der Haltung als Haushund zufrieden in seiner Ecke zusammenrollen.

Fellpflege

Die meisten Leute haben eine Vorliebe für lang- oder kurzhaarige Hunde und bevorzugen vielleicht sogar eine bestimmte Farbe. Dabei sollten sie jedoch nicht vergessen, daß langhaarige Hunde einer viel intensiveren Fellpflege bedürfen als kurzhaarige, und daß helle Hunde wie etwa der Dalmatiner überall Haare hinterlassen, die auf einem dunklen Teppich natürlich sehr auffallen.

Doch wie müssen die verschiedenen Rassen gepflegt werden? Die meisten Hundehalter wissen nur, wie die Angehörigen ihrer Lieblingsrasse und vielleicht noch

BEDÜRFNISSE DES HUNDES

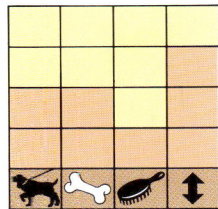

Die Kästen am Anfang jedes Eintrags geben Auskunft über die wichtigsten Bedürfnisse jeder vorgestellten Hunderasse. Die Skala reicht dabei von einem Kästchen (was heißt: geringe Ansprüche) bis zu vier Kästchen (was heißt: die höchsten Ansprüche).

Die erste Spalte zeigt, wieviel Bewegung der Hund braucht – im Falle der Bulldogge zum Beispiel ziemlich wenig, während der Siberian Husky sehr viel Auslauf benötigt.

An der zweiten Spalte läßt sich der Futterbedarf ablesen – der Mastiff zum Beispiel hat einen gewaltigen Appetit, während der Sealyham Terrier nur bescheidene Ansprüche stellt.

In der dritten Spalte ist angegeben, wieviel Fellpflege nötig ist – der Bichon Frisé muß täglich ausgiebig gebürstet werden, während der Bouvier des Flandres nur wenig Pflege braucht.

Aus der vierten Spalte ist ersichtlich, wieviel Platz der Hund braucht und ob er sich für eine kleine Wohnung eignet – mit nur einem Kästchen ist der Dachshund eine gute Wahl als Wohnungshund; beim Otterhound dagegen sind vier Kästchen markiert, was bedeutet, daß er viel Platz braucht.

Viele wählen einen langhaarigen Hund, ohne daran zu denken, wieviel Zeit die Fellpflege in Anspruch nimmt. Dieses Foto zeigt, wieviel Arbeit ein kleiner Hund macht.

ein oder zwei andere Rassen »schöngemacht« werden. Nur professionelle Hundefriseure wissen, wie alle Rassen für eine Schau gebadet, geschoren, verschönt und gepflegt werden müssen.

Besondere Effekte

Bei etlichen Hunderassen wird das Fell getrimmt, entweder mit den Fingern oder einem Trimm-Messer, damit sie so aussehen, wie es auf Ausstellungen verlangt wird; werden diese Rassen jedoch ausschließlich als Haustiere gehalten, begnügt man sich oft damit, sie zu scheren.

Glatthaarige Rassen wie der American Staffordshire Terrier, der Coonhound, der Boston Terrier und die Französische Bulldogge müssen nur alle ein oder zwei Tage mit einer groben Bürste gepflegt werden; Deutsche Schäferhunde und viele Spaniel- und Retriever-Rassen bedürfen der täglichen Fellpflege mit Bürste

und Kamm; zu den Rassen, die regelmäßig zum Scheren und Trimmen in den Hundesalon müssen, gehören Airedale Terrier, Bichon Frisé, Schnauzer und Pudel. Diejenigen Halter, bei denen Zeit und Geld knapp sind, wären mit einem kurzhaarigen Hund sicher besser beraten.

Fütterung

Hundehaltung ist nicht billig, und große Rassen fressen deutlich mehr als kleine – so benötigt ein Zwerghund nur ein Viertel des Futters einer Deutschen Dogge. Auch brauchen Hunde, die regelmäßig arbeiten, mehr Futter als solche, die ein relativ geruhsames Leben führen. Für viele Rassen gibt der Zuchtstandard ein Idealgewicht an. Wer sich Sorgen macht, weil sein Hund dieses Idealgewicht über- oder unterschreitet, sollte ihn dem Tierarzt vorstellen, der dann einen speziellen Ernährungsplan aufstellen kann.

Die Ernährung des Welpen

Die meisten Züchter geben den Käufern von Welpen einen Ernährungsplan mit, der in den ersten Monaten eingehalten werden sollte. Wer die im Plan angeführten Futtermittel nicht weiter verwenden möchte, sollte sich trotzdem so lange an die Anweisungen halten, bis der Welpe etwas größer ist.

Meistens bekommen Welpen vier Mahlzeiten am Tag (manche der größeren Rassen sogar fünf), die im Alter von sechs Monaten auf zwei Mahlzeiten und im Alter von einem Jahr auf eine Mahlzeit reduziert werden. Viele Hundehalter, vor allem die Besitzer kleine-

△ *Welpen haben einen gewaltigen Appetit. Sie wachsen in den ersten sechs Monaten am schnellsten, müssen also viel fressen, um genügend Energie für ein gesundes Wachstum zu haben.*

▷ *Diese Tabelle zeigt die Futtermengen, die Hunde verschiedener Größen in den ersten zwölf Lebensmonaten bekommen sollten.*

ZAHL DER MAHL-ZEITEN PRO TAG/ LEBENSMONATE	ENTWÖHNUNG 0–3	3–6	6–12
ZWERGHUND (weniger als 4,5 kg)	90–150 g	200–600 g	300–800 g
KLEINER HUND (4,5–9 kg)	200–350 g	350–800 g	750–950 g
MITTELGR. HUND (9–22 kg)	350–600 g	700–1000 g	850–1600 g
GROSSER HUND (22–34 kg)	600–850 g	800–1600 g	1600–2000 g

Bei der Erziehung zur Stubenreinheit ist das Benutzen der Zeitung wichtig. Außerdem muß der Hund lernen, daß das Körbchen von nun an sein Schlafplatz ist.

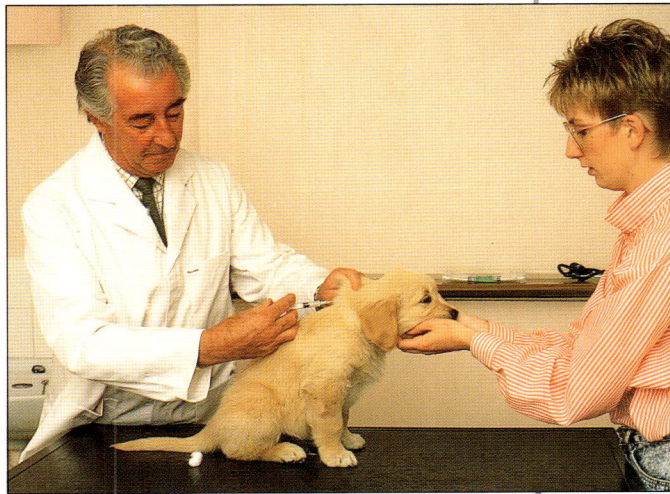

△ *Impfungen gegen verbreitete Hundekrankheiten sind unerläßlich.*

▽ *Kein Kauf eines reinrassigen Welpen ohne Abstammungsnachweis.*

rer Rassen, ziehen es allerdings vor, auch weiterhin zweimal täglich zu füttern, und verteilen die Tagesration auf zwei Portionen.

Tierärztliche Kontrolle

Beim Kauf eines Welpen sollte man den Züchter auch nach seinem Entwurmungsprogramm fragen, und auch, ob der Kleine schon gegen lebensbedrohliche Krankheiten wie Staupe und Parvovirose geimpft ist. Ist dies nicht der Fall, müssen die Impfungen sofort vorgenommen und einmal jährlich aufgefrischt werden.

Abstammungsnachweis

Wenn der gewählte Welpe beim nationalen Hundezüchterverband eingetragen ist, sollten Sie sich den Abstammungsnachweis vom Züchter aushändigen lassen. Dieses Papier muß vollständig ausgefüllt und unterschrieben sein, damit der neue Besitzer den Hund auf seinen Namen umschreiben lassen kann. Das ist besonders wichtig, wenn der Hund auf Ausstellungen gezeigt oder in der Zucht eingesetzt werden soll.

Daß der Hund Papiere hat, bedeutet noch lange nicht, daß er auch gut genug ist für eine Ausstellung. Die Tatsache, daß es sich um ein reinrassiges Tier handelt, besagt nicht notwendigerweise, daß es dem vom Zuchtverband festgelegten Ideal-Standard entspricht, selbst wenn es ansonsten sehr schön und gesund ist. Auch erfahrene Züchter können nicht hundertprozentig voraussehen, ob aus einem Welpen ein Champion wird oder nicht. Wer aber beabsichtigt, seinen Hund auszustellen, sollte dies dem Züchter mitteilen. Er wird sich dann sicher bemühen, einen möglichst aussichtsreichen Kandidaten auszuwählen. Aber, wie gesagt: Es gibt keine Garantie.

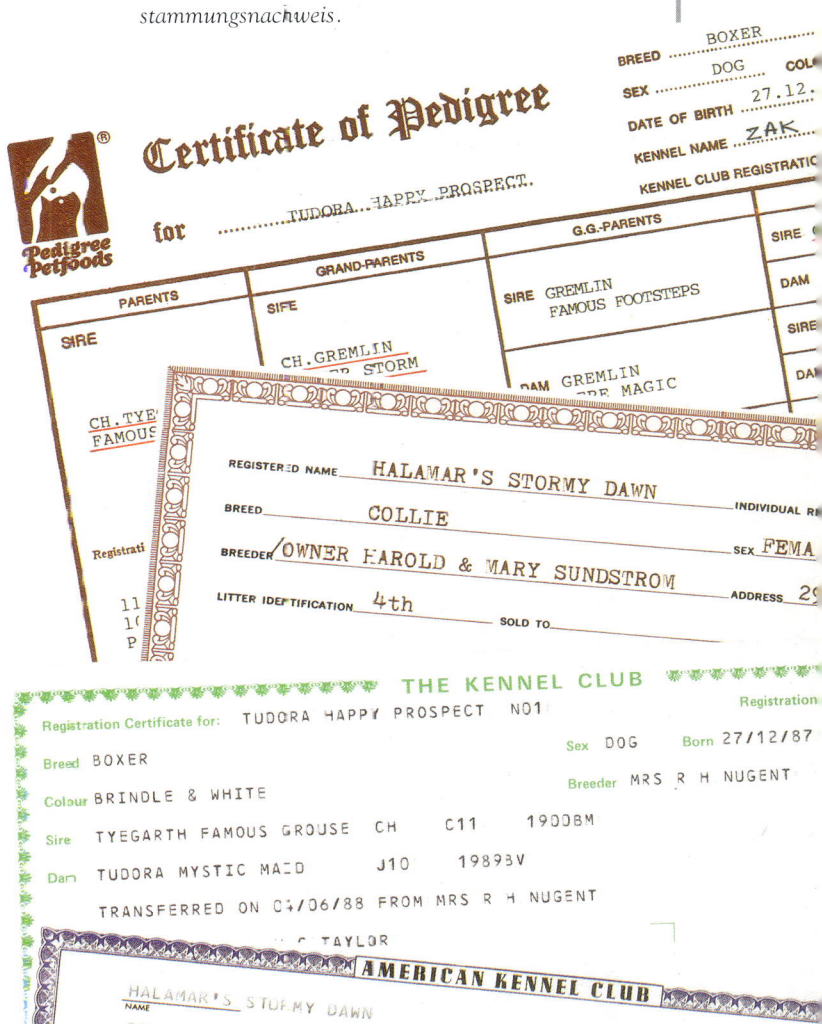

23

BEGLEIT-HUNDE

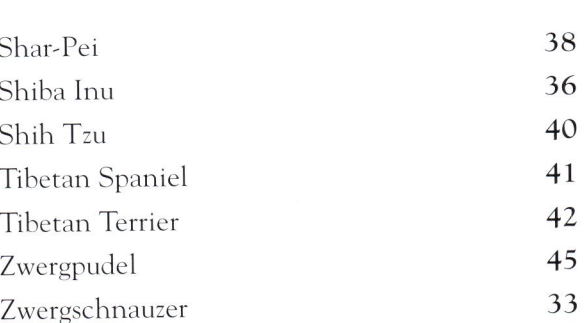

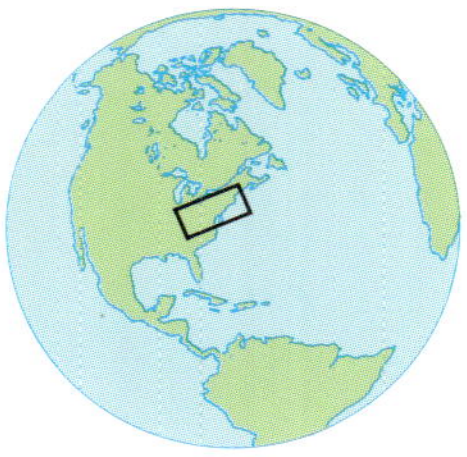

BOSTON TERRIER

Der lebhafte und intelligente Boston Terrier ist ein kompakter, harmonisch gebauter Hund mit einem kurzen Körper. Ein ausgezeichneter Haushund, der jedoch einen starken Willen und viel Entschlossenheit besitzt.

Der Kopf des Boston Terrier soll in der Größe zum Körper passen; seine Zähne müssen kurz und regelmäßig sein und aufeinandertreffen. Den Hals wünscht man sich lang genug und leicht gebogen.

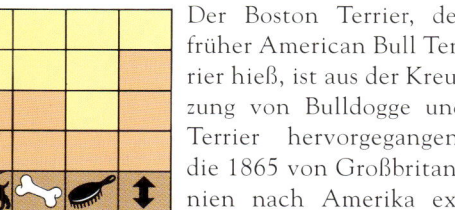

Der Boston Terrier, der früher American Bull Terrier hieß, ist aus der Kreuzung von Bulldogge und Terrier hervorgegangen, die 1865 von Großbritannien nach Amerika exportiert wurde. Barnard's Tom, das erste Exemplar dieser Rasse mit der erwünschten geschraubten Rute, wurde in Boston, Massachusetts, gezogen und 1893 vom American Kennel Club registriert. Die Rasse wurde somit nach der Stadt benannt, in der sie entstanden ist.

Charakter und Pflege

Der Boston Terrier ist ein lebhafter, intelligenter, pflegeleichter Familienhund. Es ist jedoch schwierig, einen Hund zu finden, bei dem die Farbverteilung perfekt ist – im Idealfall sollte der Hund eine weiße Schnauze oder eine weiße Blesse haben, einen weißen Kragen und weiße Vorderbeine unterhalb der Ellbogen.

KURZINFO

- **GRUPPE** Begleithund. **Anerkannt von** AKC, CKC, FCI, KC.

- **GEWICHT** nicht über 11,5 kg, unterteilt in Klassen: Leichtgewicht unter 6,8 kg; Mittelgewicht unter 9 kg; Schwergewicht unter 11,5 kg.

- **FELL** Kurz und glatt.

- **FARBE** Stichelhaarig mit weißen Abzeichen; die Stichelhaarigkeit muß auf allen dunklen Körperteilen erkennbar sein; Schwarz mit weißen Abzeichen.

- **KÖRPERBAU** Breiter Kopf mit flacher Schädeldecke; runde, weit auseinanderstehende Augen; breiter Kiefer; aufrechtstehende, weit außen angesetzte Ohren; breite Brust; tief angesetzter Schwanz.

ENGLISCHE BULLDOGGE

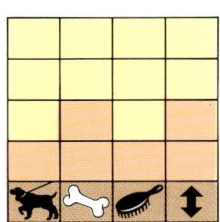

Die stolze Abstammung der Englischen Bulldogge läßt sich zurückverfolgen bis zu Molosser, dem römischen Kampfhund, der seinen Namen vom griechischen Stamm der Molosser erhielt. Wie ihr Name schon vermuten läßt, war die Bulldogge ursprünglich ein Hund, der gegen Bullen antrat. Einer Legende zufolge hat dieser »Sport« seinen Ursprung in England, wo um 1204 Lord Stamford von Lincolnshire belustigt zusah, wie einige Schlachterhunde einem Bullen zusetzten. Das veranlaßte den Lord, Turniere zu veranstalten, für die der Schlachter jedes Jahr einen Bullen zur Verfügung stellen mußte. Später wurden dann in verschiedenen Teilen Englands »Pits« (Kampfarenen) eingerichtet, in denen die Hunde auch auf ihresgleichen gehetzt wurden.

Als die Bullenhatz 1835 verboten wurde, stand die Bulldogge kurz vor dem Aussterben. Glücklicherweise hat ein gewisser Bill George weiterhin Bulldoggen gezüchtet; 1875 wurde der erste Bulldoggen-Klub unter dem Namen Bulldog Club Incorporated gegründet. Ihm folgte 1891 die London Bulldog Society.

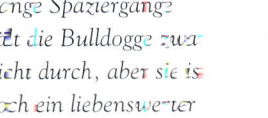

Lange Spaziergänge hält die Bulldogge zwar nicht durch, aber sie ist doch ein liebenswerter Gefährte.

Charakter und Pflege

Trotz seines grimmigen Gesichtes ist die Bulldogge ein freundlicher Hund. Sie liebt Kinder und ist ein angenehmer Hausgenosse. Die einzigen Pflegemaßnahmen sind das tägliche Abbürsten mit einer harten Bürste mit anschließendem Nachpolieren. Bulldoggen dürfen an heißen Tagen nicht überanstrengt werden.

Die Bulldogge hat breite, abfallende Schultern und eine tiefe Brust. Die stark bemuskelten Schultern sehen fast aus, als wären sie von außen an den Hund angesetzt worden.

KURZINFO
• **GRUPPE** Begleithund. **Anerkannt von** AKC, ANKC, CKC, FCI, KC (GB), KUSA.
• **GEWICHT** Rüden 22,5–25 kg, Hündinnen 18–22,5 kg.
• **FELL** Kurz, glatt, eng anliegend und fein.
• **FARBE** Einfarbig oder mit schwarzer Maske oder Schnauze; Rot, Rot gestromt, gescheckt; Schwarz unerwünscht.
• **KÖRPERBAU** Großer Schädel; tiefsitzende Augen; kleine, hoch angesetzte Ohren; breite, abfallende Schultern; tief angesetzter Schwanz, entweder gerade oder geschraubt.

DALMATINER

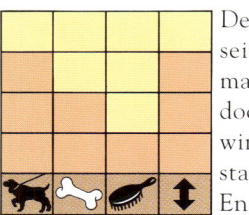

Die Nase des schwarzgetupften Dalmatiners ist immer schwarz, bei braun getupften Exemplaren ist sie braun.

Der Dalmatiner erhielt seinen Namen nach Dalmatien an der Adriaküste, doch der Dalmatiner, wie wir ihn heute kennen, stammt vermutlich aus England. Man schaute bewundernd, wenn die englischen Aristokraten in ihren Kutschen vorüberfuhren, neben denen ein eleganter Dalmatiner lief. Die Hunde vertragen sich noch heute gut mit Pferden und halten die Ställe frei von Ratten. In der Regel werden Dalmatiner aber als Haus- und Ausstellungshunde gehalten.

Dalmatiner waren in England zwar schon immer sehr beliebt, doch nach der Verfilmung von Dodie Smiths Buch *101 Dalmatiner* im Jahr 1959 verdoppelte sich die Zahl der registrierten Tiere. Weiteren Auftrieb erhielt die Rasse, als E. J. Woodyatts Champion Fanhill Faune 1978 die begehrte »Best in Show«-Trophäe der Crufts-Hundeausstellung in London zugesprochen bekam. Sein freundliches Wesen und das elegante Äußere haben den Dalmatiner zu einem weltweit beliebten Hund gemacht.

Charakter und Pflege

Dieser anhängliche und lebhafte Hund wird schnell zum Liebling der ganzen Familie. Er braucht viel Bewegung und muß täglich gebürstet werden, verliert aber trotzdem weiße Haare. Intelligenz und Umgänglichkeit der Hunde machen dieses kleine Problem allerdings mehr als wett.

KURZINFO
• **GRUPPE** Begleithund. **Anerkannt von** AKC, ANKC, CKC, FCI, KC (GB), KUSA.
• **GRÖSSE** Widerristhöhe: 48–59 cm. Gewicht: 22,5–25 kg.
• **FELL** Kurz, fein und dicht; glatt und glänzend.
• **FARBE** Grundfarbe Reinweiß mit schwarzen oder braunen Tupfen, die nicht zusammenlaufen, sondern rund, gut definiert und möglichst gleichmäßig verteilt sind; die Tupfen an den Gliedmaßen sind kleiner als die auf dem Körper.
• **KÖRPERBAU** Langer Kopf; flacher Schädel; Augen mittelweit auseinanderstehend; hoch angesetzte, mittelgroße Ohren; tiefe Brust; lange leicht aufwärtsgebogene Rute.

Der Dalmatiner, ein freundlicher, aufgeschlossener Kutschenbegleithund, darf keinerlei Aggression oder Nervosität zeigen.

SCHIPPERKE

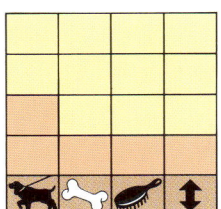

Der Schipperke stammt aus Belgien, obwohl er oft für einen holländischen Hund gehalten wird. Man schätzt, daß die Rasse etwa 200 Jahre alt ist, doch dafür gibt es keine Beweise. Möglicherweise gab es diese Hunde schon in der Mitte des 16. Jahrhunderts, denn einer Überlieferung aus dieser Zeit zufolge retteten zwei schwarze Hunde ohne Schwanz Prinz Wilhelm von Oranien (1533–1584) vor einem Attentäter. Auch über die Entstehung der Rasse herrscht Uneinigkeit. Einige Züchter vermuten, daß die Hunde von frühen Spitztypen aus dem Norden abstammen, während andere sie für Nachfahren einer heute ausgestorbenen Art von Belgischen Schäferhunden halten.

Der Schipperke war einst der beliebteste Haus- und Wachhund in Belgien. Seine ursprüngliche Aufgabe war es, die über Nacht festgemachten Schleppkähne auf den Kanälen zu bewachen; diese Tätigkeit verschaffte dieser Rasse ihren Namen. Schipperke ist Flämisch und bedeutet »kleiner Skipper«, also soviel wie »kleiner Kapitän«.

1880 wurde die Rasse erstmals ausgestellt und 1886 durch den Königlichen Schippperke Club zu Brüssel anerkannt. 1904 wurde ein offizieller Standard erstellt. 1905 gründete man den Schipperke Club of England und 1929 den Schipperke Club of America. In Amerika hat sich F. Isabel Ormiston von den Kelso Kennels besonders um diese Hunde verdient gemacht.

Charakter und Pflege

Der Schipperke ist ein freundlicher, besonders kinderlieber Hund. Er hat eine hohe Lebenserwartung und ist ein ausgezeichneter Wachhund. Es heißt, er könne jeden Tag mühelos zehn Kilometer zurücklegen, doch er nimmt auch mit kürzeren Spaziergängen vorlieb. Der Schipperke sollte im Haus leben dürfen und nicht im Zwinger untergebracht werden. Sein Fell bedarf nur geringer Pflege.

Der langlebige und treue Schipperke ist fast immer schwarz; andere Farben kommen nur selten vor.

Der Schipperke hat ein aufmerksames, fuchsähnliches Gesicht, einen kurzen, geraden Rücken und kleine, katzenähnliche Pfoten.

KURZINFO
• GRUPPE Begleithund. **Anerkannt von** AKC, ANKC, CKC, FCI, KC (GB), KUSA.
• GRÖSSE Widerristhöhe: Rüden 27,5–32,5 cm, Hündinnen 25–30 cm. Gewicht: 5,5–8 kg.
• FELL Üppig und dicht, mit längerem Haar am Hals, den Schultern, der Brust und den Rückseiten der Hinterbeine.
• FARBE Schwarz, die Unterwolle kann etwas heller sein. Außerhalb der USA sind auch andere Farben erlaubt.
• KÖRPERBAU Breiter Kopf mit flacher Schädeldecke ovale, dunkelbraune Augen; mittellange Ohren; breite und tiefe Brust; Stummelschwanz.

FINNENSPITZ

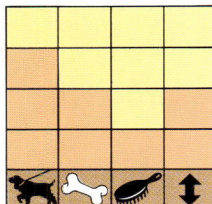

In seiner Heimat heißt der Finnenspitz Suomen-pystykorva – »Hund mit gespitzten Ohren«. Der Spitz ist Finnlands Nationalhund, der auch in vielen heroischen Volksliedern besungen wird. Früher verwendeten ihn die Lappen zur Jagd auf Elche und Eisbären, heute wird er in ganz Skandinavien zur Jagd auf Waldhühner und andere Vögel eingesetzt. Die Rasse stammt aus dem Osten Finnlands und ist mit dem russischen Laika verwandt. In den 1920er Jahren machte Kitty Ritson den Finnenspitz in England bekannt; von ihr stammt auch der Spitzname Finkie für diese Rasse.

Charakter und Pflege

In Skandinavien wird der Finnenspitz noch heute als Jagdhund eingesetzt, doch in anderen Ländern wird er fast ausschließlich als Haus- und Ausstellungshund gehalten. Er gilt als treu, anhänglich, kinderlieb und ist ein guter Wachhund. Er braucht viel Bewegung und muß jeden Tag gebürstet werden.

KURZINFO
• **GRUPPE** Begleithund. **Anerkannt von** AKC, CKC, FCI, KC.
• **GRÖSSE** Widerristhöhe: Rüden 43–50 cm, Hündinnen 39–45 cm. Gewicht: 11,5–16 kg.
• **FELL** Kurz, am Kopf und den Verderseiten der Beine eng anliegend, auf dem Körper und der Rückseite der Gliedmaßen etwas länger; Behaarung auf Nacken und Rücken steif und halbaufgerichtet.
• **FARBE** Auf dem Rücken Rötlichbraun oder Rotgolden, möglichst hell; auf der Unterseite oft hellere Schattierungen.
• **KÖRPERBAU** Kopf und Ohren mittelgroß; Ohren klein und spitz zulaufend; Körperform fast quadratisch; Schwanz buschig und über dem Rücken gerollt.

Der Finnenspitz ist eine Rasse, die sich am liebsten im Freien aufhält, den Komfort eines gemütlichen Heims aber trotzdem zu schätzen weiß.

FRANZÖSISCHE BULLDOGGE

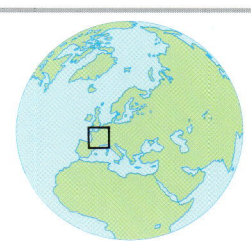

Die Französische Bull-dogge ist ein sanfter und friedlicher Hund. Sie hat die unverwech-selbaren »Fledermaus-ohren« und eine von Natur aus sehr kurze Rute, die Laien oft für kupiert halten.

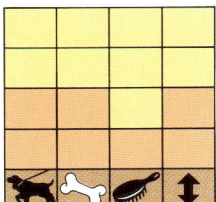

Die Französische Bulldog-ge mit ihren unverwech-selbaren Fledermausohren und ihrem geschraubten Schwanz hatte viele be-rühmte Freunde, von Kö-nig Eduard VII. von Eng-land bis hin zu der französischen Schriftstelle-rin Colette. Die Rasse stammt eindeutig von kleinen Bulldoggen ab, doch es ist nicht be-kannt, ob es sich bei ihnen um englische Hun-de handelt, die im 19. Jahrhundert von Spit-zenklöpplern aus Nottingham nach Frankreich mitgebracht wurden, oder um Hunde, die von Spanien nach Frankreich eingeführt wurden. 1902 wurde in England ein Klub für Französi-sche Bulldoggen gegründet, 1912 wurde die Rasse vom britischen Kennel Club anerkannt. 1913 wurden auf der Westminster Dog Show in New York bereits 100 Exemplare dieser Rasse ausgestellt.

Charakter und Pflege

Die Französische Bulldogge ist ein sehr belieb-ter und pflegeleichter Ausstellungshund, aber auch ein angenehmes Haustier. Sie ist umgäng-lich, anhänglich, kinderlieb und mutig. Der Besitzer muß sich nur an die etwas geräusch-volle Atmung gewöhnen und daran, daß der Hund sofort »Trübsal bläst«, wenn er einmal in Ungnade gefallen ist.

Der »Frenchie« ist leicht zu pflegen, er muß nur einmal täglich gebürstet und mit einem Seidentuch oder einem alten Handtuch frot-tiert werden, damit sein Fell glänzt. Die Haut-falten im Gesicht sollten eingeölt werden, da-mit sie sich nicht wundreiben.

Warnung: Diese kurzköpfige Rasse darf an heißen Tagen nicht überanstrengt werden.

KURZINFO
• **GRUPPE** Begleithund. **Anerkannt von** AKC, ANKC, CKC, FCI, KC (GB), KUSA.
• **GRÖSSE** Widerristhöhe: ca. 30 cm. Gewicht: Rüden um 12,5 kg, Hündinnen 11 kg.
• **FELL** Kurz, glatt und fein.
• **FARBE** Gestromt, gescheckt oder Cremefarben.
• **KÖRPERBAU** Großer, breiter und kant-iger Kopf; dunkle, weit auseinanderste-hende Augen; »Fledermausohren«, am Ansatz breit, mit gerundeter Spitze, hoch angesetzt und stehend; kurzer, kräftiger Körper; sehr kurzer Schwanz.

MITTELSCHNAUZER

Der Mittelschnauzer ist gilt als älteste der drei Schnauzervarietäten, von denen die beiden anderen der Zwerg- und der Riesenschnauzer sind. Der Schnauzer wurde im Laufe der Zeit immer wieder von Künstlern dargestellt, etwa auf der Federzeichnung *Maria mit den vielen Tieren* von Albrecht Dürer (1471–1528), von Rembrandt (1606–1669) und Sir Joshua Reynolds (1723–1792).

Seine Abstammung liegt jedoch im dunklen. Manche halten ihn für eine Kreuzung zwischen zwei ausgestorbenen Rassen, dem Biberhund des Mittelalters und einem rauhhaarigen Hund, vielleicht einem Terrier, der zur Rattenjagd gehalten wurde. Andere vermuten, daß die Rasse aus dem ausgestorbenen Schäferpudel und dem Drahthaarpinscher hervorgegangen ist. Wieder andere Forscher gehen davon aus, daß der Schnauzer ausschließlich von Treibhunden abstammt, darunter dem Bouvier des Flandres, der ihm tatsächlich sehr ähnlich sieht. Ursprünglich waren die Schnauzer die Allzweckhunde der Bauern und hielten die Höfe frei von Ratten. Der Zuchtstandard für diese Rasse wurde erstmals 1880 in Deutschland veröffentlicht. 1918 schloß sich der Bayerische Schnauzerklub mit dem Kölner Pinscherklub zusammen.

Der Schnauzer soll leichtfüßige und lebhafte Bewegungen zeigen.

Charakter und Pflege

Der Schnauzer ist ein hübscher, robuster, intelligenter und verspielter Hund und ein angenehmer, kinderlieber Hausgenosse. Er hat Freude an langen Spaziergängen. Sein Drahthaarfell muß regelmäßig getrimmt, also am besten von Hand gezupft werden. Haushunde können auch geschoren werden. Wer seinen Schnauzer auf Ausstellungen vorstellen will, sollte sich schon beim Kauf vom Züchter über das Trimmen informieren lassen.

KURZINFO
• **GRUPPE** Begleithund. **Anerkannt von** AKC, ANKC, CKC, FCI, KC (GB), KUSA.
• **GRÖSSE** *Mittelschnauzer* Widerristhöhe: Rüden 46–49 cm, Hündinnen 44–46 cm. Gewicht: um 15 kg. *Riesenschnauzer* Widerristhöhe: Rüden 65–70 cm, Hündinnen 60–65 cm. Gewicht: 33–34,5 kg. *Zwergschnauzer* Widerristhöhe: 30–36 cm. Gewicht: 6–7 kg.
• **FELL** Hart und drahtig, mit weicher Unterwolle.
• **FARBE** Schwarz (weiße Abzeichen an Kopf, Brust und Beinen unerwünscht), oder Pfeffersalz.
• **KÖRPERBAU** Kopf kräftig und von guter Länge; dunkle, ovale Augen; hübsche, spitze Ohren; mittelbreite Brust; hoch angesetzter und hoch getragener Schwanz, der auf eine Länge von drei Wirbeln kupiert wird.

Bei dieser Rasse ist der korrekte Körperbau wichtiger als die Farbe oder Schönheit.

RIESENSCHNAUZER

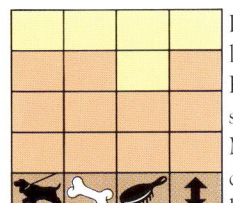

Der Riesenschnauzer war lange Zeit als Münchener Hund bekannt, denn er stammt aus der Nähe von München. Man glaubt, daß die Rasse von kurzhaarigen Treibhunden und rauhhaarigen Schäferhunden abstammt, in die auch schwarze Doggen und der Bouvier des Flandres eingekreuzt wurden. Riesenschnauzer wurden zum Treiben von Vieh eingesetzt, bis ihre Dienste nicht länger gefragt waren.

1909 tauchten auf einer Ausstellung in München erstmals Riesenschnauzer auf, damals noch unter der Bezeichnung Russischer Bärenschnauzer. Die 30 vorgestellten Hunde erregten ein solches Aufsehen, daß bereits im darauffolgenden Monat der Münchner Schnauzerklub ins Leben gerufen wurde. Der Riesenschnauzer, der nicht so gefragt ist wie seine beiden kleineren Verwandten, wäre beinahe ausgestorben, hätte er sich im Ersten Weltkrieg nicht als ausgezeichneter Wachhund erwiesen. Bemühungen, diesen großartigen Hund besser bekannt zu machen, kamen jedoch erst nach 1945 in Gang.

Charakter und Pflege

Dieser intelligente Hund ist ein verläßlicher Gefährte, der viel Auslauf braucht. Abgesehen vom Trimmen und Auszupfen einzelner Haare, benötigt er wenig Pflege. Das Fell kann auch geschoren werden, was für einen Ausstellungshund jedoch nicht zulässig ist. Lassen Sie sich daher beim Kauf das Trimmen zeigen.

Regelmäßiges Trimmen verhindert, daß das rauhe Haarkleid des Riesenschnauzers weich und wollig wird.

ZWERGSCHNAUZER

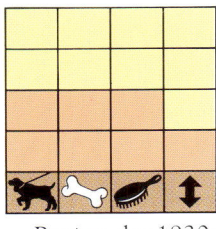

Der Zwergschnauzer entstand aus der Kreuzung von Mittelschnauzern mit kleineren Hunden, vermutlich Affenpinschern. Die Rasse wurde erstmals 1899 ausgestellt und war zu Beginn der 1920er Jahre in Deutschland fest etabliert. 1923 brachte W. D. Goff das erste Exemplar nach Amerika, und 1928 importierte W. H. Hancock auch erste Zuchttiere nach England.

In den Vereinigten Staaten und in Kanada gilt der Zwergschnauzer heute als Terrier und war einst der beliebteste Hund innerhalb dieser Gruppe. In Großbritannien wird er als Gebrauchshund betrachtet und nicht als Terrier. Dort ist er ein beliebtes Haustier und wird auch auf Ausstellungen und in Gehorsamsprüfungen vorgestellt.

Charakter und Pflege

Der Zwergschnauzer ist ein entzückender kleiner Hund, der sich ausgezeichnet als Familienhund wie auch als Gefährte von Kindern eignet. Wie seine größeren Artgenossen benötigt

er viel Bewegung, und sein Fell muß regelmäßig getrimmt werden. Es kann zwar auch geschoren werden, was für Ausstellungen aber nicht zulässig ist; deshalb ist es ratsam, sich schon beim Kauf das Trimmen vom Züchter zeigen zu lassen.

Heute sind Schnauzer in erster Linie Begleithunde. Sie sind auch gute Ausstellungshunde, vorausgesetzt, ihr Besitzer hat bei einem Fachmann das Trimmen erlernt.

DEUTSCHER SPITZ

Der Deutsche Spitz darf nie Anzeichen von Nervosität oder Aggression zeigen. Merkmale dieser Rasse sind ihre Lebhaftigkeit, Unabhängigkeit und Anhänglichkeit.

Der einzige Unterschied zwischen dem Kleinspitz und dem Mittelspitz ist die Größe. Beide sind verkleinerte Versionen des Wolfsspitzes. Es gibt viele verschiedene Spitze, und es ist schwer, ihre Herkunft genau zu bestimmen – wahrscheinlich wurden sie von den Wikingern aus Skandinavien mitgebracht.

Hunde dieses Typs gab es bereits um 1700; damals sollen weiße Exemplare in Pommern gelebt haben und schwarze in Württemberg. Die kleineren der aus Pommern stammenden Spitze werden heute in England unter dem Na-men Zwergspitz gezüchtet (siehe Seite 224). 1899 wurde der Verein für Deutsche Spitze gegründet, der Standards für die verschiedenen Spitzarten erstellte.

Charakter und Pflege
Dieser lebhafte, intelligente und wachsame Hund ist sehr selbstbewußt und liebt seine Familie über alles. Der Deutsche Spitz läßt sich sowohl in der Stadt als auch auf dem Land halten. Er muß täglich gründlich gebürstet werden und braucht viel Bewegung. Schlecht erzogene Spitze neigen zum Kläffen.

KURZINFO
• **GRUPPE** Begleithund. **Anerkannt von** ANKC, FCI, KC (GB), KUSA.
• **GRÖSSE** *Kleinspitz* Widerristhöhe: 23–28 cm. Durchschnittsgewicht: 3 kg. *Mittelspitz* Widerristhöhe: 29–35,5 cm. Durchschnittliches Gewicht: 11,5 kg.
• **FELL** Weiche Unterwolle, langes, dichtes Deckhaar.
• **FARBE** Einfarbig in allen Variationen.
• **KÖRPERBAU** Breiter Kopf; ovale Augen; kleine, dreieckige Ohren; kompakter Körper; hoch angesetzter und über dem Rücken getragener Schwanz.

KEESHOND

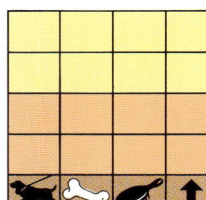

Der Keeshond ist in Europa auch als Holländischer Lastkahnhund bekannt. Seinen heutigen Namen erhielt er nach einem Vertreter seiner Rasse, der im 18. Jahrhundert dem Holländer Kees de Gyselaer gehörte. Wie andere Spitze, so stammt wahrscheinlich auch der Keeshond von skandinavischen Rassen ab. Er war in Holland ein beliebter Begleiter der Kanalschiffer und diente ihnen auch als Wachhund.

1905 brachte Miss Hamilton-Fletcher, die spätere Mrs. Wingfield-Digby, einige Welpen nach England. 1923 wurden zwei ihrer Hunde auf der Birmingham National Dog Show als Holländische Lastkahn-Hunde ausgestellt. Dar-aufhin wurde 1925 ein Club gegründet, der heute Keeshond Club heißt. Die ersten Prämierungen erfolgten im Jahr 1928. Schon 1920 hatte diese Rasse auch in ihrem Heimatland wieder Interesse erweckt. Die FCI (Fédération Cynologique Internationale) war jedoch bisher nicht bereit, den für diese Rasse erstellten Standard anzuerkennen, mit der Begründung, daß der Keeshond mit dem Deutschen Wolfsspitz identisch sei.

Charakter und Pflege
Der gutartige und langlebige Keeshond ist ein typischer Einmann-Hund. Er muß täglich mit einer harten Bürste gepflegt werden und benötigt viel Auslauf. Ein Halsband verdirbt seine schöne Halskrause.

JAPAN SPITZ

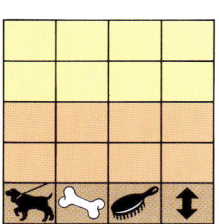

Der Japan Spitz hat dieselben Vorfahren wie der Nordische Spitz. Er ist ungefähr halb so groß wie der Samojede und mit dem Deutschen Spitz und dem Zwergspitz eng verwandt. Seine direkten Vorfahren sollen vor vielen Jahren auf Handelsschiffen nach Japan gekommen sein, wo sich die Rasse isoliert weiterentwickelte. Diese Hunde sind in Japan beliebte Haustiere, die erst vor kurzem auch internationale Verbreitung fanden und inzwischen gefragte Ausstellungshunde sind.

Charakter und Pflege

Dieser wachsame, intelligente, lebhafte und tapfere Spitz ist seinem Besitzer treu ergeben, Fremden gegenüber aber mißtrauisch. Er ist ein guter kleiner Wachhund. In England gibt es einige Exemplare, die Fernfahrer in ihren Lastern begleiten und ihnen auf langen Strecken Gesellschaft leisten. Das Fell muß täglich gebürstet werden. Aufgrund seines Hütetriebes braucht er ersatzweise viel Bewegung.

Der Japan Spitz hat ein schneeweißes Fell, jedoch einen schwarzen Nasenspiegel.

KURZINFO

- **GRUPPE** Begleithund.
  Anerkannt von ANKC, CKC, FCI, KC (GB), KUSA.

- **GRÖSSE** Widerristhöhe: Rüden 30–36 cm, Hündinnen etwas kleiner. Durchschnittsgewicht: 6 kg.

- **FELL** Dichtes, gerade abstehendes Deckhaar; dichte, kurze Unterwolle.

- **FARBE** Reinweiß.

- **KÖRPERBAU** Mittelgroßer Kopf; dunkle Augen; kleine, aufrechtstehende dreieckige Ohren; breite, tiefe Brust; hoch angesetzter Schwanz.

KURZINFO

- **GRUPPE** Begleithund.
  Anerkannt von AKC, ANKC, CKC, KC (GB), KUSA.

- **GRÖSSE** Widerristhöhe: Rüden um 46 cm, Hündinnen 43 cm. Gewicht: 25–30 kg

- **FELL** Lange, gerade abstehende Haare; üppige Halskrause.

- **FARBE** Mischung aus Grau, Schwarz und Creme; Unterwolle hell.

- **KÖRPERBAU** Wohlproportionierter Kopf (von oben betrachtet keilförmig); dunkle, mittelgroße Augen; kleine, dreieckige Ohren; kompakter Körper; buschiger, hoch angesetzter Schwanz, der flach über den Rücken geringelt ist.

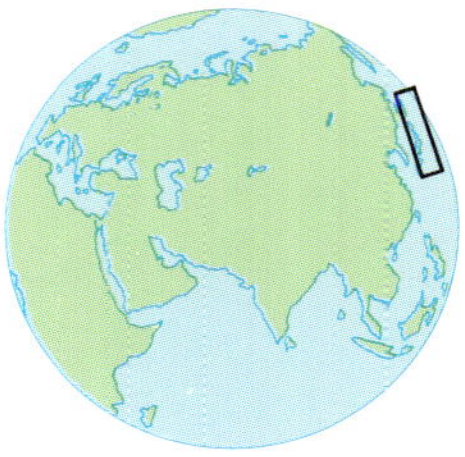

SHIBA INU

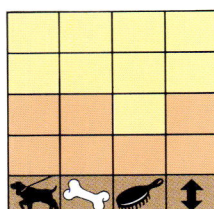

Der Shiba Inu ist eine sehr alte Rasse, die aus den Präfekturen von Gifu, Toyama und Nagano in Zentraljapan stammt und deren Name im Nagano-Dialekt einfach nur »kleiner Hund« bedeutet. Knochen dieses Hundes wurden in Ruinen aus der Dschomon-Epoche (500 v. Chr.) gefunden. In den letzten Jahren ist der Shiba Inu ein beliebter Ausstellungshund geworden, der seinem Landsmann, dem Akita Inu (siehe Seite 64) auf die internationale Hundeszene gefolgt ist. Er ist ein guter Wachhund und eignet sich für die Jagd auf Vögel und anderes Kleinwild.

Charakter und Pflege

Der Shiba Inu ist ein anhänglicher und empfindsamer Hund, der als Haustier ebenso geeignet ist wie als Ausstellungs- oder Jagdhund. Er braucht viel Bewegung und muß täglich gebürstet werden.

Der Shiba Inu ist an seinen tiefliegenden Augen und seinem üppigen Fell leicht zu erkennen.

KURZINFO
• **GRUPPE** Begleithund. **Anerkannt von** ANKC, FCI, KC (GB).
• **GRÖSSE** Widerristhöhe: Rücen 38–40 cm, Hündinnen 35–38 cm. Gewicht: 9–13,5 kg.
• **FELL** Grob und abstehend.
• **FARBE** Rot, Pfeffersalz, Schwarz, Black and Tan oder Weiß.
• **KÖRPERBAU** Kräftig, stark bemuskelt; tiefe Brust; langer Rücken; mandelförmige Augen; ein langer, siche förmiger Schwanz.

Erst seit wenigen Jahren gibt es den Shiba Inu auch außerhalb seines Heimatlandes zu sehen. Mittlerweile hat er jedoch schon eine stattliche Schar begeisterter Anhänger gefunden.

CHOW CHOW

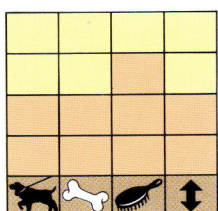

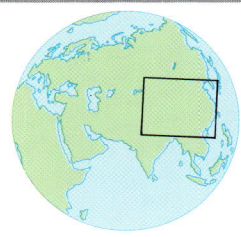

Der Chow Chow ist der einzige Hund, der eine blauschwarze Zunge hat. Dieses löwenartige Mitglied der Spitz-Familie gibt es in seinem Heimatland China schon seit mehr als 2 000 Jahren. Chow Chows wurden dort wegen ihres Fleisches, ihres Fells und als Jagdhunde gezogen; ihr Name leitet sich vielleicht von dem Chinesischen Choo-Jagdhund ab. Der Chow Chow soll der »Mastiff« der tibetanischen Lamas gewesen sein und wird in frühen chinesischen Schriften auch als Tartarenhund und Hund der Barbaren bezeichnet.

Der erste Chow Chow, der 1760 in England auftauchte, wurde in einem Zoo ausgestellt. 1895 wurde in Großbritannien der Chow Chow Club gegründet, und 1905 wurde das erste Zuchttier nach Amerika exportiert. Bei ihm handelte es sich um Garnett Botfields Rüden Chinese Chum, der 1905 der erste amerikanische Chow Chow-Champion wurde. 1936 bekam V. A. Mawnoochs Champion namens Choonam Hung Kwong bei der Crufts Dog Show den Titel »Best in Show« zugesprochen. Er erhielt 44 British-Challenge-Zertifikate, sein Wert wurde auf 5 250 Pfund geschätzt.

Charakter und Pflege

Der Chow Chow gilt vielfach als gefährlich, doch obwohl er ein ernstzunehmender Gegner ist, wird er nicht angreifen, ohne provoziert worden zu sein. Er ist ein treuer, geruchsfreier Hund, ein angenehmer Hausgenosse, der nur einen Menschen als seinen Herrn anerkennt und der konsequent, aber sanft behandelt werden muß. Er braucht nicht allzuviel Bewegung, sein dichtes Fell muß täglich gepflegt werden.

Wie andere Spitz-Rassen auch, trägt der Chow Chow den Schwanz über den Rücken geklappt.

Früher hat der Chow Chow Wölfe gejagt, heute ist er ein erfolgreicher Austellungshund und Gefährte des Menschen.

KURZINFO
• **GRUPPE** Begleithund. **Anerkannt von** AKC, ANKC, CKC, FCI, KC (GB), KUSA.
• **GRÖSSE** Widerristhöhe: Rüden 48–56 cm, Hündinnen 46–51 cm. Gewicht: 20–32 kg.
• **FELL** Kann rauh sein – üppig, dicht, von grober Struktur und unterschiedlicher Länge mit einer dicken Halskrause und einem buschigen Schwanz; oder glatt, dicht und hart, ohne Halskrause und üppiger Schwanzbehaarung.
• **FARBE** Einfarbig Schwarz, Rot, Blau, Lohfarben und Creme.
• **KÖRPERBAU** Breiter, flacher Kopf; mandelförmige, dunkle Augen; kleine, an den Spitzen gerundete Ohren; langer, gebogener Hals; tiefe, breite Brust und kompakter Körper; hoch angesetzter und über dem Rücken getragener Schwanz.

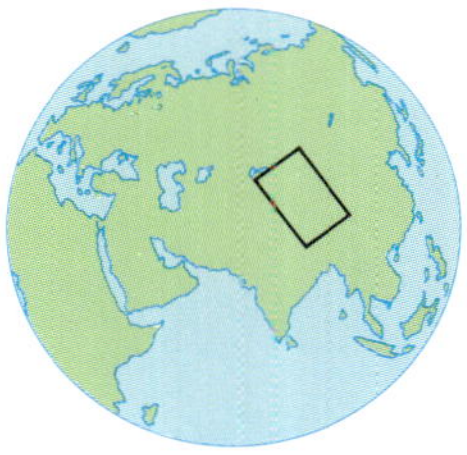

SHAR-PEI

Die lose Haut des Shar-Pei war in seiner Zeit als Kampfhund ein Vorteil, denn es heißt, daß die Gegner darin keinen festen Halt fanden. Auch wenn der Shar-Pei heute nicht mehr der seltenste Hund der Welt ist, erregt er doch immer noch beträchtliches Aufsehen.

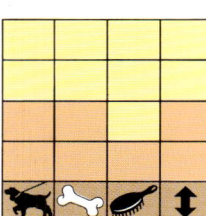

Hunde, die dem Shar-Pei oder dem Chinesischen Kampfhund ähneln, lassen sich bis in die Han-Dynastie (206 v. Chr. bis 220 n. Chr.) zurückverfolgen; man nimmt an, daß diese Rasse mit der losen Haut vor ungefähr 2 000 Jahren in Tibet oder in Chinas Nordprovinz entstanden ist. Zu jener Zeit war der Hund vermutlich deutlich größer und dürfte zwischen 40 und 75 kg gewogen haben.

Diese ungewöhnliche Rasse wurde in China ursprünglich zum Hüten von Schafen und für die Wildschweinjagd gebraucht. Außerdem mußte sie sich im Kampf gegen andere Hunderassen behaupten, doch da die Shar-Peis ein überaus friedliches Wesen haben, muß davon ausgegangen werden, daß die Tiere für diese Kämpfe mit Drogen aufgeputscht wurden.

Es ist noch gar nicht lange her, daß der Shar-Pei als seltenster Hund der Welt bezeichnet wurde, doch heute sind diese Tiere auf allen größeren Hundeschauen Großbritanniens zu bewundern; es ist geplant, erste Zuchttiere nach Rußland zu exportieren.

Charakter und Pflege

Dieser sehr anhängliche Hund ist ruhig, selbstsicher und seinem Herrn treu ergeben. Sein Fell wird nie getrimmt, und für seine Größe braucht er nicht allzuviel Auslauf.

KURZINFO
• **GRUPPE** Begleithund. **Anerkannt von** AKC, ANKC, FCI, KC (GB), KUSA.
• **GRÖSSE** Widerristhöhe: 46–51 cm. Gewicht: 18–25 kg.
• **FELL** Kurz, glatt und borstig; keine Unterwolle.
• **FARBE** Einfarbig Schwarz, Rot, Hell- oder Dunkellohfarben oder Cremefarben.
• **KÖRPERBAU** Kopf recht groß; dunkle, mandelförmige Augen; sehr kleine, dreieckige Ohren; breite, tiefe Brust; runder, spitz zulaufender Schwanz, zu einer Seite über den Rücken getragen.

LHASA APSO

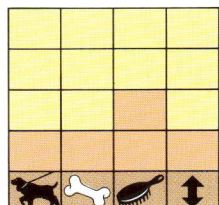

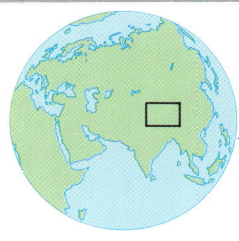

Der Lhasa Apso stammt aus Tibet und wird auch Tibetanischer Apso genannt. Er ist ein kleiner Wachhund für das Haus, der offenbar vom Tibetan Mastiff abstammt. Das Wort *apso* bedeutet ziegenartig, und es ist möglich, daß der Hund diesen Namen erhielt, weil sein Fell dem der tibetanischen Ziegen ähnelt. Die Hunde wurden in ihrem Heimatland sehr geschätzt und in Tempeln und Palästen gehalten. Der Lhasa Apso wird oft mit dem Shih Tzu aus dem Westen von China verwechselt, doch zwischen beiden Rassen bestehen einige Unterschiede, darunter die Tatsache daß der Lhasa Apso eine längere Nase hat und daß sein Nasenspiegel tiefer liegt als der des Shih Tzu. In der Vergangenheit ist es jedoch wahrscheinlich außerhalb der Ursprungsländer zu Vermischungen der beiden Rassen gekommen, denn es war Brauch, daß der Dalai Lama ausländischen Würdenträgern Lhasa Apsos aus eigener Zucht zum Geschenk machte, während die chinesischen Herrscher wichtigen Gästen einen Shih Tzu verehrten. In den 1930er Jahren kam der Lhasa Apso nach Großbritannien, 1934 wurde der Internationale Klub für tibetanische Hunderassen gegründet. In Amerika wurde die Rasse 1935 anerkannt.

Charakter und Pflege

Der Lhasa Apso ist ein freundlicher, kinderlieber, anpassungsfähiger Hund mit einer langen Lebenserwartung. Er tobt gern im Freien und ist trotz seines pflegeintensiven Fells auch auf einem Bauernhof glücklich.

KURZINFO

- **GRUPPE** Begleithund. Anerkannt von AKC, ANKC, CKC, FCI, KC (GB), KUSA.

- **GRÖSSE** Widerristhöhe: Rüden um 25,4 cm, Hündinnen etwas kleiner

- **FELL** Deckhaar lang, schwer, glatt und hart. Unterwolle nicht allzu üppig.

- **FARBE** Einfarbig Golden, Sandfarben, Honigfarben, Schiefergrau oder Rauchfarben; Schwarzweiß, Weiß oder Braun; alle Farben sind akzeptiert.

- **KÖRPERBAU** Langes Kopfhaar, das über die Augen fällt; stark behaarte Ohren; dunkle Augen; kompakter, ausgewogener Körper; hoch angesetzter und über dem Rücken getragener Schwanz.

Der Lhasa Apso ist ein beliebter Familienhund, der allerdings täglich gebürstet werden muß. Er wird leicht mit dem sehr ähnlichen Shih Tzu verwechselt, bei dem das Haar auf dem Kopf jedoch in der Regel hochgebunden wird.

SHIH TZU

Der hoch getragene Kopf und die runden Augen zeigen, welch ein aufmerksamer Hund der Shih Tzu ist. Seine Nase sollte nie nach unten zeigen.

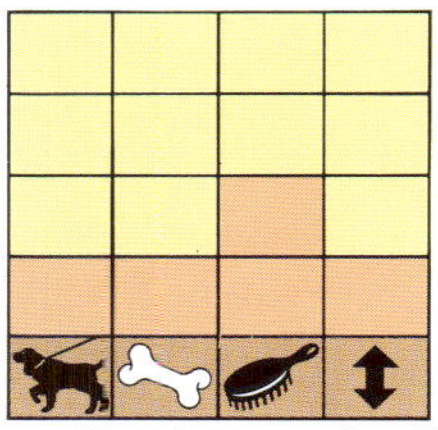

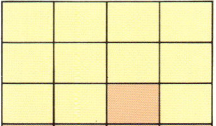

Der Shih Tzu, dessen chinesischer Name »Löwenhund« bedeutet, stammt offenbar aus dem Westen von China. Er ähnelt dem Lhasa Apso, hat aber eine kürzere Schnauze und ist vielleicht aus der Kreuzung von Lhasa Apsos und Pekinesen entstanden. Sicher ist, daß der tibetanische Dalai Lama Würdenträgern aus anderen Ländern, darunter auch China, ausgewählte Exemplare der Lhasa Apsos zum Geschenk gemacht hat. Ein früher Standard für diese Rasse, den der Pekinger Hundeclub herausgegeben hat, beschreibt das Zuchtziel blumig: »... den Kopf eines Löwen, den Rumpf eines Bären, den Schwanz wie ein Staubwedel, Ohren wie Palmenblätter, Zähne wie Reis und Bewegungen wie ein Goldfisch«.

1930 wurden die ersten Tiere dieser Rasse nach England gebracht, doch der britische Kennel Club war erst 1946 bereit, ein Zuchtbuch für diese Hunde zu eröffnen. 1969 wurde der Shih Tzu auch vom amerikanischen Kennel Club anerkannt.

Charakter und Pflege

Dieser kinderliebe Hund verträgt sich mit anderen Haustieren. Er ist ein guter Haushund, in der Stadt und auf dem Land. Er muß täglich gebürstet werden; das lange Haar auf dem Kopf wird mit einer Schleife hochgebunden.

KURZINFO
• **GRUPPE** Begleithund. **Anerkannt von** AKC, ANKC, CKC, FCI, KC (GB), KUSA.
• **GRÖSSE** Widerristhöhe: 22,5–26,5 cm. Gewicht: 4–8 kg.
• **FELL** Lang, dicht, nicht gelockt, mit üppiger Unterwolle.
• **FARBE** Alle Farben zulässig; bei zweifarbigen Hunden sind eine weiße Blesse und eine weiße Schwanzspitze erwünscht.
• **KÖRPERBAU** Breiter, runder Kopf mit großem Augenabstand; große, dunkle, runde Augen; große, hängende, üppig behaarte Ohren; Körperlänge vom Widerrist bis zum Schwanzansatz größer als die Höhe; Schwanz üppig behaart und über dem Rücken getragen.

Das elegante, fast hochnäsige Aussehen täuscht: Der Shih Tzu ist ein mutiger kleiner Hund, der besonders gern im Schnee herumtollt.

TIBETAN SPANIEL

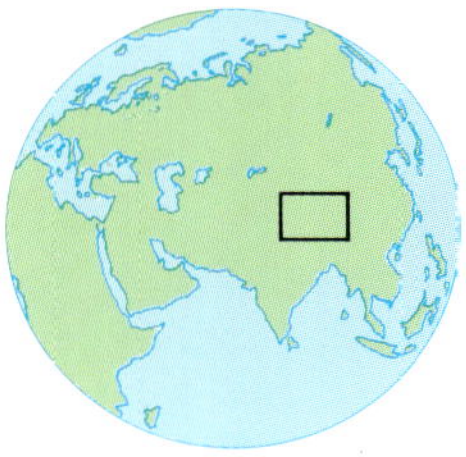

Der friedliche Tibetan Spaniel ist ein ausgezeichnetes, allerdings sehr selbstbewußtes Haustier. Er bewegt sich flink auf seinen hasenähnlichen Pfoten.

Ungeachtet ihres Namens ist diese Rasse nicht mit den Spaniels verwandt und vermutlich nie als Jagdhund eingesetzt worden. Man nimmt an, daß es den Tibetan Spaniel schon lange vor den ersten Aufzeichnungen über die Geschichte Tibets im 7. Jahrhundert gab, und aus diesem Grund ist über den Ursprung der Rasse nichts bekannt. Der in früherer Zeit praktizierte Austausch von Hunden zwischen China und Tibet läßt vermuten, daß frühe Shih Tzus oder pekinesenähnliche Hunde zur Entstehung dieser Rasse beitrugen. Einer anderen Theorie zufolge ist der Pekinese aus einer Kreuzung zwischen Tibetan Spaniel und Mops entstanden. Der Tibetan Spaniel war der Lieblingshund der Mönche und wurde oft in Klöstern gehalten. Es heißt, daß er früher die Gebetsmühlen der Tibeter drehte und dies vielleicht auch heute noch tut. Außerdem soll er, ebenso wie der Mexikanische Nackthund, als lebende Wärmflasche gedient haben.

Der erste Tibetan Spaniel, der 1905 in Großbritannien auftauchte, gehörte F. Wormald, doch allgemeine Bekanntheit erlangte diese Rasse dort erst gegen Ende der vierziger Jahre.

Charakter und Pflege

Diesen freundlichen und hübschen Hund sieht man leider fast nur auf Ausstellungen, obwohl er auch ein intelligenter, kinderlieber Hausgenosse ist. Er ist sehr lebhaft und tollt gern herum. Sein Fell muß regelmäßig gepflegt werden.

KURZINFO
• **GRUPPE** Begleithund. Anerkannt von AKC, ANKC, CKC, FCI, KC (GB), KUSA.
• **GRÖSSE** Widerristhöhe: um 25,5 cm. Gewicht: 4–7 kg.
• **FELL** Mittellang und seidig; im Gesicht und an der Vorderseite der Gliedmaßen kürzer; Ohren, Rückseiten der Beine und Schwanz üppig behaart.
• **FARBE** Alle Farben und Mischungen zulässig.
• **KÖRPERBAU** Kopf im Vergleich zum Körper klein; dunkelbraune, ausdrucksvolle Augen; mittelgroße Hängeohren; hoch angesetzter, buschiger Schwanz, der über den Rücken gerollt ist.

Diese Rasse liebt tägliche Spaziergänge. Man sollte darauf achten, daß das Halsband den Haarkragen am Hals nicht beschädigt.

TIBETAN TERRIER

Der Tibetan Terrier hat einen »energischen« Gesichtsausdruck und ist intelligent und lebhaft. Er sieht aus wie ein Bobtail im Kleinformat. Warum er als Terrier bezeichnet wird, ist unverständlich, denn er wurde für die Farmarbeit gezüchtet und nicht für die Jagd auf Tiere, die in unterirdischen Bauen leben.

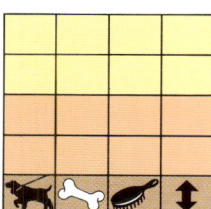

Genaugenommen ist der Tibetan Terrier gar kein Terrier, denn er ist nie zur Jagd auf unterirdisch lebende Tiere verwendet worden. Er sieht aus wie eine Miniaturausgabe des Bobtail und scheint wie die anderen kleinen Hunde Tibets (Tibetan Spaniel und Lhasa Apso) zu keinem anderen Zweck gezüchtet worden zu sein, als den Menschen zu erfreuen.

Der sehr alte Tibetan Terrier soll in den tibetanischen Mönchsklöstern gezüchtet worden sein; es wurden immer wieder Exemplare dieser Rasse als Maskottchen und Glücksbringer an Reisende verschenkt. Die Rasse wurde 1934 in die Liste der tibetanischen Rassen aufgenommen und hat inzwischen ihren eigenen Standard. Bisher ist sie weder in Großbritannien noch in Amerika sehr verbreitet.

Charakter und Pflege

Der Tibetan Terrier ist der ideale Hund für alle, die den Bobtail bewundern, einen so großen Hund aber nicht halten können. Aber auch sonst ist dieser hübsche, struppige Hund nur zu empfehlen.

Er ist treu, kräftig und ein fleißiger Läufer, und er liebt seinen Besitzer und dessen Kinder; Fremden gegenüber ist er jedoch oft mißtrauisch. Sein langes Fell muß regelmäßig gebürstet werden.

KURZINFO
• **GRUPPE** Begleithund. **Anerkannt von** AKC, ANKC, CKC, FCI, KC (GB), KUSA.
• **GRÖSSE** Widerristhöhe: Rüden 36–41 cm, Hündinnen etwas kleiner. Durchschnittliches Gewicht: 9–11 kg.
• **FELL** Weiches, wolliges Unterfell; Deckhaare lang und fein, entweder gewellt oder glatt.
• **FARBE** Alle Farben und Mischungen zulässig.
• **KÖRPERBAU** Große, runde, dunkle Augen; hängende, üppig behaarte Ohren; Körper kompakt und kräftig; hoch angesetzter, mittellanger Schwanz, der über dem Rücken getragen wird.

BICHON FRISÉ

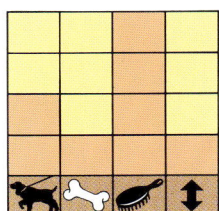

Das Wort »Bichon« wird oft für alle möglichen kleinen weißen Hunde benutzt, so zum Beispiel den Coton de Tulear, den Malteser, den Frisé, den Bologneser und den Havaneser. Der Bichon Frisé, Bichon à Poil Frisé (gelockter Bichon) oder Teneriffa Hund soll im 14. Jahrhundert von Matrosen nach Teneriffa gebracht worden sein. Wie der Pudel stammt er wahrscheinlich vom Französischen Wasserhund ab, dem Barbet; sein Name ist von der Verkleinerungsform *barbichon* abgeleitet.

Der Bichon Frisé, der dem Zwergpudel ähnlich sieht, ist international als französisch-belgische Rasse anerkannt. 1956 wurde er erstmals in den Vereinigten Staaten vorgestellt und 1972 vom American Kennel Club registriert. 1980 war auf der Crufts Dog Show in London auch eine Klasse für Bichon Frisés ausgeschrieben.

Charakter und Pflege

Dieser fröhliche und lebhafte kleine Hund ist ein entzückendes Haustier, das lange Spaziergänge liebt und unermüdlich ist. Mit einem langen Fell, das ihn aussehen läßt wie eine Puderquaste ist der Bichon jedoch kein Hund für Leute, die an der Fellpflege keinen Spaß haben. Das Scheren und Trimmen, mit dem diese Form erreicht werden soll, ist schwierig, und wer seinen Hund auf Schauen vorführen will, sollte sich schon beim Kauf vom Züchter über die richtige Fellpflege beraten lassen.

KURZINFO
• **GRUPPE** Begleithund. Anerkannt von AKC, ANKC, CKC, FCI, KC (GB), KUSA.
• **GRÖSSE** Widerristhöhe: 23–28 cm.
• **FELL** Lang und leicht gelockt.
• **FARBE** Weiß; bis zum Alter von 18 Monaten sind creme- oder aprikosenfarbene Abzeichen zugelassen. Haut möglichst dunkel.
• **KÖRPERBAU** Lange, dicht anliegende Ohren; dunkle, runde Augen mit schwarzen Lidern; relativ langer, gebogener Hals; Schwanz anmutig über dem Rücken getragen.

Die Beliebtheit dieses freundlichen und zutraulichen kleinen Hundes hat in den letzten 20 Jahren ständig zugenommen.

Der Bichon Frisé muß regelmäßig getrimmt werden. Zahlreiche Vertreter dieser Rasse sind Stammkunden im Hundesalon.

GROSSPUDEL

*Pudel haaren nicht. Ihr
wolliges Fell stellt in
der Regel keine Bedro-
hung für Asthmakran-
ke dar, für die ein Pu-
del somit der ideale
Hund sein kann.*

Der Pudel, der in Frank-
reich *caniche* heißt, galt
als Lieblingshund von Kö-
nigin Marie Antoinette
(1755–1793). Er stammt
aus Deutschland und war
ursprünglich ein unent-
behrlicher Helfer bei der Entenjagd. Er ähnelt
dem Irish Water Spaniel, der wie der Pudel
vom Französischen Barbet abstammt.

Charakter und Pflege

Der Großpudel läßt sich noch heute als Jagdhund verwenden, und er schwimmt sehr gut.
Seine Intelligenz und Lernfreudigkeit haben
dafür gesorgt, daß man ihn oft in Gehorsamsprüfungen und manchmal auch im Zirkus zu
sehen bekommt.

Dieser fröhliche, gutmütige Hund ist ein
ausgezeichnetes Haustier, das viel Bewegung
braucht. Er eignet sich auch zum Ausstellungshund, wo er in der Löwenschur vorgestellt wird (Lammschur als Haushund). Für
beide Schuren benötigt man einen Noppenstriegel und einen Drahtkamm für die tägliche
Fellpflege. Auch Pudel, die nur als Haushunde
gehalten werden, müssen etwa alle sechs Wochen zum Nachscheren in den Hundesalon.

KURZINFO
• **GRUPPE** Begleithund. **Anerkannt von** AKC, ANKC, CKC, FCI, KC (GB), KUSA.
• **GRÖSSE** *Großpudel* Widerristhöhe: über 38 cm. Gewicht: 20–32 kg. *Kleinpudel* Widerristhöhe: 25–38 cm. *Zwergpudel* Widerristhöhe: unter 25 cm.
• **FELL** Sehr üppig, fest und dicht.
• **FARBE** Einfarbig; klare Farben bevorzugt.
• **KÖRPERBAU** Langer, feiner Kopf; mandelförmige Augen; hoch angesetzte und dicht am Kopf herabhängende Ohren; breite und tiefe Brust; hoch angesetzter und aufrechtstehend getragener Schwanz.

KLEINPUDEL

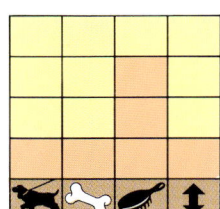

Der Kleinpudel wurde aus dem Großpudel gezüchtet, wohl durch Selektion der kleinsten Exemplare. Aus dem Kleinpudel entstand dann der noch kleinere Zwergpudel.

In den 50er Jahren war der Kleinpudel in vielen Ländern ein beliebter Haushund, denn man war fälschlicherweise davon ausgegangen, daß sich mit zunehmender Abwanderung der Landbevölkerung in die Städte auch der Bedarf an Arbeitshunden verringern würde. Dies erwies sich als unzutreffend, und obwohl es heute immer wieder Leute gibt, die behaupten, der Kleinpudel sei kein richtiger Hund mehr – sie scheinen von seiner Vergangenheit als Wasserjagd- und Apportierhund keine Ahnung zu haben –, ist er doch noch sehr beliebt.

Charakter und Pflege

Für den Kleinpudel gelten auf Ausstellungen dieselben Regeln wie für die größere und die kleinere Varietät. Auch der Haushund muß regelmäßig in den Hundesalon gebracht werden. Für die tägliche Fellpflege empfehlen sich ein Noppenstriegel und ein Drahtkamm.

Der intelligente und immer vergnügte Kleinpudel hat eine hohe Lebenserwartung; eine Lebensdauer von 17 Jahren oder mehr ist keine Seltenheit.

ZWERGPUDEL

Der Ursprung des Zwergpudels ist absolut identisch mit dem des Großpudels, denn er stammt vom Kleinpudel ab. Die kleineren Exemplare waren so gefragt, daß der britische Kennel Club in den 50er Jahren ein eigenes Zuchtbuch für sie einrichtete.

Die Zwergpudel sind weitaus weniger robust als ihre größeren Verwandten; es ist daher wichtig, nur Nachkommen gesunder Zuchttiere zu kaufen.

Charakter und Pflege

Für den Zwergpudel gelten auf Ausstellungen dieselben Regeln wie für die beiden größeren Pudelrassen. Zwergpudel sind freundliche Hunde, die sich besonders gut für die Bewohner von Etagenwohnungen eignen, die nicht auf einen Hund verzichten wollen. Der Zwergpudel muß auf einer Ausstellung ebenso geschoren sein wie seine großen Brüder, und auch er muß regelmäßig in den Hundesalon. Für die tägliche Fellpflege empfehlen sich ein Noppenstriegel und ein Drahtkamm.

Auch Pudel, die nur als Haushund gehalten werden, müssen etwa alle sechs Wochen geschoren werden.

GEBRAUCHS-HUNDE

MASTIFF

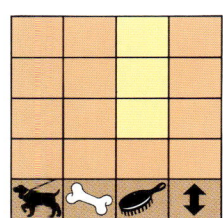

Der starke, würdevolle Mastiff ist trotz seiner Sanftheit ein beeindruckender Wachhund.

Der Mastiff ist eine der ältesten Hunderassen der Welt. Ähnliche Hunde wurden bereits vor mehr als 4 000 Jahren von den Babyloniern geschätzt, in Großbritannien gibt es den Mastiff schon seit der Zeit von Julius Caesar. Diese Hunde wurden als Wach- und Jagdhunde eingesetzt. Im 12. Jahrhundert findet man Darstellungen auf dem Gemälde *Die fünf Kinder Karls I.* von Van Dyck (1599–1641). In Shakespeares Drama *Heinrich V.* ist die Rede von »... Mastiffs mit unvergleichlichem Mut«.

Im 19. Jahrhundert wurden Bernhardiner eingekreuzt. Nach dem Zweiten Weltkrieg gab es in England nicht einmal mehr ein Dutzend Mastiffs, denn viele Zwinger waren aufgelöst worden, und auch in Amerika war die Zahl der Zuchttiere deutlich zurückgegangen.

Charakter und Pflege

Der Mastiff ist ein treuer Hund; er benötigt viel Bewegung, um seine Muskeln zu entwickeln. Bei den Mastiffs ist das Wachstum erst im Alter von zwei Jahren abgeschlossen.

KURZINFO
• **GRUPPE** Gebrauchshund. **Anerkannt von** AKC, ANKC, CKC, FCI, KC (GB), KUSA.
• **GRÖSSE** Widerristhöhe: Rüden mindestens 75 cm, Hündinnen 69 cm. Gewicht: 79–86 kg.
• **FELL** Deckhaare kurz und glatt; Unterhaar dicht und eng anliegend.
• **FARBE** Aprikosenfarben, Rehfarben oder gestromt; Schnauze, Ohren und Nase sollen immer schwarz sein, ebenso die Umgebung der Augen.
• **KÖRPERBAU** Breiter Schädel; kleine, weit auseinanderstehende Augen; kleine Ohren; langer, breiter Körper; stämmige Beine; hoch angesetzter Schwanz.

PYRENÄEN-MASTIFF

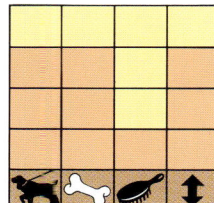

Der Pyrenäen-Mastiff oder Mastin de los Pirineos ist eine spanische Rasse, die an der Südseite der Pyrenäen beheimatet ist und dort die Viehherden begleitete. Dieser Mastiff ist schwer gebaut, hat eine kurze, breite Schnauze und einen tiefen Stop. Bei Erregung trägt er den Schwanz erhoben.

Charakter und Pflege

Der Pyrenäen-Mastiff ist intelligent, treu und meist sehr gutartig, doch er ist auch ein beeindruckender Wachhund. Für unerfahrene Hundehalter eignet er sich nicht. Er braucht viel Auslauf und muß täglich mit einer harten Bürste gepflegt werden.

KURZINFO
• **GRUPPE** Gebrauchshund. **Anerkannt von** CKC, FCI.
• **GRÖSSE** Widerristhöhe: Rüden 70–80 cm, Hündinnen kleiner. Gewicht: 55–70 kg.
• **FELL** Von mittlerer Länge, dick, dicht und von grober Struktur.
• **FARBE** Weiß mit goldenen oder grauen Flecken auf Kopf und Körper.
• **KÖRPERBAU** Großer Kopf; kleine, dunkle Augen; kleine Ohren; langer, robuster Körper; beweglicher Schwanz.

TIBETAN MASTIFF

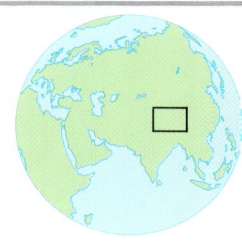

Der Tibetan Mastiff
trägt seinen buschigen
Schwanz über den
Rücken gerollt wie der
Chow Chow.

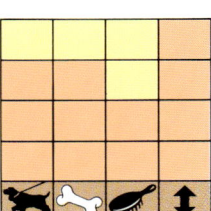

Der Tibetan Mastiff ist eine Rasse, die vom Molosser, einem Kampfhund im Alten Rom, abstammt. Ursprünglich kommt er aus Zentralasien und wurde dort als Hütehund eingesetzt. Noch heute benutzen nomadische Schafhirten auf den zentralasiatischen Steppen und am Fuße des Himalaja diese Hunde zum Bewachen ihrer Herden. Marco Polo erwähnte die Tibetan Mastiffs schon im 13. Jahrhundert. Robert Leighton berichtet in seinem Buch *New Book of the Dog* von der Reise eines Tibetan Mastiffs namens »Bhotian«, der 1906 im Crystal Palace in London ausgestellt wurde: »Bhotians Reise durch Indien war sehr teuer, denn er brauchte einen eigenen Waggon. Alle Bahnsteige, auf denen er umhergeführt wurde, waren augenblicklich wie leergefegt.«

Der Tibetan Mastiff wurde von Georg IV., der von 1820 bis 1830 regierte, nach England gebracht und ist Anfang dieses Jahrhunderts auch in Amerika angekommen; jedoch ist er dort noch nicht so zahlreich vertreten. Um 1986 wurde vom British Kennel Club ein vorläufiger Standard für diese Rasse erstellt.

Charakter und Pflege

Dieser Hund ist ein idealer Begleiter und Wächter. Er ist zurückhaltend, hat einen ausgeprägten Schutztrieb und ist spätreif; die Hündinnen sind mit 2–3 Jahren körperlich entwickelt, die Rüden frühestens mit vier Jahren. Der Tibetan Mastiff hat ein verläßliches Temperament, sofern er nicht provoziert wird. Der Hund braucht viel Bewegung auf hartem Untergrund, sein Fell muß täglich gebürstet werden.

Die Lefzen des Tibetan
Mastiffs hängen herab,
und er trägt oft loh-
farbene Abzeichen über
den Augen.

KURZINFO
• GRUPPE Gebrauchshund. **Anerkannt** von ANKC, FCI, KC (GB), KUSA.
• GRÖSSE Widerristhöhe: Rüden mindestens 66 cm, Hündinnen 61 cm. Mindestgewicht: 82 kg.
• FELL Mittellang, bei Rüden dicker als bei den Hündinnen; schwere Unterwolle.
• FARBE Tiefschwarz, Black and Tan, Braun, verschiedene Goldschattierungen, verschiedene Grauschattierungen, Grau mit goldenen Abzeichen.
• KÖRPELBAU Breiter, schwerer Kopf; mittelgroße, sehr ausdrucksvolle Augen; mittelgroße Ohren; kräftiger Körper mit geradem Rücken; Schwanz mittellang.

SPANISCHER MASTIFF

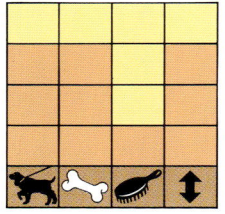

Der Spanische Mastiff oder Mastin de España (de Estremadura, de la Mancha) ist ohne Zweifel ein Nachfahre der Molosser des Alten Roms. Wie viele andere Mastiffs wurde auch er einst als Kampfhund, als Kriegshund und für die Sauhatz verwendet. Als Wachhund paßte er auf die durch die Berge Südspaniens ziehenden Herden auf.

Der Spanische Mastiff ist dem Mastino Neapolitano recht ähnlich, hat aber ein längeres Fell und einen feineren Kopf. Früher wurden seine Ohren und sein Schwanz kupiert, um Verletzungen im Kampf zu vermeiden. Heute scheint dies jedoch nicht mehr üblich zu sein, was das Aussehen dieses imposanten Tieres deutlich verbessert.

Charakter und Pflege

Der Spanische Mastiff ist ein ausgezeichneter Wachhund mit beträchtlicher Kraft und Ausdauer. Außerdem ist er seinem Herrn treu und bis zu einem gewissen Grad auch lernfähig, doch er ist nicht geeignet für einen unerfahrenen Halter. Der Hund braucht viel Platz und Bewegung. Sein Fell wird mit einer harten Bürste gepflegt.

KURZINFO
• **GRUPPE** Gebrauchshund. **Anerkannt von** FCI.
• **GRÖSSE** Widerristhöhe: Rüden 66–71 cm, Hündinnen kleiner. Gewicht: 50–60 kg.
• **FELL** Kurz, dick und hart.
• **FARBE** Wolfsgrau, Rehfarben, gestromt oder Weiß, mit schwarzen, rehfarbenen oder grauen Abzeichen; Graumeliert.
• **KÖRPERBAU** Breiter Kopf mit rundem Schädel; kleine, dunkle Augen; spitz zulaufende, hängende Ohren; kräftiger Körper; kurzer, dicker Schwanz, in der Ruhe herabhängend, sonst hoch getragen.

NEAPOLITANER MASTIFF

Der massige, beeindruckende Neapolitaner Mastiff ist ein Nachfahre der Kampfhunde des Alten Rom, die wiederum von den von Alexander dem Großen sehr geschätzten Hunden der griechischen Molosser abstammen. Der Neapolitaner wurde aber auch als Wachhund eingesetzt. Er ist einer der größten und schwersten Hunde überhaupt. In seinem Heimatland wird er oft mit einem dornengespickten Halsband versehen; seine Ohren sind kupiert, um ihn gefährlicher auschauen zu lassen.

Der Neapolitaner Mastiff wurde erstmals 1946 auf einer Hundeschau in Neapel ausgestellt und ist heute auch in anderen Teilen der Welt bekannt.

Charakter und Pflege

Der Neapolitaner Mastiff ist in der Regel friedlich und greift nur auf Kommando an. Er ist ein treuer Gefährte des Menschen, der jedoch viel Platz braucht und nur glücklich ist, wenn er etwas zu tun hat. Er braucht viel Bewegung, sein Fell sollte oft gebürstet werden.

KURZINFO
• **GRUPPE** Gebrauchshund. **Anerkannt von** ANKC, FCI, KC (GB), KUSA.
• **GRÖSSE** Widerristhöhe: Rüden 65–72 cm, Hündinnen 60–68,5 cm. Gewicht: 50–68 kg.
• **FELL** Kurz, dicht und glatt.
• **FARBE** Schwarz, Blei- oder Mausgrau; manchmal mit kleinen weißen Flecken auf der Brust oder den Zehenspitzen.
• **KÖRPERBAU** Schwerer Kopf mit breitem Schädel; vorn und weit auseinanderstehende Augen; Ohren klein im Vergleich zur Größe des Kopfes; langer, massiger Körper; Schwanz am Ansatz dick, spitz zulaufend.

BULLMASTIFF

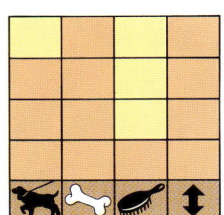

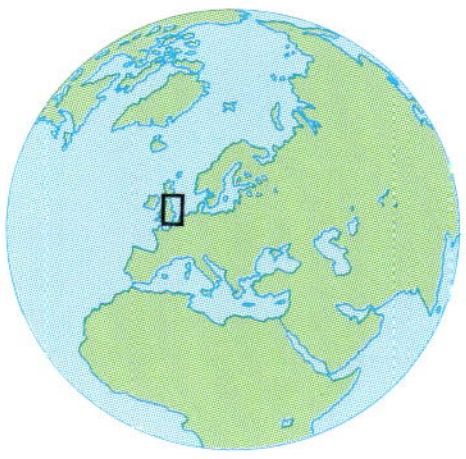

Bulldoggen gibt es in England seit dem 13. Jahrhundert, doch der Bullmastiff ist erst 200–300 Jahre alt. Er ist das Ergebnis einer Kreuzung zwischen einem Mastiff – einem Angehörigen einer alten Rasse, die bereits in den Arenen des Alten Rom kämpfte – und einer Englischen Bulldogge. Der Bullmastiff war ein tapferer Kampfhund, der Schmerzen klaglos ertrug und für seine Angriffslust bekannt war. Die späteren Züchter strebten ein Endprodukt an, das 60 Prozent Mastiff- und 40 Prozent Bulldoggenblut führte. Der daraus entstandene Bullmastiff wurde 1924 vom britischen Kennel Club anerkannnt.

Charakter und Pflege

Trotz seiner kämpferischen Vergangenheit ist der heutige Bullmastiff ein verspieltes, treues und liebenswertes Tier, ein ausgezeichneter Wachhund, der vor allem Kindern gegenüber sehr gutmütig ist. Allerdings ist er schwer zu kontrollieren und eignet sich nur für erfahrene und kräftige Hundehalter. Sein Fell sollte alle paar Tage gebürstet werden.

KURZINFO
• **GRUPPE** Gebrauchshund. Anerkannt von AKC, ANKC, CKC, FCI, KC (CB), KUSA.
• **GRÖSSE** Widerristhöhe: Rüden 64–69 cm, Hündinnen 61–66 cm. Gewicht Rüden 50–59 kg, Hündinnen 41–50 kg.
• **FELL** Kurz, glatt und dicht.
• **FARBE** Gestromt, Lohfarben oder Rot in allen Schattierungen; ein kleines weißes Abzeichen auf der Brust ist zulässig; die Schnauze ist schwarz.
• **KÖRPERBAU** Großer, eckiger Kopf; dunkle oder hasellnußbraune Augen hoch angesetzte und weit auseinanderstehende, v-förmige Ohren; kompakter Körper; hoch angesetzter Schwanz.

Diese schöne Rasse entstand aus der Kreuzung von Mastiff und Britischer Bulldogge.

DOBERMANN

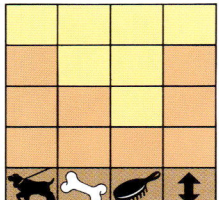

Der Dobermann wurde in den 1880er Jahren im thüringischen Apolda von Louis Dobermann geschaffen, dem Verwalter des örtlichen Hundeasyls. Er wollte einen gefährlichen, kurzhaarigen, mittelgroßen bis großen Hund, der sowohl mutig als auch ausdauernd war, und gründete seine Zucht auf dem wachsamen und angriffslustigen Deutschen Pinscher. Er kreuzte die Pinscher mit Rottweilern (wegen ihrer Ausdauer und ihrer guten Nase), mit Manchester Terriern (die damals noch wesentlich größer waren als heute) und wahrscheinlich auch mit Pointern.

Der deutsche Verein für Dobermann und Pinscher wurde 1899 von Otto Göller gegründet; im darauffolgenden Jahr wurde die Rasse offiziell anerkannt und ein Zuchtstandard erstellt. In England wurde erst 1948 ein Dobermann-Pinscher-Club gegründet, und kurz danach wurde die Rasse auch von britischen Kennel Club anerkannt.

BOXER

Die Abstammung des Boxers läßt sich zurückverfolgen bis zu den mastiffähnlichen Hunden, mit denen die Kimbern – ein Germanenstamm – gegen die Römer in den Krieg zogen. Die Rasse wurde 1895 in München erstmals vorgestellt, und schon 1904 wurde der erste Boxer vom American Kennel Club registriert. Nach Großbritannien kam diese Rasse jedoch erst nach dem Ersten Weltkrieg und erreichte in kurzer Zeit weltweite Beliebtheit.

Charakter und Pflege
Der Boxer ist anhänglich und in der Regel sehr kinderlieb. Der gehorsame und treue Hund ist auch ein ausgezeichneter Wächter. Überdies ist er sehr stark und geht keiner Rauferei mit Artgenossen aus dem Weg. Er braucht viel Bewegung, sein kurzes Fell ist relativ pflegeleicht.

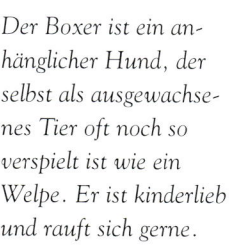

Der Boxer ist ein anhänglicher Hund, der selbst als ausgewachsenes Tier oft noch so verspielt ist wie ein Welpe. Er ist kinderlieb und rauft sich gerne.

KURZINFO
• **GRUPPE** Gebrauchshund. **Anerkannt von** AKC, ANKC, CKC, FCI, KC (GB), KUSA.
• **GRÖSSE** Widerristhöhe: Rüden 57–63 cm, Hündinnen 53–59 cm. Gewicht: 24–32 kg.
• **FELL** Kurz, glänzend und glatt.
• **FARBE** Rotbraun oder gestromt mit weißen Abzeichen, die nicht mehr als ein Drittel des Körpers bedecken dürfen.
• **KÖRPERBAU** Dunkelbraune, nach vorn gerichtete Augen; mittelgroße, weit auseinanderstehende Ohren; Körper von der Seite betrachtet nahezu quadratisch; hoch angesetzter, kupierter Schwanz.

Der Dobermann ist immer wachsam. Er ist ein ausgezeichneter Haus- und Wachhund.

Charakter und Pflege

Der Dobermann eignet sich vorzüglich für Ausstellungen und kann ein guter Familienhund sein, wenn er fachmännisch gehalten und ausgebildet ist. Er braucht viel Bewegung und sollte alle paar Tage gebürstet werden.

KURZINFO
• GRUPPE Gebrauchshund. Anerkannt von AKC, ANKC, CKC, FCI, KC (GB), KUSA.
• GRÖSSE Widerristhöhe: Rüden 65–70 cm, Hündinnen 60–65 cm. Gewicht: 30–40 kg.
• FELL Glatt, kurz, dick und sehr eng anliegend.
• FARBE Einfarbig Schwarz, Braun oder Blau mit rostrotem Brand auf Kopf, Körper und Beinen.
• KÖRPERBAU Mandelaugen; kleine, hoch angesetzte Ohren; elegant geformter Hals; quadratischer Körper; Schwanz auf eine Länge von zwei Wirbeln kupiert.

BORDEAUX-DOGGE

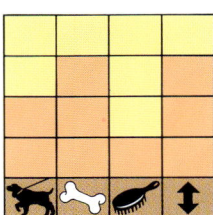

Die Bordeaux-Dogge, die auch Französischer Mastiff heißt, wird in Spanien Dogue de Burgos und in Italien Mastino Napolitano genannt. Sie ist vor kurzem international bekannt geworden, weil ein Exemplar dieser Rasse in einem anrührenden Hollywoodfilm mitgespielt hat. In Frankreich wird sie jedoch schon lange sehr geschätzt.

Die Bordeaux-Dogge hat einen sehr langen Stammbaum und ist wahrscheinlich ein Nachfahre der Tibetdogge und der Molosserhunde des Alten Rom.

Diese beeindruckenden Hunde haben anfangs die Herden ihrer Besitzer gegen Bären und Wölfe verteidigt und wurden dann zur Bullenhatz und für Hundekämpfe verwendet. In letzter Zeit werden sie jedoch überwiegend als Haus- und Wachhunde gehalten.

KURZINFO
• GRUPPE Gebrauchshund. Anerkannt von FCI.
• GRÖSSE Widerristhöhe: 69–75 cm. Gewicht: 54,5–65 kg.
• FELL Kurz und glatt.
• FARBE Aprikosenfarben, Silber, Lohfarben oder gestromt; Schnauze, Ohren und Nase können schwarz sein; bei Hunden mit roter Maske kann die Nase heller sein.
• KÖRPERBAU Massiver Kopf; große, weit auseinanderstehende Ohren; hängende Ohren mit abgerundeten Spitzen; kräftiger Körper; Schwanz wird tief getragen und auf Rückenhöhe gehoben, wenn der Hund aufmerkt.

Charakter und Pflege

Die ruhige und ausgeglichene Bordeaux-Dogge ist ein erstklassiger Wachhund und ein treuer Gefährte, der gewöhnlich sehr kinderlieb ist. Sie ist jedoch enorm kräftig und eignet sich deshalb nicht für Anfänger.

MUDI

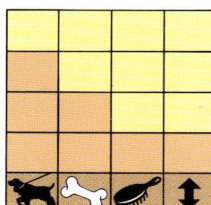

Der Mudi stammt aus Ungarn und wurde dort als Hütehund für Schafe und Rinder und zur Sauhatz eingesetzt. In neuerer Zeit dient er überwiegend als Wachhund und vertreibt Mäuse und Ratten. Dieser vielseitige Hund ist dem Border Collie sehr ähnlich, abgesehen davon, daß sein herabhängender Schwanz nur 5 bis 7,5 cm lang sein soll – entweder von Natur aus oder durch Kupieren. Die Rasse ist erst vor kurzem von der FCI anerkannt worden und auf Ausstellungen nur selten zu bewundern.

Charakter und Pflege
Der Mudi ist ein mutiger, lebhafter und intelligenter Hund, der seiner Familie treu ergeben ist. Dieser ausgezeichnete Wachhund braucht viel Auslauf und muß täglich gebürstet werden.

KURZINFO
• **GRUPPE** Gebrauchshund. **Anerkannt von** FCI.
• **GRÖSSE** Widerristhöhe: 36–49 cm. Gewicht: 8–13 kg.
• **FELL** Etwa 5 cm lang, am Kopf und an der Vorderseite der Beine kürzer; drahtig und grob, neigt zur Lockenbildung.
• **FARBE** Schwarz oder Weiß; manchmal auch eine Mischung aus beiden mit mehr oder weniger gleichgroßen Flecken.
• **KÖRPERBAU** Dunkelbraune, ovale Augen; aufrechtstehende, spitze Ohren; kurzer, gerader Rücken; abwärts getragener Schwanz.

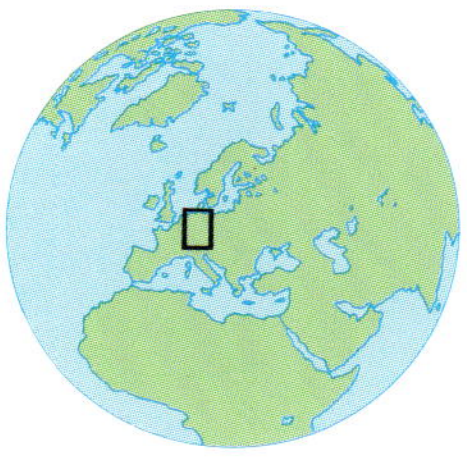

DEUTSCHE DOGGE

Die Deutsche Dogge, einer der größten Hunde der Welt, war der Liebling von Reichskanzler Bismarck. Dieser sanfte Riese, der am liebsten bei seiner Familie im Haus lebt, wird leider in der Regel nicht älter als acht oder neun Jahre.

FILA BRASILEIRO

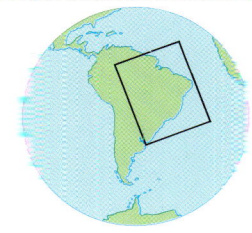

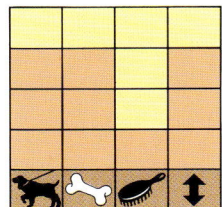

Der Fila Brasileiro, auch Brasilianischer Wachhund genannt, stammt von Spanischen Mastiffs ab, die die Konquistadoren im 16. Jahrhundert nach Südamerika mitbrachten.

Diese Mastiffs wurden mit einheimischen Hunden gekreuzt, und daraus entstand diese mastiffähnliche Rasse, die an Bluthunde erinnert. Der Fila Brasileiro wird in seiner Heimat als Treib-, Spür- und Wachhund eingesetzt.

Charakter und Pflege

Der Fila Brasileiro gehorcht seinem Besitzer aufs Wort, ist Fremden gegenüber aber mißtrauisch. Diese erstklassigen Wachhunde sind sehr aggressiv und müssen daher konsequent ausgebildet und behandelt werden. Ihr Fell wird mit einem weichen Bürstenhandschuh gepflegt.

KURZINFO
• **GRUPPE** Gebrauchshund. **Anerkannt von** CKC, FCI.
• **GRÖSSE** Widerristhöhe: 60–74 cm. Mindestgewicht: Rüden 45 kg, Hündinnen 41 kg.
• **FELL** Dicht, weich und kurz; an der Kehle etwas länger.
• **FARBE** Gestromt oder einfarbig, jedoch niemals Weiß; weiße Abzeichen an Schwanzspitze und Pfoten sind erlaubt.
• **KÖRPERBAU** Großer, schwerer, eckiger Kopf; mittelgroße, mandelförmige Augen; große Ohren; breite, tiefe Brust; Schwanz am Ansatz breit und zum Ende spitz zulaufend.

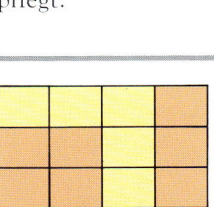

Die Deutsche Dogge gehört zu den größten Hunderassen schlechthin. Diesen sehr beeindruckenden Hund, der häufig als der Apoll der Hundewelt bezeichnet wird, gibt es in England schon seit vielen Jahrhunderten, und er soll von den Molosserhunden des Alten Rom abstammen. Im Mittelalter wurde er vorwiegend zur Sauhatz und als Leibwächter eingesetzt, doch hat diese Rasse auch bei der Bullenhatz eine Rolle gespielt.

Im 19. Jahrhundert kreuzte der deutsche Reichskanzler Bismarck, der eine besondere Vorliebe für Mastiffs hatte, den süddeutschen Mastiff mit der norddeutschen Dogge; so entstand die Deutsche Dogge, wie wir sie heute kennen. 1863 wurden die ersten Exemplare in Hamburg vorgestellt, damals noch unter den Namen Ulmer Dogge und Dänische Dogge. 1876 wurde dann beschlossen, die Tiere nur noch als Deutsche Dogge zu bezeichnen, und sie wurden zu Deutschlands Nationalhunden erklärt. 1888 wurde der Deutsche Doggen-Club gegründet. In England war dies schon 1882 geschehen; die Rasse wird seit 1884 im Zuchtbuch des British Kennel Club geführt.

Charakter und Pflege

Trotz ihrer Größe sollte die Deutsche Dogge nicht in einem Außenzwinger gehalten werden, sondern mit ihrer Familie im Haus leben dürfen. Deutsche Doggen sind friedlich, verspielt und leicht abzurichten. Späße versteht die Dogge jedoch nicht. Doggen müssen täglichen Auslauf auf hartem Boden haben und einmal täglich mit einer weichen Bürste gepflegt werden. Der einzige Nachteil dieser majestätischen Hunde ist, daß ihre durchschnittliche Lebenserwartung nur bei acht bis neun Jahren liegt.

KURZINFO
• **GRUPPE** Gebrauchshund. **Anerkannt von** AKC, ANKC, CKC, FCI, KC (GB), KUSA.
• **GRÖSSE** Widerristhöhe im Alter von über 18 Monaten: Rüden mindestens 76 cm, Hündinnen 71 cm. Mindestgewicht im Alter von über 18 Monaten: Rüden 54 kg, Hündinnen 46 kg.
• **FELL** Kurz, dicht und glatt.
• **FARBE** Gestromt, Gelb, Blau, Schwarz oder Harlekin (Weiß mit blauen oder schwarzen, unscharfen Flecken).
• **KÖRPERBAU** Große Nüstern; tiefliegende Augen; dreieckige Ohren; sehr tiefer Körper; langer Schwanz, am Ansatz dick und zum Ende spitz zulaufend.

CANAAN DOG

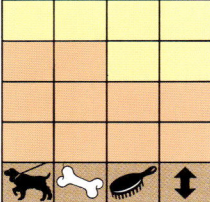

Diese Rasse hat einen buschigen Schwanz, gespitzte Ohren und einen wachen Gesichtsausdruck.

Der Canaan Dog stammt aus Israel und soll sich durch selektive Zucht aus den halbwilden Pariahunden des Mittleren Ostens entwickelt haben. Der Canaan ist ein erstklassiger Wach- und Hütehund, der von der israelischen Armee auch als Meldehund eingesetzt wird. Der Canaan eignet sich aber auch als Blindenführhund sowie als Such- und Rettungshund. Den Canaan Dog gibt es in zwei Varietäten, von denen eine dem Collie ähnelt und die andere, deutlich kräftiger gebaute, dem Dingo.

Charakter und Pflege

Der Canaan ist wachsam, anhänglich und seiner Familie treu ergeben. Fremden gegenüber ist er mißtrauisch und ständig bemüht, die ihm anvertrauten Menschen und Tiere zu beschützen. Sein Fell muß regelmäßig mit Bürste und Kamm gepflegt werden.

KURZINFO
• **GRUPPE** Gebrauchshund. **Anerkannt von** CKC, FCI, KC (GB), KUSA.
• **GRÖSSE** Widerristhöhe: 50–60 cm. Gewicht: 18–25 kg.
• **FELL** Mittellang, glatt und hart; im Winter ist die Unterwolle zu sehen.
• **FARBE** Sandfarben bis Rotbraun, Weiß oder Schwarz; Harlekin (schwarze und/oder blaugraue Flecken auf weißem Grund) ebenfalls zulässig.
• **KÖRPERBAU** Wohlgeformter Kopf; Augen etwas schräg, möglichst dunkel; stehende Ohren; Körper meist kräftig, aber nicht klobig; hoch angesetzter Schwanz, der bei Erregung über den Rücken geklappt wird.

KOMONDOR

Den Komondor gab es schon 1555, und er wurde jahrhundertelang dazu eingesetzt, die Herden und Häuser der Menschen in der ungarischen Pußta vor Raubtieren und Dieben zu schützen. Manchmal wurden die Komondore zusammen mit anderen Hunden eingesetzt, dann waren sie wieder auf sich allein gestellt – erst beim Hüten der halbwilden ungarischen Schafe und dann bei allen Aufgaben, die einen großen, eindrucksvollen Wachhund erforderten. Die Rasse wurde 1937 in Amerika anerkannt, doch in Westeuropa ist sie noch relativ selten; in Großbritannien sind erst in den letzten zehn Jahren die ersten Zuchttiere im Schauring zu sehen gewesen.

Der für seine Größe sehr kräftige und lebhafte Komondor ist ein harter, gesunder und wetterfester Hund. Diese Rasse ist unverwechselbar, denn ihr weißes Fell ist zu Schnüren verfilzt, die an einen altmodischen Mop erinnern. Die Schnüre bilden eine wasserdichte Matte, die sich filzig anfühlt.

Charakter und Pflege

Der Komondor ist der geborene Wachhund und verteidigt die ihm anvertrauten Schafe oder Rinder, aber natürlich auch seine Familie, wenn er als Haushund gehalten wird, mit seinem Leben. Seinen Menschen ist er treu ergeben, Fremden gegenüber indes mißtrauisch. Einen Komondor sollte man nicht ärgern, denn er geht leicht zum Angriff über. Diese Rasse braucht viel Bewegung und gründliche Pflege.

PINSCHER

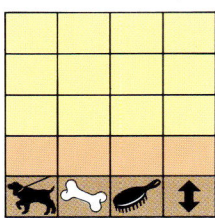

Den Pinscher (»Beißer«) gibt es in Deutschland seit Hunderten von Jahren, wie zahlreiche künstlerische Darstellungen beweisen. Zu seiner Entstehung hat möglicherweise der alte Black-and-Tan-Terrier beigetragen.

Der Pinscher, der dem Dobermann ähnelt und an dessen Entstehung maßgeblich beteiligt war, fand in Deutschland bereits 1879 offizielle Anerkennung. Zu Beginn des 20. Jahrhunderts kamen noch glatt- und rauhhaarige Welpen in einem Wurf vor. Der Pinscher-Club beschloß jedoch, die glatthaarigen Hunde nur noch zu registrieren, wenn sie mindestens drei Generationen glatthaariger Verfahren nachweisen konnten. Ein vorläufiger Standard für den British Kennel Club wurde erst 1988 aufgestellt; es bleibt abzuwarten, ob sich diese eleganten Hunde auf den internationalen Hundeschauen durchsetzen werden.

Charakter und Pflege

Der Pinscher wird allgemein als temperamentvoll und selbstbewußt beschrieben. Er ist von Natur aus freundlich und verspielt, versteht sich gut mit Kindern und ist ein aufmerksamer, anhänglicher und furchtloser Wachhund. Der Pinscher eignet sich auch für die Haltung in einer Wohnung.

KURZINFO
• **GRUPPE** Gebrauchshund. **Anerkannt von** FCI, KC (GB), KUSA.
• **GRÖSSE** Widerristhöhe: 43–48 cm.
• **FELL** Kurz und dicht.
• **FARBE** Alle Farben von Rehbraun bis Hirschrot; Schwarz oder Blaugrau mit rotbraunen Abzeichen.
• **KÖRPERBAU** Dunkle, mittelgroße Augen; hoch angesetzte, v-förmige Ohren; breite Brust; hoch angesetzter und hoch getragener Schwanz, der gewöhnlich bis auf drei Wirbel kupiert ist.

Der Pinscher ist dem Schnauzer in vieler Hinsicht ähnlich, doch sein glattes, glänzendes Fell erinnert mehr an den Dobermann, zu dessen Entstehung er beitrug.

Das lange, strähnige Fell macht den Komondor unverwechselbar.

KURZINFO
• **GRUPPE** Gebrauchshund. **Anerkannt von** AKC, ANKC, CKC, FCI, KC (GB), KUSA
• **GRÖSSE** Widerristhöhe: Rüden mindestens 64 cm, Hündinnen 59 cm. Gewicht 36,5–68 kg.
• **FELL** Lange, grobe Deckhaare – lockig oder gewellt. Unterwolle weicher.
• **FARBE** Weiß.
• **KÖRPERBAU** Kurzer Kopf; Augen und Ohren mittelgroß. Leicht gebogener Hals; breiter, tiefer Körper mit gut bemuskelter Brust; gerader Rücken; der Schwanz verlängert die Rückenlinie; er ist lang und an der Spitze leicht aufwärts gebogen.

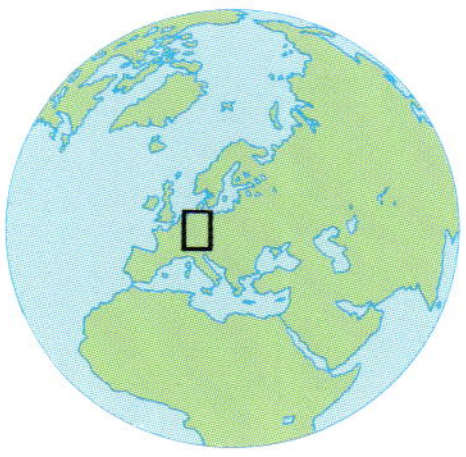

ROTTWEILER

Der mutige und treue Rottweiler ist ein beeindruckender Wachhund, der ohne Vorwarnung angreifen kann.

EURASIER

Der Eurasier ist ein Spitz, der aussieht wie eine Mischung aus Chow Chow und Keeshond. Er ist eine relativ junge Rasse, die es erst seit den 1950er Jahren gibt. Sie wurde von einigen Wissenschaftlern entwickelt, unter ihnen Professor Konrad Lorenz, dem Verfasser von *So kam der Mensch auf den Hund*, in dem Bemühen, den einstigen sibirischen Hund wiederzuerschaffen. Dazu kreuzten sie den Chow Chow mit dem Deutschen Spitz und verpaarten die daraus entstandenen Nachkommen mit einem anderen Spitz, dem Samojeden.

Charakter und Pflege
Dieser hübsche, mittelgroße Hund ist perfekt gebaut und leicht zu erziehen. Er ist ein ausgezeichneter Wächter, seinem Besitzer treu ergeben, feindselig gegenüber Eindringlingen, und er braucht eine gewisse Zeit, um sich an neue Menschen zu gewöhnen. Er benötigt relativ viel Bewegung; sein Fell muß regelmäßig mit einer Drahtbürste gepflegt werden.

KURZINFO
• **GRUPPE** Gebrauchshund. **Anerkannt von** FCI.
• **GRÖSSE** Widerristhöhe: Rüden um 60 cm, Hündinnen um 56 cm. Gewicht: Rüden um 32 kg, Hündinnen um 26 kg.
• **FELL** Üppig, kurz, dichte Unterwolle und mittellanges Deckhaar.
• **FARBE** Rot, Wolfsgrau, Schwarz oder Schwarz mit helleren Abzeichen.
• **KÖRPERBAU** Fuchsähnlicher Kopf mit flachem Schädel und ausgeprägtem Stop; mandelförmige Augen; stehende Ohren; Katzenpfoten; der Schwanz hängt in der Ruhe bis auf die Sprunggelenke, wird in der Bewegung aber über dem Rücken getragen.

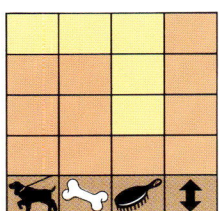

In seiner Heimat Deutschland wird der Rottweiler noch heute oft als Rottweiler Metzgerhund bezeichnet, denn er wurde früher oft als Zughund zum Ausliefern von Fleisch verwendet. Er war aber auch ein unentbehrlicher Helfer bei der Sauhatz und ein verläßlicher Hütehund. Manche Experten vermuten, daß der Rottweiler von dem frühen Deutschen Schäferhund abstammt, während andere davon ausgehen, daß seine Vorfahren ähnliche Hunde gewesen sein müssen wie die Tibetdogge, die bereits von den römischen Soldaten als Wachhunde eingesetzt wurden. Und tatsächlich gab es diese Hunde hauptsächlich in der Region zwischen dem Schweizer Kanton Aargau und Rottweil in Baden-Württemberg, wo die Römer ein Militärlager unterhielten.

Im Ersten Weltkrieg erwies sich der Rottweiler als ausgezeichneter Polizei- und Wachhund. Er wurde 1935 vom American Kennel Club anerkannt, und 1936 brachte Thelma Gray von den berühmten Rozavel Kennels die ersten Rottweiler nach England. Erstaunlicherweise dauerte es noch weitere 30 Jahre, bis der Rottweiler ein eigenes Stammbuch im British Kennel Club bekam. Rottweiler sind keine Hunde für Anfänger.

Charakter und Pflege

Der Rottweiler ist ein großer, mutiger Hund, der einen großartigen Begleit- und Wachhund abgibt und sanft, aber streng erzogen werden muß. Außerdem sollte er mindestens einmal täglich mit einer Bürste oder einem Pflegehandschuh gebürstet werden.

KURZINFO
• **GRUPPE** Gebrauchshund. **Anerkannt von AKC, ANKC, CKC, FCI, KC (GB), KUSA.**
• **GRÖSSE** Widerristhöhe: Rüden 60–69 cm, Hündinnen 55–64 cm; Gewicht: 41–49 kg.
• **FELL** Mittellang, rauh, dicht anliegend. Unterwolle an Hals und Hinterbeinen.
• **FARBE** Schwarz, mit deutlichen mahagoni- bis hellbraunen Abzeichen.
• **KÖRPERBAU** Kopf breit zwischen den Ohren; mittelgroße, mandelförmige Augen; Augen im Vergleich zum Kopf recht klein; muskulöser Hals; breite, tiefe Brust; Schwanz am ersten Wirbel kupiert und gewöhnlich waagerecht getragen.

KUVASZ

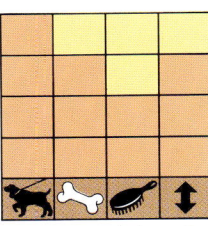

Den Kuvasz gibt es in Ungarn schon seit Hunderten von Jahren, und er hat sich von dort aus bis nach China, Indien, Tibet und die Türkei verbreitet. Er sieht dem Slowakischen Kuvasz und dem Polnischen Schäferhund oder Owczarek Podhalanski sehr ähnlich. Diese drei Rassen, die in ihren Ursprungsländern als eigenständig angesehen werden, sind eigentlich Angehörige des gleichen Hirtenhundstammes. Der Polnische und der Slowakische Schlag werden oft als »Tatrahunde« bezeichnet. Sie erhielten diesen Namen von der Bergkette, die sich zwischen den beiden Ländern erstreckt.

Charakter und Pflege

Der intelligente und lebhafte Kuvasz ist ein guter Wachhund – der Name Kuvasz stammt von dem türkischen Wort kavas an, das »Wächter« bedeutet. Der Kuvasz wurde aber auch als Jagdhund eingesetzt. Er eignet sich als Haushund, ist Fremden gegenüber jedoch mißtrauisch. Er braucht viel Auslauf und tägliches Bürsten.

KURZINFO
• **GRUPPE** Gebrauchshund. **Anerkannt von AKC, CKC, FCI, KC (GB).**
• **GRÖSSE** Widerristhöhe: Rüden 70–74 cm. Hündinnen 65–69 cm. Maximales Gewicht: 50 kg.
• **FELL** Hart und gewellt.
• **FARBE** Weiß oder Elfenbeinfarben.
• **KÖRPERBAU** Wohlgeformter Kopf; quadratischer Körper; mandelförmige Augen; relativ tief angesetzter Schwanz mit leicht aufwärts gebogener Spitze.

LEONBERGER

Der deutsche Leonberger soll aus einer Kreuzung zwischen Landseer und Pyrenäen-Hund entstanden sein. Manche Hundekenner halten ihn jedoch für einen Nachfahren der Tibetdogge, und wieder andere vermuten, daß er der selektiven Zucht eines Herrn Essig aus Leonberg entstammt. Er soll diese Rasse aus Neufundländern, Bernhardinern und Pyrenäen-Hunden entwickelt haben. Die beiden Weltkriege haben den Bestand an Zuchttieren stark dezimiert, so daß die Rasse heute als selten gilt.

Erst 1949 wurde ein anerkannter Standard erstellt, der genau beschreibt, inwieweit sich der Leonberger vom Bernhardiner unterscheidet. Leonberger wurden in Deutschland, Frankreich, den Niederlanden und in Belgien als Wach-, Hüte- und Zughunde eingesetzt und sind seit einiger Zeit auch in anderen Ländern zu finden.

Charakter und Pflege

Der freundliche, intelligente und lebhafte Leonberger ist ein bildschöner Wachhund, der von seinen Vorfahren ein eher ruhiges Temperament geerbt hat. Der Leonberger gehört aufs Land, er muß täglich gebürstet werden und braucht viel Auslauf. Er liebt Kinder und ist keineswegs wasserscheu.

KURZINFO
• **GRUPPE** Gebrauchshund. **Anerkannt von** ANKC, CKC, FCI, KC (GB), KUSA.
• **GRÖSSE** Widerristhöhe: Rüden 72–80 cm, Hündinnen 65–75 cm. Gewicht: 36,5–68 kg.
• **FELL** Mittelweich, ziemlich lang und eng anliegend.
• **FARBE** Hellgelb, Gold bis Rotbraun; vorzugsweise mit schwarzer Maske.
• **KÖRPERBAU** Gewölbte Schädeldecke; Augenfarbe variiert von Hellbraun bis Braun; hoch angesetzte Ohren; langer Körper; buschiger Schwanz.

Der Leonberger hat ein freundliches Gesicht. Er ist ein kräftiger, muskulöser Hund mit Schwimmhäuten zwischen den Zehen.

CAÕ DE AGUA

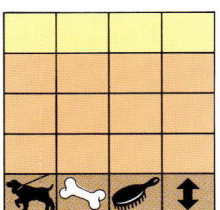

Der Caõ de Agua (Portugiesischer Wasserhund) war früher in den Fischereihäfen der iberischen Halbinsel weit verbreitet und ist an der portugiesischen Algarve noch heute oft zu finden. Er ist der Hund der Fischer und ein guter Schwimmer, der für eine Vielzahl von Aufgaben eingesetzt wird. Er bewacht den Fang, schwimmt zwischen den Booten umher und taucht auch, um Fische oder über Bord gegangene Gegenstände zu apportieren.

Den Caõ de Agua gibt es in zwei Schlägen gleicher Statur, wobei der eine jedoch langes, glänzendes, gewelltes Fell hat, während das des anderen kürzer, dicker und gelockt ist. Ursprünglich war der Portugiesische Wasserhund nur selten außerhalb seines Heimatlandes anzutreffen, doch inzwischen sieht man ihn auch auf Ausstellungen in anderen Ländern.

Charakter und Pflege

Es heißt, dieser intelligente und lebhafte Hund sei sehr selbstbewußt, würde seinem Herrn aber unbedingt gehorchen; Fremden gegenüber ist er eher zurückhaltend. Er ist ein guter Schwimmer und Taucher, der viel Auslauf braucht und regelmäßig gekämmt und gebürstet werden muß. Für Ausstellungen werden die Hinterhand und die obere Schwanzpartie geschoren.

KURZINFO

- **GRUPPE** Gebrauchshund. **Anerkannt von** AKC, ANKC, CKC, FCI, KC (GB), KUSA.

- **GRÖSSE** Widerristhöhe: Rüden 50–58 cm, Hündinnen 43–53 cm. Gewicht: Rüden 19–27 kg, Hündinnen 16–22,5 kg.

- **FELL** Üppig und dick, mit Ausnahme der Innenseiten der Vorder- und Hinterbeine. Es gibt zwei Felltypen, beide ohne Unterwolle: ziemlich lang und leicht gewellt, oder kürzer mit deutlichen Locken.

- **FARBE** Einfarbig Schwarz, Weiß oder verschiedene Brauntöne; Schwarzweiß oder Braun mit Weiß; bei den schwarzen, weißen und schwarzweißen Exemplaren ist die Haut bläulich.

- **KÖRPERBAU** Großer, wohlproportionierter Kopf; weit auseinanderstehende runde Augen; herzförmige hängende Ohren; breite, tiefe Brust; Schwanz am Ansatz dick, zur Spitze dünner werdend.

VÄSTGÖTASPETS

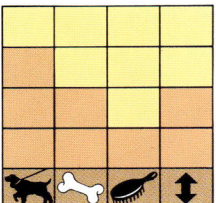

Der Västgötaspets, dessen Name »Spitz der Westgoten« bedeutet, wird auch Schwedischer Vallhund genannt. Er ähnelt dem Welsh Corgi, hat jedoch etwas längere Beine und einen kürzeren Rücken als dieser. Beide Rassen sind ohne Zweifel verwandt, doch ob sich der Västgötaspets aus Corgis entwickelt hat, die die Wikinger nach Schweden mitbrachten, oder ob der Corgi von schwedischen Hunden abstammt, die nach Großbritannien gelangten, ist nicht bekannt. Wie der Corgi ist auch der Västgötaspets ein ausgezeichneter Hütehund. Um die Entwicklung des modernen Västgötaspets hat sich in erster Linie der schwedische Züchter Björn van Rosen verdient gemacht. Obwohl diese Rasse schon sehr alt ist, wurde sie nicht vor 1950 erstmals von einem Züchterverband anerkannt. Inzwischen finden diese Hunde auch auf internationalen Ausstellungen Beachtung.

Charakter und Pflege

Der Västgötaspets ist ein freundlicher, anhänglicher und liebenswerter kleiner Hund, der seinem Standard zufolge lebhaft und stets darum bemüht ist, seinem Herrn zu gefallen. Er ist ein guter Familienhund, der viel Auslauf braucht.

Vor knapp 50 Jahren war diese ansprechende Rasse fast ausgestorben, doch heute sieht man sie immer häufiger auf Ausstellungen. Sie ähnelt dem Pembroke Welsh Corgi, hat aber längere Beine und einen kürzeren Rücken.

Der Västgötaspets hat einen fuchsähnlichen Kopf und mittelgroße, haselnußförmige Augen.

KURZINFO

- **GRUPPE** Gebrauchshund.
  Anerkannt von ANKC, FCI, KC (GB),
  KUSA.

- **GRÖSSE** Widerristhöhe: Rüden
  33–35 cm, Hündinnen 31–33 cm.
  Gewicht: 11,5–16 kg.

- **FELL** Mittellang, hart und dicht anliegend, mit weicher Unterwolle.

- **FARBE** Stahlgrau, Graubraun, Graugelb,
  Rötlichgelb oder Rötlich-braun, dunklere
  Haare auf Rücken, Hals und an den Flanken; eine hellere Schattierung dieser
  Farbe wünscht man sich an Schnauze,
  Hals, Brust, Bauch, Hinterbeinen, Pfoten
  und Sprunggelenken; weiße Abzeichen
  werden auf den helleren Körperpartien zu
  einem Drittel geduldet.

- **KÖRPERBAU** Recht langer Kopf; mittelgroße Augen; mittelgroße, spitze Ohren; gerader und gut bemuskelter Rücken;
  der Schwanz – falls vorhanden – sollte
  bei ausgewachsenen Tieren nicht länger
  sein als 10 cm; mit Schwanz geborene
  Welpen können kupiert werden.

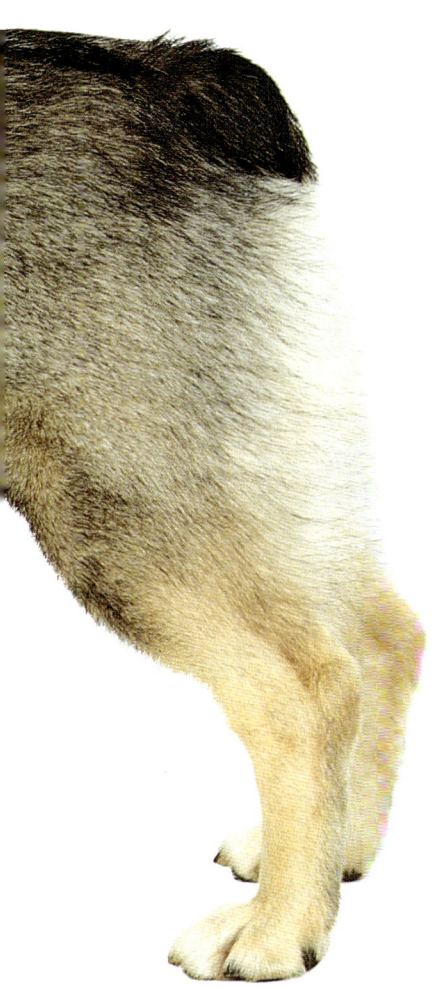

LAPPHUND

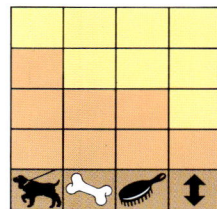

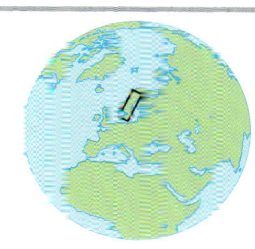

Der Lapphund oder Lapp-
land Spitz ist eine sehr
alte Rasse, die nördlich
des Polarkreises entstand.
Diese Hunde halfen den
Lappen beim Treiben der
Rentiere. Die Lapphunde
verbreiteten sich in ganz Schweden und wurden auch zum Hüten von Schafen und anderen
Tieren eingesetzt. Heute werden sie als Haus-
und Wachhunde gehalten, zudem als Diensthunde bei der Schwedischen Armee.

Der Lapphund ist ein mittelgroßer Hund
mit kräftigem Gebiß, spitzen Ohren, einem
langen, dichten Fell mit entsprechender Unterwolle und einem für alle Spitzrassen typischen Schwanz, der über dem Rücken getragen
wird. Die Rasse und der von den Schweden für
sie erstellte Standard wurden erst 1944 von der
FCI anerkannt.

Charakter und Pflege

Der freundliche und anhängliche Lapphund
ist seinem Besitzer treu ergeben und liebt Kinder, doch Fremden gegenüber zeigt er Mißtrau-
en und Aggressivität, was ihn zu einem guten
Wachhund macht. Er fühlt sich in einem Außenzwinger am wohlsten, braucht viel Bewegung und muß regelmäßig gebürstet werden.

KURZINFO

- **GRUPPE** Gebrauchshund.
  Anerkannt von FCI.

- **GRÖSSE** Widerristhöhe: Rüden
  45–50 cm, Hündinnen 40–45 cm.
  Gewicht: 20 kg.

- **FELL** Lang, dick und abstehend; dicke
  Unterwolle, Unterbauch und Rückseite
  der Hinterbeine stärker behaart, Schwanz
  besonders buschig.

- **FARBE** Dunkelbraun, Schwarz, Braun
  mit Weiß; einfarbige Hunde werden bevorzugt.

- **KÖRPERBAU** Spitztypische Stehohren,
  dickes Fell und über dem Rücken getragener Schwanz; das Fell ist jedoch länger
  als bei anderen Spitzarten.

AKITA INU

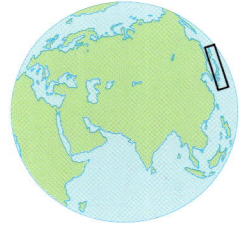

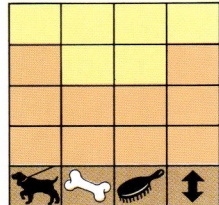

Der Akita Inu verkörpert die zahlenmäßig größte und international bekannteste Hunderasse Japans. Sie stammt aus den Polargebieten, und ihre Geschichte läßt sich mehr als 300 Jahre zurückverfolgen. Der Akita Inu wurde für die Hirsch- und Wildschweinjagd gezüchtet und gelegentlich auch für die Jagd auf Schwarzbären verwendet. Dieser Hund ist außergewöhnlich flink und bewegt sich auch in tiefem Schnee noch sehr behende. Er hat Schwimmhäute an den Pfoten, schwimmt sehr gut, kann erlegte Vögel apportieren und den Fischern ihre Beute ins Netz treiben.

Der in Japan verehrte Akita Inu wurde 1931 unter den Schutz des Staates gestellt. Erst kürzlich kam eine Briefmarkenserie heraus, die diese Hunde zeigt. Außerdem erhielt diese Rasse den »National Treasure Award« von der Japan Dog Federation, die unter der Schirmherrschaft der japanischen Regierung steht. Es gab sogar Zeiten, in denen nur Angehörige des japanischen Adels Hunde dieser Rasse besitzen durften. Der Akita Inu wurde international bekannt, als amerikanische Soldaten nach dem Zweiten Weltkrieg ihre Hunde aus Japan nach Hause mitnahmen.

HOKKAIDO-KEN

Der Hokkaido-Ken, der auch als Hund von Ainu, Kyushu oder Ochi bekannt ist, stammt aus der Gebirgsregion der japanischen Insel Hokkaido und ist vermutlich vor Tausenden von Jahren von den Ainu dorthin gebracht worden.

Seit jener Zeit hat sich diese Rasse kaum verändert und ähnelt mit ihrem kleinen, schweren Körper viel mehr den Spitzrassen Skandinaviens als den japanischen Spitzen wie etwa dem Akita Inu. Der mittelgroße und kräftige Hokkaido-Ken ist ein guter Jagd- und Wachhund, der leicht zu erziehen ist.

Charakter und Pflege

Trotz seiner langen Geschichte als Gebrauchshund ist der Hokkaido-Ken ein ebenso idealer Familien- wie Jagdhund. Er ist intelligent und leicht abzurichten, und einem Herrn, der sich mit ihm beschäftigt, absolut zugetan.

KURZINFO
• **GRUPPE** Gebrauchshund. **Anerkannt von** FCI.
• **GRÖSSE** Widerristhöhe: Rüden 50–54 cm, Hündinnen 42–48 cm.
• **FELL** Deckhaar mittellang und dicht; Unterwolle weich und dicht.
• **FARBE** Rot, Weiß, Schwarz, Blauschimmel oder Black and Tan.
• **KÖRPERBAU** Breiter, dreieckiger Kopf; aufrechtstehende, dreieckige Ohren; dunkle, tiefliegende Augen; muskulöser Körper; hoch angesetzter Schwanz, der über dem Rücken getragen wird.

Charakter und Pflege

Der kraftvolle, aber leicht zu erziehende Akita Inu ist ein vielseitiger Jagd- und Apportierhund und ein ausgezeichneter Wächter. Er hat das richtige Temperament für Ausstellungen und wird heute überwiegend als Haushund gehalten. Das Tier sollte jedoch nicht in beengten Verhältnissen leben müssen. Wenn sein Jagdtrieb erwacht, ist er nur schwer zu bändigen; zudem sollte er eine Aufgabe haben, die ihn beschäftigt. Der Akita Inu braucht viel Bewegung, sein Fell benötigt tägliche Pflege.

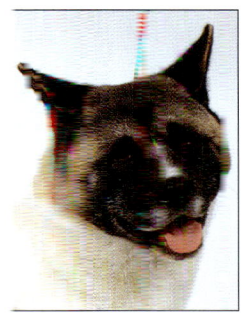

Die mandelförmigen Augen des Akita Inu sind ein typisches Merkmal aller Spitz-Arten

Der kraftvolle und mutige Akita Inu zeigt gewisse Dominanz gegenüber anderen Hunden. Diese Rasse ist seit den 1970er Jahren in den USA sehr beliebt und hat mittlerweile auch in Großbritannien und anderen Ländern Freunde gefunden.

KURZINFO
• **GRUPPE** Gebrauchshund. **Anerkannt von** AKC, ANKC, CKC, FCI, KC (GB).
• **GRÖSSE** Widerristhöhe: Rüden 66–71 cm, Hündinnen 61–66 cm. Gewicht: 34–49 kg.
• **FELL** Grobes, glatt abstehendes Deckhaar; weiche, dichte Unterwolle.
• **FARBE** Alle Farben, auch Weiß, gestromt und gescheckt (schwarzweiß), mit oder ohne Maske.
• **KÖRPERBAU** Großer, flacher Schädel; breite Stirn; kleine Augen und Ohren; langer Körper; dicker, kräftiger Schwanz.

TOSA INU

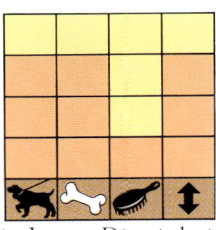

Der Tosa Inu, auch Japanischer Kampfhund genannt, wurde in der Meiji-Periode (1867–1912) gezüchtet, denn zu jener Zeit waren Hundekämpfe ein beliebter Zeitvertreib in Japan. Die einheimischen Kampfhunde wurden mit Englischen Bulldoggen, Englischen Bullterriern, Bernhardinern und Deutschen Doggen gekreuzt, um einen großen, starken und wilden Kampfhund zu züchten. Er erhielt seinen Namen nach der Provinz Tosa auf der japanischen Insel Shikoku; als man die Hundekämpfe in Japan verbot, wurde der ehemalige Kampfhund zum Wach- und Begleithund. Im Kampf geben diese Hunde sich auf, bis nicht einer der Kontrahenten tot ist.

Charakter und Pflege

Der Tosa Inu kann sich anderen Hunden gegenüber aggressiv verhalten und ist nur etwas für erfahrene Halter. Menschen gegenüber gibt er sich geduldig. Wegen seiner Vergangenheit als Kampfhund wird der Tosa Inu von vielen Menschen abgelehnt. Sein Fell wird mit einer Bürste und einem Hundehandschuh gepflegt.

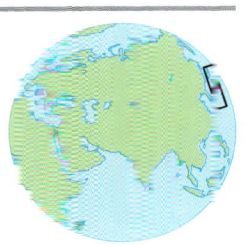

KURZINFO
• **GRUPPE** Gebrauchshund. **Anerkannt von** CKC, FCI.
• **GRÖSSE** Widerristhöhe: mindestens 60 cm. Gewicht: 45–90 kg.
• **FELL** Kurz, glatt und fest.
• **FARBE** Rötlich, mit oder ohne Abzeichen in einer anderen Rotschattierung; rötliche Abzeichen auf weißem Grund.
• **KÖRPERBAU** Großer Kopf; kleine, bernsteinfarbene Augen; kleine, hoch angesetzte, hängende Ohren; kraftvoller Körper; hoch angesetzter Schwanz.

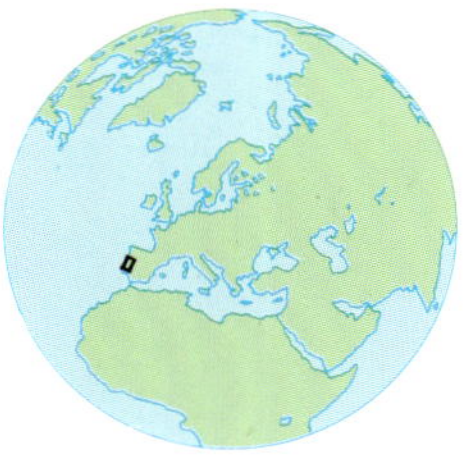

CAÕ DA SERRA DA ESTRELA

In seinem Heimatland Portugal ist der Caõ da Serra da Estrela ein beliebter Ausstellungshund, der auch internationale Verbreitung findet. Er ist außerordentlich stark und wird in seiner Heimat auch als Zugtier eingesetzt.

Der Caõ da Serra da Estrela, der auch Portugiesischer Berghund oder Estrela-Berghund genannt wird, entstand vor vielen hundert Jahren im Estrela-Gebirge in Zentralportugal. Er wurde als Hütehund gezüchtet, und zu seinen Vorfahren zählen wahrscheinlich Mastiffs und Bernhardiner, denn diesen beiden Rassen ähnelt er noch heute.

Der Caõ da Serra da Estrela war in Portugal schon immer sehr beliebt und wird dort heute überwiegend als Wachhund eingesetzt. Der Rassestandard wurde 1933 erstmals veröffentlicht. 1974 kamen diese Hunde auch nach England.

Charakter und Pflege

Der Caõ da Serra da Estrela ist ein ausgezeichneter Wachhund mit einer enormen Ausdauer. Er ist seinem Besitzer treu ergeben. Das intelligente Tier braucht viel Zuwendung, muß aber liebevoll erzogen werden. Regelmäßige Bewegung ist ebenso ein Muß für diese Rasse wie die Pflege des Fells und ein nicht allzu gehaltvolles Futter; in diesem Punkt läßt man sich am besten schon beim Kauf vom Züchter beraten.

Die endgültige Farbe des Caõ da Serra da Estrela sieht man erst beim Jungtier, das gerade sein Deckhaar ausbildet. Der Nasenspiegel ist permanent schwarz.

KURZINFO
• **GRUPPE** Gebrauchshund. **Anerkannt von** FCI, KC (GB), KUSA.
• **GRÖSSE** Widerristhöhe: Rüden 58–68 cm, Hündinnen 51–61 cm. Gewicht: Rüden 34–48 kg, Hündinnen 27–41 kg.
• **FELL** Zwei Typen: Langhaar – dickes, mittelgrobes Deckhaar, an der Hinterseite der Gliedmaßen deutlich länger; dichte Unterwolle. Kurzhaar – kurzes, dickes, mittelgrobes Deckhaar mit kürzerer, dichter Unterwolle.
• **FARBE** Alle Farben und Farbkombinationen zugelassen.
• **KÖRPERBAU** Langer, kräftiger Kopf; Augen sollen weder zu tief liegen noch vorstehen; Ohren im Vergleich zur Körpergröße klein; kurzer Rücken, der am Widerrist höher ist als an der Kruppe; langer, dicker Schwanz.

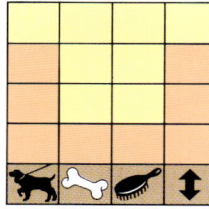

PYRENÄEN-HUND

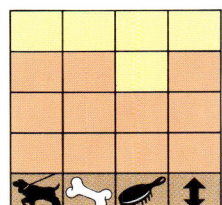

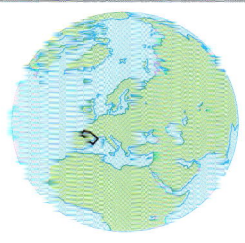

Vermutlich stammt der Pyrenäen-Hund aus Asien und wurde von Einwanderern nach Europa mitgebracht. Seine nächsten Verwandten sind der Kuvasz und der Neufundländer, zu deren Entstehung er vermutlich beigetragen hat. Diese Rasse wurde in den Pyrenäen sowie in ganz Frankreich jahrhundertelang als Hütehund eingesetzt. Außerdem war sie bis zur Französischen Revolution am französischen Königshof sehr beliebt. Mitte der 1960er Jahre wurde der Standard für diese Rasse anerkannt.

Charakter und Pflege
Der Pyrenäen-Hund läßt sich sowohl im Haus als auch im Zwinger halten, muß aber in jedem Fall gut erzogen werden. Er ist ungemein stark; ich war bereits zweimal Zeuge kleinerer Unfälle, nachdem Fremde einen Pyrenäen-Hund auf einer Ausstellung den Kopf gestreichelt haben. In der Regel sind Pyrenäen-Hunde jedoch gutmütig, vertragen sich mit anderen Haustieren und haben einen starken Schutztrieb. Wer genug Platz, Zeit und Futter hat, findet in ihm einen treuen Gefährten.

KURZINFO
• **GRUPPE** Gebrauchshund. **Anerkannt von** AKC, ANKC, CKC, FCI, KC (GB), KUSA.
• **GRÖSSE** Widerristhöhe: Rüden 70–80 cm, Hündinnen 65–73 cm. Mindestgewicht: Rüden 50 kg, Hündinnen 40 kg.
• **FELL** Lang und grob, mit üppiger, sehr feiner Unterwolle.
• **FARBE** Weiß, mit oder ohne dachsgraue Abzeichen; Wolfsgrau und Hellgelb werden ebenfalls akzeptiert.
• **KÖRPERBAU** Runde Schädeldecke; dunkelbraune, mandelförmige Augen; kleine, dreieckige Ohren; breite Brust, gerader Rücken; Schwanz am Ansatz dick, zum Ende spitz zulaufend.

Der staatliche Pyrenäen-Hund war am Hof von König Ludwig XIV. besonders beliebt.

Die doppelten Afterkrallen (Wolfskrallen) an den Hinterläufen sind ein typisches Merkmal des Pyrenäen-Hundes.

BERNER SENNENHUND

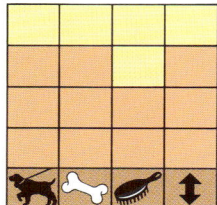

Der Berner Sennenhund erhielt seinen Namen nach dem Schweizer Kanton Bern, wohin er durch Cäsars Armee gelangte. Wie andere Schweizer Berghunde, etwa der Große Schweizer Sennenhund (siehe Seite 81), zeigt auch er Mastiff-Merkmale. Die Rasse soll von den Molosserhunden des alten Griechenland und Rom abstammen, doch unter ihren Ahnen befinden sich auch Rottweiler, Bernhardiner und Neufundländer.

Der Berner Sennenhund wurde in seiner Heimat als Treibhund eingesetzt und zieht in den Schweizer Alpen noch immer den Milchwagen. In Großbritannien tritt er ebenfalls gelegentlich als Zughund auf, vor allem auf Wohltätigkeitsveranstaltungen. Dieser große, sanfte Hund hat in den letzten Jahren in Europa und den USA zunehmend an Beliebtheit gewonnen, sowohl als Haus- wie auch als Ausstellungshund.

Charakter und Pflege

Der Berner Sennenhund ist ein guter Haushund für jeden, der über genug Platz verfügt; er ist Kindern und anderen Haustieren gegenüber freundlich. Sein Fell muß regelmäßig gepflegt werden, und er braucht viel Auslauf.

KURZINFO
• **GRUPPE** Gebrauchshund. **Anerkannt von** AKC, ANKC, CKC, FCI, KC (GB), KUSA.
• **GRÖSSE** Widerristhöhe: Rüden 64–70 cm, Hündinnen 58–66 cm. Gewicht: um 40 kg.
• **FELL** Dick, mittellang, glatt oder leicht gewellt, glänzend.
• **FARBE** Tiefschwarz mit leuchtend rotbraunen Abzeichen an der Schnauze, über den Augen, an Beinen und Brust; weiße Abzeichen an Kopf, Brust, Schwanzspitze und Pfoten sind kein Fehler.
• **KÖRPERBAU** Kräftiger Kopf mit flachem Schädel; dunkelbraune, mandelförmige Augen; mittelgroße Ohren; kräftiger Körper, buschiger Schwanz.

Der Berner Sennenhund, ein unermüdlicher Arbeiter, ist auch ein treuer und anhänglicher Gefährte.

Der Standard schreibt rostrote Abzeichen an allen vier Beinen vor.

BERNHARDINER

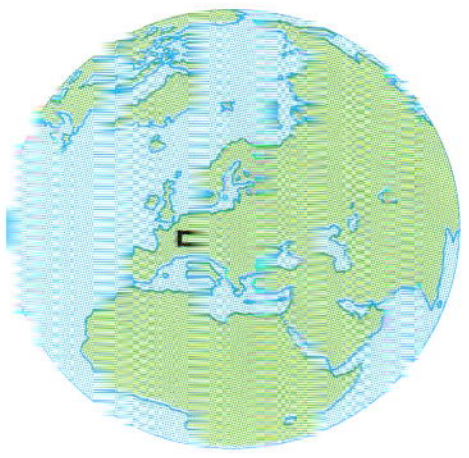

Der Bernhardiner ist intelligent, treu und ausgesprochen gutmütig. Außerdem liebt er Kinder, braucht aber viel Platz und große Futterrationen.

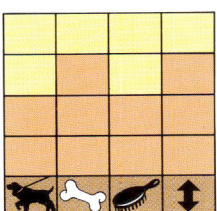

Der Bernhardiner ist ein sanfter Riese, obwohl er von den angriffslustigen Molosserhunden des alten Rom abstammt. Er erhielt seinen Namen nach dem Hospiz auf dem Großen Sankt Bernhard in den Schweizer Alpen, wo er zwischen 1660 und 1670 seinen Dienst aufnahm. Er ist berühmt für die Rettung von Wanderern und Bergsteigern.

Bis 1830 waren alle Bernhardiner kurzhaarig, doch in diesem Jahr wurden Neufundländer eingekreuzt, um die Rasse größer und beweglicher zu machen. Aus diesem Grund gibt es heute sowohl lang- als auch kurzhaarige Bernhardiner. 1810 kam als erster Bernhardiner »Lion« nach England, und 1863 wurde die Rasse dort erstmals öffentlich vorgestellt. 1887 wurde in Bern ein international gültiger Standard für diese Hunde erarbeitet.

Charakter und Pflege

Der Bernhardiner ein intelligenter, kinderlieber und freundlicher Hund. Aus diesem Grund wird er leider manchmal unter Bedingungen gehalten, die ihm bei weitem nicht genug Platz bieten. Wie alle schwergewichtigen Rassen darf auch der Bernhardiner im ersten Lebensjahr nicht überanstrengt werden; mehrere kurze Spaziergänge bekommen ihm besser als täglich nur ein langer Ausflug. Der Bernhardiner muß jeden Tag gebürstet werden und benötigt große Futtermengen. Außerdem sabbert er. Leider hat der Bernhardiner nur eine begrenzte Lebenserwartung.

KURZINFO
• **GRUPPE** Gebrauchshund. **Anerkannt von** AKC, ANKC, CKC, FCI, KC (GB), KUSA.
• **GRÖSSE** Widerristhöhe: Rüden mindestens 69 cm, Hündinnen 64 cm. Gewicht: 49–90 kg.
• **FELL** Dicht, kurz, glatt und am Körper anliegend.
• **FARBE** Rot, Rotbraun gestromt, Rot gestromt oder Weiß mit roten oder braunen Flecken; weiße Blesse und Weiß an Schnauze, Hals, Brust, Vorderbeinen, Pfoten und Schwanzspitze; Maske und Ohren dunkler schattiert.
• **KÖRPERBAU** Massiger, breiter Kopf; mittelgroße Augen und Ohren; breite, muskulöse Schultern; breiter, gerader Rücken; hoch angesetzter Schwanz.

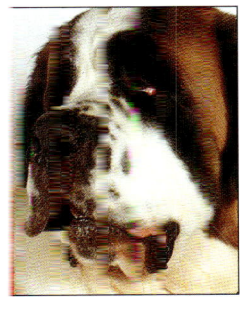

Die weiße Blesse des Bernhardiners verstärkt noch seinen gutmütigen Gesichtsausdruck.

ESKIMO-HUND

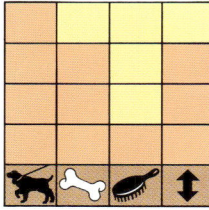

Der Eskimo-Hund sieht aus wie ein Husky im Kleinformat.

Dieser robuste und starke Spitz-Typ ist als Schlittenhund für die Arktis gezüchtet worden. Der Polarforscher Robert Peary (1856–1920) war der Ansicht, daß es nur eine Rasse von Schlittenhunden gebe, deren Vertreter sich je nach Zuchtgebiet nur geringfügig voneinander unterschieden, doch heute ist eine ganze Reihe von eigenständigen Rassen anerkannt. Der Hund stammt wahrscheinlich aus Ostsibirien und hat die gleichen Vorfahren wie der Alaskan Malamute, der Siberian Husky und der Samojede. Er ähnelt dem Grönlandhund, ist aber schwerer gebaut und hat einen kürzeren Rücken.

Charakter und Pflege

Der Eskimo-Hund ist ein erstklassiger Schlittenhund. Außerdem ist er ein guter Wachhund. Er braucht viel Bewegung und muß eine Aufgabe haben, die ihn ausfüllt. Sein Fell sollte regelmäßig gebürstet werden.

KURZINFO
• **GRUPPE** Gebrauchshund. **Anerkannt von** FCI, KC (GB), KUSA.
• **GRÖSSE** Widerristhöhe: Rüden 58–68 cm, Hündinnen 51–61 cm. Gewicht: Rüden 34–47 kg, Hündinnen 27–41 kg.
• **FELL** Etwa 15 cm lang mit dichter Unterwolle.
• **FARBE** Alle Farben und Farbkombinationen.
• **KÖRPERBAU** Wohlproportionierter Kopf; dunkelbraune oder lohfarbene Augen; weit auseinanderstehende, kurze, feste Ohren; breite, tiefe Brust; langer, buschiger Schwanz.

GRÖNLANDHUND

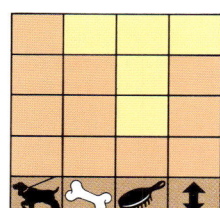

Der Hund stammt, wie alle Spitzarten, aus der Arktis, vermutlich aus Ostsibirien. Er ist mit den anderen Schlittenhunden wie Alaskan Malamute, Siberian Husky und Samojede verwandt, doch dem Eskimo-Hund am ähnlichsten. Manche Fachleute gehen davon aus, daß Grönlandhund und Eskimo-Hund identisch sind, obwohl der Grönlandhund gewöhnlich einen längeren Rücken hat und auch leichter gebaut ist.

Charakter und Pflege

Dieser Schlittenhund verfügt über viel Ausdauer, ist treu und gehorsam und gibt einen guten Wach- und Ausstellungshund ab. Er hält sich am liebsten im Freien auf und ist für die Haltung im Haus nicht geeignet. Er braucht viel Bewegung und regelmäßiges Bürsten.

KURZINFO
• **GRUPPE** Gebrauchshund. **Anerkannt von** CKC, FCI.
• **GRÖSSE** Widerristhöhe: Rüden mindestens 61 cm, Hündinnen 55 cm. Mindestgewicht: 30 kg.
• **FELL** Glatt, grob und recht lang, mit dichter Unterwolle.
• **FARBE** Alle Farben und Farbkombinationen, mit Ausnahme von Albinos.
• **KÖRPERBAU** Kegelförmige Schnauze; dunkle, leicht schräg sitzende Augen; kleine, dreieckige, aufrechtstehende Ohren; über den Rücken gerollter Schwanz.

Alaskan Malamute

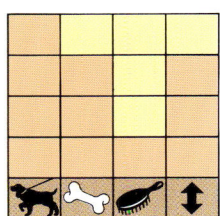

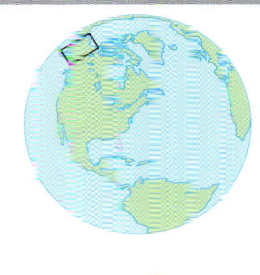

Der Alaskan Malamute ist ein umgänglisches Mitglied der Spitz-Familie. Er erhielt seinen Namen nach dem Eskimovolk der Malamuten, der am Kotzebue-Sund in Alaska lebt. Legenden zufolge stammen diese und andere arktische Hunderassen in direkter Linie von Wölfen ab. Er ist ein wertvoller Schlittenhund, der die arktischen Temperaturen unbeschadet übersteht. Der amerikanische Forscher Robert Peary (1856–1920) war der Ansicht, daß alle Schlittenhunde derselben Rasse angehörten und nur regional unterschiedliche Namen hätten. Es gibt jedoch eindeutige Merkmale, anhand derer sich die verschiedenen Schlittenhundetypen unterscheiden lassen, und mittlerweile sind einige von ihnen als eigenständige Rassen identifiziert worden. Der Alaskan Malamute, einer der größeren Schlittenhunde, hat inzwischen auch einen eigenen Zuchtstandard.

Charakter und Pflege

Trotz seines wolfsähnlichen Aussehens ist der Alaskan Malamute ein freundlicher und treuer Hund, der sich aber nicht gut mit anderen Hunden verträgt. Sein Fell muß jeden Tag gebürstet werden. Er braucht sehr viel Auslauf.

KURZINFO
• **GRUPPE** Gebrauchshund. **Anerkannt von** AKC, ANKC, CKC, FCI, KC (GB), KUSA.
• **GRÖSSE** Widerristhöhe: Rüden 64–71 cm, Hündinnen 58–66 cm. Gewicht: 39–57 kg.
• **FELL** Dicke, grobe Deckhaare; dichte, ölige Unterwolle.
• **FARBE** Von Hellgrau bis Schwarz oder von Goldfarben bis Dunkelbraun; immer mit Weiß an der Unterseite des Körpers, Teilen der Beine, der Pfoten und der Maske.
• **KÖRPERBAU** Breiter, kräftiger Kopf; mandelförmige, braune Augen; dreieckige und im Vergleich zum Kopf recht kleine Ohren; starker, muskulöser Körper; mittelhoch angesetzter Schwanz.

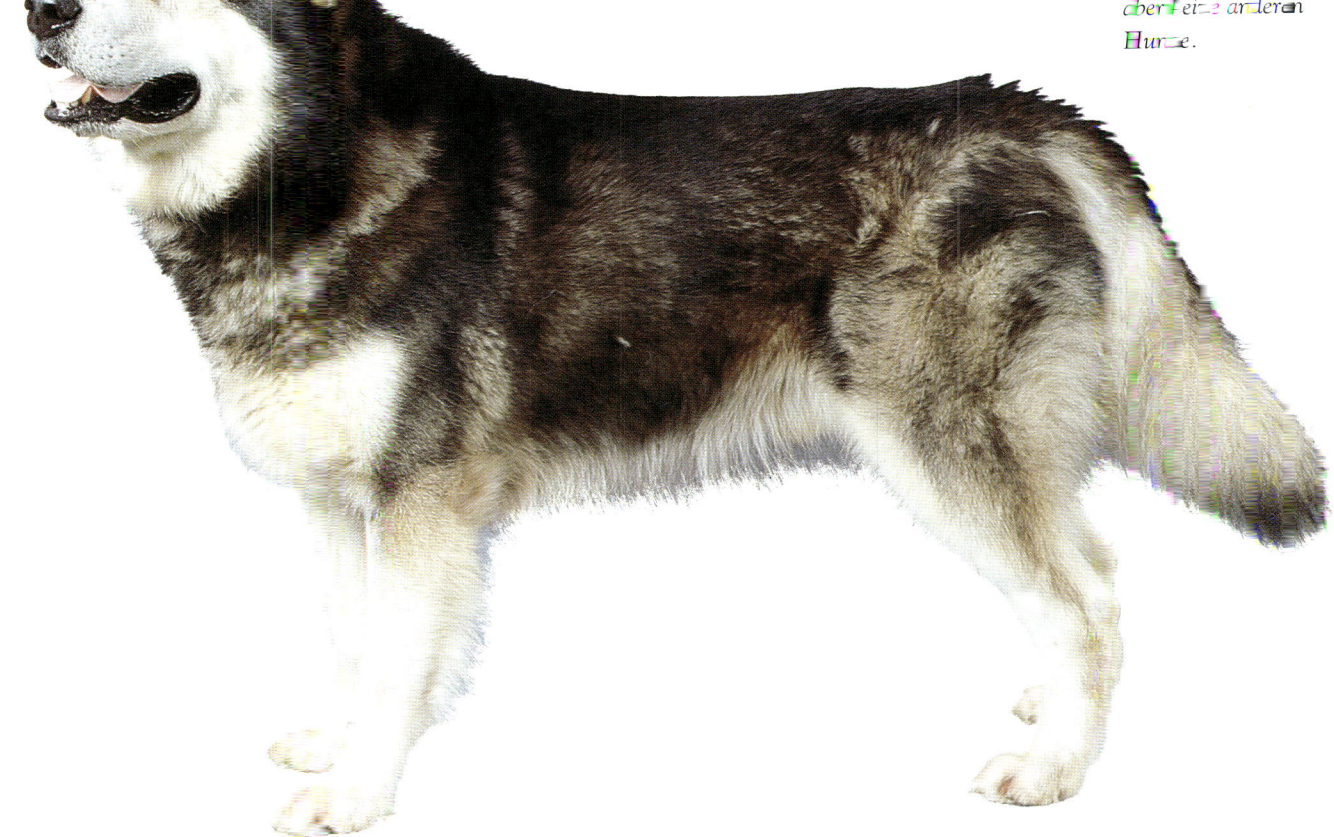

Der Alaskan Malamute ist zu Menschen stets freundlich, duldet aber keine anderen Hunde.

SAMOJEDE

Der Samojede erhielt seinen Namen nach dem sibirischen Volk der Samojeden, den heutigen Nenzen. Diese Rasse ist enorm ausdauernd und gehörte zu denen, die Fridtjof Nansen und Ernest Shackleton für ihre Expeditionen zum Nordpol benutzten. Der Samojede wurde aber auch als Wachhund und für die Rentierjagd eingesetzt. 1889 brachte Kilburn-Scott den ersten Samojedenwelpen von der Nordküste Rußlands mit nach England. Später verpaarte er die Hündin »Whitey Pechora«, die er von einem Matrosen in London bekommen haben soll, mit einem Rüden namens »Musti«. Noch heute stammen viele Samojeden von diesem Paar ab. Der von den Kilburn-Scotts aufgestellte Standard hat sich bis heute nur wenig verändert; Zuchttiere aus England sind in die ganze Welt exportiert worden.

Charakter und Pflege

Anders als die meisten Schlittenhunde lebt der Samojede in seiner Heimat bei seinem Herrn im Haus. Er ist sehr anhänglich, liebt Kinder und ist ein fügsames, wenn auch sehr selbstbewußtes Haustier. Einige Exemplare dieser Rasse haben sich in Gehorsamsprüfungen hervorgetan. Die Hunde brauchen viel Bewegung, und ihr dickes, wasserdichtes Fell muß regelmäßig gekämmt und gebürstet werden.

KURZINFO
• **GRUPPE** Gebrauchshund. **Anerkannt von** AKC, ANKC, CKC, FCI, KC (GB), KUSA.
• **GRÖSSE** Widerristhöhe: Rüden 53–59 cm, Hündinnen 48–53 cm. Gewicht: 23–30 kg.
• **FELL** Grob, aber nicht drahtig, glatt mit dicker, weicher und recht kurzer Unterwolle.
• **FARBE** Reinweiß, Weiß mit Hellbraun, Cremefarben; Deckhaare mit silbrigen Spitzen.
• **KÖRPERBAU** Breiter Kopf; dunkle, mandelförmige Augen; dicke, nicht zu große und oben leicht abgerundete Ohren; mittellanger Rücken; langer, buschiger Schwanz, der über den Rücken gerollt getragen wird.

Der Samojede trägt seinen Schwanz über den Rücken gerollt wie die meisten Spitzrassen. Dieser beliebte Haushund ist sogar schon im Fernsehen und in der Werbung aufgetreten.

SIBERIAN HUSKY

Der bildschöne, starke und ausdauernde Siberian Husky ist ein Nachfahre der Schlittenhunde der Tschuktschen und kann auf eine ehrenvolle Vergangenheit als Schlitten-Rennhund zurückblicken.

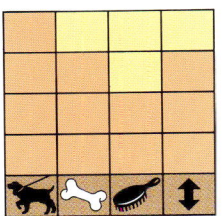

Der Siberian Husky wurde schon vor langer Zeit von den im Nordosten Asiens lebenden Tschuktschen gezüchtet, die einen widerstandsfähigen, starken, schnellen und ausdauernden Schlittenhund brauchten. Zur Zeit des großen Goldrauschs von Alaska erlebte der Husky eine Blütezeit, als Hundeschlitten das einzige Transportmittel waren. Zwischen den Besitzern dieser Schlittenhunde herrschte starke Rivalität, und für die Schlittenhunderennen wurden vorzugsweise Huskies angespannt. Im Zweiten Weltkrieg wurden sie als Such- und Rettungshunde eingesetzt, im darauffolgenden Jahrzehnt wuchs ihre Beliebtheit in Amerika, seit etwa 1960 gibt es sie auch in Europa.

Charakter und Pflege

Der Siberian Husky ist ein intelligentes, ausdauerndes und freundliches Tier. Er neigt nicht zu aggressivem Verhalten und kann als Familienhund gehalten werden, vorausgesetzt, er hat eine Aufgabe zu erfüllen und kann sich ausreichend bewegen.

KURZINFO

- **GRUPPE** Gebrauchshund. **Anerkannt von** AKC, ANKC, CKC, FCI, KC (GB), KUSA.

- **GRÖSSE** Widerristhöhe: Rüden 53–60 cm, Hündinnen 51–56 cm. Gewicht: Rüden 20–27 kg, Hündinnen 15–23 kg.

- **FELL** Mittellanges Haar, das sein Fell sehr dicht aussehen läßt; Deckhaar glatt und eng anliegend; Unterwolle weich und dicht.

- **FARBE** Alle Farben und Abzeichen erlaubt; Kopfabzeichen kommen häufig vor, darunter auch solche, die bei anderen Rassen nicht zu sehen sind

- **KÖRPERBAU** Im Vergleich zum Körper nur mittelgroßer Kopf; mandelförmige Augen; mittelgroße Ohren; schön geschwungener Hals; kräftiger Körper mit geradem Rücken; buschiger Schwanz, der außer im Ruhezustand, anmutig über dem Rücken getragen wird.

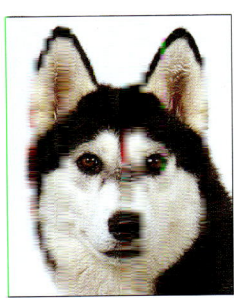

Der Siberian Husky hat einen runden Kopf; sitzen der Spitze leicht abgerundeten Ohren stehen aufrecht.

HÜTEHUNDE

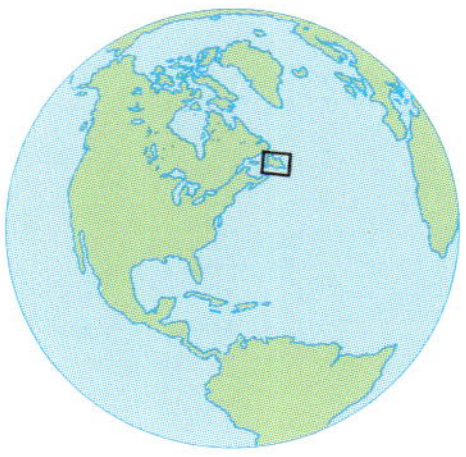

NEUFUNDLÄNDER

Der Neufundländer, ein sanfter Riese, sieht auf dem Land vielfach klobig aus, ist im Wasser aber in seinem Element. Er schwimmt ausgezeichnet und holt alles (und jeden) aus dem Wasser.

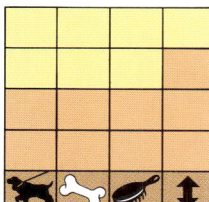

Die glaubhafteste Theorie über die Abstammung des Neufundländers ist, daß er ein Nachfahre des Tibetaner Mastiffs ist. Um sich den harten Wetterbedingungen von Neufundland im Osten von Kanada anzupassen, entwickelte er Schwimmhäute an den Füßen und ein fettiges Fell, die es ihm ermöglichen, lange Zeit im Wasser zu bleiben. Diese Hunde halfen den Fischern und sind berühmte Rettungshunde. Ihr Instinkt, alles und jeden aus dem Wasser zu holen und in Sicherheit zu bringen, macht sie für die Menschen an den Küsten vor Neufundland überaus wertvoll.

Der gescheckte Schlag des Neufundländers, der Landseer, wurde berühmt durch die Gemälde von Sir Edward Landseer (1802–1873). Auch der englische Dichter Lord Byron war ein Liebhaber des Neufundländers.

Charakter und Pflege
Der große und bildschöne Neufundländer ist sehr gutmütig, solange er nicht gereizt wird. Auch anderen Hunden gegenüber ist er sehr tolerant; man sah ihn schon einmal vollkommen gelassen inmitten einer Gruppe kläffender Chihuahuas sitzen. Der Neufundländer benötigt allerdings viel Platz, muß regelmäßig auf festem Boden laufen und täglich mit einer harten Bürste gepflegt werden.

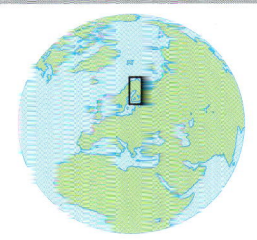

KURZINFO

- **GRUPPE** Hütehunde.
  Anerkannt von AKC, ANKC, CKC,
  FCI, KC (GB), KUSA.

- **GRÖSSE** Durchschnittliche Widerristhöhe: Rüden 71 cm, Hündinnen 66 cm.
  Gewicht: Rüden 64–69 kg, Hündinnen
  50–54 kg.

- **FELL** Ein zweischichtiges, flaches, dichtes und grobes Fell; fettig und wasserabweisend. Das Deckhaar ist mittellang und
  entweder glatt oder leicht gewellt.

- **FARBE** Schwarz, braun, grau. Landseer
  schwarzer Kopf, schwarze Abzeichen auf
  weißem Grund.

- **KÖRPERBAU** Massiger breiter Kopf;
  kleine, dunkelbraune Augen; kleine, weit
  hinten liegende Ohren, breiter, muskulöser Körper; dicker Schwanz.

*Um 1880 waren die
ersten Neufundländer
auf Ausstellungen zu
sehen; ihre Größe und
das ruhige Temperament haben die Tiere
sehr beliebt gemacht.*

LAPINPOROKOIRA

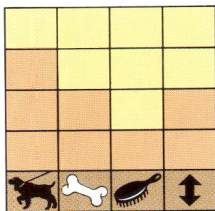

Der Lapinporokoira, der
auch Rentierhund aus
Lappland oder Lapponian
Herder heißt, ist eine finnische Rasse, die aus der
Kreuzung von Lapphunden mit Deutschen Schäferhunden entstanden ist. Ihre Aufgabe ist das
Hüten der Rentierherden, und es heißt, sie seien unermüdlich, wenn es gilt, die Herden zusammenzuhalten und sie gegen Wölfe und Bären zu verteidigen. Der Lapinporokoira ist ein
mittelgroßer, kräftig gebauter und bestens bemuskelter Hund, der im Rechteckformat steht,
das heißt, er ist länger als hoch. Sein dichtes,
zweischichtiges Fell schützt ihn vor allen Unbilden des Wetters und kann kurz- oder langhaarig sein; die Züchter bevorzugen den kurzhaarigen Schlag. Die Rasse ist von der FCI anerkannt, auf europäischen Hundeschauen aber
noch nicht in Erscheinung getreten.

Charakter und Pflege

Der Lapinporokoira hat einen starken Hütetrieb und neigt zum Kläffen, doch er ist auch
gehorsam und freundlich und scheint ein guter
Haushund zu sein, vorausgesetzt, er hat genug
Bewegung. Sein Fell muß täglich gebürstet und
geglättet werden.

KURZINFO

- **GRUPPE** Hütehund.
  Anerkannt von FCI.

- **GRÖSSE** Widerristhöhe: Rüden
  49–56 cm, Hündinnen 43–49 cm.
  Höchstgewicht: 30 kg.

- **FELL** Lang und glänzend mit Unterwolle.

- **FARBE** Vorzugsweise Schwarz mit einem
  Stich ins Rötliche, aber auch Schwarz
  und Rotbraun.

- **KÖRPERBAU** Spitzer Kopf; ausdrucksvolle Augen; Stehohren; langer Rücken
  mit langem Schwanz.

BOUVIER DES FLANDRES

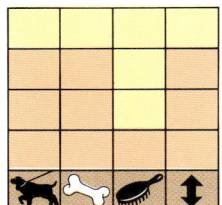

Der Bouvier des Flandres, stammt aus dem Gebiet zwischen dem Lys-Tal und der Küste Flanderns. Dieser struppige Hund sieht in seiner Heimat besonders gefährlich aus, denn dort werden seine Ohren traditionsgemäß kupiert. Der Bouvier des Flandres wurde ursprünglich als landwirtschaftlicher Helfer gezüchtet und entstand aus vielen verschiedenen Nutzhundrassen. Er wurde für die Jagd in unwegsamem Gelände ebenso gebraucht wie zum Hüten und Treiben von Vieh, aber auch als Schutz- und Wachhund.

Es dauerte bis nach dem Ersten Weltkrieg, bevor ein Standard erstellt und vom Club National Belge du Bouvier des Flandres anerkannt wurde.

Charakter und Pflege

Der Bouvier des Flandres ist zwar ein scharfer Wachhund, hat aber ein gelassenes und vernünftiges Temperament. Er ist intelligent, sehr robust und vertrauenswürdig. Er ist seiner Familie treu ergeben und leicht auszubilden. Allerdings braucht diese Rasse viel Bewegung und muß regelmäßig gebürstet werden.

In seinem Heimatland werden die Ohren des Flandrischen Treibhundes gewöhnlich kupiert, wahrscheinlich, um ihn wachsamer aussehen zu lassen.

KURZINFO

- **GRUPPE** Hütehund.
  Anerkannt von AKC, ANKC, CKC, FCI, KC (GB), KUSA.

- **GRÖSSE** Widerristhöhe: Rüden 61–69 cm, Hündinnen 59–66 cm. Durchschnittsgewicht: 36 kg.

- **FELL** Rauh, dick und hart, mit weicher, dichter Unterwolle.

- **FARBE** Von Lohfarben bis Schwarz, auch meliert; weißes Abzeichen auf der Brust erlaubt; überwiegend Weiß oder Schokoladenbraun unerwünscht, ebenso helle, verwaschene Farben.

- **KÖRPERBAU** Augen mit wachsamem Ausdruck; hoch angesetzte Ohren; breite, tiefe Brust und kurzer, kräftiger Körper; Schwanz gewöhnlich auf zwei bis drei Wirbel kupiert.

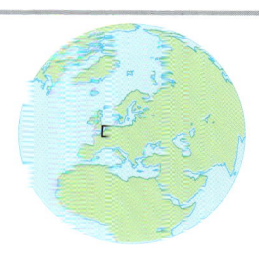

ARDENNEN-TREIBHUND

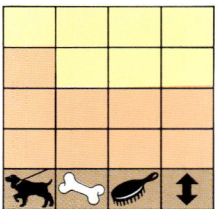

Der Ardennen-Treibhund oder Bouvier des Ardennes ist einer von mehreren Hütehunden, die gezüchtet wurden, um Viehherden zu bewachen und zum Markt zu treiben.

Lange wurden diese rauhhaarigen Treibhunde keiner Rasse zugeordnet, doch dann begannen die Züchter zu selektieren, und die Hunde bekamen den Namen ihrer Ursprungsregion. Der Ardennen-Treibhund, der seinen Namen von den Ardennen im Südosten von Belgien hat, hütete auch Schweine und wird noch heute für diese Aufgabe eingesetzt.

Charakter und Pflege

Dieser unermüdliche, intelligente Gebrauchshund fühlt sich in ländlichen Gegenden am wohlsten. Der Ardennen-Treibhund ist ein furchteinflößendes Tier, das Fremde fernhält, seinem Besitzer aber unbedingt gehorcht und ihm treu ergeben ist. Er muß regelmäßig mit einer Bürste oder einem Noppenstriegel gepflegt werden. Er hat einen kräftigen, ziemlich kurzen Kopf und manchmal gelbe Augen.

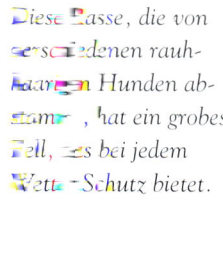

Diese Rasse, die von verschiedenen rauhhaarigen Hunden abstammt, hat ein grobes Fell, das bei jedem Wetter Schutz bietet.

KURZINFO
• **GRUPPE** Hütehund. **Anerkannt von** FCI.
• **GRÖSSE** Widerristhöhe: um 61 cm.
• **FELL** Lang und buschig mit dicker Unterwolle.
• **FARBE** Alle Farben zulässig.
• **KÖRPERBAU** Großer Kopf mit kurzer Schnauze; dunkle Augen; stehende Ohren; runder Brustkorb; gewöhnlich schwanzlos, ansonsten kupiert.

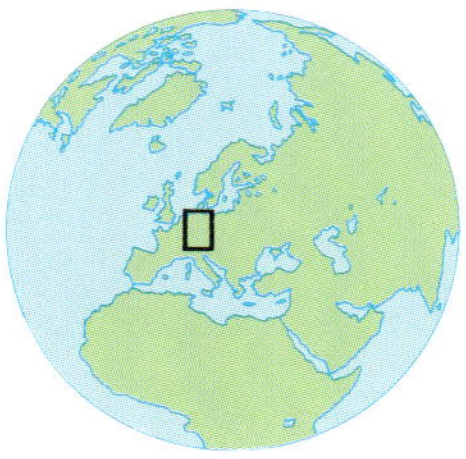

HOVAWART

Der Hovawart ist ein ausgezeichneter Wachhund, der Kinder mag und auch mit Vieh rücksichtsvoll umgeht. Die Ausbildung eines Hovawarts erfordert eine feste Hand.

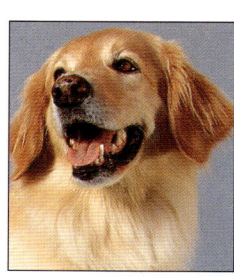

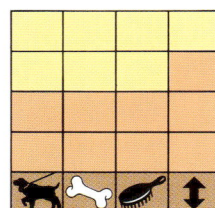

Der Hovawart gilt als ziemlich junge Rasse, und tatsächlich hat ihn der Verband für das Deutsche Hundewesen erst 1936 anerkannt, obwohl es diese Hunde in Württemberg schon mindestens seit dem Ende des 19. Jahrhunderts gibt. Der Name Hovawart kommt aus dem Altdeutschen und bedeutet »Wächter des Hofes«, doch in erster Linie ist der Hovawart ein vielseitiger Begleithund.

In den letzten Jahren sieht man diese Hunde vermehrt auf europäischen Ausstellungen, und die Rasse ist inzwischen auch vom British Kennel Club anerkannt.

Charakter und Pflege

Der Hovawart ist ein ausgezeichneter Wachhund, der Kinder liebt, leicht zu erziehen ist und als typischer Ein-Mann-Hund gilt. Er ist spätreif und kann aggressiv reagieren, wenn er gereizt wird.

KURZINFO
• **GRUPPE** Hütehund. **Anerkannt von** FCI, KC (GB), KUSA.
• **GRÖSSE** Widerristhöhe: Rüden 63–70 cm, Hündinnen 58–65 cm. Gewicht: Rüden 30–40 kg, Hündinnen 25–35 kg.
• **FELL** Mittelweich, recht lang und dicht anliegend.
• **FARBE** Schwarz mit Gold, Blond mit Schwarz.
• **KÖRPERBAU** Kräftiger Kopf mit breiter, konvexer Stirn; dreieckige, hoch angesetzte Ohren in perfektem Größenverhältnis zum Kopf; Körper länger als hoch; buschiger, tiefgetragener Schwanz.

GROSSER SCHWEIZER SENNENHUND

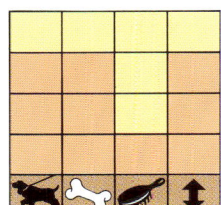

Der Große Schweizer Sennenhund ist der größte der vier Schweizer Sennenhunde. Alle vier stammen wahrscheinlich von Molosserhunden ab, die von der römischen Armee in den Norden mitgebracht wurden und sich mit den einheimischen Hütehunden mischten. Sie werden als Wach-, Hüte- und Zughunde eingesetzt. Der Große Schweizer Sennenhund, ein sehr widerstandsfähiger Hund mit einer außerordentlich kräftigen Hinterhand, kann beachtliche Lasten ziehen. Zu Beginn dieses Jahrhunderts stand er kurz vor dem Aussterben, doch der Bestand erholte sich, und er wird heute, ebenso wie der Berner Sennenhund, als Zugtier für Milchwagen eingesetzt. Viele Exemplare dieser Rasse arbeiten auch als Such- und Rettungshunde, die vermißte Menschen und verlorengegangene Gegenstände in den Bergen aufspüren.

Charakter und Pflege

Der Große Schweizer Sennenhund ist ein treuer, gutmütiger Hund, der Kinder liebt. Er ist wachsam und hochintelligent und bereit, seine menschliche Familie unter Einsatz seines Lebens zu verteidigen. Am wohlsten fühlt er sich auf dem Land, denn er braucht viel Platz und regelmäßige Bewegung. Sein Fell wird mit einer harten Bürste gepflegt.

KURZINFO
• **GRUPPE** Hütehund. **Anerkannt von** CKC, FCI.
• **GRÖSSE** Widerristhöhe: Rüden 65–70 cm, Hündinnen 60–65 cm.
• **FELL** Hart und kurz.
• **FARBE** Schwarz mit symmetrischen Abzeichen in Rostrot und Weiß.
• **KÖRPERBAU** Flacher, breiter Kopf; braune, mittelgroße Augen: dreieckige, mittelgroße Ohren; mittellanger, muskulöser, gerader Rücken; recht schwerer Schwanz, der bis zu den Sprunggelenken reicht.

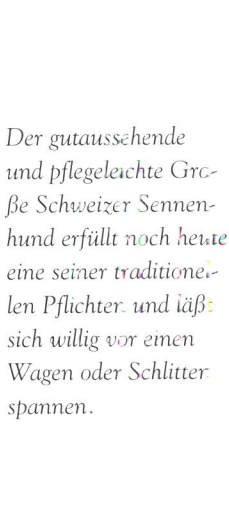

Der gutaussehende und pflegeleichte Große Schweizer Sennenhund erfüllt noch heute eine seiner traditionellen Pflichten und läßt sich willig vor einen Wagen oder Schlitten spannen.

APPENZELLER SENNENHUND

Der Appenzeller Sennenhund erhielt seinen Namen nach einem Kanton im Norden der Schweiz. Er ist einer der vier Schweizer Sennenhunde: Entlebucher Sennenhund, der Große Schweizer Sennenhund und der Berner Sennenhund (siehe Seite 68). Der Appenzeller ist dem Berner Sennenhund recht ähnlich, doch er ist etwas kleiner und länger und hat ein kurzes Fell.

Wie alle Schweizer Sennenhunde stammt auch diese Rasse vermutlich von den Molosserhunden des alten Rom ab. Früher arbeitete der Appenzeller ausschließlich als Hütehund und als Zughund, der landwirtschaftliche Er-

zeugnisse zum Markt brachte. In seinem Heimatland ist er recht häufig anzutreffen, doch in anderen Ländern sieht man ihn selten.

Charakter und Pflege
Der Appenzeller Sennenhund ist intelligent, widerstandsfähig und leicht auszubilden, er ist ein ausgezeichneter Hof- und Rettungshund, aber auch ein guter Wach- und Begleithund. Er braucht viel Futter und Bewegung; sein Fell muß täglich gebürstet werden.

Der Appenzeller Sennenhund – an seinem über den Rücken gerollten Schwanz leicht zu erkennen – ist kleiner und länger als der Berner Sennenhund.

KURZINFO
• **GRUPPE** Hütehund. **Anerkannt von** FCI, KUSA.
• **GRÖSSE** Widerristhöhe: Rüden 56–59 cm, Hündinnen 46–50 cm. Gewicht: 22–25 kg.
• **FELL** Kurz, dicht und hart.
• **FARBE** Schwarz mit Rostrot mit weißen Abzeichen auf dem Kopf, der Brust und den Pfoten; die Schwanzspitze ist weiß.
• **KÖRPERBAU** Flacher Kopf; braune, eher kleine Augen; relativ kleine, hoch angesetzte Ohren; kräftiger, gerader Rücken; mittellanger, dicker Schwanz, der über dem Rücken getragen wird.

ENTLEBUCHER SENNENHUND

Der Entlebucher Sennenhund erhielt seinen Namen nach der Schweizer Stadt Entlebuch. Die Rasse ist überwiegend in der Gegend um Luzern und im Emmental im Kanton Bern zu finden. Sie ist die kleinste der vier Sennenhunderassen, die wohl aus einer Kreuzung von römischen Molossern und einheimischen Hütehunden hervorgegangen sind. Der Entlebucher wurde als Hüte- und Treibhund gezüchtet.

Charakter und Pflege
Dieser freundliche Hund ist ein intelligenter und gehorsamer Gefährte des Menschen, der aber viel Auslauf braucht. Sein Fell muß regelmäßig mit einer Bürste gepflegt werden.

KURZINFO
• **GRUPPE** Hütehund. **Anerkannt von** FCI.
• **GRÖSSE** Widerristhöhe: um 51 cm. Gewicht: 25–30 kg.
• **FELL** Glatt, kurz, dick, hart und glänzend.
• **FARBE** Schwarz, Weiß und Rostrot.
• **KÖRPERBAU** Flacher Oberkopf; Kopf in harmonischer Proportion zum Körper; kleine, lebhafte, braune Augen; kleine, v-förmige Hängeohren; breite, tiefe Brust; kurzer Schwanz.

NORWEGISCHER BUHUND

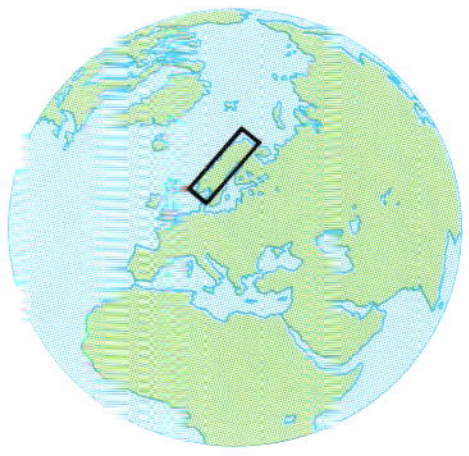

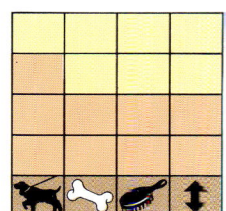

Der Norwegische Buhund ist ein Spitztyp und ähnelt dem Elchhund. In den isländischen Sagas (900–1300) ist zu lesen, daß norwegische Siedler im Jahr 874 Hunde mit nach Island brachten. In Norwegen wird der Buhund als Wach- und Hofhund und als Hütehund für Rinder, Schafe und Ponys verwendet. Obwohl es ihn schon sehr lange gibt, war er bis 1920 außerhalb seines Heimatlandes so gut wie unbekannt. Erste Exemplare kamen dann nach Großbritannien, später in andere Länder Europas; in den USA ist er bisher nicht anerkannt.

Charakter und Pflege

Der Norwegische Buhund ist der geborene Hütehund. Außerdem ist er sanft und freundlich, ein guter Wachhund und ein zuverlässiger Spielkamerad für Kinder. Er braucht viel Bewegung; sein Fell sollte jeden Tag gekämmt und gebürstet werden

KURZINFO
• **GRUPPE** Hütehund. **Anerkannt von** ANKC, CKC, FCI, KC (GB), KUSA.
• **GRÖSSE** Widerristhöhe: Rüden um 43–45 cm, Hündinnen kleiner. Gewicht: 12–18 kg.
• **FELL** Enganliegend, hart und glatt mit weicher Unterwolle.
• **FARBE** Weizenfarbig, Schwarz, Rot oder Wolfsgrau; kleine symmetrische weiße Abzeichen zulässig; schwarze Maske.
• **KÖRPERBAU** Leichter, zwischen den Ohren breiter Kopf; hoch angesetzte Ohren; kräftiger, kurzer Körper; kurzer, hoch angesetzter, dicker Schwanz, der eng über den Rücken gerollt getragen wird

Der Buhund, einer der ältesten skandinavischen Hütehunde, ist ein vielseitiger Gebrauchshund, aber auch ein vorzüglicher Haushund.

Der Australian Cattle Dog ist eine gezielt entwickelte Kreuzung aus mehreren Rassen. Eine letzte Kreuzung wurde 1893 als »reinrassiges« Endprodukt betrachtet.

AUSTRALIAN KELPIE

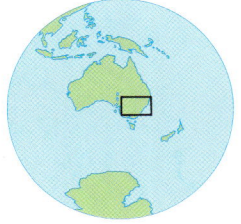

Der Australische Kelpie, auch Australischer Schäferhund genannt, stammt von Kurzhaar-Collies mit Stehohren ab, die gegen Ende des letzten Jahrhunderts von Schottland nach Australien gebracht wurden. Zu den Vorfahren der Kelpies soll aber auch der Bobtail gehören. Aus der Paarung von zwei Collies ging eine Hündin hervor, die den Namen Gleeson's Kelpie erhielt. Sie wurde mit einem ebenfalls importierten Rüden namens Caesar gepaart, und einer der Welpen aus dem daraus resultierenden Wurf wurde nach seiner Mutter King's Kelpie genannt. Daraufhin wurde der Name Kelpie für die ganze Rasse verwendet. Robert Louis Stevenson erwähnt den »Wasser-Kelpie«

in seinem berühmten Roman *Kidnapped* (*Verschleppt*) – was die schottische Abstammung dieser Hunde noch glaubwürdiger macht.

Der Kelpie ist ein erstklassiger Hütehund, der lange ohne Wasser auskommt. Außerdem ist er bekannt dafür, daß er über die Rücken der Schafe läuft, um an die Spitze der Herde zu gelangen. In Australien waren die Kelpies schon immer bekannt, doch erst in den 1980er Jahren fanden sie auch anderswo Liebhaber. Mittlerweile ist die Rasse sowohl in Großbritannien als auch in den USA anerkannt.

Charakter und Pflege

Der Kelpie ist ein guter Schäferhund und ein treuer Gefährte. Er braucht sehr viel Bewegung, und sein Fell muß täglich kräftig gebürstet werden.

AUSTRALIAN CATTLE DOG

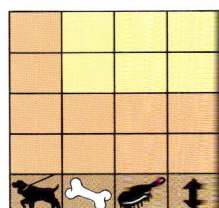

Der Australian Cattle Dog ist ein Hütehund, der Rinder treibt, indem er sie in die Hinterbeine beißt. Die Rasse läßt sich auf den inzwischen ausgestorbenen Black Bobtail zurückführen, der Beschreibungen zufolge groß und schwerfällig war. 1840 wurden einige Hunde mit anderen Rassen gekreuzt, unter ihnen der Smithfield, der einheimische Dingo, der Kelpie, der Dalmatiner und der blaugraue, schwarz gesprenkelte Kurzhaar-Collie. Die Vorzüge des Dingos – sein ausgezeichnetes Riech- und Hörvermögen, seine Schnelligkeit und Ausdauer und seine Hitzetoleranz – trugen maßgeblich zur Entstehung dieser einmaligen Hunderasse bei. Vom Kelpie erbte der Australian Cattle Dog die Begabung zum Treiben von Rindern. Den Züchtern ist es gelungen, einen der besten Treib- und Hütehunde der Welt hervorzubringen. Zu Beginn dieses Jahrhunderts erstellte Robert Kaleski den ersten Standard für diese Rasse. Es dauerte lange, bis der Cattle Dog international bekannt wurde, doch seit 1980 ist er in der USA anerkannt und in den letzten fünf Jahren auch auf britischen Hundeschauen immer öfter vertreten.

Charakter und Pflege

Der Australian Cattle Dog ist intelligent und freundlich. Er kann sehr große Entfernungen zurücklegen. Sein Fell sollte täglich kräftig gebürstet werden.

KURZINFO
• **GRUPPE** Hütehund. **Anerkannt von** AKC, ANKC, CKC, FCI, KC (GB), KUSA.
• **GRÖSSE** Widerristhöhe: Rüden 46–51 cm, Hündinnen 43–48 cm Gewicht: 16–20 kg.
• **FELL** Glatt, hart; Deckhaare wasserabweisend, dichte Unterwolle.
• **FARBE** Blau oder Blaugesprenkelt mit oder ohne Schwarz, blaue oder rostrote Abzeichen am Kopf; Rotgesprenkelt mit oder ohne Abzeichen am Kopf.
• **KÖRPERBAU** Breiter Schädel; intelligente, wache, ovale Augen; mittelgroße bis kleine Ohren; langer Körper; tiefangesetzter Schwanz.

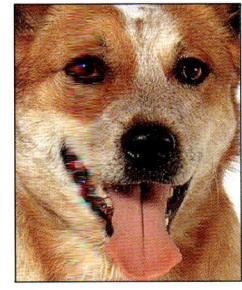

Die bei der Geburt weißen Welpen des Australian Cattle Dog wachsen zu mittelgroßen, flinken Hunden heran, deren Fell entweder blau- oder rotmeliert ist.

KURZINFO
• **GRUPPE** Hütehund. **Anerkannt von** AKC, ANKC, CKC, FCI, KC (GB), KUSA.
• **GRÖSSE** Widerristhöhe: um 51 cm. Gewicht: um 35 kg.
• **FELL** Eng anliegendes Deckhaar mit kurzer, dichter Unterwolle.
• **FARBE** Schwarz mit Rotbraun, Rot, Rot mit Braun, Lohfarben, Dunkelbraun und Rauchgrau, mit oder ohne Abzeichen.
• **KÖRPERBAU** mandelförmige Augen; aufrechtstehende Ohren; breite Brust; breite und kräftige Hinterhand; der Schwanz hängt in der Ruhe entspannt herab, kann in der Bewegung aber erhoben getragen werden.

Der äußerlich wenig anziehende Australian Kelpie ist ein Schäferhund, dem das Hüten und Treiben von Schafen im Blut liegt.

BEARDED COLLIE

Der Bearded Collie soll einer der ältesten Schäferhunde Schottlands sein. Die Rasse ist aus drei reinrassigen Polnischen Niederungshütehunden (siehe Seite 102) entstanden, einem Rüden und zwei Hündinnen, die Reisende 1514 in Schottland gegen ein Schaf und einen Bock eintauschten.

Obwohl 1912 in Edinburgh ein Zuchtverein gegründet wurde, war der Bearded Collie in den 1940er Jahren vom Aussterben bedroht und überlebte nur dank der Bemühungen von G. Willison. Sie kaufte 1944 eine Hündin ohne Papiere und machte sich dann auf die Suche nach einem Rüden. Schließlich fand sie einen, der in Hove in East Sussex mit seinen Besitzern am Strand spielte, die schließlich einwilligten, ihn zu verkaufen. Von diesen beiden, Jeannie und Bailie, stammen alle heutigen Bearded Collies ab.

Der Bearded Collie, ein ausgezeichneter Familienhund, muß gewissenhaft gepflegt werden, damit sein Fell nicht verfilzt.

Charakter und Pflege

Der Bearded Collie ist ein wachsamer, selbstbewußter und lebhafter Hund, der Kinder mag. Er ist ein guter Haushund und zeigt sich auch auf Ausstellungen und in Gehorsamsprüfungen von seiner besten Seite. Er läuft gern und sollte nach Möglichkeit nicht gekämmt, sondern nur gebürstet und gelegentlich gebadet werden.

KURZINFO
• **GRUPPE** Hütehund. **Anerkannt von** AKC, ANKC, CKC, FCI, KC (GB), KUSA.
• **GRÖSSE** Widerristhöhe: Rüden 53–56 cm, Hündinnen 51–53 cm. Gewicht: 18–27 kg.
• **FELL** Anliegend, grob, strähnig; darf leicht gewellt, sein; weiche Unterwolle.
• **FARBE** Schiefergrau, Rötlichblond, Schwarz, Blaugrau, alle Schattierungen von Grau, Braun oder Sandfarben, mit oder ohne weiße Abzeichen.
• **KÖRPERBAU** Breiter, flacher Kopf; zur Farbe des Fells passende Augenfarbe; mittelgroße, hängende Ohren; langer Körper; tiefangesetzter Schwanz.

BORDER COLLIE

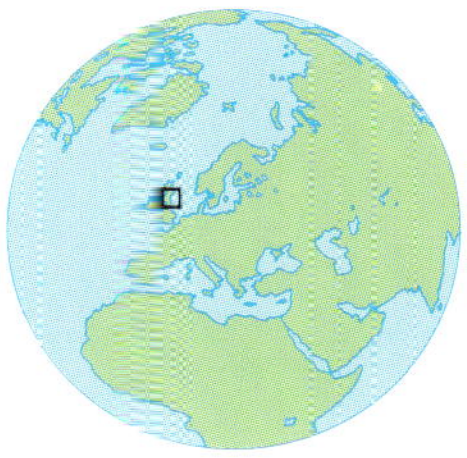

Der moderne Border Collie stammt mit großer Sicherheit von Hütehunden ab, die in den Grafschaften entlang der Grenze zwischen England und Schottland gehalten wurden. Er nimmt seit 1873 an Hütewettbewerben teil und wurde als Hütehund in alle Welt exportiert. Dem ausdauernden und äußerst intelligenten Border Collie ist der Hüteinstinkt quasi angeboren, und schon junge Welpen umkreisen die Herden und lernen von den erfahreneren Hunden.

Der Border Collie hat sich weltweit inzwischen auch in Geschicklichkeits- und Gehorsamsprüfungen als unschlagbar erwiesen. Vor 1973 wurden diese Hunde im Register der International Sheepdog Society geführt, 1976 dann wurde der Standard für diese Rasse vom britischen Kennel Club anerkannt.

In den letzten 15 Jahren war ein Trend festzustellen, daß immer mehr Border Collies als Haushund gehalten wurden, obwohl sie für eine Haltung, die ihren Bewegungsdrang und ihre Intelligenz nicht fordert, denkbar ungeeignet sind.

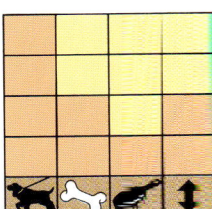

Charakter und Pflege

Dieser zuverlässige Gebrauchshund braucht sehr viel Bewegung, sollte aber nur gelegentlich gebürstet werden. Er ist der ideale Partner für Hundehalter, die Gehorsamsprüfungen gewinnen wollen.

KURZINFO
• **GRUPPE** Hütehund. **Anerkannt von** ANKC, CKC, FCI, KC (GB), KUSA.
• **GRÖSSE** Widerristhöhe: Rüden um 53 cm, Hündinnen etwas kleiner. Gewicht: 13,5–20 kg.
• **FELL** Zwei Varianten: mittellang und glatt; beide sind dick und glatt.
• **FARBE** Alle Farben erlaubt; der Anteil an Weiß darf nicht überwiegen.
• **KÖRPERBAU** Ovale, weit auseinanderstehende Augen; mittelgroße, relativ weit auseinanderstehende Ohren; durchtrainiert wirkender Körper; mittellanger Schwanz.

Der Border Collie ist noch heute in erster Linie ein Gebrauchshund, der bei Rinder- und Schafhaltern sehr gefragt ist. Er ist aber auch für Gehorsamsprüfungen gut geeignet.

LANCASHIRE HEELER

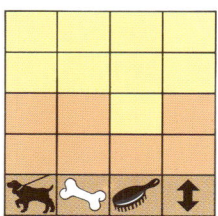

Der Lancashire Heeler ist in seinem Heimatland England schon lange als erstklassiger Rattenfänger bekannt. Anfangs wurde er als Hütehund gezüchtet, der das Vieh zum Treiben in die Hinterbeine zwickt, doch er hat auch ausgeprägte Terrierinstinkte und jagt Kaninchen und Ratten. Der Lancashire Heeler ist ein kleiner schwarzer Hund mit rostroten Abzeichen. Bis in die 1980er Jahre war diese Rasse außerhalb von Nordengland kaum bekannt. 1986 erkannte der British Kennel Club den vorläufigen Standard für diese Rasse an, und mittlerweile stellen die Züchter ihre Hunde auch bei Wettbewerben und lokalen Veranstaltungen sowie auf den großen Schauen vor.

Charakter und Pflege

Der Lancashire Heeler ist ein fröhlicher, zutraulicher Hund, der zu Mensch und Tier gleichermaßen freundlich ist. Er braucht durchschnittlich viel Bewegung und ist pflegeleicht.

Der Lancashire Heeler ist ein kleiner Hund, der zum Treiben von Rindern eingesetzt wird.

KURZINFO
• **GRUPPE** Hütehund. **Anerkannt von** FCI, KC (GB), KUSA.
• **GRÖSSE** Widerristhöhe: Rüden 30 cm, Hündinnen 25 cm. Durchschnittsgewicht: 3,5–5,5 kg.
• **FELL** Kurz und glatt.
• **FARBE** Schwarz mit Rotbraun, rostrote Abzeichen um die Schnauze, Flecken an den Kopfseiten und über den Augen, von den Knien abwärts, an der Innenseite der Beine und der Unterseite des Schwanzes.
• **ANMERKUNG** Die Intensität der roten Flecke kann sich im Alter verringern. Weiße Flecken sind unerwünscht; ein kleiner weißer Fleck auf der Brust wird toleriert.

BOBTAIL

Der Bobtail – auch Old English Sheepdog genannt – ist in Großbritannien schon seit Jahrhunderten bekannt. Er soll aus einer Kreuzung von Briard und Russischen Schäferhunden hervorgegangen sein, die wiederum mit den ungarischen Hütehunden verwandt sind. Eines der frühen Exemplare ist auf einem Gemälde von Gainsborough aus dem Jahr 1771 zu sehen. Der Zuchtverein für Bobtails wurde bereits 1888 gegründet, und der Standard für diese Rasse hat sich seitdem kaum verändert. In der Vergangenheit hat dieser Hund Vieh getrieben und Schafherden bewacht. Zu Beginn des 18. Jahrhunderts wurden den Viehtreibern die Steuern für ihre Hunde erlassen. Um die Hunde zu identifizieren, wurde ihr Schwanz kupiert – daher der Name Bobtail. In den letzten Jahren ist der Bobtail zu einem beliebten Haus- und Ausstellungshund geworden.

Charakter und Pflege

Der Bobtail ist ein freundlicher Hund, der Erwachsenen, Kindern und anderen Haustieren gleichermaßen zugetan ist. Diese Rasse hat ein angenehmes Temperament, und wenn die Tiere genug Platz und viel Auslauf haben, sind sie großartige Haushunde. Eltern, deren Kinder einen allzu lieblichen Hund wünschen, können überfordert sein, denn der Bobtail ist recht groß und neigt zu überschwenglichem Verhalten. Sie sind beliebte Ausstellungshunde – für die Fellpflege vor dem Auftritt sollte man jedoch einige Stunden einplanen.

SHETLAND SHEEPDOG

*Der Shetland Sheep-
dog oder Sheltie, ein
kleiner, collieähnli-
cher Hund mit
einer hübschen
Halskrause.*

Charakter und Pflege

Der Shetland Sheepdog ist das perfekte Haustier für jeden, der einen intelligenten,
bewegungsfreudigen, treuen und kinderlieben
Hund sucht, mit dem er außerdem auf Ausstellungen und in Gehorsamsprüfungen glänzen
kann. Der Sheltie muß jeden Tag mit einem
Kamm und einer harten Bürste gepflegt werden. Er kommt zwar aus einem rauhen Klima,
sollte aber trotzdem nicht in einem Außenzwinger untergebracht werden.

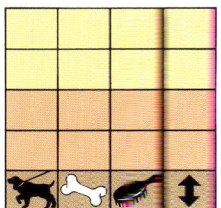

Der Shetland Sheepdog
oder Sheltie stammt von
den Shetlandinseln vor
der Nordküste Schott-
lands und wurde dort seit
mehr als 135 Jahren rasse-
rein gezogen. Er sieht aus
wie ein Langhaar Collie im Kleinformat. Sein
dickes, zweischichtiges Fell schützt ihn vor allen Unbilden des Wetters. Man vermutet, daß
der Sheltie von Collies sowie Island- oder
Yakki-Hunden oder auch vom schwarz-roten
King Charles Spaniel abstammt.

Der Shetland Sheepdog wurde 1909 vom
British Kennel Club anerkannt; 1914 wurde
ein Zuchtverein gegründet.

KURZINFO
• **GRUPPE** Hütehund. **Anerkannt von** AKC, ANKC, CKC, FCI, KC (GB), KUSA.
• **GRÖSSE** Widerristhöhe: Rüden um 37 cm, Hündinnen um 35 cm.
• **FELL** Deckhaar lang, glatt und von grober Struktur; Unterwolle fein, kurz.
• **FARBE** Sandfarben, Tricolor, Blue merle, Schwarz mit Weiß und Schwarz mit Rot.
• **KÖRPERBAU** Feiner Kopf mit mittelgroßen, leicht schrägstehenden mandelförmigen Augen; kleine, am Ansatz recht breite Ohren; kräftiger, gebogener Hals; gerader Rücken; tief angesetzter und zur Spitze schlanker werdender Schwanz.

KURZINFO
• **GRUPPE** Hütehund. **Anerkannt von** AKC, ANKC, CKC, FCI, KC (GB), KUSA.
• **GRÖSSE** Widerristhöhe: Rüden 56 cm, Hündinnen 53. Mindestgewicht: 30 kg.
• **FELL** Üppig, aber nicht übermäßig, von grober Struktur.
• **FARBE** Alle Schattierungen von Grau, Graumelier oder Blaugrau werden akzeptiert.
• **KÖRPERBAU** Kopf in guter Proportion zum Körper; weit auseinanderstehende Augen; kleine, flach an den Kopfseiten anliegende Ohren; relativ kurzer, kompakter Körper; Schwanz dicht am Körper kupiert.

KURZHAAR-COLLIE

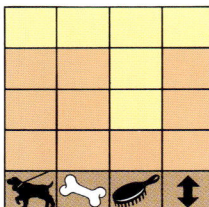

Der Kurzhaar-Collie ist identisch mit dem Langhaar Collie, abgesehen davon, daß die kurzhaarige Variante ein kurzes, hartes Deckhaar mit dichter Unterwolle besitzt. Die Vorfahren beider Spielarten kamen vor mehr als 400 Jahren von Island nach Schottland. Die Abstammung sowohl der kurz- als auch der langhaarigen Collies läßt sich zurückverfolgen bis zu dem 1873 geborenen dreifarbigen Rüden »Trefoil«. Bis 1974 mußten die Kurzhaar-Collies auf Ausstellungen mit ihren langhaarigen Verwandten konkurrieren, doch dann erhielten sie einen eigenen Standard.

Obwohl der Kurzhaar-Collie dieselben Vorzüge aufweist wie der Langhaar Collie, sieht man ihn doch nur selten. Es gibt eine kleine Gruppe von Liebhabern, die der kurzhaarigen Varietät den Vorzug gibt und ihre bildschönen und wohlerzogenen Hunde in Schönheitswettbewerben und Gehorsamsprüfungen vorstellt.

Charakter und Pflege

Der Kurzhaar-Collie ist auch in Charakter und Temperament mit dem Langhaar Collie identisch und stellt dieselben Ansprüche an Pflege und Haltung.

KURZINFO
• **GRUPPE** Hütehund. **Anerkannt von** AKC, ANKC, CKC, FCI, KC (GB), KUSA.
• **GRÖSSE** Widerristhöhe: Rüden 56–65 cm, Hündinnen 51–60 cm. Gewicht: Rüden 21–34 kg. Hündinnen 18–30 kg.
• **FELL** Kurz, hart und glatt mit dichter Unterwolle.
• **FARBE** Sandfarben mit Weiß, Tricolor, Blue merle (in Großbritannien nicht zugelassen).
• **KÖRPERBAU** Der Kopf muß im Vergleich zum Körper leicht wirken; mittelgroße, mandelförmige Augen; kleine Ohren; Körper in Relation zur Höhe etwas lang; langer, gewöhnlich tief getragener Schwanz.

Eigentlich gehören der Kurzhaar Collie und der Langhaar Collie derselben Rasse an; sie unterscheiden sich nur in der Länge des Fells. Der Kurzhaar Collie ist heute viel seltener als sein langhaariger Verwandter.

LANGHAAR COLLIE

*Der etwas pflegeauf-
wendigere Langhaar
Collie ist durch die
»Lassie«-Filme be-
rühmt geworden.*

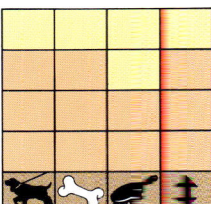

Der Langhaar Collie ist den meisten sicherlich aus den »Lassie«-Filmen bekannt. Die Vorfahren dieser Rasse kamen vor mehr als 400 Jahren aus Island nach Schottland. Im Schottischen ist das Wort »colley« die Bezeichnung für ein Schaf mit schwarzem Gesicht und schwarzen Beinen; diese Hunde haben jahrhundertelang im schottischen Hochland Schafe gehütet.

1860 bewunderte Königin Viktoria anläßlich eines Besuches auf ihrem Schloß Balmoral in Schottland diese schönen Hunde und nahm einige von ihnen mit in den königlichen Zwinger in Windsor. Im selben Jahr wurde ein Langhaar Collie auf einer Ausstellung in Birmingham gezeigt, doch es dauerte weitere 25 Jahre, bis man sich über alle Details eines Standards einig war. Zur Schönheit dieser Rasse trugen vermutlich Barsois und Gordon Setters bei. Heute werden die Collies nicht mehr zur Arbeit eingesetzt.

Charakter und Pflege

Der Langhaar Collie ist ein guter Wachhund, denn er ist Fremden gegenüber stets mißtrauisch. Er ist seinem Besitzer treu ergeben, leicht auszubilden und auch kinderlieb. Diese Hunde brauchen viel Auslauf, sind aber trotz ihres dicken Fells relativ pflegeleicht.

KURZINFO
• **GRUPPE** Hütehund. **Anerkannt von** AKC, ANKC, CKC, FCI, KC (GB), KUSA.
• **GRÖSSE** Widerristhöhe: Rüden 56–65 cm, Hündinnen 51–60 cm. Gewicht: Rüden 21–34 kg, Hündinnen 18–30 kg.
• **FELL** Sehr dichtes, glattes Deckhaar, das sich hart anfühlt; üppige, weiche und dichte Unterwolle.
• **FARBE** Sandfarben mit Weiß, Tricolor, Blue merle (in Großbritannien nicht zugelassen).
• **KÖRPERBAU** Der Kopf muß im Vergleich zum Körper leicht wirken; mittelgroße, mandelförmige Augen; kleine, nicht zu eng zusammenstehende Ohren; Körper in Relation zur Höhe etwas lang; langer Schwanz.

WELSH CORGIS (PEMBROKE UND CARDIGAN)

Der Welsh Corgi Pembroke hat vermutlich bereits zur Zeit der von Wilhelm dem Eroberer im 11. Jahrhundert in Auftrag gegebenen Landesbeschreibung, dem sogenannten Domesday Book, im Süden von Wales gearbeitet. Seine Aufgabe war es, Vieh am Weglaufen zu hindern, indem er die Tiere in die Beine zwickte. Diese Rasse ist vielleicht dadurch entstanden, daß flämische Weber, die sich in Wales niederließen, ihre eigenen Hunde mitbrachten, die sich dann mit örtlichen Rassen mischten. Möglich ist aber auch, daß sie vom Västgötaspets abstammt.

Der seltenere Welsh Corgi Cardigan soll ein ausgeglicheneres Temperament haben. Im Gegensatz zu dem schwanzlosen Pembroke hat er einen fuchsähnlichen Schwanz. Die Welsh Corgis wurden 1925 in Großbritannien erst-

mals ausgestellt, von 1934 an wurden Pembroke und Cardigan in verschiedenen Klassen bewertet. Heute sieht man Welsh Corgis auf jeder Hundeausstellung; die vorgestellten Hunde werden durchweg höchsten Standards gerecht.

Charakter und Pflege

Corgis sind lebhafte und anhängliche kleine Hunde, die sich meistens auch gut mit Kindern verstehen. Sie sind gute Wachhunde und eignen sich besonders gut für Ausstellungen und Gehorsamsprüfungen. Bei ungenügender Bewegung neigen sie zum Fettansatz; ihr wasserdichtes Fell muß täglich gebürstet werden.

Bis etwa 1930 wurden die beiden Corgis untereinander gekreuzt, und sie unterscheiden sich heute nur geringfügig voneinander. Der bekanntere Pembroke hat geradere Beine und ein Fuchsgesicht.

Der Cardigan ist schwerer gebaut, und sein Körper ist länger als der des Pembroke. Bestes Unterscheidungsmerkmal: sein langer, buschiger Schwanz.

KURZINFO

- **GRUPPE** Hütehund.
  Anerkannt von AEC, ANKC, CKC, FCI, KC (GB), KUSA.

- **GRÖSSE** *Pembroke* Widerristhöhe: um 25–30 cm. Gewicht: Rüden um 12 kg, Hündinnen um 11,5 kg. *Cardigan* Widerristhöhe 26–31 cm. Gewicht: Rüden 13,5–17 kg, Hündinnen 11,5–15,5 kg.

- **FELL** *Pembroke* Mittellang und glatt, mit dichter Unterwolle; niemals weich, gewellt oder drahtig. *Cardigan* Kurz oder mittellang, von grober Struktur und wasserdicht; dichte, kurze Unterwolle.

- **FARBE** *Pembroke* Rot, Sandfarben, Lohfarben oder Black and tan, mit oder ohne weiße Abzeichen an den Beinen, der Brust und dem Hals; etwas Weiß am Kopf und auf der Stirn ist zulässig. *Cardigan* Alle Farben, mit oder ohne weiße Abzeichen, Weiß sollte nicht überwiegen.

- **KÖRPERBAU** *Pembroke* Kopf in Form und Aussehen fuchsähnlich; feste, aufrechtstehende Ohren mit leicht abgerundeten Spitzen; tiefe Brust und mittellanger Körper; Schwanz kurz anonsten kupiert. *Cardigan* Kopf in Form und Aussehen fuchsähnlich; mittelgroße Augen; aufrechtstehende Ohren; mittelbreite Brust mit vorstehendem Brustbein; buschiger, die Rückenlinie verlängernder Schwanz.

PYRENÄEN-SCHÄFERHUNDE

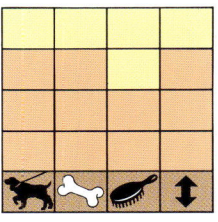
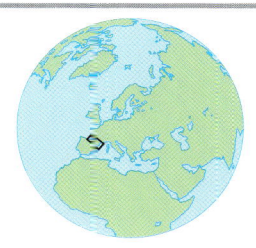

Pyrenäen-Schäferhunde oder Bergers des Pyrénées haben sich entweder in ihrer Heimat entwickelt oder sind aus Katalonischen Schäferhunden hervorgegangen. Man nimmt an, daß sie von orientalischen Schäferhunden abstammen, deren Fell und Fähigkeiten den harten Lebensbedingungen in den Pyrenäen entlang der französisch-spanischen Grenze angepaßt war. Ihre Aufgabe war das Treiben der Herden, die von den wesentlich größeren und schwereren Pyrenäen-Hunden vor Raubtieren geschützt wurden. Die Tiere bewachten auch das Hab und Gut ihrer Besitzer.

Den Pyrenäen-Schäferhund gibt es in zwei Varianten: Die eine ist vollständig behaart, und die andere wird als Pyrenäen-Schäferhund mit trockenem Kopf (Berger des Pyrénées à Face Rase) bezeichnet, weil ihr Fell im Gesicht und an den Vorderseiten der Beine deutlich kürzer ist. In beiden Ausprägungen werden sie noch heute als Hütehunde, aber auch als Haus- und Wachhunde eingesetzt.

Charakter und Pflege

Diese intelligenten Gebrauchshunde haben einen großen Bewegungsdrang; wer sie als Haushunde halten will, sollte ihnen eine Aufgabe geben. Der Pyrenäen-Schäferhund mit dem trockenen Kopf ist leichter auszubilden, umgänglicher und auch Fremden gegenüber weniger aggressiv. Die Hunde sollten täglich gebürstet, aber möglichst wenig gekämmt werden.

KURZINFO

- **GRUPPE** Hütehund.
  Anerkannt von FCI, KC (GB), KUSA.

- **GRÖSSE** *Pyrenäen-Schäferhund* Widerristhöhe: Rüden 40–50 cm, Hündinnen 38–50 cm. *Pyrenäen-Schäferhund mit trockenem Kopf* Widerristhöhe: Rüden 41–54 cm, Hündinnen 41–52 cm. Gewicht: 8–13,5 kg.

- **FELL** Kurz oder mittellang.

- **FARBE** Gescheckt, Schwarz, Pfeffersalz, Rotblond in diversen Schattierungen.

- **KÖRPERBAU** Kräftiger Kopf, dunkle Augen; ziemlich hoch angesetzte Ohren; rechteckiger Körper; Schwanz kann kupiert sein.

Der Briard, der Diensthund der französischen Armee, ist ursprünglich als Hütehund gezüchtet worden, der das Vieh auch gegen Raubtiere verteidigen konnte.

PIKARDISCHER SCHÄFERHUND

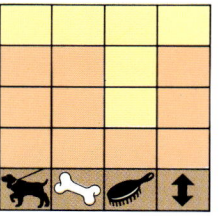

Diese Rasse, die auch als Berger de Picard bekannt ist, wird in ihrem Heimatland Frankreich bereits seit Urzeiten als Hütehund eingesetzt. Sie gilt als die älteste Schäferhundrasse Frankreichs und hat sich sowohl beim Einsatz mit Schafen als auch mit Rindern hervorragend bewährt. Pikardische Schäferhunde sind mittelgroß und sehen durch ihr struppiges Fell etwas rustikal aus. Als 1899 zwölf von ihnen auf einer Hundeschau in Amiens vorgestellt wurden, weigerte sich der dort amtierende namhafte Richter, sie anzuerkennen. Trotz dieses Zwischenfalls war die Rasse bis zum Ersten Weltkrieg weit verbreitet, doch dann wurde sie stark dezimiert. In den 1920er Jahren kam es zu einem Aufschwung, dem jedoch im Zweiten Weltkrieg ein weiterer Rückschlag folgte. Seit den 1950er Jahren erholte sich der Bestand wieder.

Charakter und Pflege

Der Pikardische Schäferhund ist ein lebhafter, anhänglicher Hund, der sich sowohl als Hütehund wie auch als Haushund eignet und fast immer sehr kinderlieb ist. Er braucht viel Platz und Bewegung und muß regelmäßig gebürstet werden.

BRIARD

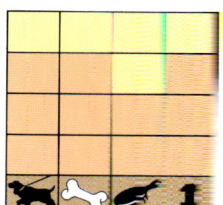

Der Briard, der auch Berger de Brie heißt, ist der bekannteste der französischen Schäferhunde; die anderen sind der Berger de la Beauce, der Pikardische und der Pyrenäen-Schäferhund. Der Briard soll im Mittelalter aus Asien nach Europa gekommen sein, was wohl auch auf andere, ähnlich gebaute Schäferhunderassen wie den Komondor, den Kuvasz und die Russischen Schäferhunde zutrifft.

1900 wurde ein erster Standard erstellt, und »Les Amis du Briard« (Freunde des Briards) schlossen sich zusammen. Anerkannt wurde der Standard erst 1925; 1930 wurde er noch einmal verändert. 1928 wurde der Briard Club gegründet. Zu dieser Zeit war der Briard schon in vielen Teilen der Welt bekannt, vor allem durch seine Arbeit in der französischen Armee während des Ersten Weltkrieges.

Man nimmt an, daß der Briard bereits im 18. Jahrhundert in Amerika eingeführt wurde, entweder vom Marquis de Lafayette oder von Thomas Jefferson. 1922 wurde der erste Wurf vom AKC registriert.

Charakter und Pflege

Der Briard hat ein umgängliches Wesen, und wenn genug Platz vorhanden ist, ist er ein guter Haus- oder Hofhund. Er ist kinderlieb, intelligent und furchtlos. Diese Hunde halten sich selbst recht sauber, müssen aber trotzdem regelmäßig gebürstet werden. Wie alle Schäferhunde braucht auch der Briard viel Bewegung und sollte nicht in beengten Verhältnissen gehalten werden.

KURZINFO
• **GRUPPE** Hütehund. **Anerkannt von** AKC, ANKC, CKC, FCI, KC (GB), KUSA.
• **GRÖSSE** Widerristhöhe: Rüden 58–68 cm, Hündinnen 55–64 cm. Gewicht: um 34 kg.
• **FELL** Lang und leicht gewellt; es fühlt sich trocken an, die Unterwolle ist fein und dicht.
• **FARBE** Einfarbig Schwarz; Schwarz mit weißen Stichelhaaren; Sandfarben in allen Schattierungen (dunklere bevorzugt); bei den Sandfarbenen können Ohren, Schnauze, Rücken und Schwanz dunkler gefärbt sein.
• **KÖRPERBAU** Kräftiger, leicht gerundeter Schädel; dunkle, weit auseinanderstehende Augen; hoch angesetzte Ohren; stabiler, gerader Rücken; breite Brust; langer, üppig behaarter Schwanz.

Der Briard hat einen runden Kopf und weit auseinanderstehende Augen; er sieht durch einen dichten Vorhang aus Haaren.

KURZINFO
• **GRUPPE** Hütehund. **Anerkannt von** FCI.
• **GRÖSSE** Widerristhöhe: Rüden 61–66 cm, Hündinnen 5 cm weniger. Gewicht: 22,5–32 kg.
• **FELL** Hart, üppige Unterwolle.
• **FARBE** Alle Schattierungen von Grau und Sandfarben; Weiß als kleiner Fleck auf der Brust und auf den Zehen erlaubt.
• **KÖRPERBAU** Großer Kopf mit kräftiger Schnauze; dunkle Augen; aufrechtstehende Ohren; kräftiger Körper; Schwanz an der Spitze hochgebogen.

BELGISCHE SCHÄFERHUNDE

Diese Rasse gibt es in vier Varianten: den Groenendal (langhaarig schwarz), den Tervueren (langhaarig in anderen Farben), den Malinois (kurzhaarig) und den Laekenois (rauhhaarig). Alle vier sind aus der Vielzahl von Schäferhunden hervorgegangen, die es gegen Ende des 19. Jahrhunderts in Belgien gab. Um 1890 entdeckte Nicolas Rose eine langhaarige schwarze Hündin in einem Wurf junger Welpen. Er kaufte einen passenden Rüden und brachte durch selektive Zucht und konsequentes Aussondern den Groenendal hervor. 1891 wurde eine Kollektion verschiedener Schäferhunde in die Brüsseler Universität gebracht, wo man beschloß, sich auf drei Rassen zu beschränken und diese zu züchten. Später kam eine vierte hinzu. Heute sind die Hunde überall auf der Welt, mit Ausnahme von Großbritannien, als eigenständige Rassen anerkannt.

Charakter und Pflege

Die mittelgroßen, wohlproportionierten, intelligenten und aufmerksamen Belgischen Schäferhunde eignen sich für die Teilnahme an Gehorsamsprüfungen ebenso gut wie als Wachhunde. Sie haben einen starken Schutztrieb und können als Haushunde gehalten werden. Die Hunde brauchen viel Bewegung und müssen regelmäßig gebürstet werden.

Die erste Rasse, die sich aus dem Gemisch von belgischen Schäferhunden entwickelte, war der Malinois, der aus der Gegend um Malines stammt.

Der Laekenois, heute die seltenste der vier Rassen, kommt aus der Gegend von Boom in der Nähe von Antwerpen.

*Der langhaarige Ter-
vueren, der ebenfalls
nach seinem Ursprungs-
gebiet benannt ist, wur-
de von einem dort an-
sässigen Züchter hervor-
gebracht. Die für ihn
typische Aufhellung des
Fells kommt gelegentlich
auch bei den Groenen-
dals vor, wo sie aber
unerwünscht ist.*

*Der Groenendal, der
Diensthund von Polizei
und Armee, ist heute
der bekannteste und
beliebteste der Belgi-
schen Schäferhunde.*

KURZINFO

- **GRUPPE** Hütehund.
  Anerkannt von AKC, ANKC, CKC, FCI,
  KC (GB), KUSA.

- **GRÖSSE** Widerristhöhe: Rüden
  61–66 cm, Hündinnen 56–61 cm.
  Gewicht: um 30 kg.

- **FELL** *Groenendal* und *Tervueren* Lang,
  glatt und üppig mit extrem dichter Unterwolle. *Malinois* Auf dem Kopf, den
  Ohren und der unteren Hälfte der Beine
  sehr kurz, am übrigen Körper kurz.
  Laekenois Grob und drahtig.

- **FARBE** *Groenendal* Schwarz; Schwarz
  mit etwas Weiß – ein kleiner bis mittelgroßer Fleck oder Strich auf der Brust,
  zwischen den Ballen oder an den Spitzen
  der hinteren Zehen; weiße oder graue
  Stichelhaare auf der Schnauze. *Tervueren*
  und *Malinois* Alle Schattierungen von
  Rot, Hellbraun und Grau, von Schwarz
  überlagert. *Laekenois* Rötlichblond mit
  schwarzer Schattierung, vorzugsweise an
  Schnauze und Schwanz.

- **KÖRPERBAU** Feiner Kopf, mittelgroße
  Augen; steife, aufrechtstehende dreicki-
  ge Ohren; kraftvoller, eleganter Körper
  mit breiter Brust; mittellanger, am Ansatz
  kräftiger Schwanz.

BERGAMASKER SCHÄFERHUND

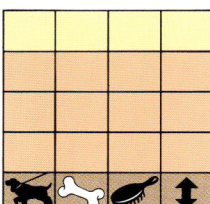

Der Bergamasker Schäferhund ist ein mittelgroßes Tier mit weichen, hängenden Ohren, schrägstehenden mandelförmigen Augen und einem langen, recht groben und gewellten Fell. Zu seinen Vorfahren zählt mit ziemlicher Sicherheit der ihm sehr ähnliche Briard. Die Rasse erhielt ihren Namen nach der Stadt Bergamo im Norden von Italien; der Bergamasker wird schon seit Jahrhunderten zum Hüten und Bewachen der Herden verwendet. Leider setzen nur noch wenige italienische Viehhalter diesen Hund ein und bemühen sich auch nicht um seine Erhaltung, so daß es heute nur noch wenige Exemplare gibt. Die Rasse ist außerhalb ihres Heimatlandes kaum bekannt.

Charakter und Pflege
Der Bergamasker ist ein mutiger, gehorsamer und treuer Gebrauchshund. Wie alle anderen Schäferhunde braucht auch er viel Bewegung. Sein zottiges Fell muß von Hand entwirrt und dann gebürstet und gekämmt werden.

KURZINFO
• **GRUPPE** Hütehund. **Anerkannt von** FCI, KC (GB).
• **GRÖSSE** Widerristhöhe: Rüden um 61 cm, Hündinnen um 56 cm. Gewicht: Rüden 32–38 kg, Hündinnen 26–32 kg.
• **FELL** Vorn drahtig, auf dem Rücken weich; sehr lang mit verfilzten Locken.
• **FARBE** Alle Schattierungen von Grau: von Hellgrau bis Schwarz; reines Weiß ist unerwünscht; weiße Abzeichen dürfen nicht mehr als 20 Prozent ausmachen.
• **KÖRPERBAU** Langer Kopf; große Augen; weiche, dünne Ohren; breite Brust; Schwanz am letzten Drittel der Kruppe angesetzt und am Ansatz dick und robust.

BERGER DE LA BEAUCE

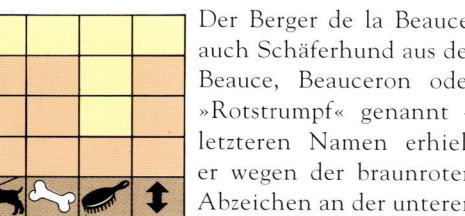

Der Berger de la Beauce, auch Schäferhund aus der Beauce, Beauceron oder »Rotstrumpf« genannt – letzteren Namen erhielt er wegen der braunroten Abzeichen an der unteren Hälfte der Beine und den Pfoten –, ist leicht mit dem Dobermann zu verwechseln.

Der Berger de la Beauce ist eine alte französische Rasse, die aus wilden, rauhhaarigen Hunden hervorgegangen sein soll und erst durch gezielte Zucht in den modernen Typ gebracht wurde. Anfangs wurden diese Hunde zur Wildschweinjagd, später zum Bewachen und Treiben von Vieh eingesetzt; heute dienen sie in erster Linie als Begleit- und Wachhunde.

Charakter und Pflege
Obwohl der Berger de la Beauce einen starken Hütetrieb hat, ist er leicht zu erziehen. Er hat ein angenehmes Temperament, ist Fremden gegenüber aber mißtrauisch. Er sollte nicht als Haushund gehalten werden. Er braucht viel Auslauf; sein glattes, kurzes Fell muß gelegentlich gebürstet werden. In seinem Heimatland ist das Kupieren der Ohren üblich.

KURZINFO
• **GRUPPE** Hütehund. **Anerkannt von** FCI.
• **GRÖSSE** Widerristhöhe: Rüden 65–71 cm, Hündinnen 61–69 cm. Gewicht: 30–38 kg.
• **FELL** Ziemlich kurz, flach anliegend und dicht.
• **FARBE** Schwarz mit leuchtend rotbraunen Abzeichen im Gesicht, an den Beinen und unter dem Schwanz; gescheckt; Tricolor: Grau mit schwarzen Flecken und rotbraunen Abzeichen.
• **KÖRPERBAU** Langer, flacher Kopf; schwarzbraune Augen; hoch angesetzte, hängende, meistens aber kupierte Ohren; gerader Rücken; breite, muskulöse Lende; langer, an der Spitze leicht geschwungener Schwanz.

MAREMMA SCHÄFERHUND

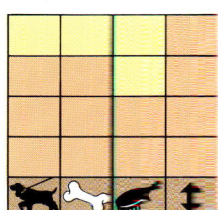

In seinem Heimatland Italien ist der Maremma Schäferhund unter zwei verschiedenen Namen bekannt, denn die dortigen Schäferhunde arbeiten seit Jahrhunderten von Juni bis Oktober in den Abruzzen und von Oktober bis Juni in den Maremmen. Aus diesem Grund wird er sowohl Pastore Abruzzese als auch Pastore Maremmano genannt. Vor etwa 25 Jahren legte der Richter Guiseppe Solaro auf einem Treffen in Florenz einen Zuchtstandard für die Rasse fest, die seit jener Zeit Pastore Maremmano-Abruzzese heißt.

Der Maremma Schäferhund hat nie Schafe getrieben; er hat die Herden immer nur gegen Wölfe und Bären verteidigt. Die ersten Aufzeichnungen über einen dieser Hunde sind mehr als 2000 Jahre alt und stammen von Columella. Marcus Varro (116–27 v. Chr.) legte die Grundlagen für die Zucht dieser Hunde nieder; diese sind mit dem heutigen Standard fast identisch. In Großbritannien kennt man den Maremma Schäferhund seit 1872.

Charakter und Pflege

Der Maremma Schäferhund ist ein ausgezeichneter Wächter. Um einen italienischen Experten zu zitieren: »Wer Gehorsam und Unterwürfigkeit erwartet, sollte die Finger von dieser Rasse lassen, doch wer Freundschaft geben und nehmen will, Humor hat und bereit ist, viel über die Natur zu lernen, der ist mit dem Maremmano perfekt bedient.« Das Tier sollte regelmäßig mit einer Drahtbürste gepflegt werden; sein Fell wird gelegentlich mit einem guten Trockenshampoo für Hunde gesäubert.

KURZINFO
• **GRUPPE** Hütehund. **Anerkannt von** ANKC, CKC, FCI, KC (GB), KUSA.
• **GRÖSSE** Widerristhöhe: Rüden 65–73 cm, Hündinnen 60–68 cm. Gewicht: Rüden 35–45 kg, Hündinnen 30–40 kg.
• **FELL** Lang, üppig und recht grob: niemals lockig.
• **FARBE** Reinweiß.
• **KÖRPERBAU** Der konisch geformte Kopf ist in Relation zum Körper sehr groß; braune oder ockerfarbene Augen; Ohren klein im Vergleich zum Kopf; kräftiger, muskulöser Körper; tief angesetzter Schwanz.

Der Maremmen-Abruzzen-Schäferhund ist der uneingeschränkte Herrscher über das Reich, das er zu bewachen hat.

Der Maremmen-Abruzzen-Schäferhund ist eine alte Rasse; er stammt von den frühen Hütehunden des Mittleren Ostens ab.

DEUTSCHER SCHÄFERHUND

Man glaubt, daß der Deutsche Schäferhund von den Wölfen der Bronzezeit abstammt. Im 7. Jahrhundert gab es in Deutschland einen im Typ sehr ähnlichen Schäferhund, der aber heller gewesen sein soll.

Der Deutsche Schäferhund wurde 1882 erstmals auf einer Hundeschau in Hannover ausgestellt. Rittmeister von Stephanitz, der zu Beginn dieses Jahrhunderts unermüdlich Temperament und Körperbau der Deutschen Schäferhunde verbesserte, hat sich besonders um die Rasse verdient gemacht. Dieser Schäferhund gewann begeisterte Anhänger in anderen Ländern, darunter Großbritannien und Amerika, die diesen Hund im Ersten Weltkrieg einsetzten. Zu jener Zeit erschien es nicht angebracht, der Rasse einen Namen zu geben, der das Wort »Deutsch« enthielt, und so wurde der Hund in andern Ländern als »Alsatian« (Elsässer) bekannt, weil er ursprünglich aus dem Elsaß kommt. 1971 lenkte der British Kennel Club dann doch ein und führt diese Rasse nun unter dem Namen »Deutscher Schäferhund«.

Charakter und Pflege

Der beliebte Deutsche Schäferhund ist besonders intelligent und ein ausgezeichneter Begleithund, der sich für Ausstellungen, Gehorsamsprüfungen und als Wachhund gleichermaßen eignet. Er ist ungemein lernfähig und arbeitet als Diensthund für Polizei und Militär, als Blindenhund und in vielen anderen Bereichen. Sein ausgeprägter Schutztrieb kann gelegentlich zu Problemen führen, wenn er eine Situation falsch interpretiert und seinem vermeintlich bedrohten Besitzer zu Hilfe eilt. Fachmännisch gehalten und ausgebildet ist er jedoch ein großartiger Gefährte. Er muß täglich gründlich gebürstet werden, braucht viel Bewegung und vor allem eine Aufgabe, auch wenn diese nur im Training für Gehorsams- oder Geschicklichkeitsprüfungen besteht. Diese intelligenten Tiere sollten nie unter Langeweile leiden.

Der Deutsche Schäferhund, die wohl bekannteste Hunderasse der Welt, ist ein vielseitig einsetzbarer Hund, der wegen seiner Kraft und Beweglichkeit berühmt ist.

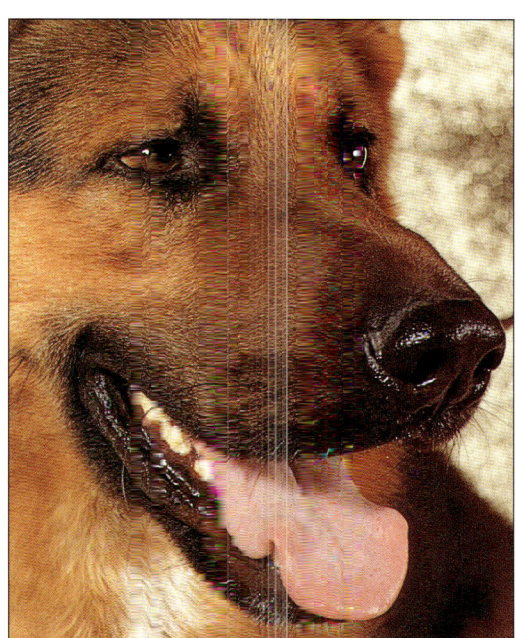

*Bei den Deutschen
Schäferhunden gibt es
einige Farbvarianten,
wobei die gelbbraunen
Exemplare mit dem
schwarzen Sattel am
häufigsten vorkommen.
Weiße Abzeichen sind
bei Ausstellungshunden
nicht erwünscht.*

HOLLÄNDISCHE SCHÄFERHUNDE

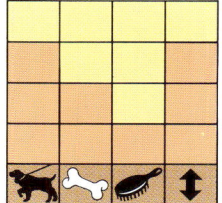

Es gibt drei Varianten des Holländischen Schäfer-
hundes: den kurzhaarigen, den langhaarigen und den stockhaarigen Schlag. In ihrer Anatomie ähneln die Tiere den Belgischen Schäferhunden; sie sind vermutlich wie diese aus einer Vielzahl von Schäferhunderassen hervorgegangen. In Holland sind die drei Varianten als eigenständige Rassen anerkannt.

Die Holländischen Schäferhunde werden seit langer Zeit als Hütehunde eingesetzt. Als die Nachfrage nach diesen Gebrauchshunden nachließ, verringerte sich ihr Bestand, doch mittlerweile ist er wieder angestiegen. Heute werden sie als Haushunde gehalten, arbeiten als Wach-, Polizei- und Blindenhunde und sind auch gute Apportierhunde.

Charakter und Pflege

Diese gehorsamen, robusten und gutmütigen Hunde sind gute Wächter, eignen sich aber auch als Begleithunde. Die stockhaarige Variante wechselt zweimal im Jahr das Fell und muß dann getrimmt werden.

Alle drei Varianten müssen gelegentlich gebürstet werden.

PULI

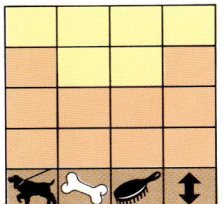

Der Puli (Plural Pulik), einer der bekanntesten ungarischen Hirtenhunde, soll von Schäferhunden abstammen, die die Magyaren schon vor mehr als 1000 Jahren nach Ungarn brachten. Der Puli treibt seit Jahrhunderten die Schafe über die ungarische Pußta und wird heute auch als Polizeihund eingesetzt. 1935 führte das amerikanische Landwirtschaftsministerium erste Zuchttiere in die USA ein, um mit ihnen die eigene Schäferhundzucht zu verbessern. Der Puli wurde jedoch erst im darauffolgenden Jahr vom American Kennel Club anerkannt. In Großbritannien gibt es diese Hunde seit etwa 20 Jahren, und mittlerweile sieht man sie auch öfter auf Ausstellungen.

Charakter und Pflege
Der Puli ist ein anhänglicher, gehorsamer und intelligenter Hund, der sich gut mit anderen Haustieren verträgt und nicht zur Reizbarkeit neigt. Er ist allerdings mißtrauisch gegenüber Menschen, die nicht seiner Familie angehören. Diese Hunde brauchen viel Bewegung, und ihr »Schnürenfell« muß von Hand geordnet und gut gebürstet und gekämmt werden.

KURZINFO
• **GRUPPE** Hütehund. **Anerkannt von** AKC, ANKC, CKC, FCI, KC (GB), KUSA.
• **GRÖSSE** Widerristhöhe: Rüden 40–44 cm, Hündinnen 37–41 cm. Gewicht: Rüden 13–15 kg, Hündinnen 10–13 kg.
• **FELL** Wasserdicht; Deckhaar gewellt oder gelockt, Unterwolle weich; die richtige Mischung aus beiden ergibt die gewünschten verfilzten Schnüre.
• **FARBE** Schwarz, Schwarz mit rostroten Schattierungen, Weiß oder verschiedene Schattierungen von Grau und Beige, generell einfarbig.
• **KÖRPERBAU** Kleiner, feiner Kopf mit leicht gewölbter Schädeldecke; mittelgroße Augen; mittelhoch angesetzte Ohren; Rücken etwas höher als lang; mittellanger, über den Lenden geringelter Schwanz.

POLNISCHER NIEDERUNGSHÜTEHUND

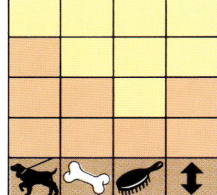

Der Polnische Niederungshütehund, der in seinem Heimatland Polski Owczarek Nizinny oder abgekürzt PON heißt, sieht dem Bobtail und dem Bearded Collie ähnlich, dessen Vorfahr er ist. Der PON ist vermutlich im 16. Jahrhundert entstanden, als der ungarische Puli mit anderen Hütehunden gekreuzt wurde, um einen besseren Hütehund zu schaffen, dessen Fell dem rauhen polnischen Klima angepaßt ist.

Für diesen Hütehund wurde vom British Kennel Club vor fünf Jahren ein vorläufiger Standard aufgestellt. Mittlerweile sind die Tiere hier und da auf europäischen Ausstellungen zu sehen.

Charakter und Pflege
Dieser geschickte Hütehund ist leicht zu erziehen und in der Regel sehr umgänglich. Er braucht viel Bewegung; sein Fell wird mit einer Bürste und einem Metallkamm gepflegt.

KURZINFO
• **GRUPPE** Hütehund. **Anerkannt von** ANKC, FCI, KC (GB), KUSA.
• **GRÖSSE** Widerristhöhe: Rüden 43–52 cm, Hündinnen 40–46 cm.
• **FELL** Lang, dicht, dick und struppig, leicht grob; feine Unterwolle.
• **FARBE** Alle Farben und Abzeichen zulässig.
• **KÖRPERBAU** Kopf und Augen mittelgroß; Körper von der Seite betrachtet im Rechteckformat; häufig schwanzlos geboren, ansonsten kupiert.

Noch heute ist man den Puli in Ungarn Schafe hüten. Sein Fell ist dem mitteleuropäischen Klima perfekt angepaßt.

PUMI

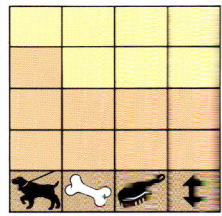

Der ungarische Pumi ist im 17. und 18. Jahrhundert aus Kreuzungen zwischen dem Puli und deutschen und französischen Schäferhunden mit Stehohren hervorgegangen. Er führt auch etwas Terrierblut, was an seinem Aussehen und Temperament zu erkennen ist. Früher wurde er als Treibhund gezüchtet, wird aber heute mehr als Hüte- und Wachhund eingesetzt. Der Pumi ist ein hübscher Hund mit halb aufgerichteten Ohren und einem langen, struppigen Fell. Seine Augen und die Schnauze sind unter dem Fell kaum zu sehen. Der Schwanz, der über dem Rücken getragen wird, fehlt oft oder ist kupiert.

Charakter und Pflege

Der Pumi ist ein temperamentvoller Hund, der gern bellt, seinem Besitzer treu ergeben ist und sich als Hüte- und Wachhund eignet. Fremden gegenüber kann er aggressiv sein. Sein Fell wird mit einem Nagerstriegel gepflegt.

KURZINFO
• **GRUPPE** Hütehund. **Anerkannt von** FCI.
• **GRÖSSE** Widerristhöhe: 33–45 cm. Gewicht: 8–13 kg.
• **FELL** Mittellang und gelockt, zottig, aber nicht verfilzt.
• **FARBE** Alle Schattierungen von Grau, aber auch Schwarz und Braun.
• **KÖRPERBAU** Schnauze klein im Verhältnis zum Kopf; Ohren in umgekehrter V-Form; kaffeebraune Augen; quadratischer Körper; kupierter Schwanz.

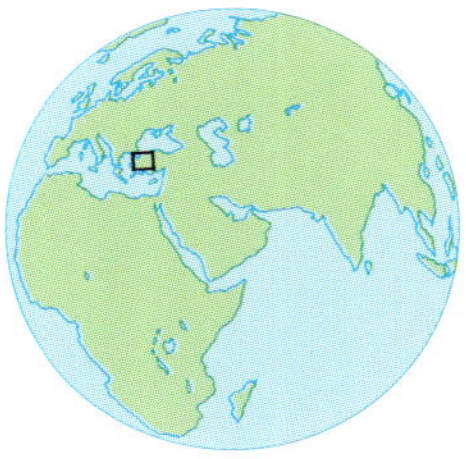

ANATOLISCHER SCHÄFERHUND

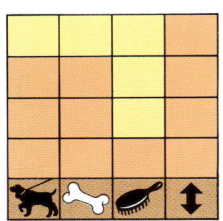

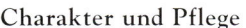

Der Anatolische Schäferhund, der früher unter dem Namen Anatolischer Karabash bekannt war, lebt seit Jahrhunderten in Anatolien und kommt auch in Afghanistan vor. Solche Tiere gab es in diesem Gebiet schon zu Zeiten der Babylonier (2800–1800 v. Chr.), wo sie als Kriegshunde und für die Jagd auf Großwild eingesetzt wurden. Die meisten dieser Hunde wurden jedoch zum Bewachen der Schafherden eingesetzt. Diese Hunde werden auch heute noch zur Arbeit herangezogen; sie bewachen die Herden von einem erhöhten Punkt aus, und sowie sich etwas nähert, das die Schafe gefährden könnte, eilen sie lautlos und blitzschnell herbei.

Die schwarze Maske und die schwarz umrandeten Ohren sind das Erkennungszeichen dieser Hunde, die es in allen Farben gibt.

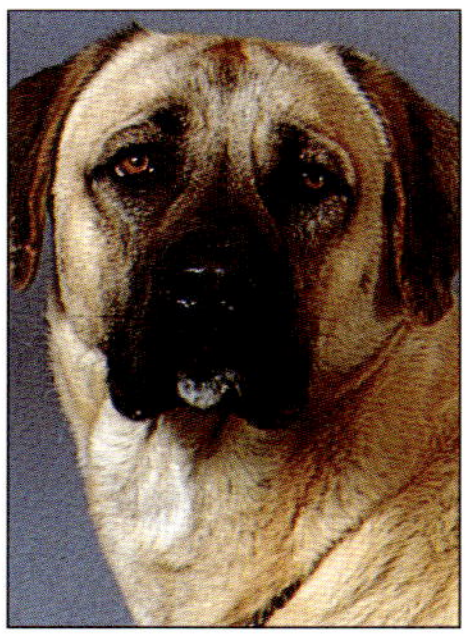

Charakter und Pflege

Dieser kräftige, treue und ergebene Hund ist sehr kinderlieb und ein guter Wachhund, der außerordentlich gelehrig ist. Er darf jedoch nicht in beengten Verhältnissen gehalten werden, eignet sich nicht für das Leben in der Stadt, und ist Fremden gegenüber sehr mißtrauisch. Er braucht viel Bewegung. Auch wenn diese Rasse sich selbst sehr sauber hält, muß sein Fell gelegentlich gebürstet werden.

KURZINFO
• **GRUPPE** Hütehund. **Anerkannt von** ANKC, FCI, KC (GB), KUSA.
• **GRÖSSE** Widerristhöhe: Rüden 74–81 cm, Hündinnen 71–79 cm. Gewicht: Rüden 50–64 kg, Hündinnen 41–59 kg.
• **FELL** Kurz und dicht. mit dicker Unterwolle.
• **FARBE** Alle Farben zulässig; bevorzugt wird einfarbig Hellbraun mit schwarzer Maske und schwarzen Ohren.
• **KÖRPERBAU** Großer, breiter, zwischen den Ohren abgeflachter Kopf; kleine Augen; mittelgroße, dreieckige, an den Spitzen abgerundete Ohren; tiefe Brust; langer Schwanz.

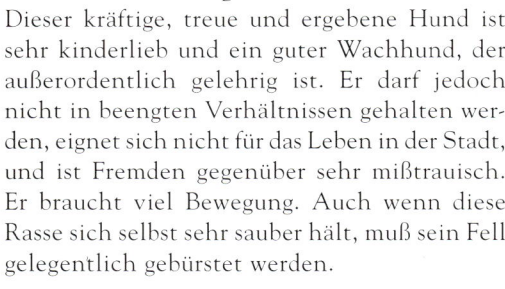

Der große und kräftige Anatolische Schäferhund bewacht die ihm anvertraute Herde unermüdlich bei jedem Wetter.

RUSSISCHE SCHÄFERHUNDE

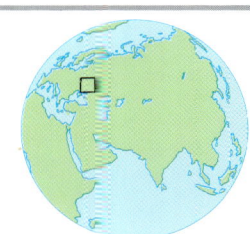

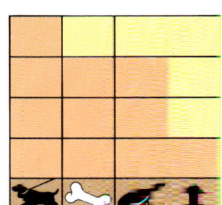

Es gibt vier Russische Schäferhundrassen, die in ihrer Heimat Owtscharka heißen: den Mittelasiatschen, den Südrussischen den Steppen- und Transkaukasischen Owtscharka. Sie stammen von Spitzrassen ab, die mit einheimischen Hunden gekreuzt wurden, um sie den Erfordernissen und klimatischen Gegebenheiten ihres Zuchtgebietes anzupassen. Diese Hunde sind ausgezeichnete Hüte- und Wachhunde. Sie sind außerhalb ihres Ursprungslandes kaum verbreitet; über den seltenen Steppen-Owtscharka ist besonders wenig bekannt.

Der Südrussische Owtscharka, der auf der Krim beheimatet ist, sieht dem Bobtail ähnlich. Der Mittelasiatische Owtscharka ist deutlich kräftiger, hat wahrscheinlich Mastiffs unter seinen Vorfahren und wurde gezüchtet, um die Herden vor Wölfen und Viehdieben zu schützen. Der Transkaukasische Owtscharka stammt aus dem Kaukasus und führt ebenfalls Mastiffblut. Sein Schwanz wird nur in Ausnahmefällen kupiert. Der Steppen-Owtscharka ist in den Wüstenregionen des nördlichen Kaukasus und auf dem Tiefland am Kaspischen Meer zu finden. Er hat einen rechteckigen Körperbau und ist leichter und langbeiniger als sein transkaukasischer Verwandter.

Charakter und Pflege

Die Hunde sind intelligent und leicht auszubilden, gelten aber auch als selbstbewußte, furchtlose Wachhunde. Sie alle brauchen so viel Bewegung wie möglich und müssen täglich gebürstet werden.

KURZINFO
• **GRUPPE** Hütehunde. **Anerkannt von** FCI.
• **GRÖSSE** Widerristhöhe: *Südrussischer* um 51 cm; *Mittelasiatischer* 61–66 cm; *Transkaukasischer* um 66 cm; *Steppen-Owtscharka* (Größen nicht verzeichnet).
• **FELL** *Südrussischer* Lang und dicht. *Mittelasiatischer* Hart und glatt. *Transkaukasischer* Lang, dicht und grob. *Steppen-Owtscharka* Kurz.
• **FARBE** *Südrussischer* Weiß oder Hellgrau mit weißen oder lohfarbenen Flecken. *Mittelasiatischer* Schwarzweiß, Grau, Lohfarben, gestromt. *Transkaukasischer* Weiß, Lohfarben, Grau, Rotbraun, gestromt. *Steppen-Owtscharka* Verschieden.
• **KÖRPERBAU** Beim *Mittelasiatischen Owtscharka* werden Schwanz und Ohren häufig kupiert.

RUMÄNISCHER SCHÄFERHUND

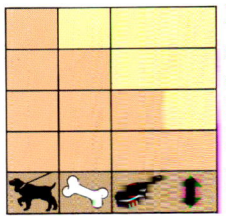

Diese Rasse soll von dem griechischen Simocyon abstammen, der mit dem Molosser verwandt ist. Mit seinem kräftigen Körper und dem massigen Kopf sieht der Rumänische Schäferhund dem Bernhardiner recht ähnlich. Er wurde für die Jagd auf Wölfe und Bären eingesetzt wie auch als Hütehund. 1937 anerkannt vom Rumänischen Hundezuchtverband, in anderen Ländern ist er aber nahezu unbekannt.

Charakter und Pflege

Der Rumänische Schäferhund ist ein Arbeits- und kein Haustier. Er eignet sich aber gut als Wachhund, ist seinem Herrn treu ergeben, Fremden gegenüber aber mißtrauisch. Er benötigt sehr viel Bewegung; sein dickes Fell muß regelmäßig gebürstet werden.

KURZINFO
• **GRUPPE** Hütehund. **Anerkannt von** AKC, ANKC, CKC, FCI, KC (GB), KUSA.
• **GRÖSSE** Widerristhöhe: 64–66 cm. Gewicht: 50 kg.
• **FELL** Mittellang, weich und glatt; an Flanken und Hinterhand etwas länger.
• **FARBE** Weiß, Tricolor, Hellbraun mit dunklerer Maske, Schwarz und Rotbraun, gestromt in verschiedenen Variationen.
• **KÖRPERBAU** Leicht gewölbte Schädeldecke; deutlicher Stop; dunkel bernsteinfarbene Augen; kleine Ohren, tief angesetzt und zurückgeklappt; Schwanz mittellang, aber sehr kurz kupiert.

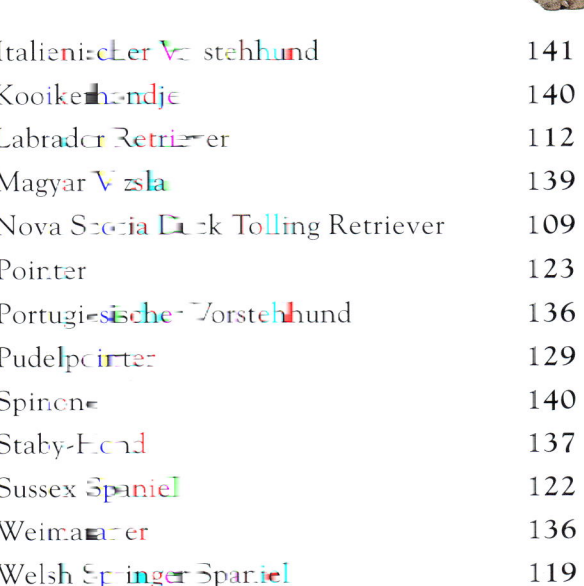

SPÜRHUNDE FÜR NIEDER-WILD

CHESAPEAKE BAY RETRIEVER

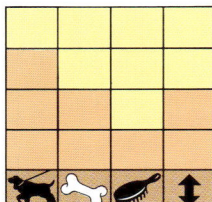

Die Abstammung des Chesapeake Bay Retrievers läßt sich leichter zurückverfolgen als die vieler anderer Rassen. Sie geht zurück auf das Jahr 1807, in dem eine englische Brigg vor der Küste von Maryland Schiffbruch erlitt. Ein amerikanisches Schiff, die *Canton*, nahm die Besatzung und zwei Neufundländerwelpen an Bord. Einer der Welpen war ein Rüde mit dem Namen Sinbad, der von schmutzigroter Farbe gewesen sein soll, und der andere eine schwarze Hündin, die nach dem Schiff der Retter Canton genannt wurde. Die Hunde wurden an die Familien verschenkt, die die Seeleute nach ihrer Rettung bei sich aufnahmen, und für die Entenjagd abgerichtet. Im Laufe der Zeit paarten sie sich mit diversen Jagdhunden aus der Gegend um Chesapeake Bay, darunter vermutlich auch etliche Otterhounds sowie Curly-Coated und Flat-Coated Retriever. Die Kreuzungen zeichneten sich dadurch aus, daß sie schwimmen konnten wie die Neufundländer und sich ebenso hervorragend für die Entenjagd eigneten wie die einheimischen Jagdhunde.

Bis vor kurzem wurde der Chesapeake Bay Retriever ausschließlich als Jagdhund gehalten, doch inzwischen sieht man ihn auch als Familien- und Ausstellungshund.

Charakter und Pflege

Der Chesapeake Bay Retriever ist sehr gutmütig und schneidet in Gebrauchsprüfungen immer gut ab. Er hat ein fettiges Fell, das regelmäßig gebürstet werden muß und einen leichten, aber nicht unangenehmen Geruch ausströmt. Der Hund hat orange-gelbe Augen und fühlt sich am wohlsten, wenn er stromern darf.

Bei diesem rotbraunen Chesapeake Bay Retriever ist das typische gewellte Fell am Hals, auf dem Rücken und den Lenden gut zu erkennen.

Die bernsteingelben Augen sind charakteristisch für diese Rasse.

KURZINFO

- **GRUPPE** Spürhund für Niederwild. **Anerkannt von** AKC, ANKC, CKC, FCI, KC (GB), UKSA.

- **GRÖSSE** Widerristhöhe: Rüden 58–66 cm, Hündinnen 53–61 cm. Gewicht: Rüden 30–36 kg, Hündinnen 25–32 kg.

- **FELL** Unverwechselbar: Dick und relativ kurz (nicht mehr als 4 cm lang), mit grobem, fettigem Deckhaar und dichter, feiner Unterwolle.

- **FARBE** Die Farbe von totem Gras (Strohgelb bis Braun); Rotgold oder jede andere Brauntönung; weiße Flecken (je kleiner, desto besser) sind zulässig auf der Brust, den Zehen und dem Bauch.

- **KÖRPERBAU** Breiter, runder Kopf; mittelgroße Augen; kleine Ohren; kräftige, breite und tiefe Brust; der Schwanz sollte bis auf die Sprunggelenke reichen.

NOVA SCOTIA DUCK TOLLING RETRIEVER

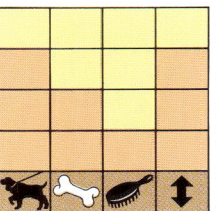

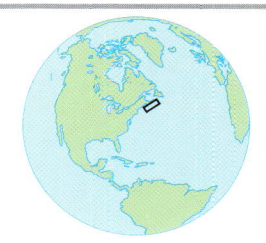

Der Nova Scotia Duck Tolling Retriever stammt aus den Küstenprovinzen Kanadas und wurde erst kürzlich auch außerhalb seiner Heimat bekannt. Man nimmt an, daß er aus Chesapeake Bay Retrievern und Golden Retrievern hervorgegangen ist. Der Hund ist von kräftiger Statur und hat Schwimmhäute zwischen den Zehen. Diese Rasse gibt es zwar schon seit mehr als 100 Jahren, doch erst in den 1940er Jahren wurde der Zuchtstandard aufgestellt. 1982 wurden diese Hunde von der FCI voll anerkannt. Sie planschen im Wasser herum, um die Aufmerksamkeit von Wasservögeln auf sich zu lenken. Irgendwann sind die Vögel dann so neugierig oder ärgerlich, daß sie zum am Ufer wartenden Jäger schwimmen.

Charakter und Pflege

Der Nova Scotia Duck Tolling Retriever ist leicht zu erziehen. Wie viele Jagdhunde ist er auch ein guter Familienhund, vorausgesetzt, er hat genügend Auslauf. Sein Fell muß gelegentlich mit Kamm und Bürste gepflegt werden.

KURZINFO

- **GRUPPE** Spürhund für Niederwild. **Anerkannt von** ANKC, CKC, FCI, KC (GB).

- **GRÖSSE** Widerristhöhe: 41–52 cm. Gewicht: 17–23 kg.

- **FELL** Mittellang und dicht anliegend mit dicker, gewellter Unterwolle.

- **FARBE** Fuchsrot mit weißen Abzeichen auf der Brust, den Pfoten, der Schwanzspitze und manchmal auch im Gesicht.

- **KÖRPERBAU** Breiter Kopf mit ausgeprägtem Stop; Schwimmhäute an Füßen.

Das glänzende, leicht gewellte Fell ist typisch. Weiße Abzeichen im Gesicht, an den Füßen und/oder der Schwanzspitze kommen oft vor.

CURLY-COATED RETRIEVER

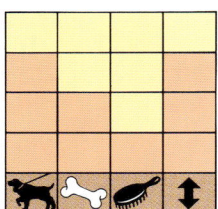

Zu den Vorfahren des Curly-coated Retrievers gehören mit ziemlicher Sicherheit der Irish Water Spaniel oder der Pudel. Vermutlich spielte aber auch der Labrador eine entscheidende Rolle bei der Entstehung dieser schönen Hunde, die man leider nicht allzu oft zu sehen bekommt. Der Curly-coated Retriever wurde schon 1860 auf britischen Hundeausstellungen gezeigt, und er gehört zu einer der ersten Rassen, die in England konsequent zum Apportieren von erlegten Wasservögeln eingesetzt wurden. Doch trotz ihres attraktiven Äußeren, ihrer Ausdauer und Geschicklichkeit sieht man sie heute nur noch selten außerhalb des Showringes. Angeblich beißen sie beim Apportieren zu fest zu; ein Fehler, der bei den heutigen Exemplaren mit Sicherheit nicht mehr existiert.

Charakter und Pflege

Der Curly-coated Retriever hat eine ausgezeichnete Nase und ein gutes Erinnerungsvermögen. Er ist ein besserer Wachhund als andere Retriever, und obwohl er bei der Arbeit keine anderen Hunde neben sich duldet, ist er doch gleichzeitig ein verläßlicher Familienhund. Er braucht viel Bewegung und ist auf dem Land am besten aufgehoben. Sein lockiges Fell braucht nicht gebürstet oder gekämmt zu werden; man kann es jedoch leicht anfeuchten und mit kreisförmigen Bewegungen massieren. Für eine Ausstellung muß es speziell getrimmt werden.

KURZINFO

- **GRUPPE** Spürhund für Niederwild. **Anerkannt von** AKC, ANKC, CKC, FCI, KC (GB), KUSA.

- **GRÖSSE** Widerristhöhe: Rüden um 67 cm, Hündinnen um 62 cm. Gewicht: 32–36 kg.

- **FELL** Eine dichte Masse fester, kleiner Locken, außer auf dem Kopf.

- **FARBE** Schwarz oder Leberbraun.

- **KÖRPERBAU** Langer, wohlgeformter Kopf; schwarze oder dunkelbraune Augen; kleine, tief angesetzte Ohren; muskulöse Schultern und tiefe Brust; mittelkurzer Schwanz.

FLAT-COATED RETRIEVER

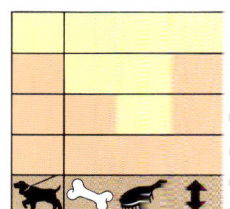

Als 1980 ein Flat-coated Retriever den begehrten »Best in Show«-Preis der Crufts Dog Show in London gewann, bedrängten die Reporter seinen Besitzer mit Fragen, was diese Rasse denn täte. »Apportieren«, sagte er ihnen. Und in der Tat ist der Flat-coated Retriever ein ausgezeichneter Apportierhund, der jede Ente aus dem Wasser holt. Er ist treu und dem Menschen zugetan. Er kann auch als Haushund gehalten werden, doch am glücklichsten ist er, wenn er die Arbeit tun darf, für die er gezüchtet wurde.

Diese Hunde, die früher als Wavy-coated Retriever bekannt waren, sind wahrscheinlich aus Labrador Retrievern und Spaniels hervorgegangen. Das glatte Fell läßt auf die zusätzliche Einkreuzung von Collies schließen. Dies geschah vermutlich um 1800, als sich Mr. Shirley in Ettington Park im englischen Warwickshire sehr um diese Rasse bemühte. Der Flat-coated Retriever wurde zum beliebtesten Apportierhund Englands und konnte diese Stellung bis nach dem Zweiten Weltkrieg halten. Danach wurde er vom Golden Retriever und vom Labrador Retriever abgelöst.

Charakter und Pflege

Der Flat-coated Retriever ist intelligent, gesund und ausgeglichen. Viele Besitzer halten diese robusten Hunde in Außenzwingern; notwendig ist dies jedoch nicht. Wie alle Jagdhunde braucht auch diese Rasse viel Bewegung, und ihr Fell sollte täglich gebürstet werden.

KURZINFO
• **GRUPPE** Spürhund für Niederwild. **Anerkannt von** AKC, ANKC, CKC, FCI, KC (GB), KUSA.
• **GRÖSSE** Widerristhöhe: Rüden 58–61 cm, Hündinnen 56–59 cm. Gewicht: Rüden 25–35 kg, Hündinnen 25–34 kg.
• **FELL** Dicht, fein bis mittelgrob, mittellang und dicht anliegend.
• **FARBE** Einfarbig: Schwarz oder Leberbraun.
• **KÖRPERBAU** Langer, trockener Kopf; mittelgroße Augen; kleine, eng am Kopf liegende Ohren; tiefe Brust und kräftiger Körper; kurzer, gerader und gut angesetzter Schwanz.

Der munter getragene Schwanz ist das Markenzeichen des zur Arbeit bereiten Flatcoated Retrievers.

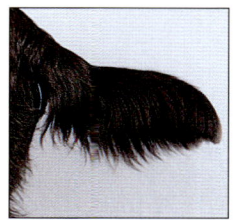

LABRADOR RETRIEVER

Der Labrador Retriever, der ursprünglich aus Neufundland/Kanada stammt, wurde vom späten 19. Jahrhundert an in Großbritannien zu einem perfekten Apportierhund weitergezüchtet. Er ist ein beliebter Haus- und Ausstellungshund.

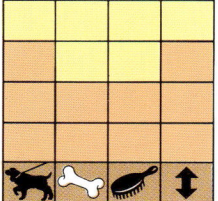

Obwohl man den Labrador Retriever gemeinhin für einen britischen Hund hält, stammt er doch aus Neufundland, wo er schon um 1830 den Fischern beim Einbringen der Netze half. Der Earl von Malmesbury, der der Rasse vermutlich ihren Namen gab, kaufte seinen ersten Labrador 1870 von einem Fischer, der zwischen Neufundland und Poole in Dorset pendelte. Eine wahre Labrador-Expertin war die Countess Howe, deren Hund Champion Bramshaw Bob das britische Championat der Gebrauchshunde gewann und zudem zweimal bei der Crufts Dog Show den Titel »Best in Show« verliehen bekam.

Früher waren Labrador Retriever immer schwarz, doch heute sind die gelben Exemplare und schwarze Mischlinge stärker gefragt. Ein schwarzer Hund sieht bei der Arbeit auf den Feldern einfach schöner aus.

Die Labrador Retriever gehören zu den beliebtesten Hunden. Sie sind ausgezeichnete Apportierhunde, können sehr gut schwimmen und eignen sich sowohl als Haushunde wie auch für die Jagd. Außerdem glänzen sie immer wieder bei Gehorsamsprüfungen, sind beliebte Ausstellungshunde und werden auch als Blindenhunde eingesetzt.

Charakter und Pflege

Die Labrador Retriever sind im Welpenalter oft ausgesprochen übermütig, lassen sich aber trotzdem leicht ausbilden und vertragen sich gut mit Kindern. Sie brauchen viel Bewegung und regelmäßige Fellpflege und können sowohl drinnen als auch draußen gehalten werden.

KURZINFO
• **GRUPPE** Spürhund für Niederwild. **Anerkannt von** AKC, ANKC, CKC, FCI, KC (GB), KUSA.
• **GRÖSSE** Widerristhöhe: Rüden 56–61 cm, Hündinnen 54–59 cm. Gewicht: Rüden 27–34 kg, Hündinnen 25–32 kg.
• **FELL** Kurz und dicht, ohne Wellen; wetterfeste Unterwolle.
• **FARBE** Einfarbig Schwarz, Gelb oder Leber- bzw. Schokoladenbraun; die gelben Exemplare variieren von Hellcremefarben bis Fuchsrot; ein kleiner weißer Fleck auf der Brust wird toleriert.
• **KÖRPERBAU** Breiter Kopf mit markantem Stop; mittelgroße Augen; Ohren weder groß noch schwer; tiefe und breite Brust; auffallende »Fischotterrute«.

GOLDEN RETRIEVER

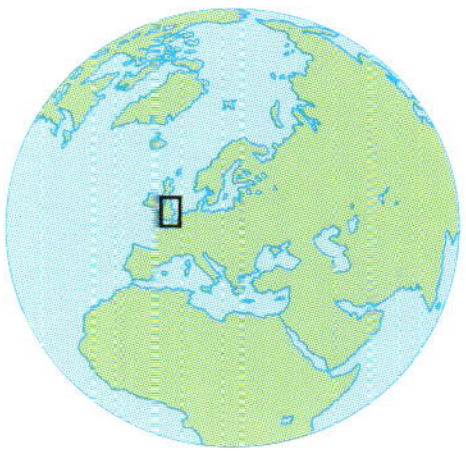

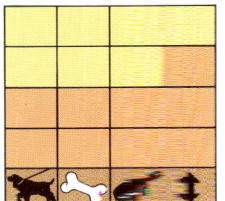

Über den Ursprung des Golden Retrievers sind sich die Fachleute nicht einig. Einer Theorie zufolge sah Sir Dudley Marjoribanks (später auch Lord Tweedmouth) 1858 in einem Zirkus im englischer Badeort Brighton eine Nummer mit acht russischen Schäferhunden. Er war von den Tieren so beeindruckt, daß er den Besitzer bat, ihm zwei von ihnen zu verkaufen. Dieser lehnte das Angebot mit der Begründung ab, daß die Nummer mit nur sechs Hunden nicht durchführbar sei. Also kaufte Sir Dudley alle acht. Dieser Geschichte zufolge bildeten diese acht Hunde den Grundstock für die Zucht des Golden Retrievers, in die auch Bluthunde eingekreuzt wurden. Obwohl man diese Theorie immer wieder hört, ist es doch wahrscheinlicher, daß der Golden Retriever aus der Zucht von Apportierhunden und Spaniels hervorgegangen ist, die auf dem schottischen Landsitz des Lords geboren wurden.

Charakter und Pflege

Der Golden Retriever ist ein zuverlässiger Begleiter des Jägers, aber auch ein ausgezeichneter Familienhund, denn er hat ein gelassenes Temperament und ist kinderlieb. Dieses bildschöne Tier ist außerdem ein beliebter Ausstellungshund, der auch in Gehorsamsprüfungen brilliert. Er muß regelmäßig gebürstet werden, braucht viel Bewegung und fühlt sich auf dem Land am wohlsten. Er läßt sich auch in der Stadt halten, muß dann aber regelmäßig ausgeführt werden und einen Garten zur Verfügung haben.

Der Golden Retriever, dessen Farbe von hell cremefarben bis zu einem warmen Goldton variiert, ist ein ausgezeichneter Familienhund mit freundlichen braunen Augen.

KURZINFO

- **GRUPPE** Spürhund für Niederwild. Anerkannt von AKC, ANKC, CKC, FCI, KC (GB), KUSA.

- **GRÖSSE** Widerristhöhe: Rüden 56–61 cm, Hündinnen 51–56 cm. Gewicht: Rüden 30–34 kg, Hündinnen 25–30 kg.

- **FELL** Glatt oder gewellt mit Fransen; dichte und wasserabstoßende Unterwolle.

- **FARBE** Alle Schattierungen von Gold oder Creme, aber weder Rot noch Mahagonifarben; einige weiße Haare an der Brust werden toleriert.

- **KÖRPERBAU** Wohlgeformter und klar modellierter Kopf; dunkelbraune Augen; mittelgroße Ohren; tiefe Brust und ausgewogener Körper; in Rückenhöhe getragener Schwanz.

AMERICAN COCKER SPANIEL

Der Ursprung des Cocker Spaniels liegt in Spanien, doch die Abstammung des American Cocker läßt sich zurückverfolgen bis zu einer in England gezogene Hündin mit dem Namen Obo Obo, die in den 1880er Jahren nach Amerika gebracht wurde.

Der 1935 gegründete English Cocker Spaniel Club of America trug dazu bei, die Rasse zu etablieren. Der amerikanische Cocker Spaniel ist kleiner als der englische – den ebenfalls kleineren amerikanischen Wildvögeln angemessen –, der Kopf ist kürzer und das Fell wesentlich dichter. Dieser kleinste unter den Niederwild-Spürhunden, der zugleich die beliebteste Hunderasse Amerikas ist, wurde 1946 vom AKC unter dem Namen American Cocker Spaniel anerkannt.

Viele Jahre lang wurde der American Cocker nur im Showring vorgestellt, doch inzwischen sind auch Gebrauchsprüfungen für diese Hunde eingeführt worden.

Charakter und Pflege

Der American Cocker hat ein viel dickeres Fell als der englische, und er trägt elegante »Hosen«. Er ist ein vielseitig einsetzbarer Jagdhund, der das Wild sowohl aufscheucht als auch apportiert. Der American Cocker ist ein beliebter Ausstellungshund, ein angenehmer Hausgenosse, und er versteht sich gewöhnlich gut mit Kindern. Er braucht viel Bewegung, sein Fell muß täglich gebürstet werden; für eine Ausstellung muß er mit Schere und Schermaschine getrimmt werden.

Der American Cocker Spaniel, der nicht mehr viel Ähnlichkeit mit seinen englischen Vettern aufweist, gehört zu den beliebtesten Hunderassen der Vereinigten Staaten.

Das lange, ----- Fell des American Cocker Spaniel ist ------- als das des E----- Cocker und ----- ge- wissenhaft ------- werden.

AMERICAN WATER SPANIEL

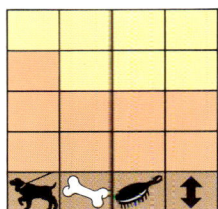

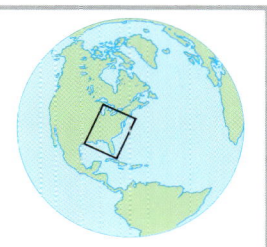

Der American Water Spaniel ist eine relativ moderne Rasse. Sie wurde 1940 vom American Kennel Club offiziell anerkannt, stammt aus dem Mittleren Westen Amerikas und ist wahrscheinlich aus dem Irish Water Spaniel hervorgegangen, der wiederum aus Kreuzungen zwischen dem Pudel und dem Curly-coated Retriever entstanden ist und den es in seiner heutigen Form seit dem späten 19. Jahrhundert gibt. Der American Water Spaniel, der ausgezeichnet schwimmt und sich perfekt für die Vogeljagd eignet, ist kleiner als sein irischer Verwandter. Er hat jedoch dieselbe gute Nase und arbeitet ähnlich wie der Springer Spaniel.

Charakter und Pflege

Der American Water Spaniel ist ein zutraulicher, robuster und intelligenter Hund, der bei Jägern in hohem Ansehen steht. Er eignet sich auch gut als Haushund, geht mit anderen Haustieren aber oft sehr ungestüm um. Sein Fell muß regelmäßig mit einem Stahlkamm entwirrt und gelegentlich getrimmt werden.

KURZINFO

- **GRUPPE** Spürhund für Niederwild. **Anerkannt von** AKC, ANKC, CKC, FCI, KC (GB), KUSA.

- **GRÖSSE** Widerristhöhe Rüden 36–39 cm, Hündinnen 34–36 cm. Gewicht: 11–12,5 kg

- **FELL** Auf dem Kopf kurz und fein, mittellang am Körper, mit ausreichender schützender Unterwolle

- **FARBE** Schwarz, Tiefschwarz, braune und rötliche Schattierungen sind unerwünscht; Schwarz mit Rotbraun und Braun mit Rotbraun, mit deutlichen roten Abzeichen auf dem tiefschwarzen oder braunen Körper; gescheckt und Tricolor. (Wer einen Ausstellungshund sucht, --- sich vor dem Kauf über die ausführlichen Farbvorschriften im Standard informieren.)

- **KÖRPERBAU** Gerundeter wohlgeformter Kopf ----, direkt nach vorn gerichtete Augen; Rücken nach hinten leicht abfallend; Schwanz kupiert.

KURZINFO

- **GRUPPE** Spürhund für Niederwild. **Anerkannt von** AKC, CKC, FCI, KC (GB).

- **GRÖSSE** Widerristhöhe: 38–45 cm. Gewicht: Rüden 13–20,5 kg, Hündinnen 11,5–18 kg.

- **FELL** Dicht gelockt.

- **FARBE** Einfarbig Leber- oder Schokoladenbraun (ein kleiner weißer Fleck auf der Brust oder den Zehen wird toleriert).

- **KÖRPERBAU** Kräftiger, nicht allzu kompakter Körper; mittellanger Kopf; recht breiter Schädel; Ohren klein für einen Spaniel; Augenfarbe muß mit der Farbe des Fells harmonieren; mittellanger Schwanz.

CLUMBER SPANIEL

Das seidige Fell des Clumber Spaniels soll reinweiß sein; erlaubt sind nur Sprenkel auf den Ohren und dem Gesicht.

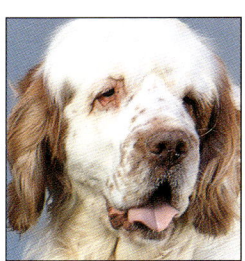

Der Clumber ist der schwerste unter den Spaniels, denn unter seinen Vorfahren finden sich Bassets und der inzwischen ausgestorbene Alpen-Spaniel. Dieser langsame, aber zuverlässige Hund arbeitet überwiegend auf dem Land und eignet sich besonders für unwegsames Gelände; er scheucht das Wild auf und apportiert es dann.

Der Clumber Spaniel, einer der Lieblingshunde der englischen Königsfamilie, hat eine romantische Geschichte. In den Jahren vor der Französischen Revolution war der Duc de Noailles ein großer Verehrer dieser Rasse, die er als hervorragende Treib- und Apportierhunde schätzte. Nach dem Ausbruch der Revolution brachte er seine Hunde nach England und vertraute sie dort dem Duke of Newcastle in Clumber Park in der Nähe von Nottingham an, von dem sie auch ihren Namen erhielten. Der Duc de Noailles überlebte die Revolution nicht, doch die Rasse bestand weiter und hält die Erinnerung an ihren aristokratischen Herrn lebendig.

Charakter und Pflege

Der Clumber Spaniel hat ein angenehmes Temperament und kann auch als Haushund gehalten werden, doch seine eigentliche Bestimmung ist es, auf dem Land als Jagdhund zu arbeiten. Er muß regelmäßig gebürstet werden, und es ist vor allem darauf zu achten, daß kein Schmutz zwischen seinen Zehen antrocknet.

KURZINFO
• **GRUPPE** Spürhund für Niederwild. **Anerkannt von** AKC, ANKC, CKC, FCI, KC (GB), KUSA.
• **GRÖSSE** Widerristhöhe: Rüden 48–50 cm. Hündinnen 43–48 cm. Gewicht: Rüden 32–38 kg, Hündinnen 25–32 kg.
• **FELL** Üppig, anliegend und seidig.
• **FARBE** Weiß mit zitronengelben Flecken bevorzugt; orangefarbene Flecken werden toleriert; wenig Abzeichen am Kopf und gesprenkelte Schnauze.
• **KÖRPERBAU** Massiger, eckiger, mittellanger Kopf; dunkel bernsteinfarbene Augen, etwas eingesunken; große, weinlaubförmige Ohren; langer, schwerer, tief über dem Boden stehender Körper; tiefe Brust; tief angesetzter, gut behaarter Schwanz.

Der Clumber, ein Liebling des englischen Königshauses, ist zwar langsam, aber trotzdem ein verläßlicher, ausdauernder Spürhund.

ENGLISH COCKER SPANIEL

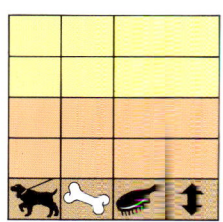

Der Ursprung der Spaniels liegt in Spanien: Der Name ist von dem Wort Espagnol abgeleitet, das »spanisch« bedeutet. Spaniels sind etwa seit dem 14. Jahrhundert bekannt und wurden vor allem in der Falknerei verwendet. Seit dem 7. Jahrhundert werden die Hunde zum Aufscheuchen von Waldschnepfen und anderem Niederwild eingesetzt und tragen seit dieser Zeit den Namen Cocker-Spaniel.

Der English-Cocker-Spaniel der 1892 vom Britischen Kennel Club anerkannt wurde, ist noch heute der kleinste unter den zur Jagd verwendeten Spanierassen. Er ist oft in Gehorsams- und Gebrauchsprüfungen zu sehen, aber auch auf Ausstellungen. In den Jahren vor dem Zweiten Weltkrieg stieg die Beliebtheit dieser Hunde sprunghaft an, denn in dieser Zeit errangen die Spaniels aus dem berühmten »Of Ware«-Zwinger von H. S. Lloyd sechsmal hintereinander den begehrten »Best in Show«-Titel bei der Londoner Crufts Dog Show. Heute liegt die Leitung des Zuchtbetriebes in den Händen von Herrn Lloyds Tochter.

Charakter und Pflege

Der Cocker Spaniel ist ein friedlicher und beliebter Haushund, aber auch ein ausgezeichneter Jagdhund, der das Wild sowohl aufspürt als auch apportiert. Sein Fell muß täglich gebürstet und gekämmt werden, man sollte darauf achten, daß sich zwischen den Ballen und in den Ohren kein Schmutz festsetzt. Manche Spanielbesitzer klammern zum Füttern die Ohren hinter dem Kopf zusammen, damit sie den Hund beim Fressen nicht behindern

KURZINFO
• **GRUPPE** Spürhund für Niederwild **Anerkannt von** AKC, ANKC, CKC, FCI, KC (GB), KUSA.
• **GRÖSSE** Widerristhöhe: Rüden um 39–43 cm, Hündinnen um 38–41 cm. Gewicht: um 12 5–14,5 kg.
• **FELL** Eng anliegend und seidig.
• **FARBE** Verschiedene; bei den Einfarbigen sind weiße Abzeichen auf der Brust unerwünscht.
• **KÖRPERBAU** Eckige Schnauze; große, aber nicht vorstehende Augen; kräftiger, kompakter Körper; Schwanz etwas unterhalb der Rückenlinie angesetzt.

Die langen, seidigen Ohren umrahmen die eckige Schnauze des Cocker Spaniels.

Der English Cocker Spaniel ist die kleinste zur Jagd eingesetzte Spanierasse, doch trotz seiner geringen Größe ist er ein ausgezeichneter Jagdhund, der in der Regel auch »schußfest« ist.

ENGLISH SPRINGER SPANIEL

Der English Springer Spaniel gehört mit dem Clumber Spaniel zu den ältesten britischen Spanielrassen. Der um 1570 von dem Historiker Dr. Caius erwähnte Landspaniel war ohne Zweifel ein Vorläufer des Springer Spaniels. Er scheuchte schon Wild auf, als Schußwaffen noch nicht allgemein verbreitet waren. Eine Zeitlang wurde diese Rasse als Norfolk Spaniel bezeichnet, entweder nach einer Familie Norfolk, die diese Hunde vor 1900 züchtete, oder nach ihrem Ursprungsgebiet, der englischen Grafschaft Norfolk.

Sir Thomas Boughey, der Begründer der modernen Zucht, besaß Springer Spaniels, deren Abstammung sich bis zu einer Hündin zurückverfolgen ließ, die 1812 geworfen hat. Einer ihrer Nachfahren war der 1903 geborene Velox Powder, der 20 Gebrauchsprüfungen gewann. Die Familie von Sir Thomas bemühte sich bis in die 1930er Jahre um diese Rasse, und viele der heutigen Gebrauchsprüfungs-Champions sind Nachkommen ihrer Zuchttiere. Der English Springer Spaniel Club wurde 1921 in England gegründet, doch in Amerika waren diese Hunde schon seit langem als ausgezeichnete Helfer bei der Vogeljagd bekannt.

Der English Springer Spaniel ist nicht nur ein ausgezeichneter Jagdhund, sondern auch ein schöner Familienhund.

Charakter und Pflege

Der English Springer Spaniel ist intelligent, zuverlässig und ein kinderfreundlicher Hausgenosse. Diese Rasse braucht viel Auslauf, ihr Fell muß regelmäßig gebürstet und ihre Ohren und Pfoten saubergehalten werden. Für Leute, die Wert auf ein gepflegtes Heim legen, ist der Springer Spaniel vielleicht nicht unbedingt die richtige Wahl.

Der Springer Spaniel erhielt seinen Namen nach der Angewohnheit, beim Aufstöbern von Wild aus seiner Deckung herauszuspringen. Eine Zeitlang wurde er nach seinem Ursprungsgebiet Norfolk Spaniel genannt.

KURZINFO
• **GRUPPE** Spürhund für Niederwild. **Anerkannt von** AKC, ANKC, CKC, FCI, KC (GB), KUSA.
• **GRÖSSE** Widerristhöhe: Rüden 51 cm, Hündinnen 49 cm. Gewicht: 22–25 kg.
• **FELL** Eng anliegend, glatt und wetterfest; niemals grob.
• **FARBE** Leberbraun mit Weiß, Schwarz mit Weiß und beide Kombinationen mit rotbraunen Abzeichen.
• **KÖRPERBAU** Mittellanger Schädel; mittelgroße Augen; lange, breite Ohren; kräftiger Körper; tief angesetzter, niemals über Rückenhöhe getragener Schwanz.

WELSH SPRINGER SPANIEL

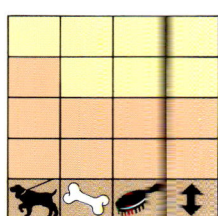

Der Welsh Springer Spaniel oder einer seiner Vorläufer wurde schon in der ältesten erhalten gebliebenen Niederschrift der Gesetze von Wales erwähnt, die aus dem Jahr 1300 stammt. Es ist denkbar, daß diese rotweißen Spaniel aus einer Kreuzung zwischen dem Springer und dem Cocker Spaniel hervorgegangen sind. Mit Sicherheit gehört der Épagneul Breton zu ihren Vorfahren, denn er ähnelt dem Welsh Springer Spaniel sowohl in seinem Jagdinstinkt als auch im Körperbau; allerdings ist der Springer Spaniel langbeiniger und leichter gebaut. In Großbritannien wurde er bis 1902 unter der Bezeichnung Welsh Cocker geführt und dann vom Kennel Club unter dem Namen Welsh Springer Spaniel anerkannt. In den letzten 20 Jahren sind diese Hunde auch in Nordamerika und in anderen Ländern zunehmend verbreitet.

Charakter und Pflege

Dieser treue und unermüdliche Jagdhund liegt in der Größe zwischen dem Cocker und dem englischen Springer Spaniel. Er ist ein guter Schwimmer, hat eine ausgezeichnete Nase und eignet sich auch gut als Haushund. Er muß täglich gebürstet, seine Pfoten und Ohren müssen saubergehalten werden.

KURZINFO
• **GRUPPE** Spürhund für Niederwild. **Anerkannt von** AKC, ANKC, CKC, FCI, KC (GB), KUSA.
• **GRÖSSE** Widerristhöhe: Rüden 45–48 cm, Hündinnen 42–45 cm. Gewicht: 16–20 kg.
• **FELL** Glatt und flach anliegend; seidig; Brust, Körperunterseite und Beine leicht befedert.
• **FARBE** Nur sattes Rot mit Weiß.
• **KÖRPERBAU** Leicht gewölbter Schädel; mittelgroße, haselnußbraune oder dunkelbraune Augen; recht tief angesetzte Ohren; kräftiger, muskulöser Körper; gut angesetzter, tiefer Schwanz.

Der Welsh Springer Spaniel hat eine spitzere Schnauze und höher angesetzte Ohren als der English Springer Spaniel. Außerdem ist er etwas kleiner.

Der Welsh Springer Spaniel läßt sich an seinem leuchtend rotweißen Fell leicht von anderen Spanielrassen unterscheiden. Er ist ein beliebter Jagd- und Ausstellungshund.

FIELD SPANIEL

Der Field Spaniel, der außerhalb von Großbritannien kaum bekannt ist, hat dieselbe Abstammung wie der Cocker Spaniel, doch von 1892 an entwickelten sich die beiden Typen in verschiedene Richtungen.

retten. Das Ergebnis war ein besser proportionierter Standardtyp, der mittlerweile reinerbig ist und eine sehr schöne Nachzucht hervorbringt. Trotzdem sieht man ihn in England fast nur auf Ausstellungen. In den Vereinigten Staaten ist er ebenfalls anerkannt, allerdings sind dort nur wenige Exemplare eingetragen.

Charakter und Pflege

Der Field Spaniel hat ein ausgeglichenes Temperament und ist ein guter Haus- und Jagdhund. Wie alle anderen Spaniels braucht auch er viel Bewegung; sein Fell muß täglich gebürstet und gekämmt werden.

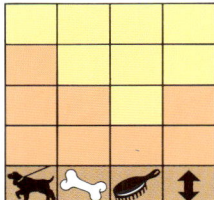

Der Field Spaniel hat dieselbe Abstammung wie der Cocker Spaniel, denn er ist im Prinzip nur eine vergrößerte Version des Cockers, und in den ersten Würfen kamen gelegentlich beide Rassen vor. Von 1892 an entwickelten sich die beiden Varietäten jedoch unterschiedlich. Während der Cocker Spaniel immer perfekter wurde, züchtete man den Field Spaniel unnatürlich in die Länge, mit immer kürzeren Beinen, was beinahe zu seinem Untergang geführt hätte.

1948 wurde dann in Großbritannien die Field Spaniel Society gegründet, und begeisterte Anhänger dieser Rasse taten alles, um sie zu

KURZINFO
• **GRUPPE** Spürhund für Niederwild. **Anerkannt von** AKC, ANKC, CKC, FCI, KC (GB), KUSA.
• **GRÖSSE** Widerristhöhe: Rüden um 45–47 cm, Hündinnen um 43 cm. Gewicht: 16–25 kg.
• **FELL** Lang, eng anliegend und glänzend, ohne Locken und von seidiger Struktur.
• **FARBE** Schwarz, Leberbraun oder Braunstichelhaarig mit rotbraunen Abzeichen; einfarbig schwarze, weiße oder braunweiße Exemplare gelten als Fehlfarben.
• **KÖRPERBAU** Der Kopf vermittelt den Eindruck von Qualität, Charakter und Adel; weit geöffnete Augen; Ohren von mittlerer Länge und Breite; tiefe Brust; tief angesetzter, kupierter Schwanz.

Der Field Spaniel, der eine Zeitlang immer extremer gezüchtet wurde, ist im letzten halben Jahrhundert wieder in eine vernünftigere Form gebracht worden.

IRISH WATER SPANIEL

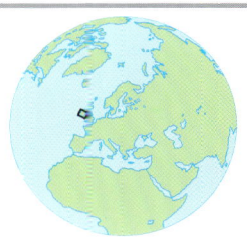

*Der Irish Water Spa-
niel, der größte aller
Spaniels, ist in Feucht-
gebieten in seinem Ele-
ment. Oft taucht er
unter die Oberfläche,
um angeschossene
Wasservögel herauszu-
holen.*

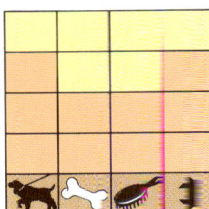

Die ersten Aufzeichnun-
gen über Wasserhunde
und Wasserspaniel stam-
men aus dem Jahr 17 n.
Chr., und in Irland gibt es
Wasserspaniels schon seit
mehr als tausend Jahren.

Vor über achtzig Jahren stellte der
Hundeforscher Hugh Dalziel die Theorie auf,
daß der Irish Water Spaniel der Vorfahr aller
anderen Spaniels sein könne. Heute ist
man jedoch der Ansicht, daß diese Rasse aus
der Kreuzung von Pudel und Curly-coated
Retriever hervorgegangen ist. Vor 1859 gab es
in Irland zwei verschiedene Zuchtrichtungen,
eine im Norden und eine im Süden. Vermutlich bildete der südliche Schlag, der dem Pudel
ähnelte, die Grundlage für die moderne Rasse.

Charakter und Pflege

Der Irish Water Spaniel, der größte unter den
Spaniels, ist ein mutiger, anhänglicher und intelligenter Hund. Er ist ein ausgezeichneter
Apportierhund, hat eine sehr feine Nase. Die
Pflege des gelockten Fells mit der dicken
Unterwolle ist nicht so aufwendig wie es auf
den ersten Blick scheinen mag. Es sollte jedoch
mindestens einmal pro Woche mit einem
Stahlkamm aufgelockert werden. Gelegentlich
muß der Hund getrimmt werden – vor allem
um die Pfoten herum.

KURZINFO
• **GRUPPE** Spürhund für Niederwild. **Anerkannt von** AKC, ANKC, CKC, FCI, KC (GB), KUSA.
• **GRÖSSE** Widerristhöhe: Rüden 53–60 cm, Hündinnen 51–58 cm. Gewicht: Rüden 25–30 kg, Hündinnen 20–26 kg.
• **FELL** Dichte, geschlossene Locken auf Hals, Körper und Schwanzoberseite; längere Locken auf Kopf und Beinen; Gesicht, Schwanzunterseite und die Rückseite der Hinterbeine von den Sprunggelenken abwärts sind glatt behaart.
• **FARBE** Dunkelleberfarben.
• **KÖRPERBAU** Kopf von guter Größe; gewölbter Schädel; kleine, mandelförmige Augen; lange, ovale Ohren; langer, gebogener Hals; tiefe Brust; kurzer Schwanz.

*Die dichten Locken
und der wissende Blick
gehören zu den Eigen-
schaften, die den Irish
Water Spaniel so sym-
pathisch machen.*

SUSSEX SPANIEL

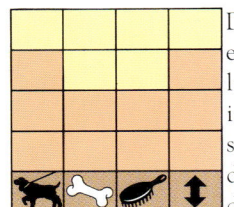

Die Sussex Spaniels, die einst bei den Farmern beliebt waren, kennt man im südenglischen Sussex schon seit zwei Jahrhunderten. Geschaffen wurde die Rasse 1795 von Herrn Fuller in Rosehill in Sussex, und 1862 wurde sie im Londoner Crystal Palace erstmals ausgestellt. Später wurde dann noch eine andere Zuchtrichtung entwickelt, die Harvieston genannt wurde. In die Harvieston-Zucht wurden Clumber Spaniel und Bloodhound eingekreuzt.

Es ist der britischen Züchterin Freer zu verdanken, daß diese schon immer sehr seltene Rasse die beiden Weltkriege überstanden hat. In den 1950er Jahren wurden wieder vermehrt Clumber Spaniels eingekreuzt, was Knochenstärke und Temperament der Sussex Spaniels optimierte. Er wird hauptsächlich für die Jagd auf Rebhühner und Fasane verwendet, für die Hasenjagd ist er zu klein. Er arbeitet bevorzugt im dichten Unterholz und gibt dabei ständig Laute von sich.

Charakter und Pflege

Der Sussex Spaniel ist ein Jagdhund mit einer ausgezeichneten Nase. Er ist ein typischer Einmann-Hund. Sein Fell muß täglich gekämmt und gebürstet werden, und die Ohren und Pfoten müssen wie bei allen Spaniels immer wieder von festsitzendem Schmutz befreit werden.

KURZINFO
• **GRUPPE** Spürhund für Niederwild. **Anerkannt von** AKC, ANKC, CKC, FCI, KC (GB), KUSA.
• **GRÖSSE** Widerristhöhe: 32–40 cm. Gewicht: 16–23 kg.
• **FELL** Üppig und eng anliegend, nicht gelockt; dichte, wetterfeste Unterwolle.
• **FARBE** Leberfarben mit einem goldigem Schimmer, das sich an den Spitzen aufhellt; dunklere Farben sind unerwünscht.
• **KÖRPERBAU** Breiter, zwischen den Ohren leicht gerundeter Kopf; recht große, haselnußbraune Augen mit einem sanften Ausdruck; ziemlich große, dicke Ohren; tiefe, gut entwickelte Brust; tief angesetzter und nie über Rückenhöhe getragener Schwanz.

Es ist nicht zu übersehen, daß zu den Vorfahren der sehr seltenen Sussex Spaniels auch Bluthunde gehören.

POINTER

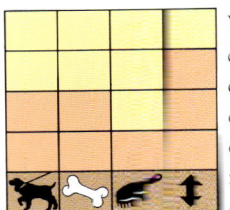

Der in Großbritannien entstandene Pointer ist ein Nachfahre der Vorstehhunde, die in der Mitte des 17. Jahrhunderts überall in Europa gezüchtet wurden.

Wie die Setter, so ist auch der Pointer berühmt für die klassische Haltung, die er einnimmt, um mit der Nase auf das Wild zu zeigen. Man vermutet, daß er ursprünglich aus Spanien stammt. Möglich ist aber auch, daß er in England aus Kreuzungen zwischen Foxhound, Bloodhound und Greyhound entstanden ist. William Arkwright, der die Geschichte dieser Rasse sein Leben lang studiert hat, vermutet, daß die Pointer ursprünglich aus dem Osten kommt und über Italien nach Spanien gelangte.

William Arkwright aus Sutton Scarsdale in der Nähe von Chesterfield in England arbeitete von 1898–1919 an seinem Buch *Arkwright on Pointers*, das noch heute als Standardwerk über diese Rasse gilt. 1937 wurde der Pointer in England vom damaligen Setter and Pointer Club anerkannt, aber erst 1970 vom Pointer Club. Der Hund ist international bekannt und auf der ganzen Welt verbreitet.

Charakter und Pflege

Der Pointer ist ein beliebter Ausstellungshund, der sich sowohl als Begleiter des Jägers wie auch als Familienhund eignet. Er ist freundlich und gehorsam, leicht auszubilden und kinder-

lieb und muß nur gelegentlich gebürstet werden. Der Pointer braucht jedoch viel Bewegung und ist deshalb für die Haltung in der Stadt nicht geeignet.

KURZINFO
• **GRUPPE** Spürhund für Niederwild. **Anerkannt von** AKC, ANKC, CKC FCI, KC (GB), KUSA.
• **GRÖSSE** Widerristhöhe: Rüden 63–70 cm, Hündinnen 58–65 cm. Gewicht: Rüden 25–34 kg, Hündinnen 20–30 kg.
• **FELL** Kurz, dicht und glatt.
• **FARBE** Zitronengelb mit Weiß, Orange mit Weiß, Rotbraun mit Weiß, Schwarz mit Weiß; einfarbig und Tricolor ist auch korrekt.
• **KÖRPERBAU** Mittelbreiter Kopf mit ausgeprägtem Stop; dunkle, runde ausdrucksvolle Augen; auf Augenhöhe angesetzte Ohren; schmale, schräge Schultern; tiefe Brust; Schwanz an Ansatz dick, zum Ende spitz zulaufend.

ENGLISH SETTER

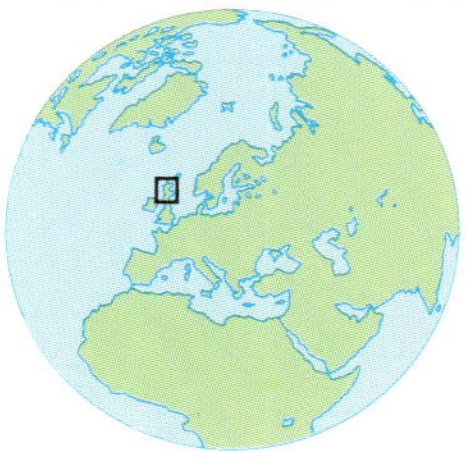

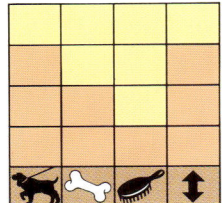

Der English Setter ist die älteste und sicherlich auffallendste unter den vier Setterrassen. Die anderen sind der Irish Setter (der auch Red Setter genannt wird), der Gordon und der Irish Red and White Setter.

Der English Setter ist seit dem 14. Jahrhundert bekannt, doch am stärksten hat sich Edward Laverack (1815–1877) für diese Rasse eingesetzt – seine Setter-Pedigrees lassen sich zurückführen bis in das Jahr 1860. 1873 wurde die Rasse vom British Kennel Club anerkannt. Laverack schrieb, daß »diese Rasse ein verbesserter Spaniel« ist, und sie stammt zweifellos vom Spaniel ab. Es war ebenfalls Laverack, der durch gezielte Kreuzungen die Grundlage für den Englischen Setter schuf, wie wir ihn heute kennen.

R. L. Purcell Llewellin, ein anderer Züchter, trug dazu bei, diese Hunde in Amerika zu verbreiten. Er kaufte einige von Laveracks besten Hunden und kreuzte sie mit Exemplaren aus dem Norden Englands. Außerdem machte er die Zuchtlinien von Mr. Slatter und Sir Vincent Corbet bekannt, die später den Namen Duke-Kate-Rhoebes-Schlag bekamen. Seine Setter erlangten in den USA und in Kanada große Berühmtheit, denn sie erwiesen sich dort in den Gebrauchsprüfungen als unschlagbar.

Charakter und Pflege

Der bildschöne und anhängliche English Setter eignet sich sowohl als Familienhund wie auch als Jagdhund. Er ist kinderlieb und kann im Haus, aber auch im Zwinger gehalten werden; sein Fell muß regelmäßig mit einer harten Bürste und einem Stahlkamm gepflegt werden. Vor einer Ausstellung werden überlange Haare entfernt. Der English Setter braucht – wie die meisten Jagdhunde – viel Bewegung und ist für die Haltung in der Stadt nur bedingt geeignet.

Ein typisches Merkmal des English Setter ist sein gebogener, befederter Schwanz.

GORDON SETTER

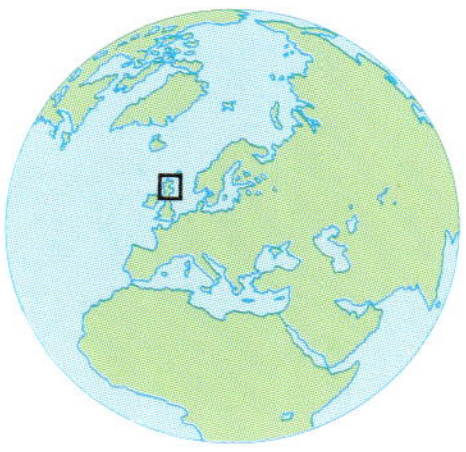

Der Gordon Setter, der schwerste unter den Settern, ist der einzige in Schottland gezüchtete Spürhund.

Der English Setter, vielleicht der eleganteste unter den Settern, wurde für die Jagd in offenem Gelände gezüchtet.

KURZINFO

- **GRUPPE** Spürhund für Niederwild. **Anerkannt von** AKC, ANKC, CKC, FCI, KC (GB), KUSA.

- **GRÖSSE** Widerristhöhe: Rüden 62–68 cm, Hündinnen 60–64 cm. Gewicht 18–32 kg.

- **FELL** Kurz, glatt und dicht.

- **FARBE** Schwarz mit Weiß (Blue Belton), Orange mit Weiß (Orange Belton), limonenfarbig mit Weiß (Lemon Belton), Leberbraun mit Weiß (Liver Belton) oder Tricolor (Weiß mit schwarzen oder braunen Flecken und rostroten Abzeichen); über und über gefleckte Hunde werden denen mit großflächiger Scheckung vorgezogen.

- **KÖRPERBAU** Schmaler, edler Kopf; Augen weder tief liegend noch vorstehend; relativ tief angesetzte Ohren; kurzer, gerader, gut bemuskelter Rücken; fast in Rückenhöhe angesetzter säbelförmiger, buschiger Schwanz.

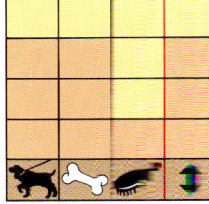

Der Gordon Setter, der früher Gordon Castle Setter hieß, verdankt seine Existenz Alexander, dem Vierten Herzog von Richmond und Gordon, der Ende der 1770er Jahre begann, Schottlands einziger Spürhund zu züchten. Er kreuzte Bluthunde und wahrscheinlich auch Collies ein, um den Setter größer und schwerer zu machen. Die Gordon Setter sind demzufolge auch nicht so schnell und so elegant wie die anderen Setterrassen.

Gordon Setter wurden schon auf der ersten Hundeschau der Welt ausgestellt, die am 28. Juni 1859 in Newcastle in England stattfand. Den Preis für den besten Setter gewann der Gordon Setter »Dandy«, und er wurde ihm von einem auf Pointer spezialisierten Richter zugesprochen. Um diese Zeit gelangten auch die ersten Gordon Setter nach Amerika. Mittlerweile hat der dortige Zuchtverband mehr Mitglieder außer britische.

Charakter und Pflege

Der Gordon Setter ist ein unermüdlicher Arbeiter, der die Strapazen der Jagd in der Sommerhitze besser erträgt als die anderen Setter und der auch länger ohne Wasser auskommt. Er ist aber nicht nur ein ausdauernder Jagdhund,

sondern auch ein guter Familienhund und ein besserer Wächter als die anderen Setter. Der Gordon Setter braucht viel Platz und ist für ein Leben in der Stadt nur bedingt geeignet.

KURZINFO

- **GRUPPE** Spürhund für Niederwild. **Anerkannt von** AKC, ANKC, CKC, FCI, KC (GB), KUSA.

- **GRÖSSE** Widerristhöhe: Rüden 60–70 cm, Hündinnen 57–65 cm. Gewicht: Rüden 25–36 kg, Hündinnen 20–32 kg.

- **FELL** Auf dem Kopf, den Vorderseiten der Beine und dem Ohrrand kurz und fein; an allen anderen Körperteilen mittellang, glatt und nicht gewellt.

- **FARBE** Tiefschwarz, ohne einen Schimmer von Rot, aber mit leuchtend rotbraunen Abzeichen; schwarze Flecken an den Zehen und ein schwarzer Streifen unter dem Unterkiefer werden toleriert.

- **KÖRPERBAU** Kopf länger als breit; dunkelbraune Augen; mittelgroße Ohren; mittellanger Körper; gerader oder säbelförmiger, nicht zu langer Schwanz.

IRISH SETTER

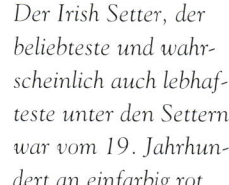

Der Irish Setter, der beliebteste und wahrscheinlich auch lebhafteste unter den Settern, war vom 19. Jahrhundert an einfarbig rot.

Der Irish Red Setter (der in seiner Heimat auch Big Red genannt wird) ist aus der Kreuzung von Irish Water Spaniel, spanischem Vorstehhund und English und Gordon Setter hervorgegangen. Das Ergebnis ist ein bildschöner, lebhafter, pointerähnlicher Hund, der eine unverwechselbare Haltung einnimmt, wenn er Wild aufgespürt hat.

Edward Laverack (1815–1877) hat sich in besonderem Maße um den modernen Irish (und den English) Setter verdient gemacht. Die ursprünglich in Irland beheimatete Rasse erfreute sich gegen Ende des 19. Jahrhunderts auch in England großer Beliebtheit, denn sie erwiesen sich als ideale Jagdhunde für das in England vorherrschende offene Gelände.

Charakter und Pflege

Obwohl sich der Irish Setter auch zur Jagd eignet, ist er doch vor allem als Haus- und Familienhund sehr begehrt. Er ist kinderlieb, anderen Tieren gegenüber nicht aggressiv und verträgt sich besonders gut mit Pferden. Der Irish Setter braucht viel Bewegung. Sein Fell muß regelmäßig gebürstet werden. Das Tier läßt sich in der Stadt halten, doch auf dem Land fühlt er sich wohler. Als Wachhund ist er wegen seiner Zutraulichkeit nicht geeignet.

KURZINFO
• **GRUPPE** Spürhund für Niederwild. **Anerkannt von** AKC, ANKC, CKC, FCI, KC (GB), KUSA.
• **GRÖSSE** Widerristhöhe: 64–69 cm. Gewicht: 27–32 kg.
• **FELL** Kurz und fein am Kopf, den Vorderseiten der Beine und den Ohrspitzen; mittellang und so glatt wie möglich am Körper; an der Körperunterseite ist das Haar fransig.
• **FARBE** Kastanienrot ohne eine Spur von Schwarz; weiße Abzeichen an der Brust, der Kehle, dem Kinn oder den Zehen sowie ein kleiner Fleck oder eine Blesse auf dem Kopf werden toleriert.
• **KÖRPERBAU** Langer, schmaler Kopf; dunkel haselnußbraune bis dunkelbraune Augen; mittelgroße Ohren; Brust so tief wie möglich, von vorn gesehen recht schmal; Schwanz im Vergleich zur Körpergröße nur mittellang.

IRISH RED AND WHITE SETTER

Eine Zeitlang ist der Irish Red and White Setter fast vom eleganteren Irish Setter verdrängt worden.

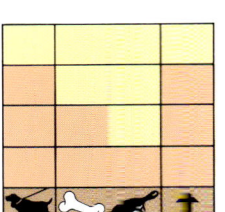

Der Irish Red and White Setter ist aus Spaniels hervorgegangen, vermutlich aus rotweißen Exemplaren, die von Frankreich nach Irland gelangten und dort mit Pointern gekreuzt wurden, bis schließlich im 18. Jahrhundert der gewünschte Typ entstanden war. Doch dann begannen die Liebhaber, den Red Setter zu bevorzugen; gegen Ende des 19. Jahrhunderts gab es die rotweiße Variante dann kaum noch. Seit den 1940er Jahren ist diese Rasse in Irland jedoch wieder gefragt. Der Irish Red and White Setter ist vom britischen Kennel Club anerkannt, hat einen eigenen Rassestandard und ist auch von der FCI anerkannt worden.

Mittlerweile sind auch die ersten Red and White Setter auf Hundeschauen zu bewundern.

Charakter und Pflege

Der Irish Red and White Setter ist ein ausgeglichener, freundlicher Hund, der sich sowohl für die Jagd wie auch als Familienhund eignet. Er braucht viel Platz und Bewegung, und sein Fell muß täglich gebürstet werden.

KURZINFO
• **GRUPPE** Spürhund für Niederwild. **Anerkannt von** ANKC, FCI, KC (GB), KUSA.
• **GRÖSSE** Widerristhöhe: 59–67 cm. Gewicht: 18–32 kg.
• **FELL** Flach, glatt und seidig mit Fransen.
• **FARBE** Klar gescheckt; Grundfarbe perlweiß mit roten Flecken; kleine rote Flecken am Kopf, den Pfoten und der unteren Hälfte der Beine sind gestattet, Stichelhaarigkeit jedoch nicht.
• **KÖRPERBAU** Kopf verhältnismäßig breit; haselnuß- oder dunkelbraune Augen; Ohren auf Augenhöhe angesetzt; starker, muskulöser Körper; Schwanz am Ansatz dick, zum Ende spitz zulaufend.

Die rotweiß gescheckten Hunde dürfen auf Kopf und Pfoten kleinere Flecken haben.

BRACKE VOM BOURBONNAIS

Die Bracke vom Bourbonnais ist außerhalb Frankreichs kaum bekannt. Man erkennt sie an ihrem gesprenkelten Fell und der Stummelrute.

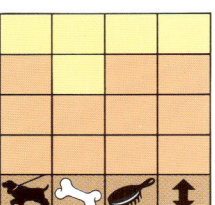

Die Bracke vom Bourbonnais trägt den Namen ihres Zuchtgebiets in der Mitte Frankreichs. Ursprünglich scheint sie, wie viele andere französische Jagdhunde, aus den Pyrenäen zu stammen. Die Vorfahren dieser Hunde breiteten sich allmählich aus, und durch die Kreuzung mit einheimischen Hunden entstanden neue Rassen, die dann den Namen ihrer neuen Heimat erhielten.

Die Bracke vom Bourbonnais wird auch Kurzschwanzbracke genannt, denn sie wird fast immer schwanzlos geboren. Im Fellmuster ähnelt sie dem Dalmatiner, ist aber von kräftigerer Statur.

Charakter und Pflege

Die Bracke vom Bourbonnais ist ein gutmütiger Jagd- und Familienhund, der leicht auszubilden ist. Wie die meisten Jagdhunde braucht sie viel Bewegung und muß alle paar Tage gebürstet werden.

KURZINFO
• **GRUPPE** Spürhund für Niederwild. **Anerkannt von** FCI.
• **GRÖSSE** Durchschnittliche Widerristhöhe: 53 cm. Gewicht: 18–26 kg.
• **FELL** Kurz.
• **FARBE** Weiß mit Hellbraun oder Lohfarben ohne große Abzeichen, aber mit kleinen, gleichmäßig verteilten Flecken auf dem weißen Untergrund.
• **KÖRPERBAU** Sehr langer Kopf mit gewölbter Schädeldecke und flachem Stop; große, dunkel bernsteinfarbene, nicht tiefliegende Augen; lange, bis zur Kehle reichende Ohren; breiter, leicht konvexer Rücken; sehr kurzer, tief angesetzter Schwanz.

BRACKE VON SAINT-GERMAIN

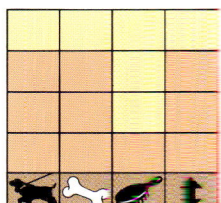

Die Bracke von Saint-Germain heißt in ihrer Heimat Braque Saint-Germain oder Braque Compiègne. Dieser bildschöne Vorstehhund ist dem Englischen Pointer sehr ähnlich, hat eine vergleichbare Schwanzhaltung, ist aber leichter gebaut. Die Rasse soll Anfang des 19. Jahrhunderts entstanden sein, als König Karl X. von Frankreich (Regierungszeit 1824–1830) seine englische Pointerhündin »Miss« von einer Französischen Bracke decken ließ. De La Rue schreibt darüber in seinem Buch *Les Chiens d'Arrêt Français et Anglais* folgendes: »Miss brachte sieben Welpen zur Welt, von denen vier den Waldaufsehern von Compiègne übergeben wurden, die später nach Saint-Germain versetzt wurden und ihre Hunde mitnahmen. Die Pariser Jäger waren begeistert von diesen eleganten Hunden.«

Charakter und Pflege

Dieser kraftvolle Vorstehhund, der etwas eleganter ist als der Englische Pointer, aber über keine so feine Nase verfügt wie dieser, jagt sowohl Hoch- wie auch Niederwild. Die Hunde sind sehr anhänglich, sanft und intelligent, manchmal aber auch sehr stur. Sie müssen alle paar Tage gebürstet und abgerieben werden und brauchen viel Auslauf.

KURZINFO
• **GRUPPE** Spürhund für Niederwild. **Anerkannt von** FCI.
• **GRÖSSE** Widerristhöhe: 51–64 cm. Gewicht: 18–25,5 kg.
• **FELL** Kurz und weich.
• **FARBE** Weiß mit Orange.
• **KÖRPERBAU** Recht breiter Kopf; große, goldbraune Augen; auf Augenhöhe angesetzte Ohren; kurzer, gerader Rücken; kräftige, kurze und leicht aufwärts gewölbte Lenden; Schwanz nicht kupiert.

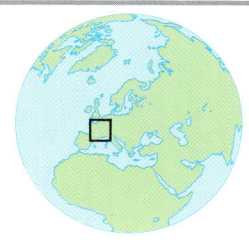

Die schöne und elegante Bracke von Saint-Germain soll im 19. Jahrhundert aus der Paarung zwischen Englischem Pointer und Französischer Bracke hervorgegangen sein.

PUDELPOINTER

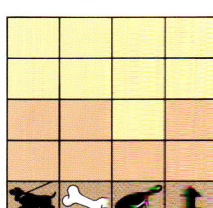

Der Pudelpointer ist das Ergebnis einer Kreuzung von verschiedenen Vorstehhunden mit dem inzwischen ausgestorbenen Barbet oder dem Pudel. Dieser vielseitige Jagdhund hat ein dickes, grobes und hartes Fell, das ihn in unwegsamem Gelände und auch im Wasser schützt. Im Körperbau ähnelt der Pudelpointer eher einem schweren Vorstehhund als einem Pudel; er hat einen kurzen, geraden Rücken, große, runde Augen und einen sogenannten »Fauprogelblick«. Leider gehört er in Europa zu den seltenen Rassen, doch in den USA und in Kanada gibt es noch einige Jäger, die mit Pudelpointern arbeiten.

Charakter und Pflege

Der Pudelpointer ist ein intelligenter, freundlicher Hund, der gern lernt und ausdauernd ist.

KURZINFO
• **GRUPPE** Spürhund für Niederwild. **Anerkannt von** CKC, FCI.
• **GRÖSSE** Widerristhöhe: über 61 cm. Gewicht: 25–32 kg.
• **FELL** Kurz, hart und grob.
• **FARBE** Hell- bis Kastanienbraun.
• **KÖRPERBAU** Mittellanger Kopf; lange Augenbrauen und Bart; runde, lebhafte Augen; flache, eng am Kopf anliegende Ohren; Brust tief, aber in harmonischer Relation zur Körpergröße; hoch angesetzter, am Ansatz dicker Schwanz, der zur Spitze hin dünner wird.

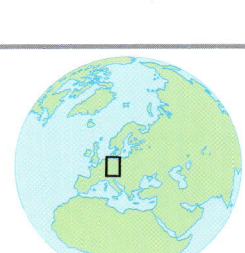

ÉPAGNEUL BRETON

Der Épagneul Breton, früher Bretagne-Spaniel genannt, ist der einzige Vorstehhund unter den Spaniels. Er ist ein guter Hund für die Schnepfenjagd, der auch apportiert. Man vermutet, daß diese Rasse aus Spanien oder aus den Argoat-Wäldern in der Bretagne kommt, möglich ist aber auch, daß sie von einem englischen Red and White Setter und einer bretonischen Hündin abstammt. Englische Sportjäger kamen gern zur Schnepfenjagd in die Bretagne und brachten ihre Hunde mit – offenbar gab es zu jener Zeit die heutigen strengen Quarantänevorschriften noch nicht.

Die Rasse wurde 1900 in Frankreich erstmals ausgestellt und 1905 in Frankreich offiziell anerkannt. Der Standard wurde 1907 aufgestellt und 1908 abgeändert.

Charakter und Pflege

Der Épagneul Breton hat eine ausgezeichnete Nase und muß mit sanfter Hand geführt werden. Er hat sich in den USA in Gebrauchsprüfungen bewährt und ist vor kurzem auch in England bekannt geworden. Sein Fell muß täglich gebürstet werden.

KURZINFO
• **GRUPPE** Spürhund für Niederwild. **Anerkannt von** AKC, ANKC, CKC, FCI, KC (GB), KUSA.
• **GRÖSSE** Widerristhöhe: 44–51 cm. Gewicht: 13,5–18 kg.
• **FELL** Am Körper flach und dicht, nie lockig; an den Beinen leicht befedert.
• **FARBE** Orange mit Weiß oder Leberbraun mit Weiß, entweder klar getrennt oder stichelhaarig, oder Tricolor (in Großbritannien auch Schwarz mit Weiß).
• **KÖRPERBAU** Abgerundeter, mittellanger Kopf; ausdrucksvolle Augen; hängende Ohren; tiefe Brust bis zu den Ellbogen; Schwanz auf Rückenhöhe getragen und von Natur aus kurz oder auf 10 cm kupiert, kleines Haarbüschel an der Spitze.

Der Épagneul Breton ist eigentlich ein kleiner Setter und ein ausgezeichneter Jagdhund, der sich durch nichts ablenken läßt.

Mit seinem ausgeprägten Stop und der spitz zulaufenden Schnauze ähnelt der Épagneul Breton dem Setter sehr.

DUPUY-BRACKE

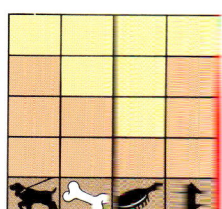

Einigen Quellen zufolge verdankt diese Rasse ihre Existenz einem Herrn Pierre Dupuy, einem Jäger aus dem Poitou, der seine rotweiß gescheckte Setterhündin Leda mit einem Rüden unbekannter Abstammung paarte, der auf den Namen Mylord hörte. Einer anderen Theorie zufolge ist diese Rasse aus der Kreuzung von Setter und Greyhound entstanden. Die Autorin geht allerdings davon aus, daß es sich bei der Dupuy-Bracke tatsächlich um eine alte französische Brackenrasse handelt, von der einige Exemplare dank der Hingabe des Wildhüters Dupuy in Ferneu d'Argenvois die Zeit der Französischen Revolution (1789–1799) überlebten.

Charakter und Pflege

Die Dupuy-Bracke ist ein eleganter Jagdhund von guter Größe. Ihre Augen sollen einen sanften und träumerischen Ausdruck haben. Diese schnelle und gelehrige Bracke eignet sich für jede Form der Jagd außer im Wasser. Sie benötigt viel Bewegung, ihr Fell sollte alle paar Tage mit einer Bürste und einem Tuch gepflegt werden. Der Schwanz wird nicht kupiert.

KURZINFO

- **GRUPPE** Spürhund für Niederwild. **Anerkannt von** FCI.

- **GRÖSSE** Widerristhöhe: Rüden 68–69 cm, Hündinnen 65–66 cm; die Rüden sind gewöhnlich schlanker als die Hündinnen.

- **FELL** Kurz und glatt.

- **FARBE** Weiß mit Dunkelbraun; der Grund muß reinweiß sein mit mehr oder weniger großen Flecken oder einem großen Flecken auf dem Rücken; mit oder ohne braune Sprenkelung.

- **KÖRPERBAU** Feiner, schmaler Kopf; goldene oder braune Augen; wenig ausgeprägter Stop; sehr feiner Hals; kleine, schmale Ohren; tiefe, gut gesenkte Brust; Schwanz weder zu hoch noch zu tief angesetzt.

ÉPAGNEUL FRANÇAIS

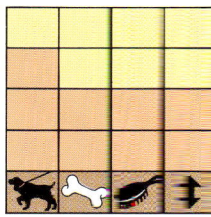

Über den Épagneul Français ist zu lesen, er sei »der Urahn aller anderen langhaarigen Vorstehhunde, gewöhnlich Spaniels genannt«. Er selbst stammt von Hunden ab, die im 14. Jahrhundert von England nach Frankreich kamen; er ähnelt dem English Springer und dem Cavalier King Charles Spaniel. Seine Vorfahren stammen, wie die aller französischen und englischen Spaniels, vermutlich aus Spanien. Der Épagneul Français, außerhalb seiner Heimat kaum bekannt, ist stark bemuskelt, hat einen kräftigen Kopf und ein langes, weiches, leicht gewelltes Fell.

Charakter und Pflege

Der Épagneul Français ist ein eifriger Jagdhund mit beträchtlicher Ausdauer. Er macht einen intelligenten Eindruck und ist sehr gutmütig. Wenn er genug Bewegung bekommt, eignet er sich auch als Familienhund; auf dem Land fühlt er sich am wohlsten. Er muß täglich mit Bürste und Kamm gepflegt werden.

KURZINFO

- **GRUPPE** Spürhund für Niederwild. **Anerkannt von** CKC, FCI.

- **GRÖSSE** Durchschnittliche Widerristhöhe: Rüden 56–61 cm, Hündinnen 54–59 cm. Gewicht: 20–25 kg.

- **FELL** Lang und weich, leicht befedert.

- **FARBE** Nur Weiß mit kastanienbraunen Flecken; Rotbraun nicht erwünscht.

- **KÖRPERBAU** Kräftiger, ziemlich langer, aber nicht schwerer Kopf; mittelgroße, dunkel bernsteinfarbene Augen; lange, den Kopf einrahmende Ohren; tiefe, recht breite Brust; etwas tief angesetzter Schwanz, der waagerecht oder schräg in einer leichten S-Kurve getragen wird; nicht kupiert.

DEUTSCHE VORSTEHHUNDE

Der Deutsch-Draht-haar, der bisher auf Ausstellungen selten zu sehen war, unterscheidet sich von seinem kurzhaarigen Verwandten nur durch das rauhe Haarkleid.

Der Deutsche Kurzhaarige Vorstehhund (Deutsch-Kurzhaar) stammt aus Spanien und ist wahrscheinlich aus einer Kreuzung von spanischen Vorstehhunden mit anderen Spürhunden hervorgegangen. Zuchtziel war ein vielseitiger Jagdhund, der gleichzeitig Spürhund und Vorstehhund war. Vermutlich wurden auch englische Foxhounds eingekreuzt.

Die vor etwa 100 Jahren entstandene Rasse wurde 1930 in das Zuchtbuch des American Kennel Club aufgenommen. 1951 wurde in Großbritannien ein Klub für diese Hunde gegründet, wo seitdem regelmäßig Gebrauchsprüfungen für Deutsche Vorstehhunde stattfinden.

Der Deutsch-Drahthaar ist seinem kurzhaarigen Verwandten vom Fell abgesehen sehr ähnlich und vermutlich auch von ähnlicher Abstammung, nur daß zu seinen Vorfahren noch Griffon à poil dur-korthals, Deutsch Stichelhaar und Airedale Terrier zählen.

Obwohl der Deutsch-Kurzhaar in seiner Heimat sehr beliebt ist, dauerte es lange, bis er auch in anderen Ländern nachgefragt wurde. Die Deutschen Vorstehhunde wurden 1959 vom AKC anerkannt und sind heute in den USA weiter verbreitet als in Großbritannien.

Vorstehhunde gibt es in Deutschland zwar schon seit vielen Jahrhunderten, doch den Deutsch-Kurzhaar schufen die Züchter erst vor etwa hundert Jahren.

Charakter und Pflege

Beide Rassen sind kräftige und vielseitige Jagdhunde, die sowohl an Land wie auch im Wasser jagen und für die meisten Wildarten einsetzbar sind, darunter auch größere und potentiell gefährliche Wildtiere. Der Deutsch-Kurzhaar ist auch ein guter Haushund, der aber sehr viel Bewegung braucht. Er ist leicht auszubilden, meist sehr kinderlieb und zudem pflegeleicht. Der Deutsch-Drahthaar kann zwar auch als Haushund gehalten werden, neigt aber zu einer gewissen Aggressivität und sollte deshalb lieber nur als Jagdhund Verwendung finden.

KURZINFO

- **GRUPPE** Spürhunde für Niederwild. Anerkannt von AKC, ANKC, CKC, FCI, KC (GB), KUSA.

- **GRÖSSE** Kurzhaar Widerristhöhe: Rüden 58–64 cm, Hündinnen 53–59 cm. Gewicht: Rüden 25–32 kg, Hündinnen 20–27 kg. Drahthaar Widerristhöhe: Rüden 60–67 cm, Hündinnen 56–62 cm. Gewicht: Rüden 25–34 kg, Hündinnen 21–29 kg.

- **FELL** Kurzhaar Kurz, glatt und hart. Drahthaar Dick und grob; Deckhaar nicht länger als 4 cm, dichte Unterwolle.

- **FARBE** Kurzhaar Einfarbig dunkelbraun, dunkelbraun getupft, gescheckt und stichelhaarig, dunkelbraun stichelhaarig und dieselben Variationen mit Schwarz anstelle von Dunkelbraun; Tricolor ist unerwünscht. Drahthaar Braun-weiß, einfarbig braun, in Großbritannien auch Schwarzweiß; einfarbig schwarz und Tricolor sind nicht erwünscht.

- **KÖRPERBAU** Kurzhaar Breiter, markant geschnittener Kopf mit leicht gewölbter Stirn, mittelgroße Augen; hoch angesetzte, breite Ohren; Brust tiefer als breit, aber wohlproportioniert; hoch angesetzter, dicker Schwanz, der sich zur Spitze hin verjüngt. Drahthaar Breiter Kopf, der in ausgewogenem Verhältnis zum Körper steht, leicht gewölbte Stirn, mittelgroße, ovale Augen; Ohren im Vergleich zur Größe des Kopfes nur mittelgroß; Brust tiefer als breit, aber in einem guten Verhältnis zur Körpergröße; Schwanz wie bei Kurzhaar.

FRANZÖSISCHE BRACKE

Die Französische Bracke heißt in ihrer Heimat Braque Français. Das Wort »Braque« kommt von dem französischen Verb *braquer* (zielen) und wird für Hunde gebraucht, die dem Wild vorstehen, also gewissermaßen darauf »zielen«.

Die Französische Bracke stammt vermutlich aus den spanischen Pyrenäen und hat sich von dort aus über ganz Europa verbreitet. Im Katalog einer Pariser Hundeausstellung wird diese Rasse folgendermaßen beschrieben: »Der älteste Vorstehhund der Welt und der Vorfahr fast aller europäischen Vorstehhunde; ein robuster Jagdhund mit einer ausgezeichneten Nase, selbst bei Trockenheit und Hitze.«

Diesen Hund gibt es in zwei Größen. Die etwa 10 cm kleinere Version wird als Kleine Französische Bracke bezeichnet.

Charakter und Pflege

Die moderne Französische Bracke ist ein edler, kräftiger Hund mit kupierter Rute, einer guten Nase und einem unermüdlichen Arbeitseifer. Die freundliche und kinderliebe Bracke eignet sich auch als Haushund, muß aber wie alle Jagdhunde viel Auslauf haben. Sie ist relativ pflegeleicht, doch regelmäßiges Bürsten bringt ihr Fell zum Glänzen.

KURZINFO

- **GRUPPE** Spürhund für Niederwild. Anerkannt von FCI.

- **GRÖSSE** Widerristhöhe: um 61 cm. Gewicht: um 27 kg.

- **FELL** Glatt und dick.

- **FARBE** Weiß mit rotbrauner Scheckung und rotbraunen Sprenkeln; auch Rotstichelhaarig oder rot gesprenkelt sind weit verbreitet.

- **KÖRPERBAU** Nicht zu schwerer Kopf; Augen gut geöffnet, liegen tief in den Augenhöhlen, gutmütiger, ernsthafter Ausdruck; mittellange Ohren; Brust von vorn betrachtet breit, tief im Profil; Schwanz gewöhnlich kupiert.

DEUTSCHER WACHTELHUND

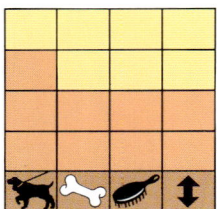

Der Deutsche Wachtelhund wurde in den 1890er Jahren in Deutschland gezüchtet. Seine Züchter verwendeten eine Vielzahl von langhaarigen europäischen Jagdhunden, unter ihnen auch Wasserhunde, und das Ergebnis ihrer Bemühungen ist ein Hund, der dem englischen Springer Spaniel und dem Deutschen Langhaarigen Vorstehhund ähnelt, jedoch etwas kürzere Beine hat. Seine ausgezeichnete Nase hat der Wachtelhund möglicherweise vom Stöber, einem alten deutschen Jagdhund, geerbt.

Das lange Fell ist ein guter Schutz bei der Arbeit im Wald, wo der Hund Wachteln und anderes Federwild auftreibt und apportiert. Er wird außerdem für die Jagd auf Füchse und Hasen verwendet. Dieser unermüdliche Jäger und gute Schwimmer ist bei deutschen Förstern und Jägern sehr beliebt, außerhalb Deutschlands aber kaum bekannt.

Charakter und Pflege

Dieser vielseitige Jagdhund ist sehr robust und von ausgeglichenem Temperament. Er ist ein ausgezeichneter Jagdhund, der Experten zufolge nur in die Hand des erfahrenen Jägers gehört. Er braucht viel Bewegung, muß täglich gebürstet werden; Pfoten und Ohren müssen von festsitzendem Schmutz befreit werden.

KURZINFO
• **GRUPPE** Spürhund für Niederwild. **Anerkannt von** FCI.
• **GRÖSSE** Widerristhöhe: Rüden 40–50 cm, Hündinnen 40–45 cm. Gewicht: 20–30 kg.
• **FELL** Kräftig, glänzend und leicht gewellt.
• **FARBE** Rotstichelhaarig oder Braun.
• **KÖRPERBAU** Kopf trocken, Stirn leicht gewölbt; ausdrucksvolle, braune Augen; hoch angesetzte, am Ansatz breite Ohren; Körper länger als hoch; hoch angesetzter Schwanz, nicht zu hoch getragene Fahne.

GROSSER UND KLEINER MÜNSTERLÄNDER

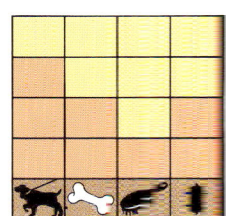

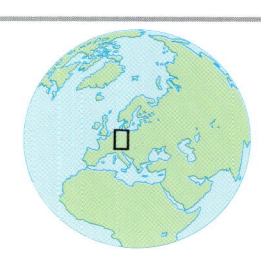

Im Münsterländer vereinigen sich die Qualitäten des Setters und des Spaniels. Edward Laverack zufolge ist der Setter »ein verbesserter Spaniel«; die Münsterländer haben die Statur eines Setters und den Kopf des Spaniels.

Der Große Münsterländer gilt offiziell zwar als eine der neueren Rassen, doch es gibt diesen vielseitigen Jagdhund in Deutschland bereits seit Anfang des 18. Jahrhunderts. Damals hieß er jedoch noch Deutscher Langhaariger Vorstehhund, aber in der Gründungsjahren des Verbandes für das Deutsche Hundewesen wurde beschlossen, nur noch braunweiße Langhaarige Vorstehhunde in das Zuchtbuch aufzunehmen – die andersfarbigen Welpen wurden abgegeben. Diese »einfarbigen« Welpen gelangten in die Hände von Bauern, die aus ihnen einen guten Gebrauchshund züchteten, dessen Farbe ihnen unwichtig war. Damit schufen und rette-

ten sie eine interessante und hübsche Jagdhundvariante, die heute als Großer Münsterländer bekannt ist.

Der Kleine Münsterländer ist eine neuere Rasse, die aus den Großen Münsterländern und dem Épagneul Breton hervorgegangen ist.

Charakter und Pflege

Die Münsterländer sind treue, anhängliche und zuverlässige Hunde, die sich sowohl für die Jagd wie auch als Familienhunde eignen. Wegen ihres lebhaften Temperaments brauchen sie viel Bewegung. Sie sollten jeden Tag gebürstet werden.

Der Große Münsterländer ist ein vielseitiger Vorsteh- und Apportierhund, aber auch ein angenehmer Hausgenosse.

KURZINFO
• **GRUPPE** Spürhunde für Niederwild. **Anerkannt von** *Großer* ANKC, FCI, KC (GB), KUSA. *Kleiner* FCI, KC (GB).
• **GRÖSSE** *Großer* Widerristhöhe: Rüden um 61 cm, Hündinnen um 58–59 cm. Gewicht: Rüden 25–29 kg, Hündinnen um 25 kg. *Kleiner* Widerristhöhe: 48–55 cm. Durchschnittliches Gewicht: 15 kg.
• **FELL** Mittelang, dicht, leicht befedert.
• **FARBE** *Großer* Kopf ganz schwarz, eventuell mit Blesse, Strich oder Schnippe; Körper Weiß oder stichelhaarig mit schwarzen Flecken, Sprenkeln oder beidem. *Kleiner* Braun mit weißen Flecken oder Sprenkeln.
• **KÖRPERBAU** Kopf etwas lang, aber in harmonischer Relation zur Körpergröße; mittelgroße, intelligent blickende Augen; breite, hoch angesetzte Ohren; kräftiger Rücken; auf Rückenhöhe angesetzter Schwanz.

WEIMARANER

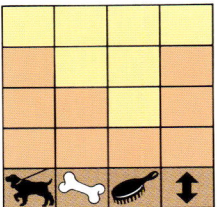

Schon um 1631 stellte Van Dyck auf einem seiner Gemälde einen Hund dar, der aussieht wie ein Weimaraner. Es heißt jedoch, diese Rasse sei erst Anfang des 19. Jahrhunderts von Großherzog Karl August in Weimar gezüchtet worden. Zur Entstehung des Weimaraners haben vermutlich folgende Rassen beigetragen: Chien de St. Hubert oder andere französische Bluthunde, kurzhaarige Vorstehhunde, spanische Vorstehhunde, Bloodhounds und Deutsche Schweißhunde. Aus der Vermischung dieser Rassen ist ein erstklassiger Jagdhund hervorgegangen, der ursprünglich für die Jagd auf Haarwild eingesetzt wurde, zuletzt aber auch als Polizeihund Dienst tut.

Nach dem Zweiten Weltkrieg gelangte der Weimaraner auch nach Amerika und Kanada. Nach Großbritannien kamen diese Hunde erst in den 1950er Jahren, erfreuen sich dort aber zunehmender Beliebtheit.

Charakter und Pflege

Der Weimaraner ist ein freundlicher Hund, der durch seine silbergraue Farbe und die bernsteinfarbenen oder blaugrauen Augen unverwechselbar ist. Er ist sehr gehorsam, außerordentlich wendig und ein guter Haushund, vorausgesetzt, er hat eine Aufgabe, die seiner Intelligenz angemessen ist. Er fühlt sich in Haus wohler als in einem Außenzwinger. Sein Fell braucht nur wenig Pflege.

KURZINFO

- **GRUPPE** Spürhund für Niederwild. **Anerkannt von** AKC, ANKC, CKC, FCI, KC (GB), KUSA.

- **GRÖSSE** Widerristhöhe: Rüden 61–69 cm, Hündinnen 56–64 cm. Gewicht: 32–38 kg.

- **FELL** Kurz, glatt und fein.

- **FARBE** Silbergrau; Reh- und Mausgrau werden akzeptiert.

- **KÖRPERBAU** Kopf mittellang und edel; mittelgroße Augen; lange Ohren; tiefe Brust und mittellanger Körper; Schwanz kupiert.

PORTUGIESISCHER VORSTEHHUND

Der Portugiesische Vorstehhund oder Perdigueiro Português stammt vermutlich vom Italienischen Windhund und dem Mastiff der Assyrer ab. Den Portugiesischen Vorstehhund gibt es schon seit dem 14. Jahrhundert; möglicherweise ist er, zusammen mit dem Spanischen Vorstehhund, der Vorfahr vieler anderer Rassen. Ursprünglich wurde er für die Jagd auf Federwild gebraucht (*Caõ perdigueiro* bedeutet Hühnerhund), doch mittlerweile ist er ein vielseitiger Jagdhund mit einer ausgezeichneten Nase. Er ist bei den Jägern Portugals sehr beliebt, außerhalb seines Heimatlandes aber kaum bekannt.

Charakter und Pflege

Dieser großartige Jagdhund ist schnell, aufmerksam, geschickt und intelligent. Er ist stets bestrebt, seinem Herrn zu gefallen, und das Apportieren von erlegtem Wild bereitet ihm viel Freude. Der Portugiesische Vorstehhund ist sehr anhänglich und wird in seinem Heimatland meist im Haus gehalten. Er sollte alle paar Tage gebürstet und abgerieben werden.

KURZINFO

- **GRUPPE** Spürhund für Niederwild. **Anerkannt von** FCI.

- **GRÖSSE** Widerristhöhe: Rüden 52–61 cm, Hündinnen 48–56 cm.

- **FELL** Kurz, kräftig und dicht.

- **FARBE** Gelb oder Braun, einfarbig oder gefleckt.

- **KÖRPERBAU** Größe des Kopfes im Verhältnis zum Körper; Augen voll, symmetrisch und groß; mittellange und -breite Ohren; tiefer und breiter Körper, der Herz und Lunge viel Platz bietet; Schwanz gewöhnlich am dritten Wirbel kupiert, wenn unkupiert, darf er die Sprunggelenke keinesfalls überragen.

Der Weimaraner, im 19. Jahrhundert der Lieblingshund am Hofe von Weimar, hat sich zu einem vielseitigen Gebrauchshund entwickelt, der dem Jäger gute Dienste leistet.

STABY-HOND

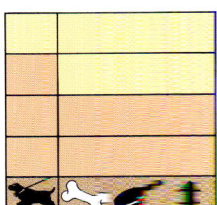

Der Staby-Hond stammt aus der holländischen Provinz Friesland, wo er als vielseitiger Jagdhund gezüchtet wurde. Er war dort schon um 1800 bekannt, wurde aber erst 1942 vom Holländischen Hundezuchtverband anerkannt. Dieser erstklassige Apportier- und Vorstehhund ist in Holland sehr beliebt, außerhalb der Niederlande aber kaum bekannt. In seiner äußeren Erscheinung liegt er etwa zwischen dem Setter und dem Spaniel; es heißt, daß er, gekreuzt mit dem Wetter-hond, erstklassige Rattenfänger hervorbringt.

Charakter und Pflege

Der Staby-Hond ist zwar ein vielseitiger Jagdhund, der heutzutage aber fast nur noch als Haushund gehalten wird und sich dieser Rolle perfekt angepaßt hat. Er ist kinderlieb, leicht auszubilden und anhänglich. Sein Fell muß regelmäßig gebürstet werden, und er braucht viel Auslauf.

KURZINFO
• **GRUPPE** Spürhund für Niederwild. **Anerkannt von** FCI.
• **GRÖSSE** Widerristhöhe: Rüden maximal 50 cm, Hündinnen etwas kleiner. Gewicht: 15–20 kg.
• **FELL** Lang und glatt, auf dem Kopf kurz; Schwanz mit langem Haar bedeckt.
• **FARBE** Weiß mit schwarzen, grauen, braunen oder orangefarbenen Flecken.
• **KÖRPERBAU** Schmaler Kopf mit einem schwarzem Nasenspiegel; braune Augen; gefaltete, »Maurerkellen«-förmige Ohren; langer, tief angesetzter und gerade herabhängender Schwanz.

GRIFFON À POIL DUR-KORTHALS

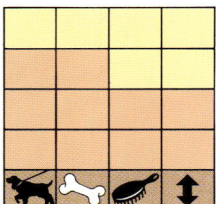

Dieser drahthaarige Vorstehhund wird oft nur Griffon Korthals genannt, denn der Schöpfer dieser Rasse war ein holländischer Liebhaber namens Edward Karel Korthals. Sein Zuchtziel war ein Jagdhund, der sich für jedes Wild eignete und in jedem Gelände eingesetzt werden konnte. Dazu kreuzte er verschiedene Griffons, Setter und Wasserspaniels – unter ihnen die Französische Bracke und den Barbet. Es gelang ihm, einen ungewöhnlich ausdauernden Jagdhund mit einer ausgezeichneten Nase zu züchten, der heute aber leider sehr selten geworden ist.

Der Griffon à poil dur-korthals gilt als französische Rasse, obwohl sie von dem Holländer Edward Karel Korthals aus deutschen und französischen Tieren geschaffen wurde.

Charakter und Pflege

Der Griffon à poil dur-korthals verfügt über alle Vorzüge seiner Ahnen: Kraft, Gutmütigkeit, Fügsamkeit, Intelligenz und Arbeitsfreude. Er wird von Jägern bevorzugt, die nur einen einzigen Hund halten, und kann entweder im Außenzwinger untergebracht werden oder im Haus bei seiner Familie leben. Er braucht viel Auslauf, und sein Fell sollte nicht allzuviel gebürstet werden; allerdings ist gelegentliches Trimmen erforderlich.

KURZINFO
• **GRUPPE** Spürhund für Niederwild. **Anerkannt von** AKC, CKC, FCI.
• **GRÖSSE** Widerristhöhe: Rüden 56–60 cm, Hündinnen 51–56 cm. Gewicht: 23–27 kg.
• **FELL** Rauh und hart.
• **FARBE** Stahlgrau mit kastanienbraunen Abzeichen; Braun mit Weiß; Orange mit Weiß.
• **KÖRPERBAU** Großer, langer Kopf; große Augen mit sanftem, aber lebhaftem Ausdruck; hängende Ohren; leicht geschwungener Hals; dicker, kupierter und waagerecht getragener Schwanz.

DRAHTHAARIGER UNGARISCHER VORSTEHHUND

Der Drahthaarige Ungarische Vorstehhund, der in seiner Heimat Drotszoruvizsla heißt, ist in den 1930er Jahren aus einer Kreuzung zwischen dem Magyar Vizsla und dem Deutschen-Drahthaar hervorgegangen. Die kurzhaarige Variante stammt wahrscheinlich vom Weimaraner (siehe Seite 136) und den Transsylvanischen Vorstehunden ab. Das Ergebnis dieser Kreuzung ist ein hellwach aussehender, mittelgroßer Jagdhund mit eleganter Haltung, robustem Fell, kräftigen Knochen und einer enormen Ausdauer.

Charakter und Pflege

Der Drahthaarige Ungarische Vorstehhund hat eine ausgezeichnete Nase und ist ein robuster und vielseitig verwendbarer Jagdhund. Er ist gutmütig und leicht zu erziehen, braucht aber viel Bewegung und muß alle paar Tage gebürstet und abgerieben werden.

KURZINFO
• **GRUPPE** Spürhund für Niederwild. **Anerkannt von** FCI, KC (GB).
• **GRÖSSE** Widerristhöhe: Rüden 58–64 cm, Hündinnen 54–60 cm.
• **FELL** Kurz und hart, am Bart und an den Ohren etwas länger und feiner.
• **FARBE** Dunkelgelb.
• **KÖRPERBAU** Trockener, edler Kopf; Augen liegen weder tief noch stehen sie hervor; mittelhoch angesetzte lange Ohren; gerader, kurzer und stark bemuskelter Rücken; tief angesetzter Schwanz, der auf zwei Drittel seiner Länge gekürzt wird.

MAGYAR VIZSLA

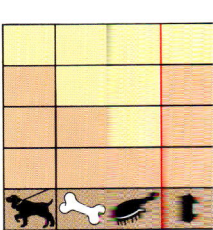

Der Magyar Vizsla, der auch Kurzhaariger Ungarischer Vorstehhund genannt wird, ist der bekannteste Jagdhund Ungarns. Er wurde auf der ungarischen Pußta gezüchtet, dem Lebensraum vieler Wildtiere. Der Vizsla hat sich aus einem außerordentlich vielseitigen Hund entwickelt, der jagt, sucht, vorsteht und Hasen, Enten, Gänse und anderes Wild apportiert. Da der Magyar Vizsla dem deutschen Weimaraner sehr ähnlich sieht, ist anzunehmen, daß er von diesem und von Transsylvanischen Vorstehhunden abstammt. Die ungarischen Edelleute haben jedoch nie andere Rassen eingekreuzt, weil sie fürchteten, ihre Hunde dadurch zu verderben.

Erst nach dem Zweiten Weltkrieg, als viele Jäger Ungarn verlassen mußten und ihre Hunde mitnahmen, wurde der Vizsla auch außerhalb seiner Heimat bekannt. Die Rasse wurde 1960 vom AKC anerkannt, und inzwischen gibt es auch in England Züchter, die sich auf diese Hunde spezialisiert haben.

Charakter und Pflege

Der Vizsla ist ein vielseitiger, leicht auszubildender Jagdhund und angenehmer Haushund, der sich gut mit Kindern versteht. Er braucht viel Bewegung und muß regelmäßig gebürstet und abgerieben werden.

KURZINFO
• **GRUPPE** Spürhund für Niederwild. **Anerkannt von AKC, ANKC, CKC, FCI, KC (GB), KUSA.**
• **GRÖSSE** Widerristhöhe: Rüden 57–64 cm, Hündinnen 53–60 cm. Gewicht: 20–30 kg.
• **FELL** Kurz, dicht und glatt.
• **FARBE** Rotgold; kleine weiße Flecken an der Brust und den Pfoten werden toleriert.
• **KÖRPERBAU** Schmaler Kopf; tief angesetzte Ohren; kurzer, gerader, gut bemuskelter Rücken; mitteldicker Schwanz.

Trotz seines scheinbar dünnen Fells ist der Kurzhaarige Ungarische Vorstehhund den extremen Temperaturschwankungen auf der ungarischen Pußta gewachsen und bei jedem Wetter einsetzbar.

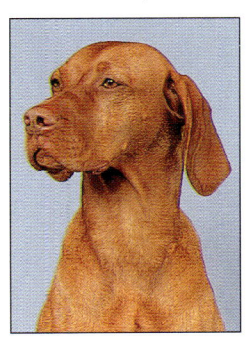

139

KOOIKERHONDJE

Der Kooikerhondje wurde schon auf Gemälden holländischer Meister des 17. Jahrhunderts abgebildet.

Diese Rasse ist auch unter dem Namen Kooiker-Hund bekannt. Ihr holländischer Name bedeutet »Hund des Kooikers«, des Besitzers der Entenattrappe, mit der die Vögel angelockt werden. Der Kooikerhondje ist eine alte holländische Rasse, deren Aufgabe es war, durch die Schilfgürtel von Kanälen zu laufen, die mit Netzen überspannt waren. Wenn die Enten schließlich neugierig herankamen, wurden sie im Netz gefangen. Seit dem Zweiten Weltkrieg ist man bemüht, die Rasse zu verbessern; seit einiger Zeit sind die Kooikerhondje auch in Großbritannien vertreten.

Charakter und Pflege

Der Kooikerhondje ist intelligent, freundlich und lebhaft, aber kein überaktiver Hund. Er ist ein guter Gefährte und als Haushund auch nicht zu groß. Er braucht viel Bewegung, und sein Fell muß jeden Tag gebürstet werden.

SPINONE

Der Spinone ist eine alte italienische Jagdhundrasse, die jedoch erst kürzlich bei internationalen Gebrauchsprüfungen und Schauen auftauchte. Über ihre Herkunft ist man sich selbst in Italien nicht einig – entweder sie stammen vom Setter ab und haben ihre dichte Behaarung nur dem Einfluß des Klimas zu verdanken, oder sie sind Verwandte des Rauhhaarigen Italienischen Windhunds oder gar Griffon-Kreuzungen.

Andere Experten sind der Ansicht, daß dieser kraftvolle, vielseitige Jagdhund ursprünglich aus der Gegend um Bresse in Frankreich kam und von dort aus ins italienische Piemont gelangte und daß zu seinen Vorfahren nicht nur der Französische Griffon, sondern auch Deutsche Vorstehhunde, der Porcelaine, der inzwischen ausgestorbene Barbet und der Griffon à poil dur-korthals gehören.

Charakter und Pflege

Der freundliche, umgängliche und anhängliche Spinone ist ein guter Vorstehhund, der auch apportiert und dabei nie zu fest zubeißt. Er braucht viel Bewegung, ist ein guter Schwimmer und sollte möglichst auf dem Land leben.

KURZINFO
• **GRUPPE** Spürhund für Niederwild. **Anerkannt von** AKC, ANKC, CKC, FCI, KC (GB), KUSA.
• **GRÖSSE** Widerristhöhe: Rüden 59–60 cm, Hündinnen 58–64 cm. Gewicht: Rüden 32–37 kg, Hündinnen 28–32 kg.
• **FELL** Rauh, dick, ziemlich drahtig.
• **FARBE** Weiß, Weiß mit orangefarbenen Abzeichen, Weiß mit orangefarbenem Stichelhaar, Weiß mit braunen Flecken, Weiß mit braunem Stichelhaar, mit oder ohne braune Abzeichen.
• **KÖRPERBAU** Ausdrucksvolle Augen; dreieckige Ohren; Rumpf so lang wie hoch; Schwanz am Ansatz dick, waagerecht getragen.

Der Spinone ein Neuling im internationalen Showring, wird im Piemont immer noch als Jagdhund eingesetzt.

KURZINFO

- **GRUPPE** Spürhund für Niederwild. Anerkannt von FCI.

- **GRÖSSE** Widerristhöhe: um 38 cm. Gewicht: 9–11 kg.

- **FELL** Mittellang und leicht gewellt; Brust, Beine und Schwanz befedert.

- **FARBE** Bein-weiß mit roten Flecken.

- **KÖRPERBAU** Breiter Kopf mit langem Haar auf den Ohren; spitze Nase; langer, buschiger Schwanz, der zu einer Seite gehalten wird.

ITALIENISCHER VORSTEHHUND

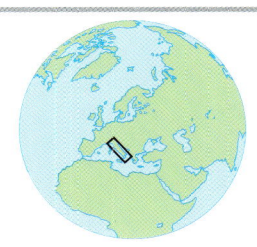

Der Italienische Vorstehhund oder Bracco Italiano hat mit seinen hängenden Ohren und dem gutmütigen Gesichtsausdruck viel Ähnlichkeit mit einem Bluthund. Er gehört vermutlich zu den ältesten Vorstehhunden, denn es gab ihn mit Sicherheit bereits im 18. Jahrhundert. Hervorgegangen ist diese Rasse wahrscheinlich aus Kreuzungen von Italienischen Windspielen und dem inzwischen ausgestorbenen Mastiff der Assyrer. In seinem Heimatland wird der Italienische Vorstehhund in zwei Varietäten eingeteilt: Weißorange und Braunstichelhaarig. Die Weißorangefarbenen sollen aus dem Piemont stammen und den Urtyp darstellen. Die Braunstichelhaarigen kommen aus der Lombardei und sind einigen Liebhabern zufolge aus einer Kreuzung zwischen importierten Vorstehhunden und dem alten Chien de St. Hubert hervorgegangen. Zwischen beiden Varietäten sind jedoch keine Unterschiede zu entdecken, die diese Theorie stützen könnten.

Charakter und Pflege

Der Italienische Vorstehhund ist ein gutmütiger, intelligenter Jagdhund, der sich trotz seiner Kraft leicht führen läßt. Er eignet sich aber außer zur Jagd auch als Haushund, braucht jedoch viel Bewegung und muß alle paar Tage gebürstet und abgerieben werden.

KURZINFO

- **GRUPPE** Spürhund für Niederwild. **Anerkannt von FCI, KC (GB).**

- **GRÖSSE** Widerristhöhe: 55–62 cm, stark schwankend. Gewicht: 25–40 kg.

- **FELL** Kurz und fein.

- **FARBE** Orange mit Weiß oder braunstichelhaarig.

- **KÖRPERBAU** Langer, eckiger Kopf, hochgezogene, gebogene Augenbrauen; gelbe oder ockerfarbene Augen; gut entwickelte, hängende Ohren; hervorstehender Widerrist; Rücken ist bis zum 11. Rückenwirbel gerade; Schwanz kupiert auf 15–25 cm.

JAGDHUNDE

PHARAONENHUND

Seine Haltung erinnert an die Darstellungen des ägyptischen Hundegottes Anubis, der die Seelen der Verstorbenen im Leben nach dem Tod zu ihrem Platz begleiten sollte.

Der mittelgroße Pharaonenhund gehört zwar zur Gruppe der Jagdhunde, die nach dem Auge jagen, er kann aber ebenso ausschließlich nach der Witterung jagen. Man hält ihn für den ältesten gezähmten Hund innerhalb der dokumentierten Geschichte, da er jenen Hundedarstellungen in den Pharaonengräbern und auf altägyptischen Kunstwerken ähnelt, die bis in die Zeit um 2000 v. Chr. zurückreichen. Archäologen, die 1935 den großen Friedhof westlich der Cheops-Pyramide ausgruben, entdeckten eine Inschrift, der zufolge ein solcher Hund auf Geheiß der Könige Ober- und Unterägyptens bestattet worden war, und zwar mit einem zeremoniellen Ritual, wie es bei ägyptischen Edelleuten üblich war.

Obgleich diese Hunderasse erstmals in den 20er Jahren nach England gelangte, fand sie dort erst 1968 Anklang, nachdem man acht Exemplare aus Gozo und Malta eingeführt hatte. Bald darauf wurde sie offiziell anerkannt. Ende der 60er Jahre kamen erste Exemplare in die USA, wo man sie alsbald anerkannte.

Charakter und Pflege
Der liebevolle und intelligente Pharaonenhund ist zutraulich, mag Kinder gern und eignet sich gut als Familienhund, wenn er ausreichend Bewegung hat. Sein Fell verlangt nur geringe Pflege.

KURZINFO
• **GRUPPE** Jagdhund. **Anerkannt von** AKC, ANKC, CKC, FCI, KC (GB).
• **GRÖSSE** Widerristhöhe: Rüden 55–63 cm, Hündinnen 53–61 cm.
• **FELL** Kurz und glänzend.
• **FARBE** Einfarbig Lohfarben oder leuchtend Lohfarben mit weißer Blesse; weiße Abzeichen an der Schwanzspitze sehr erwünscht, dagegen auf Brust (Stern) und Pfoten – sowie schmale weiße Blesse im Gesicht – zulässig.
• **KÖRPERBAU** Langer, schmaler und feiner Kopf; zum Fell passende Augen; hoch angesetzte, mittelgroße Ohren; fast gerade Rückenlinie; an der Basis dicker, zur Spitze hin verjüngter, mittellanger Schwanz (reicht bis zum Sprunggelenk).

Aufrecht stehende und große Ohren, die gut die Körperwärme abstrahlen, verweisen auf seine Wüstenheimat.

SIZILIANISCHE BRACKE

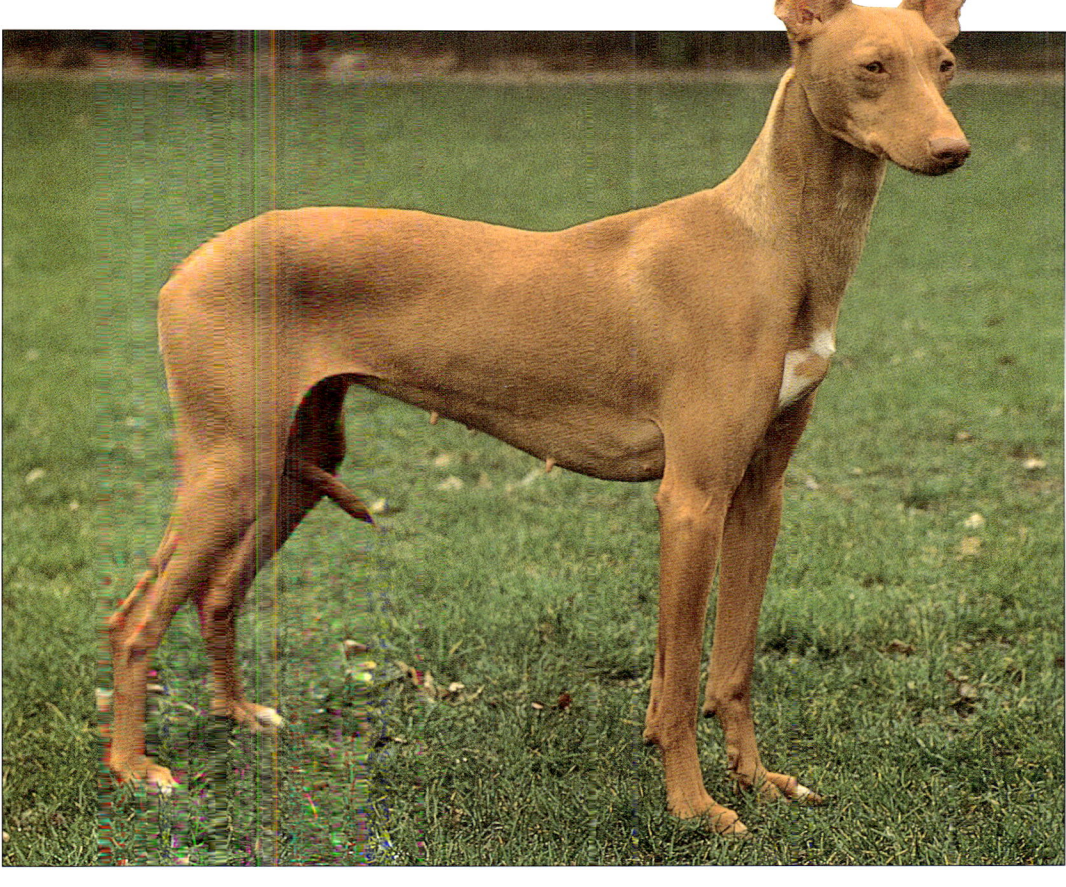

Die seit 3 000 Jahren auf Sizilien gezüchtete Sizilianische Bracke ist eine enge Verwandte des Pharaonenhundes.

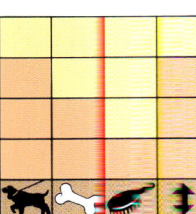

Die Sizilianische Bracke ist in ihrer Heimat unter dem Namen Cirneco dell' Etna (nach dem Vulkan Ätna) bekannt. Vermutlich gelangte sie vor mehr als 3 000 Jahren mit den Phöniziern von Ägypten nach Sizilien. Die Phönizier waren für ihren äußerst einträglichen Handel mit Windhunden und nach dem Auge jagenden Hunden bekannt, die sie in Afrika und Asien einkauften und in den Hafenstädten sowie auf den Inseln der Ägäis und des Mittelmeers, darunter auch Sizilien, wieder verkauften. Diese alte Rasse ist viel kleinwüchsiger als die offensichtlich mit ihr verwandten der Pharaonen- und Balearenlaufhunde. Ihre Schnauze ist etwa so lang wie ihr Schädel, die Augen sind oval und tiefliegend, und ihr Fell ist kurz und glatt. Die Sizilianische Bracke gilt als geheimnisvolles und klug dreinschauendes Tier, dem übernatürliche Fähigkeiten nachgesagt werden. Sie kann jedoch ebensogut an den Hängen des Ätna nach wilden Kaninchen, Hasen und anderem Wild jagen.

Charakter und Pflege

Die Sizilianische Bracke ist ein stummer Jäger mit ausgezeichnetem Geruchssinn. Ihr Fell benötigt wenig Pflege. Trotz ihres ätherischen Aussehens ist sie von kräftiger Konstitution.

KURZINFO
• **GRUPPE** Jagdhund. **Anerkannt von FCI.**
• **GRÖSSE** Widerristhöhe: Rüden 46–51 cm, Hündinnen 43–46 cm. Gewicht: Rüden etwa 12–13,5 kg, Hündinnen 10–12 kg.
• **FELL** Bei Berührung rauh.
• **FARBE** Alle Schattierungen von Rehbraun, weiße Abzeichen gestattet, einfarbig Weiß oder Weiß mit orangefarbenen Abzeichen.
• **KÖRPERBAU** Langer Kopf mit ovalem Schädel; dreieckige, aufrecht stehende Ohren mit steifen, geraden Spitzen; der Rumpf ist ebenso lang wie hoch; ziemlich langer, niedrig angesetzter Schwanz ohne Federung und ohne langes Haar.

BALEARENLAUFHUND

Der Balearenlaufhund (hier die drahthaarige Variante) stammt vom gleichen Urtyp aus dem Mittleren Osten ab wie der Pharaonenhund und die Sizilianische Bracke.

Der Balearenlaufhund (Podenco Ibicenco, Ca Eivessenc) stammt von der Baleareninsel Ibiza. Ebenso wie der Pharaonenhund, dem er täuschend ähnlich sieht, stammt er von den altägyptischen Jagdhunden ab. Im 9. Jahrhundert v. Chr. marschierten die Römer in Ägypten ein, und die benachbarten Karthager und Phönizier mußten auf die Insel Ibiza ausweichen, auf der sie etwa 100 Jahre lang lebten. Die Hunde jedoch, die sie mitbrachten, überlebten auf Ibiza 3000 Jahre lang und behielten sogar jene Farbe bei, die ihre Vorfahren auf ägyptischen Grabmalereien zeigen. Den Balearenlaufhund gibt es in drei Varianten: mit weichem, rauhem und langem Fell.

Charakter und Pflege

Dieses sehr vornehm aussehende Tier ist von freundlicher Wesensart, gutartig im Umgang mit Kindern, selten streitsüchtig und eignet sich gut als Jagd- oder Haushund. Er ist äußerst empfindsam, besitzt ein feines Gehör, so daß man ihn nie anbrüllen sollte; außerdem gehorcht er bei freundlicher Behandlung sofort. Wie alle Jagdhunde braucht der Balearenlaufhund viel Auslauf. Sein Fell ist leicht zu pflegen; einmal täglich bürsten reicht.

SPANISCHER GREYHOUND

Der Spanische Greyhound oder Galgo Español gehört einer alten Rasse an, deren Vorfahren vermutlich viele Jahrhunderte vor Christus mit den Phöniziern ins Land gekommen sind. Die vom spanischen Adel geschätzten Hunde wurden vor allem bei Hetzjagden eingesetzt. Sie sind kleiner und etwas kräftiger als die Englischen Greyhounds. Es gibt auch eine mit dem Englischen Greyhound eingekreuzte anglo-spanische Variante für die Rennbahn. Diese Kreuzung sieht dem Englischen Greyhound ähnlicher, hat jedoch dunklere Augen und einen längeren Schwanz.

Charakter und Pflege

Der Spanische Greyhound ist ein freundlicher Hund und – ist er erst einmal aus dem Training genommen – als Haustier sehr geeignet. Windhunde, die für die Hetzjagd gehalten werden, sind an ziemlich kleine Zwinger gewöhnt, so daß sie sich schnell an die räumliche Enge eines durchschnittlich großen Hauses anpassen. Viel Auslauf ist wichtig.

KURZINFO
• **GRUPPE** Jagdhunde. **Anerkannt von** FCI.
• **GRÖSSE** Widerristhöhe: Rüden 65–70 cm, Hündinnen etwas kleiner. Gewicht: 27–30 kg.
• **FELL** Dicht, glänzend und kurz.
• **FARBE** Zimtfarben mit schwarzer Maske, oder Schwarz mit heller Unterwolle; weiße Schnauze, Bauch und Pfoten.
• **KÖRPERBAU** Langer, schmaler Kopf; dunkle, leuchtende und lebhafte Augen; rosenförmige, hängende Ohren; sehr langer, leicht säbelförmiger und tief hängender Schwanz.

KURZINFO
• GRUPPE Jagdhunde. Anerkannt von AKC, ANKC, CKC, FCI, KC (GB), UKC/USA.
• GRÖSSE Widerristhöhe: Rüden 59–69 cm, für Hündinnen 56–65 cm. Gewicht: Rüden etwa 22,5 kg, Hündinnen etwa 20 kg.
• FELL Glatt oder rauhhaarig; stets hart, dicht und grob.
• FARBE Einfarbig Weiß, Kastanien- oder Löwenfarben, oder eine Kombination aus den genannten Farben.
• KÖPFERBAU Länglicher, schmaler Kopf, flacher Schädel mit hervorstehendem Hinterhauptsknochen. Klare bernsteinfarbene, ausdrucksvolle Augen; breite, dünne, aufrechte und sehr bewegliche Ohren; sehr lange Rute; langer, dünner, tief angesetzter Schwanz.

Der Balearenlaufhund ist ein schneller und lautloser Jäger. Aus dem Stand kann er 2,5 m hoch in die Luft springen.

PODENGO PORTUGUES

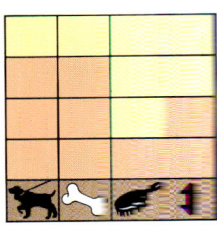

Der Podengo oder Portugiesische Laufhund ist außerhalb Portugals zwar bekannt, doch selten anzutreffen. In seiner Heimat dagegen, besonders in Nordportugal, ist er sehr beliebt. Er gilt als Begleithund und jagt Kaninchen, Hasen und Wild.

Die Rasse stammt von zahlreichen alten Windhunden ab, und im Laufe der Zeit haben sich drei verschiedene Schläge entwickelt, die sich dem Jagdgrund und der Beute jeweils angepaßt haben. Der Große (Grande) jagt großes, flinkes Wild auf flachem Gelände, der Mittlere (Medio) wird bei unebenem Gelände eingesetzt, während der Kleine (Pequeño) den Bau aufspürt, um Kaninchen herauszutreiben. Der Kleine Podengo sieht aus wie ein kräftig gebauter Chihuahua. Tatsächlich war der Chihuahua früher ein größerer Hund mit den gleichen breiten Spitzohren. Der Mittlere erinnert auffallend an einen Balearenlaufhund.

Charakter und Pflege

Bei dem Podengo handelt es sich um einen attraktiven, freundlichen Jäger, der sich ebenso zu einem guten Wach- wie zu einem lebhaften Begleithund erziehen läßt. Täglich bürsten.

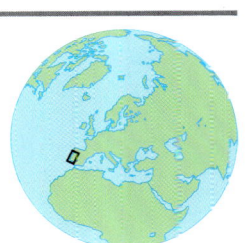

KURZINFO
• GRUPPE Jagdhund. Anerkannt von FCI.
• GRÖSSE Widerristhöhe: *Kleiner* 20,5–30,5 cm; *Mittlerer* 50–56 cm; *Großer* 56–59 cm.
• FELL Lang und rauhhaarig oder kurz und seidig.
• FARBE Überwiegend Fahl oder Gelb; mit und ohne weiße Abzeichen.
• KÖPFERBAU Spitze Nase; breite, aufrecht getragene, nach vorne gerichtete und hoch angesetzte Ohren; sichelartiger Schwanz; mittellanger, muskulöser Rumpf.

BASENJI

Der Basenji (»Buschobjekt«) stammt aus Zentralafrika und ist ebenfalls als Zande-Hund, Belgisch-Kongo-Hund, Kongo-Busch-Hund, Bongo Terrier, Kongo Terrier und Nyam-Nyam-Terrier bekannt. Seine Gestalt ist in den Pharaonengräbern porträtiert und steht für Weisheit und die Antike. In seiner Heimat ist der Basenji ein beliebter Jagdhund, vor allem deshalb, weil er nicht bellt, sondern einen hohen Jodellaut von sich gibt.

Europäische Forschungsreisende entdeckten Mitte des 19. Jahrhunderts im Kongo und im Südsudan diese Hunderasse, und die ersten Basenjis gelangten 1895 nach England. Sie wurden bei Crufts als Kongo Terrier ausgestellt und stießen auf großes Interesse. Leider erlagen sie der Staupe, bevor ein Zuchtprogramm in Angriff genommen werden konnte. Spätere Importe in den 20er und 30er Jahren starben ebenfalls an dieser Infektionskrankheit. 1941 überlebten dann zwei in Afrika geborene Welpen ihren Umzug nach Massachusetts, und 1942 wurde der Basenji Club of America gegründet. Später führte Veronica Tudor Williams die Hunderasse in Großbritannien ein.

Der Basenji stammt von den ersten Pariahunden der afrikanischen Frühgeschichte ab und ist am besten bekannt als »der Hund, der nicht bellt«.

Charakter und Pflege

Der Basenji ist fröhlich und äußerst liebenswert, verabscheut feuchtes Wetter und braucht viel Auslauf. Er reinigt sein Fell wie eine Katze und verströmt keinen Hundegeruch, so daß es ausreicht, wenn man ihm einmal täglich mit einem Hundehandschuh über das Fell streicht. Wie bei vielen anderen Hunderassen kommen die Hündinnen nur einmal jährlich in Hitze.

KURZINFO
• **GRUPPE** Jagdhund. **Anerkannt von** AKC, ANKC, CKC, FCI, KC (GB), KUSA.
• **GRÖSSE** Widerristhöhe: Rüden 43 cm, Hündinnen 40 cm. Gewicht: Rüden etwa 11 kg, Hündinnen 10 kg.
• **FELL** Kurz, glatt, dicht und sehr dünn.
• **FARBE** Schwarz, Rot, oder Schwarz mit Rotbraun; stets mit weißen Abzeichen auf Brust, Pfoten und Schwanzende; gelegentlich weiße Blesse, Hals und Füße; Schwarz und Lohfarben mit ebenfalls lohfarbenen »Melonenkernen« gesprenkelt, und schwarzer, lohfarbener oder weißer Maske.
• **KÖRPERBAU** Dunkle, mandelförmige Augen; kleine, spitze, aufrecht stehende und leicht abgerundete Ohren; ausgewogener Rumpf mit kurzer, gerader Kruppe; hochstehender, auf dem Rücken über der Hüfte geringelter Schwanz.

Gleich in welcher Farbe Basenjis daherkommen, der weiße »Hemdkragen« gehört immer dazu.

SCHWARZ-ROTER WASCHBÄRHUND

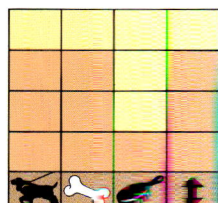

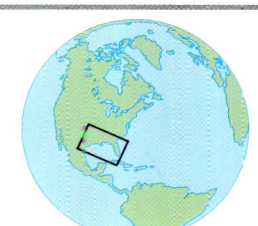

Der Schwarz-rote Waschbärhund oder (American) Black and Tan Coonhound gehört zu einer der zahlreichen Coonhound-Arten, die vom amerikanischen United Kennel Club anerkannt werden. Zu den anderen gehören der Redbone (siehe unten) und der Treeing Walker (siehe Seite 249). Alle wurden eigens für die Jagd auf Waschbären und Beutelratten gezüchtet: Sie reizen ihre Beute auf einen Baum und stellen sie dort für den Jäger. Der energische Schwarz-rote Waschbärhund verfügt über große Ausdauer, so daß er auch größeres Wild wie Hirsch und Bär verfolgen kann.

Er ist ein Nachkomme des ausgestorbenen Talbot Hound und verschiedener Einkreuzungen mit Bluthunden, denen man noch das Blut des amerikanischen Virginia Foxhound hinzufügte. Er sieht einem Bluthund sehr ähnlich und verfügt über ebenso lange hängende Ohren, nicht jedoch über dessen Hautfalten. Obwohl er bei der Jagd häufig anzutreffen ist, bekommt man ihn ansonsten nur selten zu Gesicht, es sei denn bei besonderen Coonhound-Ausstellungen.

Charakter und Pflege

Dieser freundliche, intelligente Hund wird mit jedem Klima und auch mit schwierigem Gelände ausgezeichnet fertig. Er arbeitet fleißig und ordnet sich seinem Herrn unter. Am besten wird er im Außenzwinger gehalten. Die langen Ohren müssen regelmäßig auf eine mögliche Infektion hin untersucht werden.

KURZINFO
• GRUPPE Jagdhund. Anerkannt von AKC, CKC, FCI.
• GRÖSSE Widerristhöhe: Rüden 64–69 cm; Hündinnen 59–64 cm. Gewicht: Rüden 27–37 kg, Hündinnen 25–34 kg.
• FELL Kurz und dicht.
• FARBE Nur Schwarz und Lohfarben.
• KÖRPERBAU Gut geformter Schädel; runde, kastanienbraune Augen; lange, hängende Ohren; gut proportionierter Körper; starker, frei getragener Schwanz.

REDBONE COONHOUND

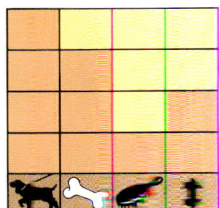

Der Coonhound ist eine der sechs vom United Kennel Club of America (UKC) anerkannten Varianten. Die übrigen sind: der Schwarz-rote, English, Bluetick, Treeing Walker und der Plott. Alle stammen vom Foxhound ab, jedoch spielten auch andere Jagdhunde bei ihrer Entwicklung eine Rolle, und ähnlich wie der Schwarz-rote ähnelt der Redbone mehr einem English Foxhound.

Wie ihr Name verrät, wurde der Coonhound für die Jagd auf den Waschbären (racoon) gezüchtet, ein in den USA (außer Alaska und Hawaii) und ebenfalls in kanadischen Wäldern häufig anzutreffendes Wild. Da es sich beim Waschbär um ein Nachttier handelt, wird nachts gejagt. Der Redbone verfügt über einen vorzüglichen Geruchssinn und einen starken Jagdtrieb. Er paßt sich den unterschiedlichsten Geländearten gut an. Außer in den USA, wo er sehr beliebt ist, trifft man ihn bzw. sehen auch in Mittel- und Südamerika sowie in Japan an.

Charakter und Pflege

Der Redbone Coonhound ist ein tüchtiger und größtenteils gutartiger Hund, der seinem Besitzer treu ergeben ist. Er benötigt viel Auslauf und wird mit einem Hundehandschuh gepflegt.

KURZINFO
• GRUPPE Jagdhund. Anerkannt von UKC.
• GRÖSSE Widerristhöhe: Rüden 64–69 cm, Hündinnen 59–64 cm.
• FELL Dicht, kurz und hart.
• FARBE Rot, mit gelegentlichen kleinen weißen Abzeichen auf Brust und Pfoten.
• KÖRPERBAU Haselnuß- bis dunkelbraune Augen; tief angesetzte und zurückhängende Ohren; starker, etwas unterhalb der Rückenlinie ansetzender Schwanz.

BLOODHOUND

Der Bloodhound, der beste Spürhund der Welt, kann noch nach Stunden oder gar Tagen eine kalte Fährte aufnehmen.

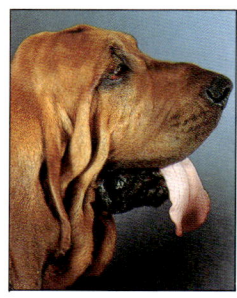

Lange, hängende Ohren, Falten und lockere Hautlappen verleihen dem Bluthund einen todtraurigen Gesichtsausdruck.

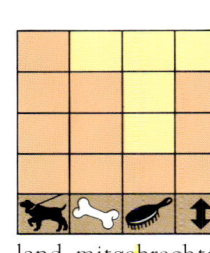

Der Bloodhound oder Chien de Saint Hubert ist einer der ältesten Laufhunde. Vermutlich hat Wilhelm der Eroberer ihn 1066 auf seinem Eroberungsfeldzug nach England mitgebracht; die Beschreibung, die der Hundehistoriker Dr. Caius 1553 von ihm hinterlassen hat, trifft auch heute noch zu.

Im allgemeinen gelten Hunderassen aus Assyrien und Mesopotamien zwischen 2000 und 1000 v. Chr. als Vorfahren des Bloodhound. Sehr wahrscheinlich gelangte er mit phönizischen Händlern in den Mittelmeerraum und von dort aus nach ganz Nordeuropa. In der Bretagne entwickelte sich im 7. und 8. Jahrhundert eine Vielzahl von Hunderassen, aus denen der Saint Hubert-Hund hervorging, der als direkter Vorfahre des Bloodhound gilt.

Von allen Haustieren besitzt der Bloodhound den schärfsten Geruchssinn. Da er selbst eine mehrere Tage alte Spur aufzuspüren vermag, stöbert er vermißte oder flüchtige Personen ebensogut auf wie Wild. Gestelltes Wild tötet er nicht. Am besten trainieren die Besitzer seine Fertigkeiten in einem Bloodhound Club. Welpen lernen dort frühzeitig, »einer Linie zu folgen« indem ihre Besitzer einfache Such- und Versteckspiele mit ihnen veranstalten. In zahlreichen Ländern sind Bloodhound Clubs aktiv.

Charakter und Pflege

Kinderfreundlich und überaus liebevoll, taugt der Bloodhound als idealer Begleithund für all jene, die genügend Raum zur Verfügung haben und die ausreichend Energie besitzen, um ihn auszubilden, sowie Nachbarn, die sein Bellen nicht stört. Zwar kann man den Hund in einem durchschnittlich großen Haus halten, wenn er entsprechenden Auslauf bekommt. Man sollte ihn täglich bürsten.

KURZINFO

- **GRUPPE** Jagdhund.
  Anerkannt von AKC, ANKC, CKC, FCI, KC (GB), KUSA.

- **GRÖSSE** Widerristhöhe: Rüden 63–68 cm, Hündinnen 58–63 cm. Gewicht: Rüden 41–49 kg, Hündinnen 36–45 kg.

- **FELL** Weich, kurz und wasserdicht.

- **FARBE** Schwarz mit Lohfarben; Rotbraun mit Lohfarben oder Rot.

- **KÖRPERBAU** Im Verhältnis zur Länge schmaler und im Verhältnis zur Gesamtgröße langer Kopf; mittelgroße Augen; dünne, weiche, tief angesetzte Ohren; gut ausgebildete Rippen; langer, dicker und spitz zulaufender Schwanz und Gesäß.

OTTERHOUND

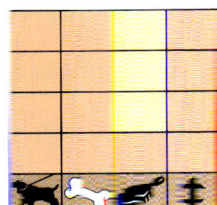

Der kräftig gebaute Otterhound soll aus dem Griffon Vendéen und dem inzwischen ausgestorbenen Griffon de Bresse hervorgegangen sein. Laut Angaben des Otterhound Clubs sind diese Hunde in erheblicher Anzahl vor 1870 nach Großbritannien importiert worden. Kurz darauf schickte der Compte le Coutieux de Cantelou seine gesamte Griffon-Meute an Richard Carnaby Forster, der sie an seine Stieftochter, Lady Mary Hamilton, weiterreichte. 1906 wurden diese Otterhounds der Hamiltons weiterverkauft.

Der Otterhound verfügt über einen fast so hervoragenden Geruchssinn wie der Bloodhound. Er ist ein ausgezeichneter Schwimmer und folgt der Luftbläschenspur eines Otters im Wasser. Als in den späten 70er Jahren in Großbritannien die Otterjagd gesetzlich verboten wurde, gründete der Master of the Kendal and District Otterhounds im Lake District den Otterhound Club, um das Überleben dieser Rasse zu sichern. 1981 folgte die Anerkennung eines Zuchtstandards und seither ist der Otterhound ein beliebter Teilnehmer an Ausstellungen auf beiden Seiten des Atlantiks.

Charakter und Pflege

Der Otterhound ist ein freundliches – wenngleich begriffstutziges – Haustier, das sich jedoch zuweilen im Haus übermütig und zerstörerisch verhält, wenn es keine feste Führung spürt. Wie andere Hunde mit struppigem Haar kann man ihn in einem Außenzwinger halten, obwohl viele Otterhounds drinnen leben. Das Tier braucht ziemlich viel Auslauf; sein dichtes Fell muß einmal wöchentlich gebürstet und eventuell auch gewaschen werden.

KURZINFO
• **GRUPPE** Jagdhund. **Anerkannt von** AKC, ANKC, CKC, FCI, KC (GB), KUSA.
• **GRÖSSE** Widerristhöhe: Rüden 60–68 cm, Hündinnen 58–65 cm. Gewicht: Rüden 34–52 kg, Hündinnen 30–45 kg.
• **FELL** Etwa 5 cm lang, dicht, rauh und hart, jedoch nicht drahtig.
• **FARBE** Alle Farben möglich.
• **KÖRPERBAU** Runder Kopf; kluge Augen; lange, hängende Ohren, die – einzigartiges Merkmal dieser Rasse – in den Augenwinkeln ansetzen; tiefe Brust mit tiefem, gut entwickeltem Brustkorb; hoch angesetzter und während der Arbeit aufrecht getragener Schwanz.

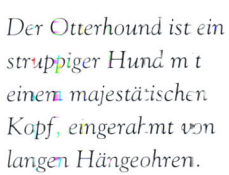

Der Otterhound ist ein struppiger Hund mit einem majestätischen Kopf, eingerahmt von langen Hängeohren.

Man sagt ihm einen dem Bloodhound vergleichbar guten Geruchssinn nach. Er ist zunehmend seltener geworden, seit der Otter unter Schutz steht.

ITALIENISCHER LAUFHUND

Vom Italienischen Laufhund, auch Segugio genannt, gibt es zwei Schläge: einen kurzhaarigen (Pelo Raso) und einen langhaarigen (Pelo Forte). Die Ursprünge dieses alten italienischen Jagdhundes lassen sich bis zu den altägyptischen Windhunden zurückverfolgen. Neben einem scharfen Auge besitzt er einen außergewöhnlichen Geruchssinn und kann deshalb bei der Jagd auf die unterschiedlichsten Wildarten angesetzt werden. Heutzutage jagt er überwiegend Hasen. Hat der Segugio erst einmal seine Beute ausgemacht, so bleibt er mutig innerhalb der Schußweite.

Charakter und Pflege
Der Segugio, sollte in den ersten Monaten durch Training auf seine Arbeit vorbereitet werden. Obgleich zuweilen dickköpfig, ist er im allgemeinen von freundlicher Wesensart und eignet sich daher auch als Begleithund. Er benötigt viel Auslauf, sein Fell jedoch nur regelmäßiges Bürsten.

Vom Typ her zumindest seit der Renaissance unverändert, jagt der Italienische Laufhund sowohl nach dem Auge als auch nach dem Geruch.

RHODESIAN RIDGEBACK

Bevor europäische Siedler nach Südafrika kamen, gingen Angehörige vom Stamm der Khoi-Khoin mit einem Hund auf die Jagd, dessen Haar auf seinem deutlich sichtbaren Rückenkamm (»ridge«) in entgegengesetzter Haarrichtung wuchs. Im 16. und 17. Jahrhundert brachten holländische, deutsche und hugenottische Emigranten ihre Pointer, Mastiffs, Windhunde und Doggen als Schutz- und Jagdhunde mit nach Südafrika. Diese wurden mit dem Ridgeback eingekreuzt und vereinten in sich nach und nach die besten Eigenschaften der eingeführten und einheimischen Hunde.

Der Rhodesian Ridgeback wurde nach dem Land Rhodesien (heute Simbabwe) benannt, wo die Siedler diesen Hund sehr schätzten. Er wurde ebenfalls als Löwenhund bekannt, da er als Meutehund bei der Jagd auf Löwen und anderes Großwild wie auch als Schutzhund eingesetzt wurde. Der South African Kennel Club stellte 1922 den Standard auf und hat seitdem wenig daran geändert. Bei Ausstellungen in den USA und Großbritannien ist er beliebt und verhält sich auf dem Podium ruhig.

Charakter und Pflege
Dieses attraktive Tier ist gehorsam und sehr kinderlieb. Es ist von freundlicher Wesensart und spurtet geschwind los, wenn es einen Hasen oder eine andere Beute gesichtet hat. Es braucht viel Auslauf und muß täglich mit einem Hundehandschuh gebürstet werden.

Die Vorfahren des Rhodesian Ridgeback stammen ursprünglich aus Südafrika – das Ergebnis von Einkreuzungen europäischer Hunde mit den Jagdhunden der Khoi-Khoin.

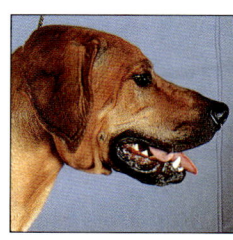

KURZINFO
• **GRUPPE** Jagdhund. **Anerkannt von** AKC, ANKC, CKC, FCI, KC (GB), KUSA.
• **GRÖSSE** Widerristhöhe: Rüden 63–67 cm, Hündinnen 61–66 cm. Gewicht: 30–34 kg.
• **FELL** Kurz, dicht, glatt und glänzend.
• **FARBE** Weizenfarben bis Braunrot.
• **KÖRPERBAU** Flacher, zwischen den Ohren breiter Schädel; runde, weit auseinanderliegende Augen; ziemlich hoch angesetzte Ohren; sehr länglicher, aber nicht zu breiter Rumpf; an der Wurzel starker, spitz zulaufender Schwanz.

Die lange Schnauze des
Segugio ist leicht nach
außen gewölbt, der
Stop fällt sehr wenig
aus, und die Haut ist
sehr straff.

KURZINFO
• GRUPPE Jagdhund. Anerkannt von FCI, KC (GB).
• GRÖSSE Widerristhöhe: Rüden 53–59 cm, Hündinnen 48–56 cm. Gewicht: 18–28 kg.
• FELL Dicht, glänzend und weich; oder rauh an Kopf, Ohren, Körper, Läufen und Schwanz.
• FARBE Rot in allen Schattierungen, Rehbraun oder Schwarz mit Lohfarben.
• KÖRPERBAU Große, helle Augen; flache, lange Hängeohren; die Entfernung von Widerrist bis zur Kruppe sollte der Widerristhöhe entsprechen; auf Höhe der Kruppe angesetzter Schwanz.

Obwohl ursprünglich
als Wächter gezüch-
tet, verfügt der Rhode-
sian Ridgeback über
eine für die Löwenjagd
erforderliche Ausdauer,
Geschwindigkeit und
Courage.

TAHL-TAN BEAR DOG

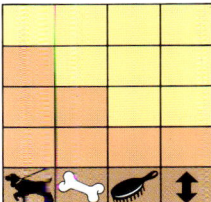

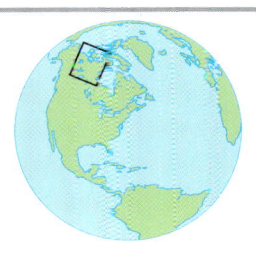

Nach den Tahl-Tan-In-
dianern ist diese aus Ka-
nada stammende Hunde-
rasse benannt worden,
die sie bei der Jagd auf
Bären, Luchse und Sta-
chelschweine einsetzten.
Um ihre Jagdhunde nicht zu ermüden, trugen
die Indianer sie in einem Sack auf den Schultern, bis sie das erste Beutetier erblickten. Erst
dann hetzten die Hunde das Wild, kreisten es
ein, bissen es in die Knöchel und heulten wie
Füchse, bis die Jäger schließlich näherkamen
und es erlegten.

Das gefällige Äußere des Tahl-tan Bear Dog
täuscht über seine Furchtlosigkeit und Vehe-
menz hinweg. Er ist ein attraktiver, fuchs-
artiger Hund mit riesigen Ohren, lebhaftem
Ausdruck und einem höchst sonderbaren, aufrecht getragenen Schwanz. Er mißt zwischen
12,5 und 20,5 cm und ist auf seiner ganzen
Länge so dick und buschig wie ein Rasierpin-
sel. Leider ist diese Rasse außerhalb ihrer ursprünglichen Umgebung nicht heimisch geworden und scheint inzwischen ausgestorben
zu sein. Ihr Niedergang wurde durch Schwierigkeiten bei der Zucht noch beschleunigt. Die
Tahl-Tan Bear Hündin gerät nur einmal jährlich in Hitze und wirft höchstens vier Welpen.
Außerdem tötet sie ihren Wurf, wenn sie sich
in irgendeiner Weise gestört fühlt.

Charakter und Pflege

Der Tahl-Tan Bear Dog ist ein lebhafter,
furchtloser Jäger. Er hat mit den Indianern in
einem Zelt gelebt und war Menschen gegenüber freundlich und umgänglich.

KURZINFO
• **GRUPPE** Jagdhund. **Anerkannt von** CKC.
• **GRÖSSE** Widerristhöhe: 31–41 cm. Gewicht: etwa 6,8 kg.
• **FELL** Dicht und lang mit weicher Unter-wolle.
• **FARBE** Schwarz, Schwarzweiß, Graublau oder Weiß.
• **KÖRPERBAU** Fuchsartiger Kopf; dunk-le, mittelgroße Augen; aufrecht stehende, fledermausartige Ohren; gelenkiger Rumpf; aufrecht getragener, drahtiger und insgesamt dicker Schwanz.

ANGLO-FRENCH HOUNDS

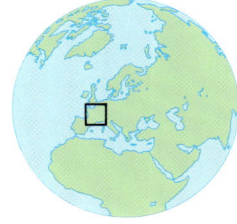

Der mittelgroße Anglo-French White and Orange Hound, feingliedriger als der größere Schlag, stammt aus Kreuzungen mit dem Harrier, Poitevin und Porcelaine.

Große Anglo-French Hounds, wie hier diese Meute aus Dreifarbigen, sind Gebrauchshunde und werden nur selten ausgestellt. Sie haben schwerere Körper und kleinere Ohren als die mittelgroßen und kleinen Schläge.

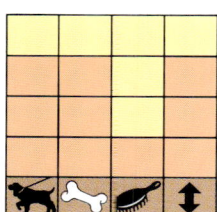

Wie der Name schon sagt, stammt der Anglo-French oder auch Anglo-Français de Moyenne Vénerie aus Kreuzungen des mittelgroßen French mit dem Harrier, einem englischen Jagdhund. Früher wurden die Hunde nach den Rassen benannt, von denen sie abstammten, wie etwa Harrier-Poitevin und Harrier-Porcelaine. Wie die beiden Experten George Johnston und Maria Ericson vermerkt haben, wurde dem Namen zudem häufig das französische Wort Bâtard (Mischling) vorangestellt, wie etwa beim Bâtard-Anglo-Gascon-Saintongeois. 1957 erhielt der Anglo-French seine derzeitige Bezeichnung und wurde in drei Farbvariationen anerkannt: Weiß mit Schwarz, Weiß mit Orange und Tricolor. Der Dreifarbige ist in Frankreich einer der beliebtesten Jagdhunde; allesamt werden sie bei der Jagd auf Rotwild und Wildschweine eingesetzt.

Wie der Anglo-French, so entstand der Great Anglo-French oder Grand Anglo-Fran-

çais aus Kreuzungen französischer und englischer Jagdhunde. Im Fell dieser größeren Rasse stammte das englische Blut vom English Foxhound. Früher wurden diese Hunde entsprechend ihrer Kreuzung zum Beispiel Anglo-French-Poitevin und Anglo-Gascon-Saintongeois genannt. Diese Rasse erhielt ebenfalls 1957 ihre heutige Bezeichnung und wurde nach der Farbe unterteilt in Great Anglo-French Tricolour, Great Anglo-French White and Black und Great Anglo-French White and Orange.

Gewöhnlich werden die Hunde in der Meute gehalten und bei der Jagd auf großes und kleines Wild eingesetzt. Der Small Anglo-French oder Anglo-Français de Petite Vénerie ist das Resultat der Kreuzung von Beagle oder Beagle Harrier und kurzhaarigen, mittelgroßen französischen Jagdhunden. Bis auf ihr Körpermaß ähneln sie ihrer größeren Verwandten, dem Anglo-French und dem Great Anglo-French. Der Small Anglo-French ist von zierlicher Gestalt und findet bei der Jagd auf Kaninchen, Fasane und Kleinwild Verwendung. Trotzdem hat er sich nie großer Beliebtheit erfreut. Zwar wird er von FCI anerkannt, doch bestehen noch zu viele Varianten.

Charakter und Pflege

Die Anglo-French Hounds sind eigentlich robuste und zupackende Jagdhunde. Gewöhnlich hält man sie in der Meute und läßt sie von ausgebildetem Jagdpersonal versorgen.

KURZINFO
• GRUPPE Jagdhund. **Anerkannt von FCI.**
• GRÖSSE Widerristhöhe: *Anglo-French* etwa 70 cm. Gewicht: 22–25 kg. *Great Anglo-French* 61–69 cm. Gewicht: 30–32 kg. *Small Anglo-French* 48–56 cm.
• FELL Kurz und weich.
• FARBE *Anglo-French* und *Great Anglo-French Tricolour:* Schwarz, Weiß und Orange; Weiß mit Schwarz; Weiß mit Orange. *Small Anglo-French* gewöhnlich Tricolor: Schwarz, Weiß und Orange; kleine schwarze Flecken an der oberen Brust und am Rücken.
• KÖRPERBAU *Anglo-French* im Verhältnis zum Körper relativ kleiner Kopf; dunkle Augen; Hängeohren; tief getragener Schwanz. *Great Anglo-French* freundliche Augen; große Ohren wie bei einem Jagdhund; schwerer Körper mit schweren Knochen; tief getragener Schwanz. *Small Anglo-French* wie beim Anglo-French.

BILLY

G. Hublot du Rivault züchtete den Billy auf seinem Gut im französischen Poitou ausdrücklich für die Jagd auf Wildschweine und Rotwild. Die 1877 gebildete Meute war unter der Bezeichnung Chiens de Haut Poitou bekannt. 1888 begann er, seine neue Rasse zu entwickeln, indem er drei französische Typen verwendete: den zur Wolfsjagd eingesetzten Poitevin, den Céris, einen Jagdhund auf Wolf und Hase, sowie den Montem-bœuf, einen großen, edlen Jagdhund, der nur als Beute kenntlich gemachte Tiere verfolgte.

Charakter und Pflege

Der Billy ist ein großer, intelligenter Hund mit außergewöhnlichen Fähigkeiten für die Jagd. Er hat einen exzellenten Geruchssinn sowie ein harmonisches Geläut. Man sagt ihm nach, daß er wenig gesellig und etwas streitsüchtig sei.

KURZINFO
• GRUPPE Jagdhund. **Anerkannt von FCI.**
• GRÖSSE Widerristhöhe: Rüden 61–66 cm, Hündinnen 59–64 cm. Gewicht: 25–30 kg.
• FELL Kurz und hart bei Berührung.
• FARBE Weiß oder Milchkaffeefarben; Weiß mit orange- oder zitronenfarbenen Flecken oder Tupfen.
• KÖRPERBAU Große, dunkle ausdrucksstarke Augen; ziemlich flache, für einen französischen Jagdhund ziemlich hoch angesetzte Ohren; sehr tiefer, schmaler Brustkorb; langer, gerader und zuweilen leicht befederter Schwanz.

Dank seiner langen Beine und seines stromlinienförmigen Körpers kann der Billy seine Beute auf freiem Gelände und in dichten Wäldern schnell verfolgen.

FRANZÖSISCHE LAUFHUNDE

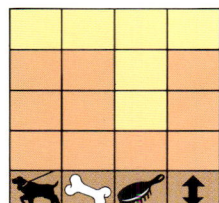

Es gibt drei Schläge französischer Laufhunde: den Dreifarbigen (Chien Français Tricolore), den Weiß-Schwarzen (Chien Français Blanc et Noir) und den Weiß-Orangefarbenen (Chien Français Blanc et Orange). Wie die Anglo-French (siehe Seite 154 f.) sind sie das Ergebnis der Kreuzungen französischer und englischer Laufhunde, besonders des English Foxhound und des Harrier. Bis 1957 waren sie unter verschiedenen Bezeichnungen bekannt. Dann stellte man ein Verzeichnis aller Hundemeuten in Frankreich auf, und die Hunde französischen Typs erhielten den Titel Französische Laufhunde.

Von den drei Schlägen ist der Weiß-Schwarze am beliebtesten und auch am weitesten verbreitet, da er ein kräftiger und schneller Jäger auf Hirsch und anderes Rotwild ist. Der Weiß-Orangefarbene, der aus der Kreuzung von English Foxhound und Poitevin oder Billy stammt, ist – bis auf die Farbe – mit dem Dreifarbigen identisch.

Sie sind ziemlich muskulöse, klug dreinschauende Hunde mittlerer Größe. Die Wangen sind dicker als die des Poitevin, und der Stop ist ausgeprägter.

Charakter und Pflege

Diese Hunde sind ruhig, liebevoll und gehorsam. Sie werden nur für Jagdzwecke gezüchtet, als Meutehunde draußen im Zwinger gehalten und von ausgebildetem Jagdpersonal versorgt.

Seit Jahrhunderten hielt man auf großen französischen Gütern Meuten großer Jagdhunde. Viele Rassen sind ausgestorben; der Dreifarbige, Weiß-Orangefarbene und Rot-Weiße Laufhund jedoch haben überlebt.

KURZINFO
• **GRUPPE** Jagdhund. **Anerkannt von** FCI.
• **GRÖSSE** Widerristhöhe: *Dreifarbiger* und *Weiß-Orangefarbener* Rüden 62–73 cm, Hündinnen 62–69 cm. Gewicht: 27 kg. *Weiß-Schwarzer* Rüden 65–71 cm, Hündinnen 62–69 cm. Gewicht: 30 kg.
• **FELL** *Dreifarbiger* weich und dünn. *Weiß-Orangefarbener* kurz und glatt. *Weiß-Schwarze* glatt, kräftig und dicht.
• **FARBE** *Dreifarbiger* Weiß, Schwarz und Lohfarben mit gebrochenen Mustern. *Weiß-Orangefarbener* Weiß und Orange. *Weiß-Schwarzer* Weiß und Schwarz; reichlich schwarze Flecken oder Abzeichen; einige wenige blaue Tupfen oder lohfarbene Flecken auf den Läufen erlaubt.
• **KÖRPERBAU** *Dreifarbiger* und *Weiß-Orangefarbener* nicht zu großer Kopf; große, braune Augen; breite Ohren; großer, bis auf die Kniebeuge hinabreichender Brustkasten; ziemlich langer, eleganter und wie bei Jagdhunden getragener Schwanz. *Weiß-Schwarzer* breiter, recht langer Kopf; dunkle, intelligente, vertrauenerweckende Augen; oberhalb der Augenlinie angesetzte Ohren; hoher, jedoch nicht breiter Brustkasten; ziemlich langer, elegant getragener und am Ansatz dicker Schwanz.

POITEVIN

1842 hätte eine Toll-wutseuche den Poitevin beinahe völlig ausgerot-tet, doch zum Glück ist die Rasse wiederbelebt worden.

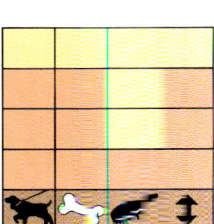

Der Poitevin wurde gegen Ende des 17. Jahrhunderts in der Provinz Poitou im Südwesten Frankreichs ge-züchtet, wo es zahlreiche Wölfe gab. 1692 erhielt der Marquis François de Larrye auf Ferton ein Dutzend Foxhounds vom französischen Dauphin und kreuzte diese mit seinen eigenen Chiens de Céris. Die aus diesen Kreuzungen entwickelten Hunde waren als Wolfsjäger unübertroffen, da sie schnell waren und außerdem viel Mut und eine hervorragen-de Nase besaßen. Leider kamen die meisten dieser Hunde während der Französischen Re-volution in den beiden Jahren 1793 und 1799 um. Doch einige Exemplare konnten von Lieb-habern gerettet werden. Trotz der nachfolgen-den Einkreuzungen überlebten die ursprüngli-chen Qualitäten des Poitevin und wurden durch die Vermischung mit dem English Foxhound sogar noch verstärkt. Heutzutage ähnelt der Poitevin dem English Foxhound sehr, obwohl seine Farbe verschieden und sei-ne Ohren länger und schmaler sind.

Charakter und Pflege

Der Poitevin ist ein großer, eleganter, schneller und kluger Laufhund, wenn auch schüchtern und zurückhaltend. Am wohlsten fühlt er sich als Meutehund und unter der Obhut von ausge-bildetem Jagdpersonal.

KURZINFO
• **GRUPPE** Jagdhund. **Anerkannt von** FCI.
• **GRÖSSE** Widerristhöhe: 61–71 cm. Gewicht: etwa 30 kg.
• **FELL** Kurz und glänzend.
• **FARBE** Tricolor mit schwarzem Sattel; Tricolor mit großen schwarzen Körper-flecken; zuweilen Orangefarben mit Weiß oder dachsartig gefleckt.
• **KÖRPERBAU** Kopf länglich, aber nicht zu lang; große, braune, ausdrucksvolle Augen; mittelbreite Ohren; sehr tiefer Brustkasten; kräftig ausgebildete Rücken-muskulatur; mittellanger, dünner und glatter Schwanz.

GRIFFONS VENDÉEN, GRAND UND BASSET

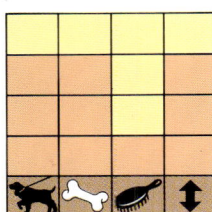

Die Griffons Vendéen sind französische Jagdhunde, von denen es zahlreiche Schläge gibt, darunter den Grand, den Briquet, den Basset und den Petit Basset. Der Grand Griffon Vendéen ist der größte und angeblich älteste. Es soll sich bei ihm um einen Nachkommen aus einer Einkreuzung des weißen Saint-Hubert-Hundes mit einer lohfarben-weißen italienischen Hündin handeln. Die Ergebnisse dieser Züchtung wurden als »Weiße Königliche Hunde« bekannt. Weitere Kreuzungen mit dem Nivernais und Settern sollen seinem Blut Zähigkeit und Ausdauer hinzugefügt haben. Der vom Grand abstammende Basset Griffon Vendéen ist inzwischen recht selten geworden. Er ist kurzläufig, gleicht ansonsten aber dem Grand. Über ein Jahrhundert lang hat die Familie Desamy ihn in der Vendée gezüchtet. Der Grand wurde ursprünglich bei der Wolfsjagd eingesetzt; als diese Einsatzmöglichkeit schwand, entpuppte er sich als wendiger Wildschweinjäger. Der Grand und Basset jagen auch Hasen und Kaninchen.

Charakter und Pflege

Die Griffons Vendéen sind sehr attraktive, intelligente Tiere, die zum Familien- wie zum Jagdhund taugen. Sie sind unabhängig und streunen gern, so daß man alle Fluchtwege sichern muß. Sie brauchen viel Auslauf, und das Fell des Grand muß regelmäßig gebürstet und gekämmt werden, damit es nicht verfilzt.

KURZINFO
• **GRUPPE** Jagdhund. **Anerkannt von** *Grand*, *Basset* und *Petit Basset* AKC, ANKC, CKC, FCI, KC (GB), KUSA. *Briquet* FCI.
• **GRÖSSE** Widerristhöhe: *Grand* 61–66 cm. Gewicht: 30–35 kg. *Basset* 38–43 cm. Gewicht: 18–20 kg. *Petit Basset* 34–38 cm. Gewicht: 12–16 kg. *Briquet* 51–56 cm. Gewicht: 16–24 kg.
• **FELL** Rauh, lang und bei Berührung hart, nie seidig oder wollig, mit einer dichten Unterwolle.
• **FARBE** Kräftiges oder mittleres Rehbraun; Weiß mit roten, rehbraunen, grauen oder schwarzen Abzeichen; zwei- oder dreifarbig.
• **KÖRPERBAU** *Grand*, *Basset* und *Briquet* gewölbter Schädel; große, sehr dunkle Augen mit freundlichem Ausdruck; schmale, dünne Ohren; langer, breiter Rumpf; hoch angesetzter und am Ansatz dicker Schwanz. *Petit Basset* mittellanger, nicht zu breiter Schädel; große, dunkle Augen; schmale, feine und dünne Ohren; tiefer Brustkasten; mittellanger, hoch angesetzter und am Ansatz dicker Schwanz.

Gesicht und Ohren verleihen dem Grand Griffon ein einnehmendes Aussehen.

Dank seines stämmigen Rumpfs und seines dichten Haarkleids kann der Grand Griffon Vendéen bei jedem Wetter auf grobem Gelände arbeiten.

PETIT BASSET GRIFFON VENDÉEN

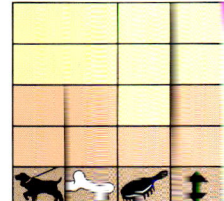

Der Petit Basset Griffon Vendéen ist ein kurzläufiger und rauhhaariger Hund, der im Südwesten Frankreichs in der Vendée gezüchtet wurde. Das Tier stammt vom Grand Griffon Vendéen ab, einem größeren Schlag, mit dem man früher in Frankreich Wölfe jagte.

P. Dourigne, ein Experte für diese Rasse, hat den Petit Basset Griffon Vendéen als eine Miniaturausgabe des Basset beschrieben, dessen Größe man proportional reduziert habe, unter Erhaltung seiner sämtlichen positiven Eigenschaften: der Jagdleidenschaft, der Furchtlosigkeit, der Vitalität und Energie. Heutzutage jagt er Kaninchen oder größeres Wild.

In Frankreich ist er sehr beliebt, besonders in der heimatlichen Landschaft der Vendée. In England gewinnt er bei Ausstellungen an Beliebtheit und ist ebenfalls in den Vereinigten Staaten anerkannt.

Charakter und Pflege

Dieses höchst attraktive Tier eignet sich als Familienhund, falls man ihm viel Auslauf gewährt. Sein Fell erfordert nur geringe Pflege. Er betrachtet den Menschen als seinen Freund.

Im Gegensatz zu seinen Verwandten kommt der Petit Basset Griffon Vendéen gut im Unterholz zurecht. Dabei ist er kräftig genug, um größere Beute zu verfolgen.

BRIQUET GRIFFON VENDÉEN

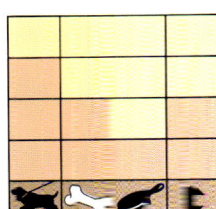

Der Briquet Griffon Vendéen ist ein mittelgroßer Jagdhund aus der französischen Vendée. Diese moderne Züchtung setzte sich um 1910 durch. In Europa ist er – ähnlich dem Grand und dem Basset Griffon Vendéen, dessen Miniaturausgabe er ist – als Spür- und Jagdhund bei der Hasen- und Kaninchenjagd beliebt. Dieses kräftige, flinke und wendige Tier wird in seiner Heimat Frankreich als Einzelhund oder in der Meute bei der Jagd eingesetzt. Obwohl dort sehr populär, ist er anderswo kaum bekannt.

Charakter und Pflege

Er ist mutig und von freundlicher Wesensart, doch schwierig im Umgang. Gewöhnlich wird er in der Meute gehalten und von ausgebildetem Jagdpersonal versorgt. Er benötigt viel Auslauf, und sein Fell muß regelmäßig gebürstet und gekämmt werden, wenn es nicht verfilzen soll.

BEAGLE HARRIER

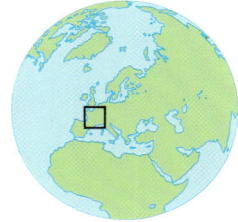

Der Beagle Harrier ist eine durch Kreuzung des Beagle mit dem größeren Harrier entstandene französische Rasse. Der französische Baron Gérard züchtete sie mit dem Ziel, einen Jagdhund von der Statur des Harriers und mit der Geruchs- und Jagdveranlagung des Beagles zu erhalten. Die kräftigen und dennoch graziösen Tiere für die Jagd auf Rotwild und Kaninchen sind ausdauernd und unermüdlich. In Frankreich werden sie auch heute noch gehalten, in anderen Ländern jedoch kaum. Wie seine Vorfahren, so ist auch der Beagle Harrier ein typisch englischer Jagdhund.

Charakter und Pflege

Der Beagle Harrier ist mutig, lebhaft, klug und gutartig. Wie der Beagle ist er ein liebevoller Hund, der aber als Jäger bessere Dienste leistet denn als Familienhund und es vorzieht, in einer Meute zu leben. Sein Fell muß mit einem Hundehandschuh gepflegt werden.

Der lebhafte Beagle Harrier ist ein eleganter, untersetzter Jagdhund, der speziell für die Arbeit in einer kleinen Meute gezüchtet wurde.

KURZINFO
• **GRUPPE** Jagdhund. **Anerkannt von** FCI.
• **GRÖSSE** Widerristhöhe: im Durchschnitt 43–48 cm. Durchschnittliches Gewicht: 20 kg.
• **FELL** Kurz, dicht und flach am Körper anliegend.
• **FARBE** Meist Grau oder Tricolor. Die Farbe ist aber unwichtig.
• **KÖRPERBAU** Ein typischer Jagdhund von leicht hoheitsvoller Erscheinung und flachen, hoch angesetzten Ohren; tief gestellter Körper mit leicht gewölbten Rippen; lange Läufe mit sehr kräftigen Muskeln; Schwanz säbelförmig getragen.

HANNOVERSCHER SCHWEISSHUND

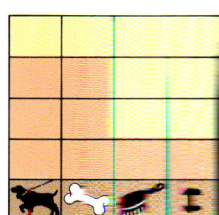

Als ein Nachkomme der schweren deutschen Spürhunde hat der Hannoversche Schweißhund ähnliche Aufgaben zu erfüllen wie der Bloodhound in England und der Saint-Hubert-Hund in Frankreich. Dieser seit dem 5. Jahrhundert bekannte Vorfahr wurde zum Meuteführer ausgebildet und wegen seines hervorragenden Geruchssinns bei der Jagd zum Aufspüren von Wild vorausgeschickt. Er kann eine kalte Fährte aufnehmen und ein waidwundes Tier aufspüren.

Um 1800 kreuzten Jäger in der Umgebung von Hannover die eher schweren Schweißhunde mit den leichteren Bracken aus dem Harz (Harzer Bracke), um einen schnelleren Spürhund zu erhalten. Sein hervorragender Geruchssinn, sein leicht melancholischer Gesichtsausdruck und seine charakteristischen Stirnfalten sind ein Mitgift der eingekreuzten Bluthunde.

Charakter und Pflege
Der von Berufsförstern und Wildhütern hochgeschätzte Hannoversche Schweißhund ist ein ruhiges, zuverlässiges und sehr anhängliches Tier. Sein Fell muß gelegentlich mit einem Hundehandschuh gepflegt werden.

KURZINFO
• **GRUPPE** Jagdhund. **Anerkannt von** FCI.
• **GRÖSSE** Widerristhöhe: Rüden 51–60 cm, Hündinnen etwas kleiner. Gewicht: 38–45 kg.
• **FELL** Dicht, weich und glänzend.
• **FARBE** Graubraun mit einer dunkelbraunen Maske auf Wangen, Lippen und um die Augen und Ohren; Braunrot, Rotgelb, Ockergelb, Dunkelgelb oder braun gestromt.
• **KÖRPERBAU** Langer, kräftiger Kopf; Stirn leicht in Falten; klare, ausdrucksvolle Augen; sehr breite, hoch angesetzte, an der Spitze abgerundete Ohren; langer Rücken; breite und leicht gewölbte Lenden; leicht eingezogener Bauch; langer, an der Wurzel gerader Schwanz.

NIVERNAIS

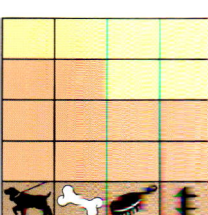

Der Nivernais, auch Griffon Nivernais genannt, stammt von den Chiens Gris de Saint Louis (den grauen Hunden des hl. Louis) ab. Mit Meuten dieser struppigen Hunde jagte man in Mittelfrankreich Wölfe und Wildschweine. Nachdem das Großwild jedoch seltener geworden war, züchtete man durch Einkreuzungen – darunter auch ein Foxhound namens Archer – einen Hund für die Jagd auf kleineres Wild. Diesen nannte man Griffon-Vendéen-Nivernais, doch erst gegen Ende des vergangenen Jahrhunderts wurde das Wort Vendéen gestrichen. Zu jener Zeit war der Nivernais vom Aussterben bedroht. Dank der Bemühungen einer kleinen Gruppe von Liebhabern überlebte er jedoch und wurde 1925 offiziell anerkannt.

Charakter und Pflege
Dieser große, stämmige und recht trüb dreinschauende, struppige Hund zeichnet sich eher durch Ausdauer als durch Schnelligkeit aus. Er ist mutig, liebevoll und anhänglich und braucht viel Auslauf. Sein langes Fell muß regelmäßig mit Bürste und Kamm gepflegt werden.

KURZINFO
• **GRUPPE** Jagdhund. **Anerkannt von** FCI.
• **GRÖSSE** Widerristhöhe: Rüden 54–59 cm, Hündinnen entsprechend kleiner. Gewicht: 22,5–25 kg.
• **FELL** Lang, zerzaust und struppig.
• **FARBE** Vorzugsweise Wolfs- oder Schiefergrau; ebenfalls Schwarz eventuell mit lohfarbenen oder fahlgelben Abzeichen.
• **KÖRPERBAU** Hagerer und leichter, jedoch kein kleiner Kopf; fast flacher Schädel; zumeist dunkle Augen; leicht oberhalb der Augenlinie angesetzte, weiche Ohren; tief gestellter Körper; gut entwickelter, säbelförmig getragener Schwanz.

PORCELAINE

Der Porcelaine ist auch als Chien de Franche-Comté bekannt, nach der ostfranzösischen Provinz. Nach der Französischen Revolution konnte man die Porcelaines an der Schweizer Grenze antreffen. Dies führte zu einer Diskussion darüber, ob der Hund französischen oder schweizerischen Ursprungs sei. Inzwischen wird er jedoch als französischer Hund eingeordnet, und man nimmt an, daß er vom englischen Harrier und von alten französischen Jagdhunden abstammt. Diese Rasse ist seit 1845 in Frankreich nachgewiesen und in der Schweiz seit 1880, als die ersten Jagdmeuten zusammengestellt wurden.

Der für die Hasen- und Rehjagd geeignete Porcelaine besitzt ein glänzend weißes Fell, das

ihm das Aussehen einer Porzellanfigur verleiht. Er ist sehr beliebt und weit verbreitet und sieht völlig reinrassig aus.

Charakter und Pflege
Der Porcelaine ist ein verbissener Jäger voller Energie, doch in der Familie freundlich und umgänglich. Er braucht sehr viel Auslauf, und sein Fell muß nur hin und wieder mit einem Schwamm gereinigt werden.

Der moderne Porcelaine ist kleiner als die ersten Exemplare dieser Züchtung, die im 18. Jahrhundert eine Blütezeit erlebte.

KURZINFO
• **GRUPPE** Jagdhund. **Anerkannt von** FCI.
• **GRÖSSE** Widerristhöhe: Rüden 56–59 cm, Hündinnen 54–56 cm. Gewicht: 25–30 kg.
• **FELL** Spärlich und dünn, besonders im Sommer, mit porzellanähnlichem Glanz.
• **FARBE** Weiß mit orangefarbenen, runden Flecken, vorwiegend an den Ohren.
• **KÖRPERBAU** Ziemlich langer, fein ausgebildeter Kopf; dunkle, leicht zusammengekniffene Augen mit freundlichem Ausdruck; dünne, schöne faltige Ohren; tief gestellter, mittelgroßer Körper; gut angesetzter Schwanz.

ARTOIS-LAUFHUND

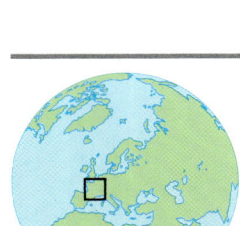

Der Artois-Laufhund oder Chien d'Artois ist im heimatlichen Frankreich eigentlich unter dem Namen Briquet bekannter, was soviel wie »kleine Bracke« bedeutet. Die ursprünglichen Briquet-Hunde, untersetzt und schwer, wurden bei den Jagden von dem kurzläufigeren Basset Artésien Normand verdrängt. Der Artois-Laufhund von heute, das Resultat der Kreuzung eines Jagdhunds und einer Bracke, unterscheidet sich vom Basset Artésien Normand nur durch flachere Ohren und einen schmaleren Kopf.

Charakter und Pflege
Der kluge und mutige Artois-Laufhund mit seinem sehr liebevollen und melancholischen Ausdruck macht hauptsächlich Jagd auf Kaninchen.

Gewöhnlich ist er nur Meutehund, wird in einem Außenzwinger gehalten und von ausgebildetem Jagdpersonal versorgt.

KURZINFO
• **GRUPPE** Jagdhund. **Anerkannt von** FCI.
• **GRÖSSE** Widerristhöhe: 53–59 cm. Gewicht: 18–24 kg.
• **FELL** Kurz und glatt.
• **FARBE** Tricolor – Weiß, Schwarz und Dunkelbraun – mit Mantelmuster oder hellen Flecken; Kopf: gewöhnlich Rehbraun oder Anthrazit.
• **KÖRPERBAU** Kleiner, kurzer Kopf; mittellange, nach innen gedrehte Ohren; breite Brust; untersetzter Körper.

HAMILTONSTÖVARE

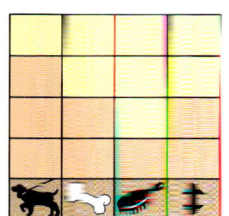

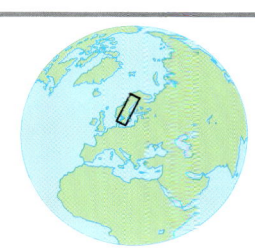

Der Hamiltonstövare oder auch Hamilton-Jagdhund erhielt seinen Namen von dem Züchter Graf Adolf Patrick Hamilton, dem Gründer des Schwedischen Kennel Clubs. Dieser vor etwa einem Jahrhundert gezüchtete, mittelgroße Jagdhund, der in schwedischen Wäldern Wild aufstöberte, ist das Resultat von Kreuzungen mit dem Englischen Foxhound, dem Holstein Hound, der Hannover Haidbracke und den (inzwischen ausgestorbenen) Hannover und Kurland Beagles. Der Hamiltonstövare ist der populärste Jagdhund in seiner Heimat und wurde in den letzten 20 Jahren durch Ausstellungen international bekannt.

Charakter und Pflege

Dieser pfiffige, umgängliche und kluge Hund ist ein guter Begleit- und Haushund, wenn er nur genug Auslauf hat. Er ist leicht zu erziehen; sein Fell benötigt tägliche Pflege mit einem Hundehandschuh.

KURZINFO

- **GRUPPE** Jagdhund. **Anerkannt von** ANKC, FCI, KC (GB), KUSA.

- **GRÖSSE** Widerristhöhe: Rüden 50–60 cm, Hündinnen 46–57 cm. Gewicht: 23–27 kg.

- **FELL** Enganliegende, wasserdichte Oberwolle; kurze, dichte, weiche Unterwolle.

- **FARBE** Schwarz, Braun und Weiß; an der Oberseite von Hals, Rücken, Schwanz und an den Flanken: Schwarz; Kopf, Läufe, Schulterseiten, Körper und Schwanz: Braun; Blesse auf der oberen Schnauze, vorderer Hals, Hemd, Schwanzspitze und Pfoten: Weiß; Vermischung von Schwarz und Braun unerwünscht; keine Farbe sollte überwiegen.

- **KÖRPERBAU** Schmaler, flacher und langer Kopf; ausdrucksvolle, bernsteinfarbene Augen; große, dünne, steife Ohren; gerader Rücken; langer, dünner und tief angesetzter Schwanz.

Der Gründer des Schwedischen Kennel Clubs, ein Fachmann für Jagdhunde, züchtete den Hamiltonstövare, indem er entscheidende deutsche Rassen kreuzte.

SCHWEIZERISCHER, BERNER, LUZERNER LAUFHUND

Zu den Laufhunden aus der Schweiz zählt man den Schweizerischen, den Berner und den Luzerner Laufhund. Die sehr ähnlichen und eng verwandten Schläge der Jura-Laufhunde (Bruno de Jura und Saint-Hubert-Schlag) werden auf der nächsten Seite beschrieben. Von all diesen Laufhunden gibt es auch kurzläufige Schläge, die sogenannten Bassets oder Niederlaufhunde, die durch Einkreuzen des Dachshunds mit einigen der großen Schläge erzielt werden und als spezialisierte Jäger auf bestimmten Geländetypen dienen sollen. Diese jagen Rotwild und Füchse.

Die Vorfahren der Laufhunde lassen sich bis in vorchristliche Zeiten zurückverfolgen, als Griechen und Phönizier Jagdhunde eines ähnlichen Typs nach Südeuropa mitbrachten. Von dort gelangten sie in die von den Römern besetzte Schweiz. Im Mittelalter hatten sie sich zu Hunden des modernen Laufhundtyps entwickelt, so wie sie bereits auf den Malereien des 12. Jahrhunderts in der Züricher Kathedrale abgebildet sind. Der Schweizerische, Berner und Luzerner Laufhund modernen Typs ähneln sich in punkto Fähigkeiten, Charakter und Körperbau – nicht jedoch im Fell. Sie haben eine feine Nase und arbeiten in jedem Gelände mit großer Ausdauer.

Charakter und Pflege

Bei den Laufhunden handelt es sich um ruhige Begleithunde, jedoch mit einem starken Jagdtrieb. Diese kräftig gebauten Hunde eignen sich daher nicht als Haushunde. Sie benötigen sehr viel Auslauf. Ihr Fell muß mit einem Hundehandschuh gepflegt werden. Die rauhhaarigeren Schläge benötigen Regenschutz.

KURZINFO
• **GRUPPE** Jagdhund. **Anerkannt von** FCI.
• **GRÖSSE** Widerristhöhe: mindestens 45 cm, im allgemeinen 46–56 cm. *Kurzläufige Schläge* 30–38 cm.
• **FELL** *Schweizerischer* und *Berner* Rauh- und drahthaarig mit einer dicken Unterwolle. *Luzerner* Kurz und sehr dicht.
• **FARBE** *Schweizerischer* Weiß mit orangefarbenen Abzeichen. *Berner* Tricolor – Weiß, Schwarz, kräftige lohfarbene Abzeichen. *Luzerner* Weiß mit grauen oder blauen Flecken und großen dunklen oder schwarzen Abzeichen.
• **KÖRPERBAU** Makelloser, feiner Kopf; lange Schnauze; Maul mit messerscharfem Biß; sehr dunkle Augen; sehr lange Ohren; lange, abfallende Schultern; Rücken in richtiger Länge; waagerecht getragener, nicht zu langer Schwanz. *Kurzläufige Schläge* Mittelgroßer Kopf; Maul mit messerscharfem Biß; ziemlich große Augen mit festen Lidern; bis zur Nasenspitze reichende Ohren; wohlproportionierter Körper vom guten Jagdhundtyp; mittellanger, weder zu tief noch zu hoch angesetzter Schwanz.

Die in Nachbarschaft zu Frankreich lebenden Schweizerischen Laufhunde sind eng mit den Weiß-Orangefarbenen French Hounds verwandt.

JURA-LAUFHUNDE

Die nach dem Jura-Gebirgszug benannten Jagdhunde sind eng mit der alten rein Keltischen Hunderasse verwandt; ihr Fell weist kein einziges weißes Abzeichen auf.

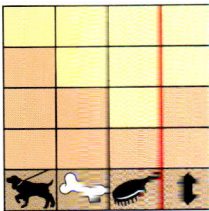

Es gibt zwei Schläge des Jura-Laufhunds, den Bruno (Bruno de Jura, Bruno Jura-Laufhund) und den Saint Hubert (Saint Hubert Jura-Laufhund). Beide stammen aus dem Jura-Massiv in der Westschweiz und haben denselben Ursprung wie die anderer Schweizerischen Laufhunde (siehe linke Seite). Jedoch ähneln sie im Gegensatz zu den anderen Laufhunden mehr dem Saint Hubert Bluthund, insbesondere dem Saint Hubert Jura, der einen schwereren Kopf, größere Ohren und auffälligere Hautfalten an Kinn und Nacken hat als der Bruno. Von beiden gibt es auch kurz läufige Schläge.

Die kräftigen Jura-Laufhunde sind leidenschaftliche Jäger und werden vorwiegend auf Kaninchen angesetzt. Sie verfügen über eine feine Nase und ein kräftiges Geläut.

Charakter und Pflege

Wie die anderen Schweizerischen Laufhunde sind auch die Jura-Laufhunde freundlich und liebevoll und hervorragende Jagdbegleiter mit einem ausgeprägten Jagdtrieb. Daher eignen sie sich weniger als Haushund. Sie benötigen viel Auslauf.

KURZINFO
• **GRUPPE** Jagdhund. **Anerkannt von FCI.**
• **GRÖSSE** Widerristhöhe: mindestens 45 cm, im allgemeinen 46–56 cm
• **FELL** Kurz.
• **FARBE** Gelblich- oder Rötlichbraun mit oder ohne schwarzem Sattel; Schwarz mit lohfarbenen Abzeichen über den Augen, auf den Wangen und an der Unterseite des Körpers; weiße Tüpfelung auf der Brust erlaubt.
• **KÖRPERBAU** Schwerer, gewölbter Schädel; nicht dicht schließende Augenlider; große, sehr lange, sehr tiefe und weit hinten angesetzte Ohren; mittellanger Schwanz.

BASSET

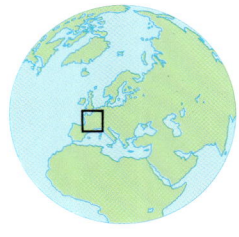

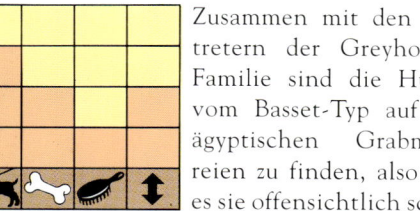

Obwohl der Basset dem Bluthund ähnlich sieht und kurzläufig ist, gehört er zu den wenigen Jagdhunderassen, die als Familienhund populär geworden sind.

Zusammen mit den Vertretern der Greyhound-Familie sind die Hunde vom Basset-Typ auf altägyptischen Grabmalereien zu finden, also gibt es sie offensichtlich schon sehr lange. Dennoch ist der moderne Basset neueren Ursprungs, da er gegen Ende des vorigen Jahrhunderts in England gezüchtet wurde. Zu diesem Zweck kreuzte man den Französischen Basset Artésien Normand mit dem Bluthund, um einen langsamen, aber sicheren Fährtenhund zu erhalten, den man beim Aufspüren von Kaninchen und Hasen einsetzen konnte. Der Basset Artésien Normand gelangte 1866 erstmalig nach England, als der Comte de Tournow ein Zuchtpaar namens »Basset« und »Belle« an Lord Galway schickte. Lord Onslow erwarb 1872 einen Wurf von diesem Zuchtpaar, der seine eigene Meute mit Hilfe weiterer Importe aus Frankreich entwickelte. Die besten britischen Bassets gehen auf diese Exemplare zurück.

Charakter und Pflege

Heutzutage wird der Basset hauptsächlich als Begleit-, Familien- und Ausstellungshund gehalten. Dieses liebenswürdige Tier wird schnell zum Spielgefährten von Kindern, benötigt jedoch viel Bewegung. Seine Stimme ist angenehm, seine Nase ist hervorragend. Er neigt allerdings auch zum Ausreißen. Sein Fell muß täglich gepflegt werden.

KURZINFO
• **GRUPPE** Jagdhund. **Anerkannt von** AKC, ANKC, CKC, FCI, KC (GB), KUSA.
• **GRÖSSE** Widerristhöhe: 33–35 cm. Gewicht: 18–27 kg.
• **FELL** Hart, glatt, kurz und dicht.
• **FARBE** Im allgemeinen Schwarz, Weiß und Lohfarben (Tricolor) oder Zitronenfarben mit Weiß (zweifarbig), jedoch ist jede Jagdhundfarbe zulässig.
• **KÖRPERBAU** Kuppelförmiger Schädel mit geringem Stop und deutlichem Vorsprung auf dem Hinterhauptbein; trapezförmige Augen; tief angesetzte Ohren; langer und niedriger Rumpf; Schwanz (Hinterteil) gut ausgebildet.

Der Basset arbeitet mit der Nase ganz dicht am Boden und jagt auch im Dickicht.

BEAGLE

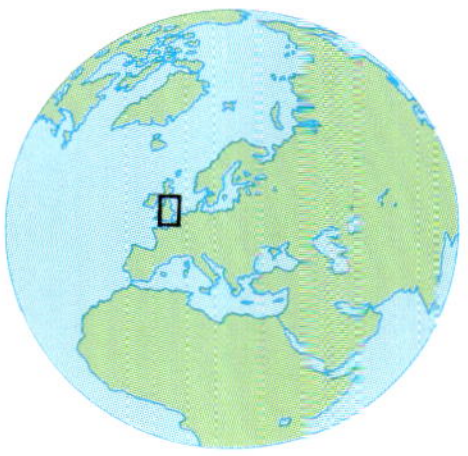

Der Beagle, der kleinste aller Jagdhunde, war in Elisabethanischer Zeit noch kleiner, so daß er häufig in der Tasche seines Herrn mitreisen konnte.

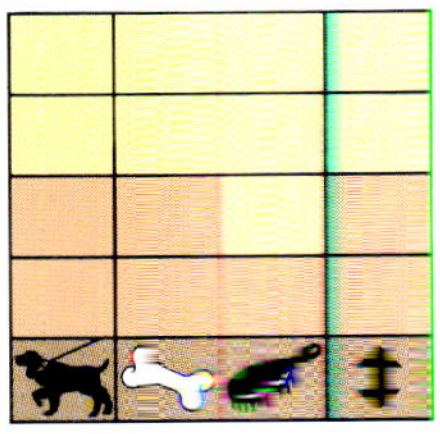

Dieser kleine Jagdhund läßt sich bereits zur Zeit König Heinrich VIII. (1509–1547) nachweisen. Seine Tochter, Elisabeth I. von England (1533–1603), hielt zahlreiche Beagles. Darunter befanden sich so kleine Exemplare, daß sie sich in die Hosentasche stecken ließen und daher auch als Pocket Beagles (inzwischen ausgestorben) bekannt wurden.

Auch »singende Beagles« genannt, bellen sie im Haus jedoch nicht, sondern schonen ihre Stimme für die Jagd. In England jagt dieser Hund Hasen, in Skandinavien Wildschweine und Rotwild, und in den USA Wildkaninchen. In Nordamerika wie auch in Kanada dient er als Jagdhund, weil er sowohl aufstöbert als auch apportiert. Er ist auch ein vorzüglicher Begleithund und war 1954 der beliebteste Hund in den Vereinigten Staaten.

Charakter und Pflege

Dieser liebevolle, entschlossene und kräftige Hund ist langlebig und freundlich zu Kindern. Er eignet sich gut als Ausstellungs- wie auch als Familienhund, solange man keine Unterwür-

figkeit und absoluten Gehorsam von ihm erwartet, denn er ist für eine gewisse Dickköpfigkeit bekannt und auch dafür, daß er sich gerne durch ein offenes Gartentor auf und davon macht. Sein kurzes, wasserdichtes Fell ist pflegeleicht; als Familienhund benötigt ein Beagle lediglich durchschnittlichen Auslauf

KURZINFO
• GRUPPE Jagdhund. **Anerkannt von** AKC, ANKC CKC, FCI, KC (GB), KUSA.
• GRÖSSE Widerristhöhe: in den USA zwei Schläge: weniger als 33 cm, und 33–38 cm; Großbritannien: 33–40 cm.
• FELL Kurz, dicht und wasserabweisend.
• FARBE Jede zulässige Jagdhundfarbe außer Leberfarben; oberes Gesäß Weiß.
• KÖRPERBAU Ziemlich langer und massiger, jedoch nicht grober Kopf; dunkel- oder haselnußbraune Augen; lange, abgerundete Ohren; Oberlinie gerade und eben; mittellanger, kräftiger Schwanz.

Dank seiner lebhaften Intelligenz und Gelassenheit fühlt der Beagle sich als Jagd- wie als Haushund gleich wohl in seiner Haut.

ARIÉGEOIS

Der Ariégeois stammt aus der französischen Provinz Ariège an der spanischen Grenze. Er ist das Resultat der Kreuzung zwischen den dortigen mittelgroßen Jagdhunden, dem Gascon Saintongeois und dem Grand Bleu de Gascogne. Obwohl er kein schneller Jäger ist, besitzt er eine beträchtliche Ausdauer und eine feine Nase. Dieser kluge, ehrgeizige Arbeiter ist ein großartiger Hasenjäger. Der Gaston Phoebus Club hat 1908 einen Rassestandard aufgestellt mit dem Ziel, die Zuchtauswahl so-

wohl des Ariégeois wie auch der Französischen Bracke zu fördern.

Charakter und Pflege
Der Ariégeois ist ein gut gebauter Jagdhund mit ruhiger Veranlagung und freundlichem Ausdruck. Insgesamt ein liebenswürdiges Tier. Wie alle Jagdhunde benötigt er viel freien Auslauf. Sein kurzes Fell verlangt nur wenig Pflege.

Vom Grand Gascon Saintongeois hat der Ariégeois den schmalen Kopf und die langen Ohren, vom Bleu de Gascogne hat er die Ausdauer geerbt.

KURZINFO
• **GRUPPE** Jagdhund. **Anerkannt von** FCI.
• **GRÖSSE** Widerristhöhe: Rüden 56–61 cm, Hündinnen 54–59 cm. Gewicht: etwa 30 kg.
• **FELL** Dünn und dicht.
• **FARBE** Gewöhnlich Weiß mit schwarzen Abzeichen und kleinen lohfarbenen Flecken über den Augen; gelegentlich sind die Welpen schwarz; großer lohfarbener Anteil unerwünscht.
• **KÖRPERBAU** Langer, leichter, schmaler Kopf ohne Falten oder Hautlappen; dunkle Augen; dünne, faltige Ohren; Rücken gewöhnlich gerade und gut unterstützt; säbelförmig getragener Schwanz.

HARRIER

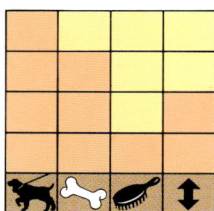

Der Name dieser alten, englischen Hunderasse kommt aus dem Normannischen und bedeutet »vielseitiger Jagdhund«. Seine Vorfahren sind vermutlich mit Wilhelm dem Eroberer im Jahr 1066 nach England gelangt. Die erste, 1260 in England zusammengestellte Meute stammt von alten Talbot und Saint-Hubert-Hunden ab, die möglicherweise mit einem Basset-Typ gekreuzt worden sind.

Beim Harrier handelt es sich um einen äußerst schnellen Jagdhund mit beträchtlicher Ausdauer und Zähigkeit. Die Harrier-Meute jagte hauptsächlich Hasen, und der Halter der Meute wählte jene Hunde für die Zucht aus, die mit dem jeweiligen Gelände am besten zurecht kamen. Heutzutage ist er selbst in England nur selten anzutreffen und wird vom British Kennel Club nicht anerkannt.

Charakter und Pflege
Der Harrier ist freundlich und gutartig. Sein Fell muß hin und wieder gebürstet werden.

KURZINFO
• **GRUPPE** Jagdhund. **Anerkannt von** AKC, ANKC, FCI.
• **GRÖSSE** Widerristhöhe: 48–53 cm. Gewicht: 22–27 kg.
• **FELL** Kurz und hart.
• **FARBE** Schwarz, Lohfarben und Weiß, jedoch alle Jagdhundfarben zulässig.
• **KÖRPERBAU** Ziemlich langer Kopf, Schnauze und Stop schmal; kleine, ovale Augen; v-förmige Hängeohren; tief gestellter Körper; mittellanger, ziemlich hoch getragener Schwanz.

GRAND BLEU DE GASCOGNE

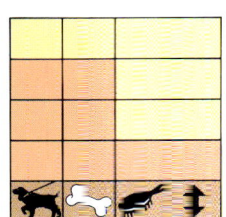

Dem Grand Bleu de Gascogne geht der Ruf voraus, der beste Jagdhund auf »kalter« Fährte zu sein. Er stammt von Fährtenhunden aus vorrömischer Zeit und dem alten Saint-Hubert-Hund ab. Von Gaston Phoebus, dem Comte de Foix, im 14. Jahrhundert gezüchtet, avancierte er zum Lieblingshund des französischen Königs Henri IV. (1553-1610), der eine berühmte Meute besaß. Obwohl größer und leichter als viele andere, ist die er edle Hund sehr kräftig, ein ausdauernder und zäher Jäger und mit einer starken, sonoren Stimme versehen. Ursprünglich jagte er Wölfe, die er ausrotten half.

Französische Entdecker brachten den Grand Bleu de Gascogne vermutlich im 17. Jahrhundert nach Nordamerika; 1785 schenkte General Lafayette George Washington eine kleine Meute. Man kreuzte sie mit anderen amerikanischen Jagdhunderassen, um die Fährtenleistung und Ausdauer noch zu erhöhen.

Charakter und Pflege

Der Grand Bleu de Gascogne ist ruhig und freundlich. Er benötigt jedoch ziemlich viel Bewegung und ist als Familienhund ungeeignet. Sein Fell sollte regelmäßig gepflegt und die Ohren häufig kontrolliert werden.

KURZINFO

- **GRUPPE** Jagdhund.
  Anerkannt von AKC, FCI, KC (GB).

- **GRÖSSE** Widerristhöhe: Rüden 64–70 cm, Hündinnen 60–65 cm Gewicht: 34–36 kg.

- **FELL** Kurz, glatt, wasserdicht und etwas rauh.

- **FARBE** Weiß mit schwarzen Flecken, die schwarze Sprenkelung der weißen Flächen erweckt den Eindruck von blauer Farbe; lohfarbene Abzeichen am Kopf.

- **KÖRPERBAU** Kräftiger, verlängerter Kopf; sehr tief angesetzte, ängliche und gefaltete Ohren; tiefe und leicht gerundete Brust; lange und kräftige Gliedmaßen; dicker, leicht säbelförmig getragener Schwanz.

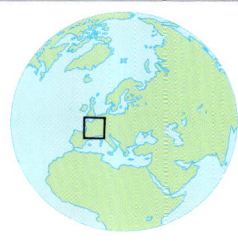

Der kräftige Kopf sowie der melancholische Ausdruck des Grand Bleu de Gascogne verleihen ihm ein vornehmes Aussehen.

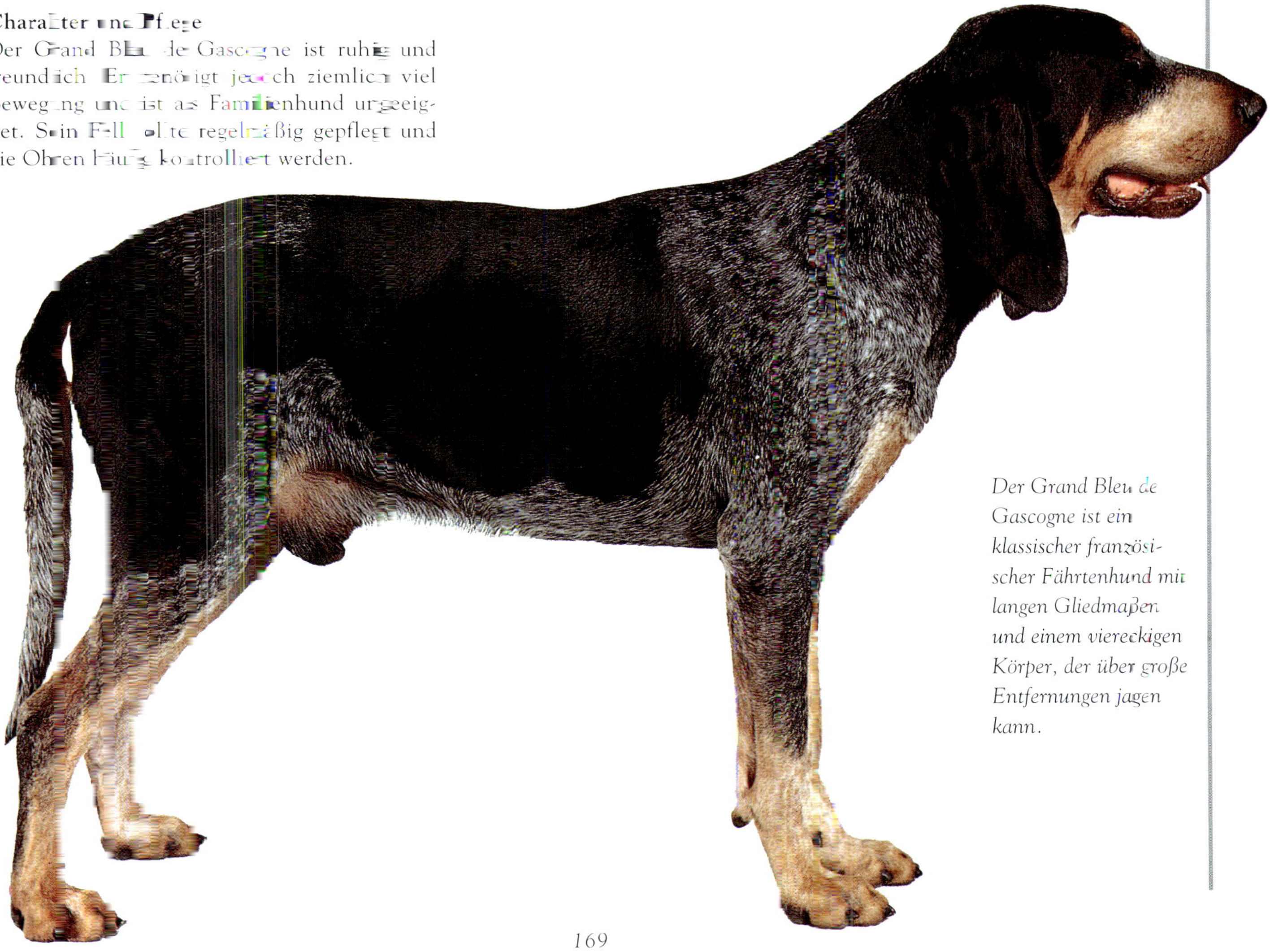

Der Grand Bleu de Gascogne ist ein klassischer französischer Fährtenhund mit langen Gliedmaßen und einem viereckigen Körper, der über große Entfernungen jagen kann.

BASSET FAUVE DE BRETAGNE

Der Basset Fauve de Bretagne, in englischsprachigen Ländern auch als Tawny Brittany Basset bekannt, stammt aus dem Nordwesten Frankreichs. Dieser durch Kreuzungen des Basset Griffon Vendéen und anderen kurzläufigen Bassets gezüchtete Schlag, sollte im Heidemoorland und in ähnlich schwierigem Gelände jagen, wo er sich als schnell und aktiv erwiesen hat. Die erste Meute dieser erstklassigen Fuchsjäger hielt der französische König

Das weizenfarbene und rauhhaarige Fell des Basset stammen direkt von seinem »großen« Vorfahr, dem Griffon Fauve de Bretagne ab.

Der Basset de Bretagne, ein für seine Körpergröße flinker Hund, wurde gezüchtet, um Kleinwild auf schwierigem Gelände zu jagen.

François I. (1515–47). Mitte des 17. Jahrhunderts jedoch war diese Rasse fast ausgestorben, wahrscheinlich wegen ihrer Dickköpfigkeit. Äußerlich den großen, drahthaarigen Dachshunden ähnlich, ist er jedoch große Hängeohren und gilt als »überall untersetzt«.

In den letzten sieben Jahren hat der British Kennel Club einen vorläufigen Rassestandard für diesen Hund aufgestellt.

Charakter und Pflege

Dieser kurzläufige, drahthaarige Jagdhund besitzt Mut und eine gute Nase. Er braucht viel Auslauf, sein rauhes Fell aber nur wenig Pflege.

KURZINFO
• **GRUPPE** Jagdhund. **Anerkannt von** AKC, FCI, KC, KUSA.
• **GRÖSSE** Widerristhöhe 33–43 cm.
• **FELL** Rauh, hart und dicht.
• **FARBE** Gelbfarben, Weizenfarben oder Lehlbraun. Weißer Fleck an Hals oder Brust zulässig.
• **KÖRPERBAU** Mittellanger Schädel; dunkle, weiche Augen; auf Augenlinie angesetzte dünne Ohren; tief gestellter Körper mit breiter Brust; am Ansatz dicker, spitz zulaufender Schwanz.

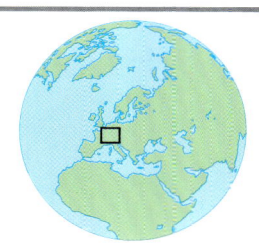

DACHSBRACKE

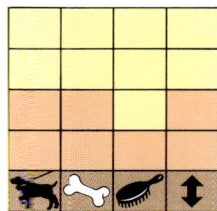

Unter diesem Namen firmieren drei Schläge: die Dachsbracke die Westfälische und die Erzgebirgische Dachsbracke. Die Dachsbracke stammt aus den österreichischen Alpen, die Westfälische aus Westdeutschland und die Erzgebirgische aus Böhmen. Bei allen handelt es sich um kurzläufige Varianten hochläufiger Jagdhunde oder Bracken die mit Dachshunden eingekreuzt wurden. Mit ihren im Vergleich zu den Dachshurden schwereren und längeren Läufen jagen die Dachsbracken Hasen, Füchse und anderes Wild im Mittelgebirge, indem sie ihre Beute mit Hilf ihres Geruchssinns aufspüren. Die Dachsbracke und die Erzgebirgische Dachsbracke sind in etwa gleich groß, unterscheiden sich aber in der Farbe. Die Westfälische Dachsbracke ist etwas kleiner.

Charakter und Pflege

Sämtliche Dachsbracken sind herrliche, kleine Jagdhunde mit erstaunlicher Ausdauer und guten Jagdeigenschaften. Sie sind von freundlicher Wesensart und eignen sich gut als Familienhunde, auch wenn sie gerne den Garten umgraben und oft ziemlich laut bellen. Sie benötigen viel Auslauf, und ihr Fell muß mit einem Hundehandschuh gepflegt werden.

KURZINFO
• **GRUPPE** Jagdhund. **Anerkannt von** ANKC, CKC, FCI KC (GB), KUSA.
• **GRÖSSE** Widerristhöhe: *Dachsbracke* und *Erzgebirgische* 33–43 cm. *Westfälische* 31–36 cm.
• **FELL** Kurz und dicht mit wenig Unterwolle.
• **FARBE** *Dachsbracke* Schwarz mit lohfarbenen Abzeichen. *Westfälsche* Tricolor oder Rötlichgelb mit weißen Abzeichen. *Erzgebirgische* Rot oder Schwarz mit Lohfarben.
• **KÖRPERBAU** Langer, schmaler Kopf; mittelgroße, mandelförmige Augen; breite, mittellange und abgerundete Ohren; ziemlich hoch angesetzter und waagerecht getragener Schwanz.

DACHSHUND

Der Kurzhaardackel, der älteste aller Dachshundschläge, zählt in Großbritannien und in den USA zu den beliebtesten Hunden.

Bei den Dachshunden, Dackeln oder Teckeln unterscheidet man sechs unterschiedliche Schläge: Kurz-, Lang- und Rauhhaarige, jeweils in Standard- und Miniaturgröße. Der Dachshund stammt von den ältesten deutschen Jagdhunden ab, wie etwa dem Bibarhund, und läßt sich bis ins 16. Jahrhundert zurückverfolgen. Kurzläufige Jagdhunde waren bereits seit dem Mittelalter die Begleithunde deutscher Jäger. Er stöbert Kleinwild auf, indem er in deren Erdlöcher oder Zufluchtsorte eindringt. Jeder Teckelbesitzer mit Garten weiß, daß sein Hund vor lauter Lust am Graben ein ganzes Beet umpflügen kann!

Die britische Königin Victoria war 1839 in England die erste, die sich einen Dachshund hielt. Im Jahr darauf, nach ihrer Heirat mit dem deutschen Prinzen Albert, brachte dieser weitere Dachshunde nach England, wo die Rasse an Beliebtheit gewann. 1866 wurden Dachshunde in England ausgestellt, 1873 erhielten sie den Rassestatus. Der Englische Dachshund Club, weltweit der erste seiner Art, wurde 1881 gegründet. Der Dachshund Club of America nahm 1895 seine Aktivitäten auf.

Ursprünglich gab es nur einen Schlag, den Kurzhaarteckel, dessen faltige Pfoten ein inzwischen selten anzutreffendes Merkmal sind. Der Rauhhaarteckel entstand durch das Einkreuzen des Dandie Dinmont und weiterer Terriern, wohingegen der Langhaarteckel durch eine Kreuzung aus Kurzhaarteckel und Spaniel und Einkreuzen des Deutschen Stöberhundes, einem Jagdhund, entstand.

KURZINFO

- **GRUPPE** Jagdhund. **Anerkannt von** AKC, ANKC, CKC, FCI, KC (GB), KUSA.

- **GEWICHT** Gewicht bei *Standard*größe: in den USA 7–14,5 kg, in England 9–12 kg. Bei *Miniatur*größe: in den USA unter 5 kg, in England 4,5 kg.

- **FELL** *Kurzhaar* dicht, kurz und glänzend. *Langhaar* seidig und glatt, nur leicht gewellt. *Rauhhaar* kurz, gerade und rauh mit dichter Unterwolle.

- **FARBE** Alle Farben außer Weiß zulässig; kleiner Fleck auf der Brust zulässig, aber nicht erwünscht; falls gescheckte Hunde Weiß enthalten, sollte es gleichmäßig verteilt sein.

- **KÖRPERBAU** Langer, von oben betrachtet leicht konisch erscheinender Kopf; mittelgroße Augen; hoch angesetzte Ohren; länglicher, muskulöser Rumpf; Schwanz in der Verlängerung des Rückgrats und leicht gebogen.

Der Rauhhaarteckel entstand durch Kreuzung mit verschiedenen Terrier-Rassen.

Aus den Kreuzungen zwischen Kurzhaarteckel und Spürhunden für Niederwild entstand der Langhaarteckel.

Charakter und Pflege

Der sportliche und ergebene Dachshund ist ein ausgezeichneter Familienhund und sogar als Wachhund geeignet, der – an seiner Körpergröße gemessen – erstaunlich laut bellen kann. Mit entsprechender Übung kann er enorme Strecken zurücklegen. Der Kurzhaarteckel ist pflegeleicht, denn sein Fell muß nur täglich mit einem Hundehandschuh und einem weichen Tuch behandelt werden. Das Fell des Rauh- und Langhaarteckels sollte mit einer Bürste aus harten Borsten gepflegt und zusätzlich auch gekämmt werden.

Warnung: Der Dachshund sollte daran gehindert werden, von irgendwo herunter- oder hinaufzuspringen.

SLOUGHI

Der Sloughi, Slughi oder Arabische Windhund ist im Westen einer der seltensten Windhunde. In den arabischen Ländern Nordafrikas, seiner Heimat, ist dieser Hund als El Hor bekannt und neben dem Saluki der einzige, den die Araber anerkennen. Wie der sehr ähnliche Saluki verfügt der Sloughi über ein scharfes Auge und eine so hohe Laufgeschwindigkeit, daß er selbst Gazellen jagen kann. Seine Erfolge bei der Gazellenjagd führen seine Anhänger auf sein sandgelbes Fell zurück, das es der Gazelle nicht erlaubt, den Jäger in der Wüste zeitig genug zu sichten.

Charakter und Pflege

Der Sloughi ist ein freundlicher, gesunder und kluger Hund, aus dem ein hervorragender Haushund werden kann, wenn ihm ausreichend Platz zum Laufen zur Verfügung steht und man ihn daran hindert, beim Vieh umherzustreifen. Sein Fell erfordert tägliche Pflege mit einer weichen Bürste und einem Hundehandschuh.

Der Greyhound ist über Jahrtausende als Kriegshund, scharfsinniger Fährten- und Windhund, Renn- und Begleithund gerühmt worden.

KURZINFO
• **GRUPPE** Jagdhund. **Anerkannt von** ANKC, FCI, KC (GB), KUSA.
• **GRÖSSE** Widerristhöhe: 60–70 cm. Gewicht: 20–27 kg.
• **FELL** Dicht und fein.
• **FARBE** Sandfarben oder Rehbraun in allen Schattierungen; mit oder ohne schwarze Maske; Weiß, gescheckt oder Schwarz mit lohfarbenen Sprenkeln; geschecktes oder rehbraunes Muster an Kopf, Pfoten und manchmal der Brust. Dunkel mit einem weißen Fleck auf der Brust unerwünscht; vielfarbig nicht gestattet; Tiefschwarz oder Weiß unerwünscht.
• **KÖRPERBAU** Kräftiger, jedoch nicht zu schwerer Kopf; große, dunkle und bewegliche Augen; dreieckige, nicht zu große und abgerundete Ohren; nicht zu breite Brust; dünner und gut angesetzter Schwanz.

GREYHOUND

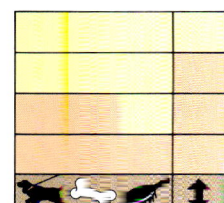

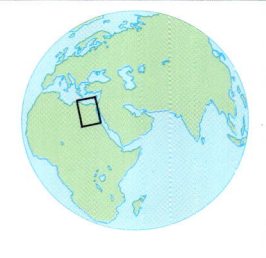

Der Greyhound ist vermutlich der reinrassigste Hund auf der Welt und scheint sich wenig verändert zu haben, wenn man ihn mit den Hundeabbildungen in den Grabkammern ägyptischer Pharaone vergleicht. Im Alten Testament wird diese Hunderasse im Buch Salomon erwähnt. Der Greyhound gelangte wahrscheinlich erst nach Afghanistan – wo sein Fell dichter wuchs, als er sich an das kältere Klima anpassen mußte – und dann mit den Kelten nach Britannien. Dort erfreuten sich diese Hunde beim englischen Adel großer Beliebtheit; im 11. und 14. Jahrhundert durften nur Personen königlicher oder zumindest adliger Herkunft einen Greyhound halten.

Dank seines guten Auges und seiner hohen Laufgeschwindigkeit war dieser Windhund bei der Parforcejagd sehr geschätzt. Heutzutage rühmt man ihn eher als Teilnehmer bei Windhundrennen. Greyhounds tauchen inzwischen regelmäßig bei Hundeschauen auf.

Charakter und Pflege

Der Greyhound neigt dazu, alles zu jagen, was sich bewegt. Doch ist er ebenfalls ein freundliches, treues Tier, das sich gut mit Kindern verträgt. Sogar ein ehemaliger Rennhund gibt einen guten Gefährten ab, wenn er einmal von den Rennen entwöhnt worden ist. Er muß täglich gebürstet werden. Da er eine Vorliebe für »seine« eigene Ecke im Haus hat, beansprucht er eigentlich recht wenig Platz für sich.

Schon zur Zeit des altägyptischen IV. Reichs hatte der Greyhound, angeblich der schnellste Hund der Welt, viele Liebhaber.

KURZINFO
• **GRUPPE** Jagdhund. **Anerkannt von** AKC, ANKC, CKC, FCI, KC (GB), KUSA.
• **GRÖSSE** Widerristhöhe: Rüden 71–76 cm, Hündinnen 68–71 cm. Gewicht: Rüden 30–32 kg, Hündinnen 27–30 kg.
• **FELL** Fein und dicht.
• **FARBE** Schwarz, Weiß, Rot, Blau, Rehbraun. Rehbraun gestromt; oder jede dieser Farben von Weiß unterbrochen.
• **KÖRPERBAU** Langer, nicht zu breiter Kopf; helle, kluge Augen; kleine, dünne Rosenohren; langer, eleganter Nacken; tief gestellte, mächtige Brust; langer, ziemlich tief angesetzter Schwanz.

ENGLISH FOXHOUND

Der English Foxhound gilt als ein Nachkomme des Saint-Hubert-Hundes und des Talbot, einem weiteren ausgestorbenen Jagdhund. Die Saint-Hubert-Hunde erhielten ihren Namen nach dem Bischof von Lüttich, dem späteren Heiligen Hubert und Schutzheiligen der Jäger; sie gelangten im 11. Jahrhundert mit den Normannen nach England.

Die vordringliche Aufgabe des Fuchshundes besteht darin, wie schon der Name verrät, neben den berittenen Jägern den Fuchs zu jagen. Er ist ein ausdauernder Läufer und arbeitet mehrere Stunden lang in jedem Gelände.

Charakter und Pflege

In England werden die starken, lebhaften und lauten Englischen Fuchshunde nie als Haushunde gehalten, sondern stets in großen Meuten im Zwinger. Im Gegensatz zu den Amerikanischen Fuchshunden werden sie lediglich bei besonderen Hundeschauen ausgestellt. Es ist allerdings möglich, daß ein Welpe an die Gefahren des Straßenverkehrs gewöhnt wird, bevor er in die Meute zurückkehrt.

KURZINFO
• **GRUPPE** Jagdhund. **Anerkannt von** AKC, ANKC, CKC, FCI, KC (GB).
• **GRÖSSE** Widerristhöhe: Rüden 55–63 cm, Hündinnen 51–60 cm. Gewicht: 30–32 kg.
• **FELL** Kurz und hart.
• **FARBE** Tricolor – Schwarz, Weiß und Lohfarben – oder zweifarbig, wobei Weiß dominiert.
• **KÖRPERBAU** Kopf nicht zu schwer und mit ausgeprägtem Augenbrauenwulst; tief angesetzte und dicht am Kopf herunterhängende Ohren; muskulöser, gerader Rücken; gerade Läufe; Schwanz an der Basis dick und säbelförmig getragen.

Der tief gestellte Körper und lange Rücken machen den English Foxhound fit für unterschiedlichstes Gelände.

AMERICAN FOXHOUND

Seit seinem Auftauchen in der Neuen Welt hat der American Foxhound viele Nachkommen gezeugt, die unter den verschiedensten Bedingungen arbeiten. Der AKC Foxhound ähnelt seinem englischen Erzeuger zwar sehr, ist allerdings von leichterer Statur und langläufiger.

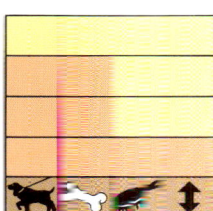

Der American Foxhound ist ein Nachkomme jener Englischen Fuchshunde, die mit Robert Brooke 1650 nach Maryland/USA gelangten. Später wurden andere Britische und Französische Jagdhunde eingekreuzt, mit dem Ziel, für die Jagd auf den Rotfuchs geeignete Hunde zu erhalten. Von George Washington ist bekannt, daß er um etwa 1770 English Foxhounds importierte und General Lafayette ihm 1785 französische Jagdhunde schenkte. Der 1808 gegründete Gloucester Fox-hunting Club und der Baltimore Club züchteten den besten Typ und benutzen diese als Grundlage für ihre Zucht. Während der English Foxhound nie als Familienhund gehalten oder in Ausstellungen gezeigt wird – außer bei einer speziellen Hundeschau –, ist der schlankere American Foxhound bei Ausstellungen ein beliebter Vorzeiger wie auch ein geschätzter Jagdhund.

Charakter und Pflege

Der American Foxhound ist umgänglich, wird jedoch mit zunehmendem Alter unaufmerksamer und eigenwillig er und benötigt sehr viel Auslauf. Er wird nicht wie ein Haushund gepflegt, nur vor einer Hundeausstellung wird sein Fell mit einem Schwamm abgewischt.

KURZINFO	
• **GRUPPE** Jagdhund. **Anerkannt von** AKC, CKC, FCI, KC (GB).	
• **GRÖSSE** Widerristhöhe: Rüden 55–63 cm, Hündinnen 53–60 cm.	
• **FELL** Hart und dicht.	
• **FARBE** Alle Farben.	
• **KÖRPERBAU** Großer Schädel; große, breite, dicht am Kopf hängende Ohren; stromlinienförmiger Körper; säbelförmig getragener Schwanz.	

Die viereckig geschnittene Schnauze und die gutartig dreinblickenden Augen sind die kennzeichnenden Merkmale des American Foxhound.

WHIPPET

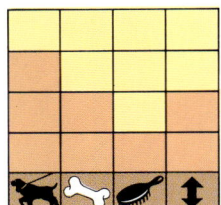

Der Whippet sieht wie die Miniaturausgabe eines Greyhound aus, und unzweifelhaft spielte dieser eine gewisse Rolle beim Entstehen der Rasse. Ungewiß ist dagegen, ob für die andere Hälfte der Kreuzung möglicherweise der Pharaonenhund oder irgendein anderer importierter Jagdhund oder Terrier verwendet wurde. Der Whippet wurde ausschließlich als Jagdhund gezüchtet und ist der schnellste Hund der Welt! Die Standardstrecke von 150 Yard (137 m) legte er in 8,4 Sekunden zurück, was einer Geschwindigkeit von 58,76 Stundenkilometern entspricht. Als »Rennpferd des armen Mannes« wurde er zum Renntier der Bergarbeiter Nordenglands, wo Whippet-Rennen nach wie vor äußerst beliebt sind. Solche Hunderennen wurden auch in anderen Ländern durchgeführt. Ursprünglich jagten diese Hunde lebenden Kaninchen nach, doch inzwischen rennen sie einer schnell gezogenen Stoffattrappe hinterher.

Der Whippet wurde 1902 vom Kennel Club in Großbritannien anerkannt, nachdem er 1897 bei Crufts in London auf einer Hundeschau ausgestellt worden war. In den USA ist er gleichfalls populär, wo man allerdings etwas größere Hunde bevorzugt.

Charakter und Pflege

Der Whippet ist ein freundlicher Hund, der gutmütig zu Kindern ist und sich zum Haus- wie zum Ausstellungshund eignet, ja sogar einen hervorragenden Wachhund abgibt. Wenn er sich auch an häusliches Leben gut anzupassen vermag, so benötigt er als mächtiger Läufer doch sehr viel Bewegung. Sein Fell muß nur gebürstet und abgerieben werden. Man bringt den Hund besser ganzjährig im Haus statt in einem Außenzwinger unter.

KURZINFO
• **GRUPPE** Jagdhund. **Anerkannt von** AKC, ANKC, CKC, FCI, KC (GB), KUSA.
• **GRÖSSE** Widerristhöhe: Rüden 47–51 cm, Hündinnen 44–47 cm. Gewicht: etwa 12,5 kg.
• **FELL** Kurz, fein und dicht.
• **FARBE** Alle Farben oder Farbkombinationen.
• **KÖRPERBAU** Langer, schlanker Kopf; helle, ovale und lebhaft dreinblickende Augen; Rosenohren; sehr tief gestellte Brust mit viel Raum fürs Herz; langer, spitz zulaufender Schwanz ohne Fahne.

In Großbritannien als »Rennpferd des armen Mannes« gezüchtet, brachten immigrierende Textilarbeiter aus Lancashire den Whippet in die USA.

UNGARISCHER GREYHOUND

Die Spuren des Ungarischen Windhunds oder Magyar Agár lassen sich bis ins 9. Jahrhundert zurückverfolgen. Als Vorfahren gelten asiatische Windhunde, die mit den Magyaren nach Ungarn gelangten und mit hiesigen Hunden gekreuzt wurden.

Der ebenso schnelle wie schöne Agár sollte in Ungarn Fuchs und Hase sowohl fangen wie auch töten. Im 19. Jahrhundert wurden Englische Greyhounds wegen ihrer Schnelligkeit eingekreuzt, und während des Zweiten Weltkriegs war deren Blut – bis auf wenige Ausnahmen – in allen Agár vorhanden. Seither bemühen sich ungarische Züchter, den Hund ursprünglichen Typs wiederzubeleben.

Charakter und Pflege

Wie die meisten Greyhounds ist auch der Ungarische von Natur aus ein freundlicher und liebevoller Hund, der sich zum ruhigen, treuen Haushund eignet, falls es gelingt, ihn ans Haus zu gewöhnen und ihn vom Vieh fernzuhalten. Der Agár braucht eher regelmäßigen als ausgiebigen Auslauf, sein Fell benötigt kaum Pflege.

Anmerkung: Dieser Hund besitzt ein dünnes Fell und friert leicht, so daß man ihn beim Auslauf im Winter mit einem Hundemantel bekleiden muß.

- **GRUPPE** Jagdhund.
  Anerkannt von FCI.

- **GEWICHT** Rüden 27–32 kg, Hündinnen 22,5–27 kg.

- **FELL** Kurz, glänzend und dünn.

- **FARBE** Schwarz, Graugelb, Grau, gestreift, Aschgrau, gescheckt, oft Weiß.

- **KÖRPERBAU** Breiterer Kopf und Fang als sein englisches Gegenstück; braune, mittelgroße und lebhaft dreinblickende Augen; breite und weit hinten angesetzte Ohren, das letzte Drittel nach vorn gefaltet; langer, dünner, tief getragener und an der Spitze geringelter Schwanz.

Der Ungarische Greyhound, etwas kleiner als sein englischer Verwandter, wurde bei Jagden und Hetzjagden in der mitteleuropäischen Steppe eingesetzt.

179

DEERHOUND

Als man das Hochwild noch mit Hundemeuten jagte, war es verboten, einen Deerhound sein eigen zu nennen, wenn man nicht wenigstens den Adelstitel Graf trug.

Der in Edwin Landseers Gemälden verewigte Deerhound beschwört das schottische Hochland fast ebenso eindringlich herauf wie das Rotwild, das er jagte.

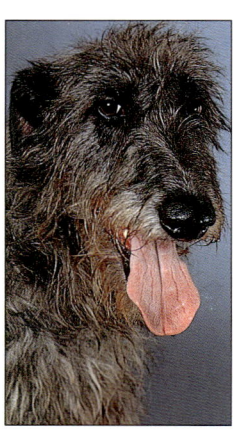

Der Scottish Deerhound oder Schottische Hirschhund ist das Wahrzeichen des schottischen Kennel Club. In den Romanen von Sir Walter Scott (1771–1832) kommt er häufig vor, und er war eines der Lieblingsmodelle des britischen Malers Edwin Henry Landseer (1802–73).

Der Deerhound, eine der ältesten britischen Hunderassen, ist vermutlich vor etwa 3 000 Jahren mit phönizischen Händlern nach Schottland gelangt und hat dort ein dickes, wetterfestes Fell entwickelt. In den ersten Jahrhunderten n. Chr. hat es dort gewiß sehr ähnliche Jagdhunde gegeben. Mit dem Aufkommen der Hinterladergewehre wurde dieser Jagdhund überflüssig. Der Deerhound verfügt aber nach wie vor über eine treue Anhängerschaft.

Charakter und Pflege

Heutzutage wird der Hirschhund bei der Hetzjagd eingesetzt, erzielt gute Plätze bei Hundeausstellungen und gibt für tatkräftige Menschen einen treuen und anhänglichen Haushund ab. Obwohl er im Haus friedfertig ist, benötigt dieser Hund eine behutsame Ausbildung für den Umgang mit dem Vieh, denn bricht sein Jagdtrieb erst einmal durch, so kann er töten. Dank seines struppigen Fells kann er draußen im Zwinger gehalten werden, denn eigentlich mag er keine intensive Wärme. Er braucht sehr viel Auslauf, doch nur minimale Fellpflege – lediglich das abgestorbene Haar muß vor einer Ausstellung ausgebürstet werden.

KURZINFO
• **GRUPPE** Jagdhund. **Anerkannt von** AKC, ANKC, CKC, FCI, KC (GB), KUSA.
• **GRÖSSE** Widerristhöhe: Rüden 76–80 cm, Hündinnen mindestens 71 cm. Gewicht: Rüden 38–49 kg, Hündinnen 34–43 kg.
• **FELL** Struppig, doch keine übermäßige Haarfülle.
• **FARBE** Dunkelgraublau und helleres Grau; gestromt und gelblich; Sandrot oder Rotgelb mit schwarzen Punkten.
• **KÖRPERBAU** Kopf zwischen den Ohren ziemlich breit, zu den Augen hin etwas spitz zulaufend; dunkle Augen; hoch angesetzte und nach hinten getragene Ohren; Körper und allgemeines Aussehen wie beim Greyhound, nur etwas größer und schwerere Knochen; langer, an der Basis dicker Schwanz.

IRISH WOLFHOUND

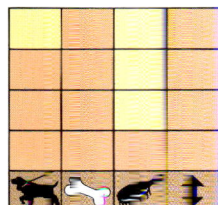

Der Irish Wolfhound ist der größte Hund der Welt und der Nationalhund Irlands. Dieser Hund soll mit den Kelten nach Irland gelangt sein, nachdem sie sich nach ihrer Eroberung Griechenlands im Jahr 279 v. Chr. in ganz Europa ausgebreitet hatten. Der Irish Wolfhound gewann an Ansehen, und viele Exemplare wurden nach Westeuropa exportiert, darunter auch ein Paar, das der König von Spanien im 16. Jahrhundert als Geschenk erhielt. 1652 untersagte Oliver Cromwell jedoch ihren Export, da sie zur Bekämpfung der Wolfsplage von unschätzbarem Wert seien.

Um 1800 war der letzte Wolf in Großbritannien und Irland erlegt. Der Wolfshund hatte keine Aufgabe mehr und drohte daher auch auszusterben. Schließlich startete der Schotte George Graham im Jahr 1885 ein auf 23 Jahre angelegtes Programm, um die Rasse wieder in ihrem alten Glanz erstrahlen zu lassen.

Charakter und Pflege

Für den Irish Wolfhound würden sich viele Menschen entscheiden, wenn sie nur über genügend Raum verfügen würden. Der Wolfhound benötigt allerdings nicht mehr Auslauf als andere durchschnittlich große Hunde auch. Obwohl man ihn draußen im Zwinger halten kann, ist er ebenso von ruhigem Gemüt. Diese Rasse ist bei Hundeschauen sehr beliebt, und da er im »natürlichen Zustand« zur Schau gestellt wird, reicht es aus, ihn vorher zu bürsten und widerspenstiges Haar zu entfernen.

KURZINFO
• **GRUPPE** Jagdhund. **Anerkannt von** AKC, ANKC, CKC, FCI, KC (GB), KUSA.
• **GRÖSSE** Widerristhöhe: Rüden ab 80 cm, Hündinnen mindestens 75 cm; 80–85 cm erwünscht. Mindestgewicht: Rüden 55 kg, Hündinnen 48 kg.
• **FELL** Rauh und hart.
• **FARBE** Grau, Stahlgrau, gestromt, Rot, Schwarz, ganz Weiß, Rehbraun oder Weizenfarben.
• **KÖRPERBAU** Langer, hoch getragener Kopf; dunkle Augen; kleine Rosenohren; sehr tief gestellter Körper; langer, leicht säbelförmig getragener Schwanz.

Mehr als zwei Jahrhunderte nach dem Verschwinden des letzten Wolfs in Großbritannien und Irland ist der Irische Wolfshund nach wie vor ein sehr begehrtes Tier. Er ist der größte Hund der Welt.

SALUKI

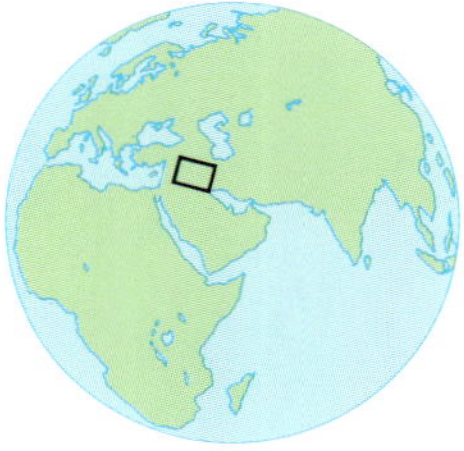

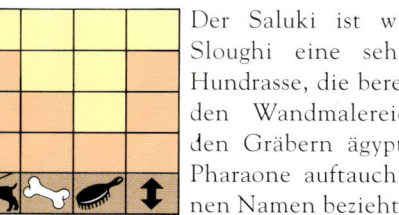

*Der Saluki: ein an-
mutiger Wüstenhund.*

Der Saluki ist wie der Sloughi eine sehr alte Hundrasse, die bereits auf den Wandmalereien in den Gräbern ägyptischer Pharaone auftaucht. Seinen Namen bezieht dieser Hund von der alten Stadt Saluk im Yemen oder auch von der Stadt Seleukia im altgriechischen Syrien. Er ist ebenfalls als Gazellenhund, Arabischer Gazellenhund, Asiatischer oder Persischer Windhund bekannt.

Die Araber, unter ihnen auch die nomadischen Beduinen, schätzen den Saluki besonders wegen seiner Fähigkeit, mit den schnellfüßigen Araberpferden Schritt zu halten und – zusammen mit dem Falken – Gazellen zu jagen.

Lady Florence Amherst erhielt 1895 zwei Saluki-Welpen und war von dieser Rasse so beeindruckt, daß sie weitere Hunde importierte und sie populär zu machen versuchte. Trotz ihrer Bemühungen wurde der Saluki erst 1923 vom British Kennel Club anerkannt. In den Vereinigten Staaten wurde er dann vier Jahre später anerkannt.

Charakter und Pflege

Dieser elegante, wenngleich etwas zurückhaltende Hund ist loyal, anhänglich und zuverlässig und inzwischen als Haus- und Ausstellungshund sehr begehrt. Er braucht viel Auslauf; auf dem Lande sollte man dafür sorgen, daß sein Jagdtrieb im Zaum gehalten wird. Sein Fell täglich mit Bürste und Hundehandschuh pflegen.

KURZINFO
• **GRUPPE** Jagdhund. **Anerkannt von** AKC, ANKC, CKC, FCI, KC (GB), KUSA.
• **GRÖSSE** Widerristhöhe: Rüden 59–71 cm, Hündinnen kleiner.
• **FELL** Glatt und seidig.
• **FARBE** Weiß, Cremefarben, Rehbraun, Goldrot, Graumeliert, Silbermeliert, Rehbraunmeliert, Tricolor – Weiß, Schwarz und Lohfarben – und Kombinationen dieser Farben.
• **KÖRPERBAU** Langer, schmaler Kopf; haselnußbraune Augen; lange, nicht zu tief angesetzte Ohren; breiter Rücken; starke, weit auseinanderliegende Hüftknochen; am langen und abfallenden Becken tief angesetzter Schwanz.

*Der einst unter den
Wüstenbewohnern
hochgeschätzte Saluki
ist heutzutage als Aus-
stellungs- und Haus-
hund sehr beliebt.*

BARSOI

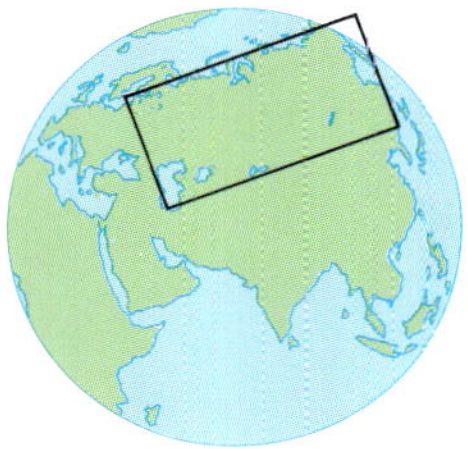

Der Barsoi, einer der größten Windhunde, jagte für russische Adlige den Steppenwolf.

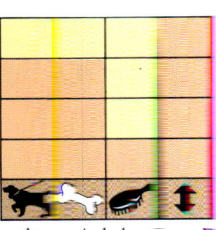

Der edle Barsoi oder Russische Windhund fand im 17. Jahrhundert Verwendung bei der Wolfsjagd und bei Windhundrennen, einem Vergnügen des Zaren und des russischen Adels. Der Barsoi spürte zwar den Wolf auf, wenn er aus seiner Deckung vertrieben wurde, tötete ihn jedoch nicht. Seine Aufgabe war vielmehr ihn am Nacken zu packen und niederzuwerfen, damit der Jäger ihn mit einem Hieb seines Schwertes erlegen konnte.

Ursprünglich gab es verschiedene Schläge des Barsoi, darunter den Sudanesischen, den Turkmenischen und den Tatarischen Barsoi. Jedoch bildet der in Rußland gezüchtete Barsoi die Grundlage für den gegenwärtigen Rassenstandard; die anderen Schläge sind ausgestorben. Mitte des 19. Jahrhunderts kam der Barsoi nach England und von dort 1889 nach Amerika. 1903 importierte Joseph B. Thomas diese Hunde erstmalig direkt vom russischen Großherzog Nikolas Romanoff nach Amerika.

Bis vor kurzem gab es über den Russischen Windhund in seinem Ursprungsland nur unklare Informationen. Inzwischen scheinen Züchter in Rußland bestrebt zu sein, ihre Züchtungen zu exportieren. In Moskau gibt es eine Barsoi-Datenbank; auch sind Informationen über die Russische Kynomische Vereinigung »Domos« (Barsoi-Abteilung) erhältlich.

Charakter und Pflege

In Europa und Amerika hat der Barsoi sich einen Namen gemacht als eleganter, kluger und zuverlässiger, wenngleich etwas zurückhaltender Haus- und relativ beliebter Ausstellungshund. Als Spielgefährte für Kinder ist er nicht geeignet. Er braucht Bewegungsfreiheit und Auslauf und muß daran gehindert werden, Vieh aufzustören, wenn sein Jagdtrieb erwacht. Sein Fell ist wenig pflegebedürftig.

KURZINFO
• **GRUPPE** Jagdhund. **Anerkannt von** AKC, ANKC, CKC, FCI, KC (GB), KUSA.
• **GRÖSSE** Widerristhöhe: Rüden mindestens 74 cm, Hündinnen 68 cm. Gewicht: Rüden 46–65 kg, Hündinnen etwa 7–9 kg weniger.
• **FELL** Seidig, flach anliegend und wellig oder gelockt; jedoch nie wollig.
• **FARBE** Alle Farben.
• **KÖRPERBAU** Langer, schlanker und insgesamt gut proportionierter Kopf; dunkle, klug und lebhaft dreinblickende Augen; kleine, spitze und feine Ohren; schmale und tief gestellte Brust; langer, ziemlich tief angesetzter Schwanz.

Der lange, etwas gewölbte Kopf des Barsoi hat einen kaum vorhandenen Stop und eine spitz zulaufende Schnauze.

ELKHOUND

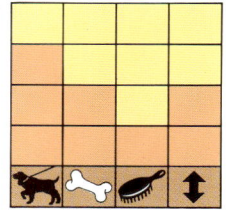

Den Grauen Norwegische Elkhound gibt es wahrscheinlich bereits seit Jahrtausenden. Archäologen haben Skelettknochen vergleichbarer Hunde entdeckt, die auf die Zeit zwischen 5000 und 4000 v. Chr. zu datieren sind. Die Aufgabe des Elkhounds bestand darin, einen Elch aufzustöbern und ihn so lange in Schach zu halten, bis sein Herr ihn erlegen konnte.

Die Rasse wurde zum ersten Mal im Jahr 1877 beim Norwegischen Jägerverband ausgestellt. 1923 gründete sich der British Elkhound Club, und die Rasse wurde offiziell vom British Kennel Club anerkannt. Die Norwegian Elkhound Association von Amerika wurde um 1930 vom American Kennel Club anerkannt. Es gibt auch einen Miniatur-Elkhound, der noch keinen Rassestandard hat, sowie den kaum bekannten Schwarzen Elkhound.

Der Elkhound:
Jäger-Hirten- und
Schlittenhund.

AFGHANISCHER WINDHUND

Der Afghane ist ein furchtloser Jäger, der sich zum Statussymbol entwickelte.

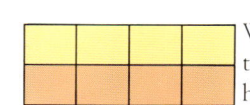

Wie das reservierte orientalische Äußere andeutet, handelt es sich beim Afghanischen Windhund um eine alte Rasse, die einer Legende zufolge von Noah bei der Sintflut in seine Arche aufgenommen wurde! Dieses Mitglied der Windhund-Familie, vermutlich ein Verwandter des Saluki, existiert mit Sicherheit bereits seit Jahrhunderten. Seine Vorfahren gelangten von ihrem Ursprungsland Persien (Iran) nach Afghanistan, wo diese Rasse zweifelsfrei ihr langes, zottiges Fell entwickelte, um unter den dortigen rauhen Klimabedingungen zu überleben. Seine Schnelligkeit und Ausdauer halfen, in seinem Heimatland Leoparden, Wölfe und Schakale zu jagen. In westlichen Ländern wurde er zum Statussymbol.

Der erste Afghanische Windhund-Club wurde 1926 in Großbritannien gegründet; im selben Jahr erkannte der American Kennel Club diese Rasse offiziell an. Seitdem ist er bei Ausstellungen gern gesehen und läuft bei Afghanischen Windhundrennen, die sich einer zunehmenden Beliebtheit erfreuen.

Charakter und Pflege

Obwohl in jungen Jahren etwas eigenwillig, entpuppt sich der Elkhound im allgemeinen als gutartiger Familienhund, der keinen unangenehmen Geruch verströmt. Er braucht viel Auslauf, sein Fell benötigt tägliche Pflege.

KURZINFO
• GRUPPE Jagdhund. Anerkannt von AKC, ANKC, CKC, FCI KC (GB), USA.
• GRÖSSE Widerristhöhe: Rüden etwa 52 cm, Hündinnen um 49 cm. Gewicht: Rüden um 23 kg, Hündinnen um 20 kg.
• FELL Dicht, üppig und wasserdicht; Oberwolle rauh und glatt, Unterwolle weich und wollig.
• FARBE Verschiedene Grauschattierungen mit schwarzen Haarspitzen an der Oberwolle; heller auf Brust, Bauch, Läufen, Schwanzunterseite, Gesäß und an Laufes Vorderteil.
• KÖRPERBAU Keilförmiger Kopf; leicht ovale Augen; hoch angesetzte Ohren; kräftiger Körper, starker Schwanz.

Charakter und Pflege

Der Afghanische Windhund ist ein eleganter, schöner und liebevoller Hund, gewöhnlich von gutmütiger Wesensart, der allerdings ungern gereizt wird. Er ist klug, etwas zurückhaltend und braucht viel Auslauf. Sein Fell sollte mit einer Luftkissenbürste regelmäßig und gewissenhaft gepflegt werden, denn sonst wird es schnell struppig.

KURZINFO
• GRUPPE Jagdhund. Anerkannt von AKC, ANKC, CKC, FCI KC (GB), USA.
• GRÖSSE Widerristhöhe: Rüden etwa 68 cm, Hündinnen etwa 63 cm. Gewicht: Rüden um 27 kg, Hündinnen um 23 kg.
• FELL Lang und dünn.
• FARBE Alle Farben.
• KÖRPERBAU Langer und nicht zu schmaler Kopf; vorzugsweise dunkle, doch auch goldbraune Augen nicht auszuschließen; tief und hinten angesetzte Ohren; mittellanger, gerader Rücken; nicht zu kurzer Schwanz.

JÄMTHUND

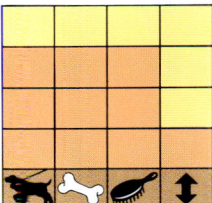

Der Jämthund oder auch Schwedische Elkhound, der seinen Namen von dem schwedischen Distrikt Jämtland bezieht, ist in seiner Heimat zwar populär, hat außerhalb seines Landes aber wenig Beachtung gefunden. Er ist ein enger Verwandter des Norwegischen Elkhounds, der international bekannter ist. Den Jämthund, den passionierte schwedische Jäger züchteten, um eine verbesserte Variante des einheimischen Elkhounds zu entwickeln, hat es viele Jahre lang im Norden Skandinaviens gegeben. Er wurde sogar als eine eigenständige, vom Norwegischen Elkhound verschiedene Rasse anerkannt.

Dieser kräftige Spitz ähnelt äußerlich dem Norwegischen Elkhound sehr, ist jedoch etwa 10 cm kleiner und hat helle Abzeichen im Gesicht. Wie sein norwegischer Verwandter wurde er für die Jagd auf Großwild, darunter Elch, Bär und Wolf, gezüchtet und wird heutzutage bei der Jagd auf allerlei Wild eingesetzt. Nach wie vor wird kontrovers darüber diskutiert, ob er ein besserer Elchjäger ist als der Norwegische Elkhound.

Charakter und Pflege

Der Jämthund ist selbstbewußt und klug, aber freundlich und angenehm im Umgang mit Kindern. Er braucht viel Auslauf, und sein Fell muß täglich mit einer harten Bürste gepflegt und gekämmt werden.

KURZINFO
• GRUPPE Jagdhund. Anerkannt von FCI.
• GRÖSSE Widerristhöhe: Rüden 59–64 cm, Hündinnen 54–59 cm.
• FELL Rauh und dicht, mit kurzer, weicher Unterwolle.
• FARBE Grau mit hellgrauen oder cremefarbenen Abzeichen auf Schnauze, Wangen, an Hals und Körperunterseite.
• KÖRPERBAU Langer, schmaler Kopf; kleine, dunkle, lebhafte Augen; tief gestellter Körper; dicht über dem Rücken getragener, geringelter Schwanz.

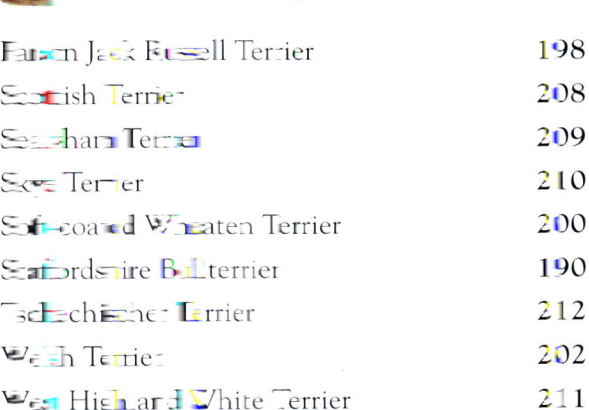

TERRIER

BULLTERRIER

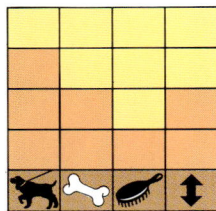

Manche Menschen halten Hunde dieser Rasse für einen Ausbund an Häßlichkeit, während andere, zu denen ich mich zähle, dem Bullterrier, dem »Gladiator unter den Hunden«, nur Bewunderung entgegenbringen.

Ebenso wie der Staffordshire Bullterrier begann der Bullterrier seine Existenz als Kampfhund. Er war das Ergebnis der Kreuzung der alten englischen Bulldogge mit einem Terrier.

Dem Vernehmen nach haben die ersten Bullterrier dem Staffordshire sehr ähnlich gesehen, doch dann wurde Dalmatinerblut und vermutlich auch anderes Blut eingekreuzt. James Hinks aus Birmingham standardisierte als erster diese Rasse im 19. Jahrhundert. Er entschied sich für ein weißes Fell. Bullterrier gab es bis zum Zweiten Weltkrieg nur in dieser Farbe, erst später tauchten andere Farben auf.

Charakter und Pflege

Falls Sie Liebhaber der Bull-Rassen sein sollten, dann werden sie den Bullterrier mögen. Trotz seiner grimmigen Erscheinung und Kraft eignet er sich zum treuen und anhänglichen Haushund. Besonders Hündinnen sind äußerst liebevoll im Umgang mit Kindern. Diese Hunde sind allerdings so stark, daß sie eine feste Hand und viel Auslauf brauchen. Ihre kurzen, glatten Haare verlangen nur minimale Pflege.

Eine Besonderheit unter allen Hunderassen: die Kopfform des Bullterriers wird durch seine natürlich aufrecht stehenden Ohren verlängert. Die Augen wirken dreieckig.

KURZINFO

- **GRUPPE** Terrier.
  Anerkannt von AKC, ANKC, CKC, FCI, KC (GB), KUSA.

- **GRÖSSE** Widerristhöhe: 52,5–55 cm.
  Gewicht: 23,5–30 kg.

- **FELL** Kurz und eng anliegend.

- **FARBE** Reinweiß, sonst vorzugsweise gestromt; Schwarz, Rot, Lohfarben und Tricolor zulässig.

- **KÖRPERBAU** Langer, kräftiger Kopf in charakteristische Keilform; klein erscheinende Augen; kleine, feine und eng zusammenstehende Ohren; kurzer, tief angesetzter und waagerecht getragener Schwanz.

MINIATURE BULLTERRIER

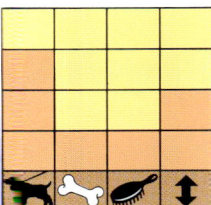

Bei diesem Hund handelt es sich um das kleinere Ebenbild des Bullterriers, der ansonsten mit ihm identisch ist. Bullterrier mit einem Gewicht von nur 4,5 kg wurden in der Züchterchronik frühzeitig bekannt, aber erst 1939 verlieh der britische Kennel Club dem Miniature Bullterrier einen eigenen Rassestandard. Er ist nie richtig populär geworden, bei Hundeschauen sieht man ihn selten.

Charakter und Pflege

Dieser liebenswerte und umgängliche kleine Hund besitzt die gleichen Eigenschaften wie sein größerer Verwandter, eignet sich gut zum Haushund und ist im allgemeinen liebevoll zu Kindern. Sein Fell muß täglich gebürstet werden, und er benötigt viel Auslauf.

KURZINFO

- **GRUPPE** Terrier.
  Anerkannt von AKC, ANKC, CKC, FCI, KC (GB), KUSA.

- **GRÖSSE** Widerristhöhe: 25–35,5 cm.
  Gewicht: 4,5–18 kg.

- **FELL** Kurz, eng anliegend, fein glänzend.

- **FARBE** Reinweiß, Schwarz, gestromt, Rot, Lohfarben und Tricolor zulässig.

- **KÖRPERBAU** Augen wirken klein, schräg und dreieckig; dünne, eng beisammenstehende Ohren; muskulöser, langer, geschwungener Hals, von den Schultern zum Kopf spitz zulaufend und ohne Hautfalten; kurzer, tief angesetzter und waagerecht getragener Schwanz.

Den ursprünglich mit weißem Fell gezüchteten Bullterrier gibt es inzwischen in allen Farben, wobei die gestromte Form bevorzugt wird.

Der Miniature Bullterrier wurde gezüchtet, um seinen größeren Verwandten bei der Rattenjagd zu unterstützen.

189

STAFFORDSHIRE BULLTERRIER

Der kräftig gebaute und muskulöse Staffordshire Bullterrier ähnelt nach wie vor seinen Bulldoggen- und Terrier-Vorfahren.

Der Staffordshire Bullterrier darf nicht mit dem American Staffordshire Terrier oder Pitbull verwechselt werden. Der liebenswerte Staffordshire oder Staffy hat eine blutige Geschichte. Er entstand aus der Kreuzung zwischen der alten englischen Bulldogge und dem Terrier – höchstwahrscheinlich der erloschenen Black-and-Tan-Varietät – zu einer Zeit, als Stierhetze mit Hunden und Hundekämpfe noch zu den beliebtesten »Sportarten« Englands gehörten. Die zu diesem Zweck gezüchteten Hunde besaßen ideale Voraussetzungen für solche Veranstaltungen: Sie verbanden die Kraft und Zähigkeit einer Bulldogge mit der Wendigkeit und schnellen Auffassungsgabe eines Terriers. Erst als man die Stierhatz und später auch die Hundekämpfe in England gesetzlich verbot, wurden die freundlicheren Eigenschaften des Staffy als Begleithund gefördert. 1935 erkannte der British Kennel Club ihn offiziell an, 1974 zog dann der American Kennel Club nach.

Charakter und Pflege

Der Staffy zählt zu den beliebtesten Haus- und Ausstellungshunden. Er eignet sich aber auch als Wachhund und Spielgefährte für Kinder. Einem Streit mit anderen Hunden geht er nur ungern aus dem Weg. Bei Spaziergängen empfiehlt es sich daher, ihn an der Leine zu führen. Dieser vollkommen zuverlässige Hund mit seinem glatten Fell ist pflegeleicht, da er außer regelmäßigen Bürstens keinerlei Pflege bedarf.

KURZINFO
• **GRUPPE** Terrier. **Anerkannt von** AKC, ANKC, CKC, FCI, KC (GB), KUSA.
• **GRÖSSE** Widerristhöhe: 36–41 cm. Gewicht: Rüden 12,5–17 kg, Hündinnen 11–15,5 kg.
• **FELL** Glatt, kurz und dicht.
• **FARBE** Rot, Lohfarben, Weiß, Schwarz oder Blau, oder all diese Farben mit Weiß; alle Farbschattierungen gestromt oder alle Farbschattierungen gestromt mit Weiß.
• **KÖRPERBAU** Kurzer, flacher, breiter Schädel; vorzugsweise dunkle Augen, deren Farbe jedoch auch auf die Fellfarbe abgestimmt sein darf; Rosen- oder Knopfohren; mächtiger, gedrungener Körperbau; mittellanger Schwanz.

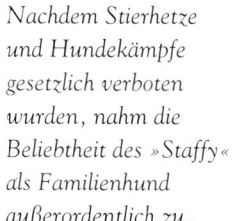

Nachdem Stierhetze und Hundekämpfe gesetzlich verboten wurden, nahm die Beliebtheit des »Staffy« als Familienhund außerordentlich zu.

AIREDALE TERRIER

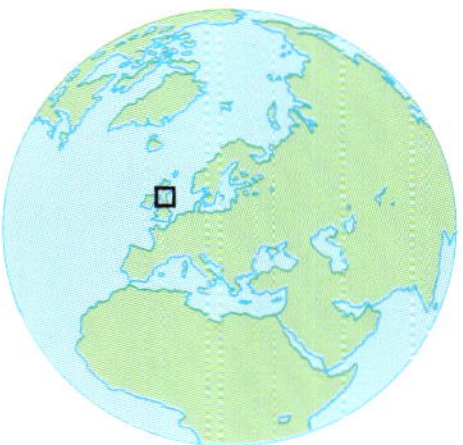

Der Airedale ist der König der Terrier und am weitesten verbreitet. Ursprünglich als Waterside Terrier und manchmal auch als Bingley Terrier bekannt, wurde er nach dem Aire-Tal in nordenglischen Yorkshire benannt. Er ist der Nachkomme eines Gebrauchsterriers und eines Otterhounds. Der Airedale wurde auf Hundeschauen bereits 1879 als eigenständiger Schlag eingeordnet, gewann jedoch erst ab 1930 eine breitere Anerkennung als Ausstellungshund. Um 1910 wurde der Airedale in den USA eingeführt.

Der Airedale, ein geschickter Ratten- und Entenfänger, kann auch für die Jagd mit der Büchse abgerichtet werden und ist ein vorzüglicher Wachhund. Ihm sind vielfältige Aufgaben übertragen worden: Er war Meldehund in der britischen und der russischen Armee, Geldsammler fürs Rote Kreuz und Patrouillenhund bei der Bahnpolizei, doch ist er vom Deutschen Schäferhund vertrieben worden.

Charakter und Pflege

Der vielseitig verwendbare Airedale eignet sich hervorragend für denjenigen Liebhaber von Terriern, der sich einen größeren Hund wünscht. Als Familienhund ist er den Kindern ein guter Spielgefährte, äußerst treu und erträgt trotz seiner Größe selbst beengte Wohnverhältnisse. Für Hundeschauen muß man ihn zweimal pro Jahr von Hand trimmen lassen.

KURZINFO
• **GRUPPE** Terrier. **Anerkannt von** AKC, ANKC, CKC, FCI, KC (GB), KUSA.
• **GRÖSSE** Widerristhöhe: Rüden 58–61 cm, Hündinnen 56–59 cm. Gewicht: um 20 kg.
• **FELL** Hart, dicht und drahtig.
• **FARBE** Sattel, Nacken und Schwanzoberseite: Schwarz oder Grau; Rest Lohfarben; Ohren zumeist etwas dunkler, Schattierungen an Hals und Schädelseiten möglich; wenige weiße Haare zwischen den Vorderpfoten zulässig.
• **KÖRPERBAU** Langer, flacher Schädel; v-förmige Knopfohren; tief gestellte Brust; kurzer, kräftiger, gerader Rücken; hoch angesetzter, aufrecht getragener und kupierter Schwanz.

Als größter Vertreter der Terrier-Gruppe hat der Airedale bei der Polizei, in der Armee und bei Rettungsdiensten Hervorragendes geleistet.

Knopfohren, kleine, dunkle Augen und ein Bart verleihen dem Airedale ein freundliches Aussehen.

191

BEDLINGTON TERRIER

Obwohl der Bedlington Terrier äußerlich einem Lamm zum Verwechseln ähnlich sieht, wurde er früher zum Wildern und auch bei Hundekämpfen eingesetzt.

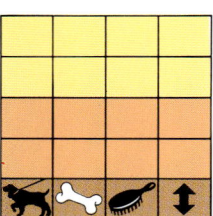

Mit seinem charakteristisch dicken und gekräuselten Fell, das deutlich von der Haut absteht, sieht der Bedlington Terrier wie ein geschorenes Lamm aus. Dieser Schlag war einst bei Wilderern beliebt und ist zum Teil noch als Zigeunerhund bekannt. Es wird angenommen, daß der Greyhound oder Whippet und vermutlich ebenso der Dandie Dinmont Terrier als Vorfahren eine gewisse Rolle gespielt haben. Der Bedlington stammt wohl aus dem englischen Northumberland.

Old Flint, eine der ersten bekannten Hündinnen aus dem Jahr 1782, soll bis 1873 nachweisbare Nachkommen gehabt haben. Dann wurde der British Kennel Club gegründet, der für zuverlässige Aufzeichnungen sorgte.

Im 18. Jahrhundert existierte ein als Rothbury Terrier bekannter Schlag ähnlicher Terrier im Rothbury-Wald in Northumberland. 1820 kam ein Herr Howe mit seiner Hündin Phoebe ins Dorf Bedlington. Phoebe gelangte in die Hände von Joseph Ainsley, der sie von einem Old Piper genannten Hund decken ließ. Aus dieser Verbindung ging Young Piper hervor, der erste Hund, der die neue Bezeichnung Bedlington Terrier erhielt. Der Schlag wurde in den 1860er Jahren erstmals in Großbritannien ausgestellt. 1875 gründete sich der Bedlington Terrier Club. In den USA und in Großbritannien ist der Bedlington mäßig beliebt.

Charakter und Pflege

Der Bedlington Terrier ist ein echter Terrier: liebenswert, voll spaßiger Ideen, aber auch eine Plage, wenn er gereizt wird. Allerdings ist er leicht auszubilden und kinderlieb. Er braucht nicht viel Raum und nur durchschnittlich viel Auslauf. Täglich bürsten!

KURZINFO
• **GRUPPE** Terrier. **Anerkannt von** AKC, ANKC, CKC, FCI, KC (GB), KUSA.
• **GRÖSSE** Widerristhöhe: Rüden 41–44 cm, Hündinnen 37,5–41 cm. Gewicht: 8–10,5 kg.
• **FELL** Dick und gekräuselt.
• **FARBE** Blau, Leberbraun oder Sandfarben, mit oder ohne Rehbraun; dunkleres Pigment wird gefördert; bei blauem wie auch bei blauem und rehbraunem Fell schwarze Nase erforderlich; bei leberbraunem und sandfarbenem Fell braune Nase erforderlich.
• **KÖRPERBAU** Schmaler Schädel; kleine, lebhafte und tiefliegende Augen; mittelgroße, haselnußförmige Ohren; muskulöser Körper; mittellanger, an der Basis recht dicker und spitz zulaufender Schwanz.

FOXTERRIER (GLATTHAAR UND RAUHHAAR)

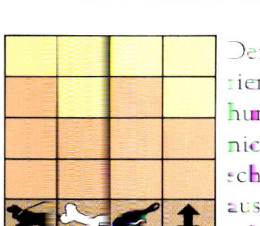

Der glatthaarige Foxterrier war zuerst ein Stallhund, der Schädlinge vernichtete. Er stammt wahrscheinlich von Terriern aus den englischen Grafschaften Cheshire und Shropshire ab, mit Einkreuzungen von Beagleblut. De rauhhaarige Foxterrier, ein guter Kaninchenjäger, kommt ursprünglich aus den englischen Kohlenrevieren Durham und Derbyshire und aus Wales. Wie sein Name besagt, jagt er auch den Fuchs.

Viele Jahre lang wurden der glatt- und der rauhhaarige Foxterrier zusammen gezüchtet. Alle großen Rauhhaarigen stammen aus der Kreuzung eines glatthaarigen Foxterriers namens Jock und einer Hündin namens Trap mit unbekanntem Stammbaum, aber eindeutig rauhhaarigen Fell. Der glatthaarige Foxterrier erhielt 1876 sein eigenes Register. Für beide Schläge gelten jedoch einheitliche Regularien.

Beide Schläge des Foxterriers waren in England in den 30er Jahren sehr begehrt. Der Rauhhaarige erfreut sich größerer Beliebtheit als der Glatthaarige, der außerhalb von Hundeschauen nur selten anzutreffen ist.

Charakter und Pflege

Foxterrier sind liebevoll, lassen sich gut ausbilden und geben ideale Gefährten für kleine Kinder ab. Das Fell des Glatthaarigen muß täglich mit einer harten Bürste gepflegt und zur Ausstellung getrimmt und eingekreidet werden. Der Rauhhaarige wird dreimal jährlich handgetrimmt und regelmäßig gepflegt.

Der rauhhaarige wurde wahrscheinlich einige Jahre früher entwickelt als der glatthaarige Schlag, obwohl er sein Debüt auf einer Hundeschau später gab.

Der heutzutage ziemlich selten gewordene glatthaarige Foxterrier unterscheidet sich von seinem rauhhaarigen Verwandten lediglich durch die Fellbeschaffenheit.

KURZINFO
• **GRUPPE** Terrier. **Anerkannt von** AKC, ANKC, CKC, FCI, KC (GB), KUSA.
• **GRÖSSE** Widerristhöhe: Rüden maximal 39 cm, Hündinnen etwas weniger. Gewicht: 7–8 kg.
• **FELL** *Glatthaar* glatt, eng anliegend und weich. *Rauhhaar* dicht und sehr drahtig.
• **FARBE** *Glatthaar* Weiß; Weiß mit lohfarbenen oder schwarzen Abzeichen, wobei Weiß überwiegen sollte. *Rauhhaar* Weiß sollte überwiegen, mit schwarzen oder lohfarbenen Abzeichen. Gestromte, rote, leberbraune oder schiefergraue Abzeichen bei beiden unerwünscht.
• **KÖRPERBAU** *Glatthaar* flacher, mäßig schmaler Schädel; dunkle, kleine und ziemlich tiefliegende Augen; kleine, v-förmige und nach vorne umklappende Ohren; tiefliegende, schmale Brust; üblicherweise kupierter Schwanz. *Rauhhaar* Schädeloberlinie fast flach; dunkle, intelligente Augen; kleine, v-förmige Ohren mittlerer Dicke; kurzer, starker, gerader Rücken; kupierter Schwanz.

GLEN OF IMAAL TERRIER

Charakter und Pflege

Heutzutage gibt es den Glen of Imaal Terrier nur noch als Haus- oder Gebrauchshund auf irischen Höfen und kleinen Anwesen. Er ist herzlich, mutig, kinderlieb und sehr verspielt. Soll er struppigbleiben, so braucht man sein Fell nur einmal am Tag zu bürsten.

KURZINFO
• **GRUPPE** Terrier. **Anerkannt von** ANKC, FCI, KC (GB), KUSA.
• **GRÖSSE** Widerristhöhe: etwa 35 cm. Gewicht: etwa 15,5 kg.
• **FELL** Halblanges und drahtiges Deckhaar mit weicher Unterwolle.
• **FARBE** Blau, gestromt oder Weizenfarben, alle Farbschattierungen.
• **KÖRPERBAU** Breiter Kopf mit ausgeprägter Vorderschnauze; mittelgroße, braune Augen; kleine Rosenohren – wenn wachsam, dann gespitzt, in Ruhestellung zurückgeworfen; mächtige Kiefer; tiefer, mittellanger Körper; an der Basis dicker, aufrecht getragener und gelegentlich kupierter Schwanz.

Außerhalb seiner irischen Heimat ist der Glen of Imaal Terrier, ein mutiger kleiner Hund, kaum bekannt.

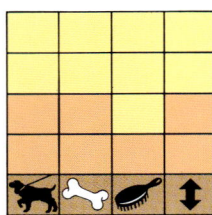

Dieser kurzläufige Terrier entstammt dem Glen of Imaal in der irischen Grafschaft Wicklow, wo er seit langem bekannt ist. Er wurde gehalten, um Raubwild zu vertreiben, aber auch als Kampfhund. Da die Jagd auf den Dachs und Hundekämpfe inzwischen gesetzlich verboten wurden, sind nur noch seine übrigen Fähigkeiten gefragt.

Der Glen of Imaal Terrier wurde 1933 in seiner Heimat offiziell anerkannt. Der British Kennel Club zog inzwischen nach, doch außerhalb Irlands ist diese Rasse kaum bekannt.

Der Glen dient auf irischen Höfen noch immer als Gebrauchshund.

IRISH TERRIER

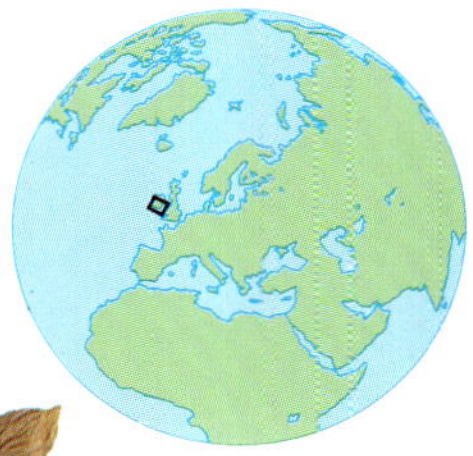

Der äußerlich dem Airedale ähnelnde Irish Terrier ist ein geschickter Rattenfänger und kann für die Jagd mit der Büchse abgerichtet werden.

Der Irish oder Irish Red Terrier erinnert – bis auf sein glutrotes Fell – an einen kleinen Airedale Terrier. Die Iren behaupten, dieser Hund, ihr Nationalterrier, sei eine Miniaturausgabe des Irish Wolfhounds und seit Jahrhunderten in Irland heimisch. Jedoch erst 187. erwähnte man ihn offiziell, und in Idstones Book of Dogs von 1872 wurde diese Rasse nicht erwähnt. Als wahrscheinlicher gilt, daß er von den rauhhaarigen schwarzroten Terriern abstammt, die vor ungefähr 200 Jahren Nagetiere vertrieben und Wild jagten. Eine Untersuchung der sehr ähnlichen Welsh und Lakeland Terrier stützt diese Annahme. Im Fall des Irish Terrier ist das Blut eines großen Wheaten Terrier vermutlich noch eingekreuzt worden.

Wer immer die Vorfahren des Irish Terrier auch waren, er variierte bis ins Jahr 1879 erheblich in Größe, Körperbau und Farbe. In jenem Jahr wurde in Irland ein spezialisierter Hundeclub gegründet, man bemühte sich um die Festlegung eines Standards, und allmählich mauserte sich der Irish Terrier auch international zu einem eindeutigen Liebling.

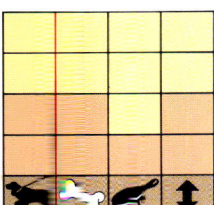

Charakter und Pflege

Der Irish Terrier ist ein erfolgreicher Jagdhund. Er ist jedoch auch ein anhänglicher Familienhund. Sein Fell sollte zwei- bis dreimal im Jahr getrimmt und regelmäßig gebürstet werden.

KURZINFO
• **GRUPPE** Terrier. **Anerkannt von** AKC, ANKC, CKC, FCI, KC (GB), KUSA.
• **GRÖSSE** Widerristhöhe: um 46 cm. Gewicht: 11,5–12 kg.
• **FELL** Hart und drahtig.
• **FARBE** Einfarbig, vorzugsweise Rot, Weizenfarben mit rötlichem Schimmer oder Gelbrot; etwas Weiß auf der Brust zulässig; Weiß an Pfoten oder jegliche schwarze Schattierung sehr unerwünscht.
• **KÖRPERBAU** Langer, zwischen den Ohren flacher und schmaler Kopf; kleine, dunkle, nicht hervortretende Augen; kleine, v-förmige Ohren; tief angesetzter, muskulöser und meist kupierter Schwanz.

Obwohl es den Irish Terrier bereits seit vielen Jahren gibt, existierte er in vielen Varianten, bis ein Hundeclub sich um einen Standard bemühte.

KERRY BLUE TERRIER

Der Kerry Blue, einst das Maskottchen irischer Patrioten, ist so furchtlos, daß er es sogar in tiefem Wasser mit dem Otter aufnimmt.

Der Kerry Blue Terrier stammt aus der Grafschaft Kerry in Südwestirland. Als ausgezeichneter Jagdhund und guter Schwimmer wurde er dort bei der Jagd auf Dachs, Fuchs und Otter eingesetzt. Zu seinen Vorfahren sollen der Irish, Bedlington und Bullterrier zählen, angeblich auch der Irish Wolfhound. Einer Legende zufolge soll sich die Linie des Kerry Blue bis auf einen blauen Terrier, einen Überlebenden eines in der Tralee-Bucht in der Grafschaft Kerry untergangenen Schiffs, zurückverfolgen lassen. Dieser Hund war so wild, daß er jeden Widersacher tötete, der mit ihm den Kampf aufnahm. Was auch immer die wirklichen Ursprünge des Kerry Blue gewesen sein mögen, so gehört er auch heute nicht zu den Hunden, denen man mit seinem Pekinesen oder Chihuahua begegnen möchte, wenn sie nicht an der Leine geführt werden.

Der Kerry Blue Terrier wurde zuerst auf der Crufts Dog Show in England vorgeführt, 1922 dann in den Vereinigten Staaten. Im gleichen Jahr wurde er vom British Kennel Club anerkannt, in den USA zwei Jahre darauf.

Charakter und Pflege

Obwohl der Kerry Blue zuerst als Jagdhund diente, wird er inzwischen hauptsächlich als Haushund gehalten. Er ist kinderlieb und ein ausgezeichneter Wachhund. Erzürnen ihn jedoch andere Hunde oder Haustiere, so kann er äußerst grimmig reagieren. Der Kerry läßt sich nicht leicht auf eine Hundeschau vorbereiten, muß er doch fachmännisch getrimmt werden. Sein Fell sollte täglich mit einer harten Bürste und Metallkamm gepflegt werden.

KURZINFO
• **GRUPPE** Terrier. **Anerkannt von** AKC, ANKC, CKC, FCI, KC (GB), KUSA.
• **GRÖSSE** Widerristhöhe: Rüden 45–49 cm, Hündinnen 44–47 cm. Gewicht: 15–18 kg.
• **FELL** Weich, stachelig, üppig und gewellt.
• **FARBE** Jede blaue Farbschattierung, mit oder ohne schwarze Abzeichen; ein kleiner weißer Fleck auf der Brust sollte an sich nicht bestraft werden.
• **KÖRPERBAU** Sehr dunkle Augen; kleine bis mittelgroße, v-förmige Ohren; kurze Lenden mit gut tiefgestellter Brust und gut gerundeten Rippen; hoch angesetzter, aufrecht getragener, kupierter Schwanz.

LAKELAND TERRIER

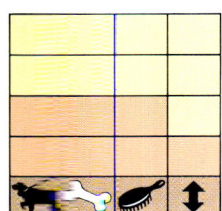

Der Lakeland Terrier, ursprünglich auch als Patterdale Terrier bekannt, stammt aus dem Lake District in der alten englischen Grafschaft Cumberland. Er wurde mit gezüchtet, um Schafe vor Füchsen zu schützen. Zu diesem Zweck wurden verschiedene Terrier eingekreuzt, und man nimmt an, daß Border, Bedlington und Dandie Dinmont Terrier, und wahrscheinlich später auch der Foxterrier, ebenfalls beteiligt waren. Das Ergebnis ist ein praktisches und mutiges Arbeitstier, das einem miniaturisierten Airedale gleicht und so klein ist, daß es die Beute bis in ihren Bau verfolgt.

Obwohl der Lakeland jahrelang bei örtlichen Jagdpartien mitwirkte, tauchte er erst 1912 auf einer Hundeschau auf. Nach dem Ersten Weltkrieg wurde ein entsprechender Hundeclub gegründet, und 1921 erkannte der British Kennel Club diese Rasse an. Ein Lakeland Terrier (Champion Stingray of Derryabah) gewann den Titel »Best in Show« 1964 auf der Hundeschau bei Crufts in London und 1965 jenseits des Atlantiks auf der Westminster-Hundeschau in New York.

Charakter und Pflege

Der Lakeland Terrier hat seinen Jagdtrieb nicht verloren, gibt jedoch einen ausgezeichneten, handlichen Haushund ab, taugt zum Wachhund und ist kinderlieb. Das Tier braucht allerdings viel Auslauf. Sein Fell muß täglich gebürstet werden.

KURZINFO
• **GRUPPE** Terrier. **Anerkannt von** AKC, ANKC, CKC, FCI, KC (GB), KUSA.
• **GRÖSSE** Widerristhöhe: maximal 37 cm. Gewicht: Rüden um 7,7 kg, Hündinnen um 7 kg.
• **FELL** Dicht und hart, mit wasserdichter Unterwolle.
• **FARBE** Black and Tan, Blue and Tan, Rot, Weizenfarben, Rot gestromt, Leberbraun, Blau oder Schwarz; Mahagonifarben oder dunkel Lohfarben untypisch; kleine weiße Punkte auf Pfoten und Brust zwar unerwünscht, doch zulässig.
• **KÖRPERBAU** Flacher Schädel; dunkle oder haselnußbraune Augen; mittelgroße Ohren; nicht zu schmale Brust; Schwanz üblicherweise kupiert.

Der Lakeland Terrier, der einer Miniaturausgabe des Airedale ähnelt, jagte den Fuchs in unwegsamem Gelände.

MANCHESTER TERRIER

Der Manchester Terrier: vom Rattenfänger zum Haushund.

Der Manchester Terrier und der English Toy Terrier (in den USA als Toy Manchester Terrier bekannt) wurden früher beide als »Schwarzroter Terrier« ausgestellt, sie unterschieden sich nur durch ihr Gewicht. Heute werden beide Schläge getrennt klassifiziert.

Obwohl nur wenige Belege zur Geschichte des Manchester Terrier vorliegen, lassen sie dennoch darauf schließen, daß es sich um eine alte Rasse handelt. Seine Vorfahren waren Terrier, die Mitte des 19. Jahrhunderts zum Vergnügen der Zuschauer in der Hundearena Ratten töteten. Dieser »Sport« war bei der ärmeren Bevölkerung etwa im nordenglischen Manchester sehr beliebt. Der Manchester Terrier scheint vom inzwischen ausgestorbenen Weißen Englischen Terrier abzustammen, der mit Dachshund, Whippet und King Charles Spaniel gekreuzt wurde. Dem Dobermann und dem Italienischen Greyhound verdankt der Manchester sein glattes, glänzendes Fell, dem letzteren zudem seinen leicht gerundeten Rücken.

PARSON JACK RUSSELL TERRIER

Dieser Terrier, von dem jagdbegeisterten Reverend Jack Russell gezüchtet, ist nach wie vor als Gebrauchs- und ausgelassener Haushund beliebt.

Der Parson Jack Russell Terrier wurde erst 1990 vom British Kennel Club anerkannt. Bis dahin fielen Farbe, Körperbau, Größe und Fell der Hunde zu unterschiedlich aus, als daß man ihnen den Status »reinrassig« zuerkennen konnte. Der Kennel Club erkannte lediglich einen Typ des Jack Russell an, und zwar den Parson Jack. Obwohl Hundeliebhaber dazu übergegangen sind, ähnliche Terrier als Jack Russell zu bezeichnen, werden sie nicht als solche anerkannt. Häufig werden sie auch als Jagdterrier bezeichnet und sind in Nordamerika und Großbritannien sehr beliebt.

Diese Hunderasse verdankt ihren Namen einem jagdbegeisterten Pfarrer (»parson«), der Mitte des 19. Jahrhunderts in der englischen Grafschaft Devon lebte. Er war Reiter, Preisrichter für Terrier und eines der ersten Mitglieder des British Kennel Club. Reverend Russell züchtete diesen Terrierschlag, der den Jagdhunden folgen und den Fuchs aus seinem Bau aufstöbern konnte, aus verschiedenen Typen des rauhhaarigen Foxterriers. Ihr Fell ist entweder rauh und uneben oder glatt.

Charakter und Pflege

Der Manchester Terrier wird in der Regel sehr alt. Trotz seiner Vergangenheit als Jagdhund, ist er oft der verhätschelte Haushund älterer Menschen. Er eignet sich auch gut als Familienhund und kann sich dem Stadt- wie auch dem Landleben anpassen. Sein Fell muß lediglich täglich gebürstet und frottiert werden.

KURZINFO
■ GRUPPE Terrier. Anerkannt von AKC, ANKC, CKC, FCI, KC (GB), KUSA.
■ GRÖSSE Widerristhöhe: Rüden etwa 41 cm. Hündinnen 38 cm. Gewicht: 5,5–10 kg.
■ FELL Dicht, glatt, kurz und glänzend.
■ FARBE Tiefschwarz und intensiv Lohfarben.
■ KÖRPERBAU Langer, flacher, schmaler Schädel; kleine, dunkle und funkelnde Augen; kleine, v-förmige Ohren; schmale und tief gestellte Brust; kurzer, am Ende des Rückenbogens ansetzender Schwanz.

Charakter und Pflege

Der Parson Jack Russell ist noch immer ein äußerst guter Arbeitsterrier und bei vielen Menschen als Haushund enorm beliebt, auch bei der älteren Generation. Er ist jedoch leicht erregbar und daher als Spielgefährte für ein aktives Kind eindeutig besser geeignet. Sein Fell braucht nur minimale Pflege.

KURZINFO
► GRUPPE Terrier. Anerkannt von ANKC, FCI, KC (GB), KUSA.
► GRÖSSE Widerristhöhe: Rüden 33–35 cm, Hündinnen 30–33 cm.
► FELL Glatt oder rauh und uneben.
► FARBE Ganz weiß oder mit lohfarbenen, zitronengelben oder schwarzen, vorzugsweise auf Kopf und Schwanzwurzel beschränkte Abzeichen.
► KÖRPERBAU Grobknochiger Schädel; mandelförmige Augen; v-förmige Ohren; starke Hinterhand; üblicherweise kupierter Schwanz.

DEUTSCHER JAGDTERRIER

Der Deutsche Jagdterrier wurde in Deutschland gezüchtet, wahrscheinlich durch Kreuzung des englischen Foxterriers und des Lakeland Terriers. Durch sorgfältige Zuchtauswahl erhielt man einen Hund für die Jagd unter der Erde, der zudem Niederwild im Gelände oder im Wasser wiederfindet. Der Deutsche Jagdterrier ist ein mutiger Jäger.

Charakter und Pflege

Dieser Jagdhund hat ein aggressives Temperament und eignet sich nicht als Haushund. Man sollte ihn im Außenzwinger halten und sein Fell mit einem Hundehandschuh pflegen.

KURZINFO
• GRUPPE Terrier. Anerkannt von FCI.
• GRÖSSE Widerristhöhe: maximal 40,5 cm. Gewicht: Rüden 8,5–10 kg, Hündinnen 7–8 kg.
• FELL *Glatthaar* glatt, hart, dicht und flach anliegend. *Rauhhaar* hart und drahtig.
• FARBE Überwiegend Schwarz, Schwarzgrau meliert oder Dunkelbraun mit kleinen, auch lohfarbenen Abzeichen.
• KÖRPERBAU Eher schwerer Schädel; kleine, dunkle, schrägstehende Augen; v-förmige, nach vorne klappende Ohren; langer Rücken; hoch angesetzter, aufrecht getragener, meist kupierter Schwanz.

Obwohl ideal für manchen Zweck, eignet sich der Deutsche Jagdterrier nicht als Haushund.

SOFT-COATED WHEATEN TERRIER

Der Wheaten Terrier, einer der ältesten irischen Terrier, trat erst vor kurzem aus dem Schatten der Bauernhöfe ans Licht der Öffentlichkeit.

HARLEKINPINSCHER

Der Harlekinpinscher ist die jüngste Pinscherrasse und wurde 1958 anerkannt. Er wurde auf der Grundlage des Deutschen Pinschers gezüchtet, von dem er sich durch die Fellfarbe unterscheidet. Seine Schönheit und Umgänglichkeit hatten Vorrang vor seiner Arbeitsfähigkeit. Außerhalb Deutschlands sieht man ihn selten.

Charakter und Pflege
Der Harlekinpinscher ist ein lebhafter Hund. Wie alle Terrierarten warnt er seinen Besitzer vor Einbrechern, doch im wesentlichen dient er als Begleithund. Er besitzt ein besonders freundliches Wesen, ist lebhaft und benötigt ziemlich viel Auslauf. Sein Fell muß mit einer Bürste oder einem Hundehandschuh ein- bis zweimal wöchentlich gepflegt werden.

KURZINFO
• **GRUPPE** Terrier. **Anerkannt von** FCI.
• **GRÖSSE** Widerristhöhe: 31–36 cm.
• **FELL** Kurz, glatt, dicht und glänzend.
• **FARBE** Gescheckt auf weißem oder blassem Grund; Grau gesprenkelt mit schwarzen oder dunklen Platten; gestromt mit oder ohne lohfarbene Abzeichen.
• **KÖRPERBAU** Schädel und Schnauze gut proportioniert, mit weicher Linienführung; keine zu großen, zu runden oder zu kleinen Augen; kleine, aufrecht stehende, spitze oder vorn überklappende Ohren (kupiert); muskulöser Körper; Schwanz meist kupiert.

Der Soft-coated Wheaten Terrier, eine der ältesten einheimischen Hunderassen Irlands, gilt als unmittelbarer Vorfahr des Irish und des Kerry Blue Terrier. Ein blauer Hund soll vor 20 Jahren von einem Schiffswrack in der irischen Tralee-Bucht an Land geschwommen sein. Aus der Vereinigung dieses Hundes mit dem einheimischen Wheaten ging der Kerry Blue Terrier hervor.

Der Soft-coated Wheaten Terrier wurde als Hofhund gezüchtet, um Kaninchen, Ratten und andere Beute zu jagen. Er arbeitet in jedem Dickicht, und kein irischer Bauer, der etwas auf sich hält, kommt ohne einen solchen Hund aus. Diese Rasse, die 1937 vom Irish Kennel Club und 1971 vom British Kennel Club anerkannt wurde, tauchte in den Vereinigten Staaten erstmals zu Beginn der 1970er auf und wurde 1973 vom American Kennel Club anerkannt. Inzwischen macht er auf Hundeausstellungen beiderseits des Atlantiks Fortschritte.

Charakter und Pflege

Obwohl der Soft-coated Wheaten als Hofhund gezüchtet wurde, eignet er sich bestens als Familienhund. Er ist freundlich, anhänglich und kommt im allgemeinen gut mit Kindern zurecht. Sein größtes Vergnügen ist der Auslauf. Sein Fell sollte regelmäßig mit einem mittelweiten Metallkamm und einer Drahtbürste gepflegt werden.

Der Wheaten mit dem stimmigen Körperbau besitzt ein üppiges, seidiges Fell, kleine Ohren und einen kupierten Schwanz.

JAPANESE TERRIER

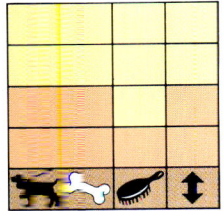

Diese japanische Hunderasse wurde im 18. Jahrhundert in der Umgebung der Hafenstädte Kobe und Yokohama entwickelt, indem man von importierten britischen Terriern ausging, insbesondere dem Glatthaarigen Foxterrier. Man kreuzte sie mit einheimischen Hunden, um einen insgesamt leichteren Hund zu entwickeln – ohne die schweren Knochen, den gedrungenen, kräftigen Körper und die glatten Konturen des Glatthaarigen Foxterriers. In Japan wurde er hauptsächlich als Haushund gehalten, doch hat er sich inzwischen so sehr verändert, daß man ihn nur noch unter Vorbehalt als Terrier bezeichnen kann. Außerhalb Japans ist er selten anzutreffen.

Charakter und Pflege

Der Japanese Terrier ist ein unternehmungslustiger Haushund – er hat eben Terriertemperament. Sein Fell benötigt minimale Pflege, dafür verlangt er aber regelmäßigen Auslauf.

WELSH TERRIER

Der Welsh Terrier ist keltischen Ursprungs und jagte Dachs, Fuchs und Otter.

Der Welsh Terrier ähnelt stark dem Lakeland, wie auch dem größeren Airedale Terrier. Ebenso wie der Irish, ist auch der Welsh Terrier keltischen Ursprungs. Die Waliser entwickelten zwei Schläge: ausgehend von einem Black and Tan Terrier einen keltischen Schlag sowie durch Kreuzen eines Airedale und eines Foxterriers einen englischen Schlag. Ende des 18. Jahrhunderts betrachtete man diese beiden Schläge als eigenständige Rassen. Der englische Schlag soll ausgestorben sein, obgleich nach meiner Meinung die Einflüsse des Airedale und Foxterriers deutlich zu erkennen sind. Auf jeden Fall wurde der keltische Schlag 1885 ausgestellt und ein Jahr später ein Welsh Terrier Club gegründet. Etwa 1901 gelangten die ersten Welsh Terrier nach Amerika, wo man einen kleineren Hund vorzieht. Solche Terrier waren ursprünglich bei der Jagd auf Dachs, Fuchs und Otter beliebt.

Charakter und Pflege

Der Welsh Terrier ist ein fröhlicher und anhänglicher Hund voller Energie, der mit Kindern fröhlich spielt. Er liebt die ausgiebige Bewegung. Sein Fell muß mindestens zweimal jährlich getrimmt werden, wenn man ihn auf einer Hundeschau vorführen will.

KURZINFO

- **GRUPPE** Terrier.
  Anerkannt von AKC, ANKC, CKC, FCI, KC (GB), KUSA.

- **GRÖSSE** Widerristhöhe: maximal 39 cm. Gewicht: 9–9,5 kg.

- **FELL** Üppig, drahtig, hart und dicht.

- **FARBE** Vorzugsweise Schwarz und Lohfarben; auch Schwarz, Grau und Lohfarben; ohne schwarze Striche an den Pfoten; Schwarz unterhalb der Sprunggelenke höchst unerwünscht.

- **KÖRPERBAU** Flacher und zwischen den Ohren mittelbreiter Kopf; kleine, dunkle und tiefliegende Augen; kleine, v-förmige und nach vorn klappende Ohren; kurzer Körper mit gut gewölbten Rippen; lange, muskulöse Läufe; gut angesetzter, üblicherweise kupierter und nicht allzu aufrecht getragener Schwanz.

Mit seinen Knopfohren und den kleinen, tiefsitzenden Augen ähnelt der Welsh Terrier dem Airedale.

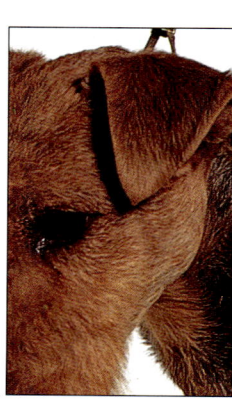

202

BORDER TERRIER

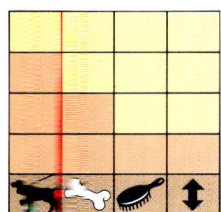

Dieser attraktive kleine Hund stammt aus dem englischen Northumberland, an der schottischen Grenze, und ist dort wahrscheinlich noch am häufigsten anzutreffen. Der Border Terrier wurde Mitte des 19. Jahrhunderts mit dem Ziel gezüchtet, gemeinsam mit den Jagdhunden zu laufen.

Diese 1920 vom British Kennel Club anerkannte Hunderasse hat sich seitdem kaum verändert. Der Border ist stets ein Gebrauchsterrier gewesen. Als James Davidson im Jahr 1800 notierte, er habe »zwey rote Teuffel von Terriern mit hartem Drahtkleid gekauft, die jedwedes verdammtes Ding das Fürchten lehren, das da kreucht«, hätte er den heutigen Border Terrier nicht zutreffender beschreiben können.

Charakter und Pflege
Der Border ist der kleinste Gebrauchsterrier und ein erstklassiger Haushund. Im allgemeinen mag er alle Kinder, hat eine hohe Lebenserwartung und gibt einen guten Wachhund ab. Sein pflegeleichtes Fell muß lediglich vor einer Hundeschau etwas zurechtgemacht werden.

KURZINFO
• **GRUPPE** Terrier. **Anerkannt von** AKC, ANKC, CKC, FCI, KC (GB), KUSA.
• **GRÖSSE** Widerristhöhe: um 25 cm. Gewicht: Rüden 6–7 kg, Hündinnen 5,1–6,4 kg.
• **FELL** Rauh und dicht, mit fester Unterwolle.
• **FARBE** Rot, Weizenfarben, Graumeliert und Lohfarben, Blau und Lohfarben.
• **KÖRPERBAU** Dunkle Augen mit recht keckem Ausdruck; kleine, v-förmige Ohren; tief gestellter, schmaler und ziemlich langer Körper; mäßig kurzer Schwanz.

Der Border, unter den Gebrauchsterriern der kleinste, sollte auch den Fuchs aus seinem Bau holen.

CAIRN TERRIER

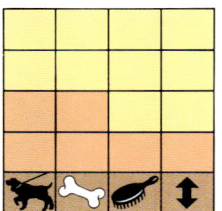

Dieser populäre schottische Terrier ist dafür bekannt, daß er seit mehr als 150 Jahren Nagetiere ausrottet. Ihren Namen verdankt diese Rasse den Steinwällen (cairns), in denen Füchse und anderes Getier sich gerne verstecken. Der Cairn stammt aus dem westlichen Hochland Schottlands, in dem auch der Skye Terrier gut bekannt ist. Beide Hunderassen scheinen eine Zeitlang verwechselt worden zu sein, denn der Cairn war auch unter der Bezeichnung Kurzhaariger Skye Terrier bekannt.

Der älteste bekannte Schlag von Cairn Terriern ist der von Captain MacLeod von Drynoch auf der Insel Skye begründete. John MacDonald, mehr als 40 Jahre lang Wildhüter bei den MacLeods of MacLeod auf Schloß Dunvegan, erhielt diesen Schlag am Leben.

Der Cairn Terrier trat 1909 erstmalig bei einer Ausstellung auf und ist inzwischen auf der ganzen Welt bekannt und geschätzt. Ähnlich wie der Border Terrier ist er allerdings in Nordengland und seiner schottischen Heimat immer noch am häufigsten.

Charakter und Pflege

Dieser intelligente, lebhafte kleine Gebrauchsterrier ist nach wie vor geeignet zur Bekämpfung schädlicher Nagetiere. Außerdem ist er ein beliebter und anhänglicher Familienhund. Das Tier liebt die Bewegung sehr, obwohl er sich an die meisten Lebensverhältnisse gut anpassen kann. Der Cairn ist ein pflegeleichter Ausstellungshund, denn außer dem Bürsten, Kämmen und Entfernen überschüssiger Haare benötigt er wenig Pflege.

Die klugen Augen, aufrechten Ohren und eine kurze Schnauze lassen den Cairn so keck aussehen.

KURZINFO
• **GRUPPE** Terrier. **Anerkannt von** AKC, ANKC, CKC, FCI, KC (GB), KUSA.
• **GRÖSSE** Widerristhöhe: 24–30 cm. Gewicht: 6–7,5 kg.
• **FELL** Üppig und hart, aber nicht derb, mit kurzer, weicher und dichter Unterwolle; wetterfest.
• **FARBE** Cremefarben, Weizenfarben, Rot, Grau oder fast Schwarz; gescheckt bei all diesen Farben zulässig; nicht einfarbig Schwarz, Weiß oder Schwarz mit Lohfarben; dunkle Abzeichen, etwa an Ohren und Schnauze, sehr typisch.
• **KÖRPERBAU** Kleiner Kopf; weit auseinanderstehende Augen; kleine, spitze Ohren; gerader Rücken; kurzer, ausgeglichener und gut behaarter Schwanz.

DANDIE DINMONT TERRIER

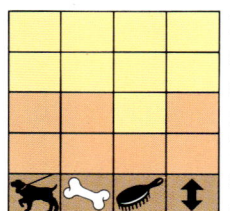

Der ansprechende und anhängliche kleine Dandie Dinmont Terrier wird im allgemeinen für einen Verwandten des Skye Terriers gehalten. Er wurde ursprünglich zur Jagd auf Dachs und Fuchs gezüchtet. Die meisten Dandies gehen auf eine Meute zurück, die dem im 18. Jahrhundert lebenden Dudelsackspieler »Allan of Northumberland« gehörte. Seine Hunde sollen ebenfalls bei der Entwicklung des Bedlington Terrier beteiligt gewesen sein.

James Davidson, ein Farmer aus dem Grenzgebiet von England und Schottland, hielt einige dieser kurzläufigen, rauhhaarigen Terrier, und der Schriftsteller Sir Walter Scott (1771–1832) erwarb von ihm einige Exemplare. Obwohl Scott später bestritt, daß es irgendeine Verbindung gegeben habe, hält eine Hauptperson in seiner Novelle *Guy Mannering* von

Der Cairn, einer von mehreren ursprünglich in schottischen Hochland gezüchteten Terriern, sollte Schädlinge aus den Steinhaufen am Wegesrand vertreiben.

Der Dandie Dinmont, ein entzückendes kleines Tier, ist nach einer Hauptperson in einem Romane von Sir Walter Scott benannt.

1814, der Grenzland-Farmer Dandie Dinmont, mehrere kleine Terrier. Später wurden diese Hunde als Dandie Dinmont Terrier und gelegentlich einfach als Dandie Dinmonts bekannt. Nach den Farben ihres Fells, für das Davidsons Hunde berühmt waren, nannte man sie ebenfalls Pfeffer-und-Senf-Terrier.

Als die Dandie Dinmont Terrier 1867 erstmalig auf der Birmingham Dog Show ausgestellt wurden, verweigerte der Preisrichter W. Smith den Ausstellungsexemplaren einen Preis mit der Begründung, es handle sich bei ihnen »nur um einen Haufen Bastarde«. Seitdem konnte diese Hunderasse erheblich verbessert werden.

Charakter und Pflege

Der Dandie Dinmont, der hauptsächlich als Haushund gehalten wird, ist ein höchst liebevoller, spielfreudiger und intelligenter Gefährte und ganz in seinem Element, wenn er das einzige Tier im Haus ist; je mehr Bewegung sein Herr ihm verschafft, um so glücklicher fühlt er sich. Diese Hunde sind ziemlich einfach zu pflegen: Man benutze eine harte Bürste, einen Kamm und entferne die überschüssigen Haare – mehr ist nicht vonnöten.

KURZINFO
• **GRUPPE** Terrier. **Anerkannt von** AKC, ANKC, CKC, FCI, KC (GB), KUSA.
• **GRÖSSE** Widerristhöhe: 20–28 cm. Gewicht: 8–11 kg.
• **FELL** Weiche Unterwolle und härteres Deckhaar, nicht drahtig, aber spröde.
• **FARBE** Pfefferfarben (Blauschwarz bis zu hellem Silbergrau) oder Senffarben (von Rotbraun bis zu blassem Rehbraun).
• **KÖRPERBAU** Kräftiger, breiter, jedoch nicht unproportionierter Kopf; große, dunkle, haselnußbraune Augen; Hängeohren; langer, kräftiger und wendiger Körper; vergleichsweise kurzer Schwanz.

NORFOLK TERRIER

Diese Hunderasse wurde einst dem Norwich Terrier zugeordnet und auch unter diesem Namen bekannt. Der Norfolk Terrier mit den herabgeklappten und der Norwich Terrier mit den aufrecht stehenden Ohren stammen beide aus der Grafschaft Norfolk und waren früher bei den Cambridge-Studenten sehr beliebt. Bereits seit den 1880er Jahren waren beide Hunde als Norwich Terrier bekannt. Vermutlich handelte es sich bei ihnen um eine Kreuzung aus Cairn, Border und Irish Terrier. Ihr Wurf wies sowohl die aufrecht stehenden wie auch die herabhängenden Ohren auf.

Mit Ausnahme der Ohren sind diese beiden Rassen sehr ähnlich. Um sie zu unterscheiden, hilft eine Eselsbrücke: Die Ohren des Norfolk sind so flach wie die gleichnamige Grafschaft, wogegen die des Norwich so aufrecht stehen wie die Kirchturmspitzen der Kathedrale von Norwich. Der Norfolk Terrier wurde 1964 vom Kennel Club in Großbritannien als Rasse anerkannt, in den USA sogar erst 1979.

Charakter und Pflege

Obwohl er der kleinste Terrier ist, wird der Norfolk in seinem Rassestandard als »Teufel« beschrieben. Dieser zähe, liebenswerte Hund ist zwar furchtlos und rege, aber auch kinderlieb. Er eignet sich gut als Haushund, falls er ausreichend Auslauf bekommt. Gern geht er einen ganzen Tag lang auf Kaninchenjagd; rühmliche Narben sind bei Ausstellungen kein Nachteil. Sein Fell muß täglich gebürstet und vor einer Ausstellung lediglich leicht getrimmt werden.

KURZINFO
• **GRUPPE** Terrier. **Anerkannt von** AKC, ANKC, CKC, FCI, KC (GB), KUSA.
• **GRÖSSE** Widerristhöhe: um 26 cm. Gewicht: 5–5,5 kg.
• **FELL** Hart, drahtig und eng anliegend.
• **FARBE** Alle Schattierungen von Rot, Weizenfarben, Schwarz mit Lohfarben, oder Graumeliert; weiße Abzeichen und Flecken unerwünscht, doch zulässig.
• **KÖRPERBAU** Breiter Schädel; tiefliegende, ovale Augen; mittelgroße, an den Spitzen leicht abgerundete und v-förmige Ohren; kompakter Rumpf; Kupieren des Schwanzes freigestellt.

Das Auffallendste am Norfolk Terrier sind die nach vorn geklappten Ohren.

NORWICH TERRIER

Der Norwich verkörpert eine traditionelle Terrierrasse. Er eignet sich gut für die Jagd auf kleine Beute im offenen Gelände.

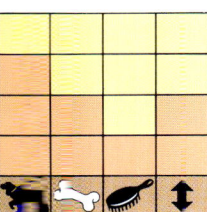

Der Norwich Terrier wird in Großbritannien seit 1964 und in den USA seit 1979 als eigenständige Rasse von dem ansonsten identischen Norfolk Terrier mit den hängenden Ohren unterschieden (siehe linke Seite). Diese Rasse wurde nach der Stadt Norwich benannt, der Hauptstadt der Grafschaft Norfolk. Dort ist auch der Ursprung des Norwich Terriers zu suchen, zu dessen Vorfahren wahrscheinlich Cairn, Border und Irish Terrier gehören. Die Studenten von Cambridge erkoren die Hunde beider Rassen zu ihren ständigen Begleitern.

Es besteht Uneinigkeit darüber, ob Colonel Vaughan aus Ballybrick in Südirland oder dem Pferdehändler Jodrell Hopkins aus der Gegend um Cambridge der Verdienst zusteht, den Norwich Terrier durchgesetzt zu haben. Um 1860 jagte Colonel Vaughan mit einer Meute kleiner roter Terrier, unter denen sich viele Auskreuzungen und Terrier mit hängenden wie aufrecht stehenden Ohren befanden. Man neigte dazu, die hängenden Ohren zu stutzen, bis diese Praxis gesetzlich verboten wurde. Dann forderte der Norwich Terrier Club, daß der Rassestandard so abgeändert werde, daß nur noch Hunde mit aufrecht stehenden Ohren zugelassen seien. Hopkins' Verdienst wird damit begründet, daß einige Welpen seiner Hündin in die Hände seines Angestellten Frank Jones gelangten, der sie mit anderen Terriern kreuzte, darunter den kleineren Exemplaren des Irish und des Glen of Imaal. Die Nachkommen wurden als Trumpington oder Jones Terrier bekannt; eine heute bestehende Linie von Norwich Terriern führt ihre Abstammung auf den Wurf von Frank Jones zurück.

Charakter und Pflege

Dieser robuste und anpassungsfähige Terrier ist im allgemeinen kinderlieb. Regelmäßigen Auslauf mag er sehr. Als Haushund braucht sein Fell nur einmal täglich gebürstet zu werden.

Die aufgerichteten Ohren des Norwich Terriers besagen, daß er unbedingt beschäftigt werden will.

KURZINFO
• **GRUPPE** Terrier. **Anerkannt von** AKC, ANKC, CKC, FCI, KC (GB), KUSA.
• **GRÖSSE** Widerristhöhe: 26 cm. Gewicht: 4,5–5,5 kg.
• **FELL** Hart, drahtig und eng anliegend.
• **FARBE** Alle Schattierungen von rot, Weizenfarben, schwarz und lohfarben, oder graumeliert; weiße Abzeichen und Flecken unerwünscht.
• **KÖRPERBAU** Starke, keilförmige Schnauze; kleine, dunkle und ovale Augen; hoch angesetzte und aufrecht stehende Ohren; kurzer Rücken; Kupieren des Schwanzes freigestellt.

SCOTTISH TERRIER

Der »Scottie«, seit über einem Jahrhundert eine eigenständige Rasse, hat zahlreiche Verwandte unter den Terriern des schottischen Hochlands.

Die aufrecht stehenden Ohren, die auffälligen Augenbrauen und die recht lange Schnauze verleihen dem Scottie ein etwas strenges Aussehen.

Der Scottish Terrier oder Scottie war früher als Aberdeen Terrier bekannt. Ebenso wie der Cairn wurde er eigens zur Bekämpfung von Schädlingen gezüchtet. Den Scottie gibt es schon seit vielen Jahrhunderten und in vielen verschiedenen Erscheinungsformen. Allerdings wurde er Ende des 19. Jahrhunderts noch gemeinsam mit dem Skye, Dandie Dinmont und West Highland Terrier unter der Bezeichnung »Schottische Terrier« ausgestellt. Viele Fachleute sind nach wie vor der Ansicht, daß es sich beim West Highland White und dem Scottish Terrier um ein und dieselbe Rasse handelt. Jedenfalls begann man um 1800 mit der ernsthaften Linienzucht des Scottie. 1892 wurde der erste Scottish Terrier Club in Schottland gegründet und ein Standard für diese Hunderasse erarbeitet.

Charakter und Pflege

Der Scottie eignet sich am ehesten als Haushund für eine oder zwei Personen, vorzugsweise für ein kinderloses Ehepaar als Hund zum Verwöhnen. Er besitzt ein zuverlässiges Temperament, verhält sich Fremden gegenüber jedoch mißtrauisch und interessiert sich ausschließlich für seinen eigenen Herrn. Spaziergänge wie auch jede Art von Ballspielen mag er sehr; er ist durch und durch sportlich, häuslich und unabhängig. Der Scottie muß täglich gebürstet werden. Sein Fell sollte man zweimal jährlich trimmen lassen.

KURZINFO
• **GRUPPE** Terrier. **Anerkannt von** AKC, ANKC, CKC, FCI, KC (GB), KUSA.
• **GRÖSSE** Widerristhöhe: 25–28 cm. Gewicht: 8,5–10,5 kg.
• **FELL** Hart, dicht und drahtig, mit kurzer, dichter und weicher Unterwolle.
• **FARBE** Schwarz, Weizenfarben oder gestromt in jeder Schattierung.
• **KÖRPERBAU** Langer Kopf und Schädel, jedoch wohlproportioniert; mandelförmige Augen; spitze, feine Stehohren; gut gewölbte Rippen, zur tiefen Brust flacher werdend; mittellanger Schwanz, mit dem der Hund das Gleichgewicht hält.

SEALYHAM TERRIER

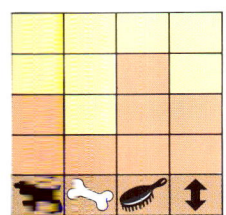

Freeman Lloyd, ein Fachmann für Sealyham Terrier, hat diese Rasse bis ins 15. Jahrhundert zurückverfolgen können, als eine Familie namens Tucker angeblich einen kleinen, weißen flämischen Terrier mit langem Rücken nach Wales einführte. Captain Edwardes, ein Nachkomme der Tuckers, nahm sich vor, einen Terrier zu züchten, der mit den Jagdhunden laufen und den Dachs unter der Erde verfolgen konnte, was inzwischen gesetzlich verboten ist. Den Sealyham entwickelte er in den 1880er Jahren aus verschiedenen Terrierrassen.

Die Rasse erhielt ihren Namen nach dem Dorf Sealyham in der Nähe von Haverfordwest in Wales. Der erste Verein für Sealyham Terrier wurde 1908 von Fred Lewis gegründet, der einen großen Beitrag zur Vervollkommnung des Stamms geleistet hat. Die Sealyhams wurden 1911 sowohl vom British wie auch vom American Kennel Club anerkannt. Seitdem ist diese Hunderasse bei Ausstellungen weltweit erfolgreich präsentiert worden. Die rasante Zunahme der Beliebtheit des ziemlich ähnlichen West Highland Terriers im letzten Jahrzehnt hat dazu geführt, daß der Sealyham nun außerhalb der Hundeschauen nur selten anzutreffen ist.

Charakter und Pflege

Der Sealyham ist ein sehr guter Ausstellungs- und Haushund. Kindern gegenüber ist er gutartig, geht aber einem Streit mit Artgenossen nicht aus dem Weg. Sein Fell muß regelmäßig gebürstet und handgetrimmt werden.

KURZINFO
• **GRUPPE** Terrier. **Anerkannt von** AKC, ANKC, CKC, FCI, KC (GB), KUSA.
• **GRÖSSE** Widerristhöhe: maximal 31 cm. Gewicht: Rüden um 9 kg, Hündinnen um 8 kg.
• **FELL** Lang, hart und drahtig, mit einer wasserdichten Unterwolle.
• **FARBE** Weiß oder Weiß mit zitronenfarbenen, braunen, blauen oder dachsfarben gesprenkelten Abzeichen an Kopf und Ohren; starke schwarze oder sonst auffällige Tüpfelung unerwünscht.
• **KÖRPERBAU** Leicht gewölbter Kopf; dunkle, runde Augen; mittelgroße Ohren; mittellanger Körper; meist kupierter, aufrecht getragener und in Höhe der Rückenlinie angesetzter Schwanz.

Der heutzutage seltene Sealyham wurde nach seinem Heimatort in Pembrokeshire/westliches Wales benannt.

SKYE TERRIER

Der Skye Terrier, der seinen Namen der größten Insel der Inneren Hebriden verdankt, war ursprünglich als Terrier der Western Isles bekannt.

Der Skye Terrier entwikkelte sich aus den kleinen Hunden des schottischen Hochlandes, die Dachs, Fuchs, Otter und Kaninchen in ihren Bauen verfolgten. Die besten dieser »Erdhunde« stammten angeblich von der Insel Skye. Über einen langen Zeitraum hinweg galten der Skye und der Cairn Terrier als Vertreter der gleichen Rasse, wobei der Cairn als kurzhaariger Skye beschrieben wurde. Es gab ebenfalls Skyes mit aufrecht stehenden und mit flach anliegenden Hängeohren. Diese Varianten klassifizierte man ab 1904 gesondert. Obwohl noch zulässig, ist die Spielart mit den Hängeohren heutzutage in Großbritannien selten anzutreffen.

Der berühmteste Skye Terrier ist vermutlich Greyfriars Bobby, der Held einer romantischen Geschichte. Um 1860 wurde auf dem Friedhof der Greyfriars-Kirche in Edinburgh Bobbys Herr beerdigt. 14 Jahre lang – bis zum eigenen Tod – hielt Bobby Wache am Grab seines Herrn, die er nur unterbrach, um in die Teestube zu gehen, die er einst mit seinem verstorbenen Herrn aufgesucht hatte. Später hat man diesem treuen Hund ein Denkmal gesetzt, das noch heute in der Nähe der Greyfriars-Kirche zu besichtigen ist.

Charakter und Pflege

Der Skye Terrier ist Fremden gegenüber mißtrauisch. Sein langes Fell ist pflegeintensiv, da er Spaziergänge in der freien Natur liebt.

KURZINFO
• **GRUPPE** Terrier. **Anerkannt von** AKC, ANKC, CKC, FCI, KC (GB), KUSA.
• **GRÖSSE** ideale Widerristhöhe: Rüden 25 cm, Hündinnen 24 cm. Gewicht: um 11,5 kg.
• **FELL** Lang, hart, glatt, flach anliegend und gerade, mit kurzer, dichter, weicher und wolliger Unterwolle.
• **FARBE** Schwarz, Dunkel- oder Hellgrau, Rehbraun oder Cremefarben, mit schwarzen Abzeichen.
• **KÖRPERBAU** Langer und mächtiger Kopf und Schädel; braun, ziemlich dunkle Augen; aufrecht stehende oder hängende Ohren; langer, niedriger Körper mit geradem Rücken; hängt der Schwanz herunter, so ist das Schwanzende gekrümmt, ansonsten waagerecht in Verlängerung der Rückenlinie.

WEST HIGHLAND WHITE TERRIER

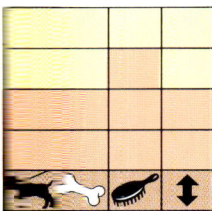

Ebenso wie andere kleine Schottische Terrier wurde auch der West Highland White Terrier oder Westie zur Bekämpfung schädlicher Nagetiere gezüchtet. Einst wurde er mit den Cairn und den Skye Terriern unter der Bezeichnung Kleine Highland Gebrauchsterrier zusammengefaßt. Der Westie wurde auch unter etlichen anderen Namen geführt. Gegen Ende des 19. Jahrhunderts war ein Schlag weißer Schottischer Terrier im Besitz des Colonel Malcolm aus Poltalloch als Poltalloch Terrier bekannt, die von den heutzutage bekannten Westies nicht zu unterscheiden sind. Hunde dieses Typs waren auch als (White) Roseneath Terrier bekannt; eine 1899 veröffentlichte Standardergänzung klassifizierte sie als ein Nebenschlag der Schottischen Terrier.

Der erste West Highland Terrier Club wurde 1905 gegründet, und die erste dieser Rasse geltende und vom Scottish Kennel Club veranstaltete Ausscheidung scheint im Oktober 1904 auf dem Waverley Market in Edinburgh abgehalten worden zu sein. Der Westie wurde 1909 in Amerika und 1911 in Kanada aner-

kannt, in Australien jedoch erst Mitte der sechziger Jahre. Heutzutage gehört er zu den beliebtesten Hunderassen.

Charakter und Pflege

In seinem Standard wird der Westie beschrieben als »mit einer gehörigen Portion Selbstbewußtsein und einem pfiffigen Aussehen ausgestattet«. Dieser schneidige und fröhliche kleine Terrier ist nicht leicht zu trainieren, kommt gut mit Kindern zurecht und eignet sich als Haushund in der Stadt wie auf dem Land. Bürstet man sein Fell regelmäßig, so bleibt es weiß, doch für eine Ausstellung ist Zupfen und Trimmen erforderlich.

Mit den aufrechtstehenden Ohren und der schwarzen Knopfnase sieht der »Westie« zweifellos niedlich aus. Dennoch ist der kleine Terrier im Gelände ein schneidiger Jäger.

KURZINFO
• **GRUPPE** Terrier. **Anerkannt von** AKC, ANKC, CKC, FCI, KC (GB), KUSA.
• **GRÖSSE** Widerristhöhe: Rüden um 28 cm, Hündinnen um 25 cm. Gewicht: 7–10 kg.
• **FELL** Rauh und nicht kraus, mit kurzer, weicher und dichter Unterwolle.
• **FARBE** Weiß.
• **KÖRPERBAU** Leicht gewölbter Kopf; weit auseinander stehende Augen; kleine, aufrecht stehende Ohren; kompakter Körper mit geradem Rücken und breiten Lenden; 12,5–15 cm langer Schwanz.

Durch sein weißes Fell war der Westie, als er noch jagte, besser vom Wild zu unterscheiden als andere Terrier.

TSCHECHISCHER TERRIER

Den Tschechischen Terrier züchtete – ausgehend von einer britischen Blutlinie – ein tschechischer Hundeliebhaber.

Bei dieser kaum ein halbes Jahrhundert alten Rasse haben sich die blaugrauen oder hellbraunen Fellfarben durchgesetzt.

Der Tschechische oder Böhmische Terrier ist kurzläufig und außerhalb seiner Heimat kaum bekannt. Er wurde Mitte des Jahrhunderts aus Kreuzungen des Scottish, des Sealyham und möglicherweise auch anderer Terrier entwickelt. Entstanden ist ein zäher, stämmiger Wachhund und Rattenfänger, der in Erdbauen auf die Jagd geht.

Charakter und Pflege
Obwohl der Tschechische Terrier ein guter Gebrauchshund ist, eignet er sich wegen seines ausgeglichenen Temperaments als Spielgefährte von Kindern. Er braucht viel Auslauf und vor einer Ausstellung fachgerechtes Trimmen, obwohl dem reinen Haushund tägliches Bürsten genügen dürfte.

KURZINFO
• **GRUPPE** Terrier. **Anerkannt von** FCI, KC (GB).
• **GRÖSSE** Widerristhöhe: 28–35,5 cm. Gewicht: 6–9 kg.
• **FELL** Fein und seidig, leicht gewellt.
• **FARBE** Blaugrau oder Braun mit hellen Abzeichen.
• **KÖRPERBAU** Langer Kopf; tiefliegende Augen; hängende Ohren; stämmiger Körper; 17,5–20 cm langer, im Erregungszustand waagerecht getragener Schwanz.

KROMFOHRLÄNDER

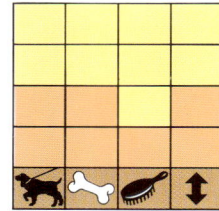

Dies ist ein Jagd-, Büchsen- und Begleithund, der außerhalb seiner deutschen Heimat wenig bekannt ist. Entwickelt wurde er durch Kreuzen eines Griffon und eines Terriers. Es existieren drei Schläge, von denen der rauhhaarige der beliebteste ist. Die beiden anderen sind lang- und mittellanghaarig.

Der Kromfohrländer wurde nach dem Zweiten Weltkrieg entwickelt und 1953 offiziell vom Verband für das Deutsche Hundewesen anerkannt.

Charakter und Pflege
Der Kromfohrländer ist intelligent und anhänglich und ein guter Wachhund. Er braucht viel Auslauf und tägliches Bürsten.

KURZINFO
• **GRUPPE** Terrier. **Anerkannt von** FCI.
• **GRÖSSE** Widerristhöhe: 38–46 cm. Gewicht: um 12 kg.
• **FELL** Rauh und drahtig; mittellang und glatt; lang und glatt.
• **FARBE** Weiß mit hell- bis dunkelbraunen Abzeichen auf Kopf und Körper; Kopf darf braun sein mit weißem Stern.
• **KÖRPERBAU** Flacher, keilförmiger Schädel mit geringem Stop; hoch angesetzte und u-förmige Ohren; hoch angesetzter, geringelter Schwanz.

AUSTRALIA TERRIER

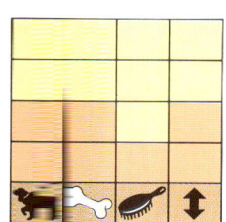

Der Australian Terrier wird häufig mit dem Yorkshire Terrier verwechselt. Dies ist nicht verwunderlich, da er der Verbindung einer Yorkshire Terrier-Hündin mit einem Cairn-ähnlichen Rüden entsprossen ist. Als man Hunde dieser Rasse 1899 zum ersten Mal ausstellte, existierten sie bereits seit etwa 20 Jahren und hatten sich längst einen Ruf als hervorragende Schädlingsbekämpfer erworben, die es sogar mit Schlangen aufnahmen.

Als der Australian Terrier 1906 nach England gelangte, stieß er nur auf geringes Interesse. 1936 jedoch wurde er vom British Kennel Club anerkannt und plötzlich ungemein populär, nachdem der Duke of Cloucester auf einer Reise durch Australien ein Exemplar erworben hatte. In den USA dauerte es noch mehr als 20 Jahre, bevor man ihn offiziell anerkannte.

Charakter und Pflege

Dieser Hund ist sowohl bei internationalen Hundeschauen wie auch als Familienhund sehr populär. Sein Fell muß lediglich mit einer guten Bürste einmal täglich gepflegt werden. Dank seiner wasserabweisenden Unterwolle kann man ihn im Außenzwinger halten, doch die meisten Halter bringen es nicht übers Herz.

KURZINFO

- **GRUPPE** Terrier.
  Anerkannt von AKC, ANKC, CKC, FCI, KC (GB), KUSA.

- **GRÖSSE** Widerristhöhe: 25–28 cm.
  Gewicht: um 6,5 kg.

- **FELL** Hart, gerade, dicht und lang, mit kurzer, weicher Unterwolle.

- **FARBE** (A) Blau, Stahlblau oder dunkles Graublau mit lohfarbenem (nicht sandfarbenem) Anteil auf Gesicht, Ohren, Unterkörper, Unterläufen und um den After (außer bei Welpen); blauer oder silbergrauer Schopf, aber heller als die Läufe. (B) Hell Sandfarben oder Rot; Schmutzfarbene oder dunkle Schattierungen unerwünscht; hellerer Schopf.

- **KÖRPERBAU** Langer Kopf mit flachem Schädel und kräftigen Kiefern; kleine Augen; kleine, aufrecht stehende Ohren; im Verhältnis zur Größe langer Körper; hoch angesetzter, üblicherweise kupierter Schwanz.

Die von Siedlern mitgeführten Terrier aus Schottland und Nordengland haben zum Erscheinungsbild des Australian Terrier beigetragen.

ZWERG-HUNDE

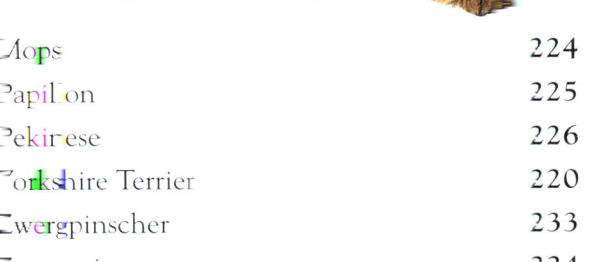

COTON DE TULEAR

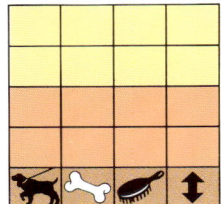

Der Coton de Tulear ist ein Mitglied der Bichon-Familie (siehe Seite 43). Seine Vorfahren gelangten vor dem 17. Jahrhundert auf Handelsschiffen nach Madagaskar, und aus diesen Hunden entstand auf der Insel Réunion der inzwischen ausgestorbene Coton de Réunion. Seine Nachfahren auf Madagaskar entwickelten sich durch Kreuzzüchtungen, die auch die Beteiligung des Maltesers vorsah. Dadurch hat sich die inzwischen als Coton de Tulear bekannte Rasse entwickelt, die nach einer madegassischen Stadt benannt wurde.

Der kleine Coton wurde als der »Hund der Könige« bekannt, da er während der Kolonialzeit zum Lieblingshund des französischen Adels aufstieg. Vor dem 20. Jahrhundert war es einem Bürger verboten, einen Coton zu besitzen, und selbst heutzutage halten sich gewöhnlich nur Angehörige der madegassischen Oberschicht einen solchen Hund. Exemplare dieser Rasse sind vergleichsweise selten, obwohl sie sich allmählich in Großbritannien und in Amerika ausbreitet.

Charakter und Pflege

Der Coton de Tulear ist ein glücklicher, freundlicher und intelligenter kleiner Hund, der seinem Herrn sehr ergeben ist und gerne in seiner Gesellschaft ist. Eine seiner liebenswertesten Eigenschaften ist die Fähigkeit, auf den Hinterläufen zu gehen. Er paßt sich Klima und Umgebung gut an und braucht nur mäßig Auslauf. Sein Fell muß täglich gebürstet werden.

KURZINFO
• **GRUPPE** Zwerghund. **Anerkannt von** FCI, KC (GB).
• **GRÖSSE** Widerristhöhe: 26–31 cm. Gewicht: 5,5–7 kg.
• **FELL** Baumwollartig.
• **FARBE** Weiß mit oder ohne champagnerfarbene Abzeichen; Schwarzweiß.
• **KÖRPERBAU** Erhoben getragener Kopf; dunkle, tief sitzende Augen; aufrecht getragener, anmutig geringelter und nie kupierter Schwanz.

AFFENPINSCHER

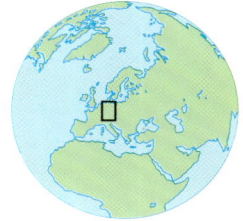

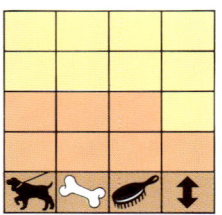

Der Affenpinscher ist der kleinste aller Pinscher und Schnauzer. Seinen Namen verdankt er vor allem seinem Aussehen. Die Anfänge dieses bereits von Albrecht Dürer (1471–1528) verewigten Hundes liegen in Bayern und Sachsen. Die Franzosen nennen ihn *diabletin moustache* (»schnauzbärtiges Teufelchen«). Er ähnelt sehr dem Brüsseler Griffon, doch ist unklar, ob der Griffon zum Affenpinscher führte oder umgekehrt. Der Hund wurde bereits 1938 vom American Kennel Club anerkannt. In Großbritannien ist er allerdings erst in den letzten 15 Jahren bekannt geworden. 1980 wurde er zum ersten Mal auf der Crufts Dog Show in London ausgestellt.

Charakter und Pflege

Dieser muntere, auf natürliche Weise struppig aussehende Zwerghund ist von lebhafter Intelligenz und äußerst anhänglich. Er eignet sich zum Wachhund und geht keinem Streit mit Artgenossen aus dem Weg. Regelmäßiges Bürsten seines dichten Fells ist notwendig.

KURZINFO
• **GRUPPE** Zwerghund. **Anerkannt von** AKC, ANKC, CKC, FCI, KC (GB), KUSA.
• **GRÖSSE** Widerristhöhe: 24–28 cm. Gewicht: 3–4 kg.
• **FELL** Hart und dicht.
• **FARBE** Schwarz bevorzugt, doch graue Schattierungen zulässig.
• **KÖRPERBAU** Unterkiefer mit leichtem Vorbiß; kleine, hoch angesetzte, bevorzugt aufrecht stehende Ohren, doch heruntergeklappte zulässig; runde, dunkle, lebhafte Augen; kurzer, gerader Rücken; hoch angesetzter, in einigen Ländern kupierter Schwanz.

BOLOGNESE

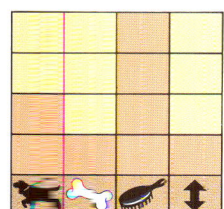

Der Belognese oder Bichon Bolognese gehört zur Gruppe der Kleinhunde, die man als Bichons bezeichnet – kleine, weiße Hunde aus dem Mittelmeerraum. Das Fell des Bologneser war früher weiß und schwarz, doch heutzutage ist schwarz unzulässig. Die Italiener behaupten, diese – heute als italienisch anerkannte – Rasse, stamme aus Bologna. Früher stand der Bolognese an europäischen Fürstenhöfen in hoher Gunst, doch heute ist er außerhalb Italiens kaum anzutreffen.

Charakter und Pflege

Dieser Begleithund ist ernst, intelligent, nicht besonders lebhaft und bemüht, seinem Herrn zu gefallen. Er benötigt nur mäßig viel Auslauf. Will man ihn ausstellen, so muß sein flauschiges Fell umständlich geschoren und getrimmt werden. Für den Haushund ist einmal täglich intensives Bürsten und Kämmen ausreichend.

KURZINFO

- **GRUPPE** Zwerghund.
  Anerkannt von FCI, KC (GB).

- **GRÖSSE** Widerristhöhe: Rüden 28–30,5 cm, Hündinnen 26–28 cm. Gewicht: 2,5–4,1 kg.

- **FELL** Lang, flauschig, vom Körper abstehend.

- **FARBE** Reinweiß ohne Schattierungen.

- **KÖRPERBAU** Große, runde und leicht hervortretende Augen; hoch angesetzte, lange Hängeohren; dicht mit langem, flauschigem Haar besetzter Schwanz, geringelt über dem Rücken getragen.

217

MALTESER

Der häufig porträtierte und gerühmte Malteser ist einer der ältesten Zwerghunde und bei Männern und Frauen gleichermaßen beliebt.

Beim Malteser sprießt auf dem leicht gewölbten, breiten Kopf eine lange, seidige, schneeweiße Haarpracht.

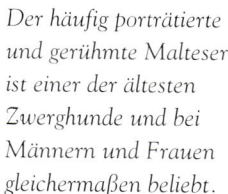

Dieser kleine Hund aus der Gruppe der Bichons gehört zu den ältesten europäischen Rassen. Auf Malta lebt er bereits seit Jahrhunderten. Mit den dortigen Händlern gelangte er sogar bis auf die Philippinen und nach China. Etwa um 25 n. Chr. berichtet der griechische Historiker Strabo, daß es »in Sizilien eine Stadt namens Melita gibt, wo man viele schöne Hunde, Canis Melitei geheißen, exportiert«. Aus dieser Bemerkung leitet man die Annahme ab, daß es sich um eine italienische Rasse handeln könnte.

In England erfreute sich der Malteser während der Tudor-Zeit großer Beliebtheit, und während der Regierungszeit von Königin Elisabeth I. (1558–1603) schrieb der frühe Hundehistoriker Dr. Johannes Caius: »Sie werden Meliti genannt, von der Insel Malta ... sind wirklich sehr klein und insbesondere von Frauen sehr begehrt, die sie in den Armen, am Busen und in ihre Betten tragen ...«

Viele berühmte Maler, darunter Goya, Rubens und Sir Edwin Landseer, haben den Malteser porträtiert. 1864 wurde er zum ersten Mal in England ausgestellt, und ein Hund namens »Leon« wurde 1877 in Amerika unter der Bezeichnung Malteser Löwenhund präsentiert.

Charakter und Pflege

Andere Zwerghunde scheinen dem vormals etablierten Malteser den Rang abgelaufen zu haben, denn außerhalb der Hundeschauen ist er selten anzutreffen. Das ist bedauerlich, denn dieser fröhliche, gesunde, kinderliebe Hund gibt einen liebenswerten Haushund ab. Was den Auslauf betrifft, so ist er anpassungsfähig. Sein Fell jedoch muß täglich mit einer harten Bürste gepflegt werden. Für Ausstellungen muß man Hinweise zur Pflege einholen.

KURZINFO
• **GRUPPE** Zwerghund. **Anerkannt von** AKC, ANKC, CKC, FCI, KC (GB), KUSA.
• **GRÖSSE** Widerristhöhe: maximal 26 cm. Gewicht: 1,8–2,7 kg, maximal 3,2 kg.
• **FELL** Lang, dicht und seidig.
• **FARBE** Weiß; helle zitronenfarbene Abzeichen an den Ohren zulässig.
• **KÖRPERBAU** Leicht gewölbter, breiter Schädel; stark ausgeprägter Stop; etwas spitz zulaufende Schnauze; lange, buschig behaarte Ohren; ovale Augen; kompakter Körper; langer, buschiger und über dem Rücken gebogener Schwanz.

LÖWCHEN

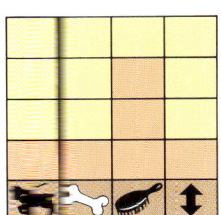

Das Löwchen ist in seiner Heimat Frankreich als Petit Chien Lion (Kleiner Löwenhund) bekannt, da man ihm traditionell eine Löwenschur verpaßt, mit der ebenfalls der Ausstellungs-Pudel aufwarten kann. Mit seiner Mähne und dem buschigen Schwanz sieht das Löwchen tatsächlich wie ein Miniaturlöwe aus.

Diese Hunde gehören zur Gruppe der Bichons und sollen ursprünglich aus dem Mittelmeerraum stammen. Sie sind zwar als französische Rasse anerkannt worden, jedoch gab es sie Ende des 16. Jahrhunderts sowohl in Frankreich als auch in Spanien. Einen Hund dieses Typs malte der Spanier Francisco de Goya (1746–1828) in seinem Porträt der Herzogin von Alba.

Charakter und Pflege

Das Löwchen ist ein liebevoller, intelligenter Hund, der zwar auf Hundeschauen sehr beliebt, jedoch beim Spaziergang im Park selten anzutreffen ist. Dieser lebhafte Hund fühlt sich als Haushund wohl. Sein Fell muß täglich gebürstet werden.

KURZINFO
• **GRUPPE** Zwerghund. **Anerkannt von** ANKC, FCI, KC (GB), KUSA.
• **GRÖSSE** Widerristhöhe: 25–33 cm. Gewicht: 3,6–8,2 kg.
• **FELL** Mittellang und gewellt.
• **FARBE** Alle Farben und Farbkombinationen zulässig.
• **KÖRPERBAU** Breiter, kurzer Schädel; lange Hängeohren mit Fransen; runde, dunkle und klug blickende Augen; kurzer, kräftiger Körper; mittellanger, federartig zurechtgestutzter Schwanz.

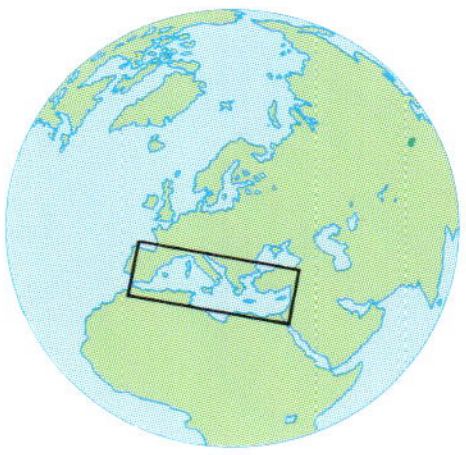

Das Löwchen, seit dem 16. Jahrhundert in Spanien, Frankreich und Deutschland bekannt, wurde von Goya zusammen mit der Herzogin von Alba porträtiert.

BRÜSSELER GRIFFON (UND PETIT BRABANCON)

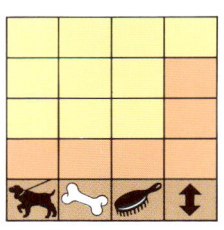

Der Brüsseler Griffon besitzt eine terrierähnliche Veranlagung.

Der Brüsseler Griffon oder Griffon Bruxellois wurde zum ersten Mal auf der Brüsseler Ausstellung von 1880 gezeigt. Ein früheres Beispiel dieser Rasse hat der flämische Maler Jan van Eyck 1434 porträtiert. Der Brüsseler Griffon, der im 17. Jahrhundert bei Brüsseler Droschkenkutschern besonders beliebt war, weil er Mäuse und Ratten in den Ställen vernichtete, avancierte später zum Begleithund.

Der kurzhaarige Petit Brabançon verdankt seine Existenz vermutlich den Mops-Einkreuzungen. Andere Rassen, wie der Yorkshire und der Irish Terrier, haben unzweifelhaft zum Erscheinungsbild der modernen Griffon beigetragen. Der rauhhaarige Brüsseler Griffon und der kurzhaarige Petit Brabançon sind in Europa eigenständige Rassen, in Amerika und Großbritannien werden sie gemeinsam ausgestellt.

Charakter und Pflege
Dieser intelligente, muntere kleine Hund mit seiner terrierähnlichen Veranlagung gibt einen guten Begleithund ab und eignet sich ebenfalls

YORKSHIRE TERRIER

Die Beliebtheit des »Yorkie« steht in umgekehrtem Verhältnis zu seiner Größe.

Beim Yorkshire Terrier oder Yorkie handelt es sich um eine junge Rasse, die während der letzten 100 Jahre in der gleichnamigen englischen Grafschaft durch Kreuzen des Skye und des ausgestorbenen Black and Tan Terriers entwickelt wurde. Der Malteser und der Dandie Dinmont Terrier waren wohl ebenfalls beteiligt.

Der Yorkshire Terrier wurde 1886 vom British Kennel Club anerkannt, und um 1880 gelangte er in die USA. Es dauerte jedoch eine Weile, bis er sich dort durchsetzte. Heutzutage gehört dieser lebhafte kleine Terrier weltweit zu den beliebtesten Zwerghunden.

Der Yorkie existiert in so vielen verschiedenen Größen, daß man glauben könnte, es gäbe zwei Schläge, einen Miniatur- und einen Standardschlag. Er sollte nicht mehr wiegen als 3,1 kg. Dadurch konkurriert er mit dem Chihuahua um den Titel des kleinsten Hundes der Welt. Es gibt jedoch viel größere Exemplare, die bewundernswert fröhlich und gesund sind und sich gut als Haushund eignen.

als Familienhund. Das Rauhhaar des Brüsseler Griffon ist sehr pflegeintensiv; bei einem reinen Haushund indes muß man es nicht so genau nehmen.

KURZINFO
• GRUPPE Zwerghund. Anerkannt von AKC, ANKC, CKC, FCI, KC (GB), KUSA.
• GRÖSSE Widerristhöhe: 18–20,5 cm. Gewicht: 2,2–5 kg, möglichst 2,7–4,5 kg.
• FELL Brüsseler Griffon hart, drahtig. Petit Brabançon weich, glatt.
• FARBE Rot, Schwarz oder Schwarz mit kräftig Lohfarben mit weißen Abzeichen. Die FCI klassifiziert den Schwarzen, Schwarz-lohfarbenen oder Rot-schwarzen als Belgischen Griffon.
• KÖRPERBAU Im Vergleich zur Körpergröße mächtiger, gerundeter und zwischen den Ohren breiter Kopf; sehr dunkle, schwarz umrandete Augen; kurzer und vom Widerrist bis zum Schwanzansatz gerader Rücken, weder bucklig noch eingeknickt; üblicherweise kurz kupierter und hoch getragener Schwanz.

Charakter und Pflege

Der Yorkie eignet sich gleichermaßen für das Stadt- wie auch für das Landleben. Dieser herrschsüchtige, doch zugleich ungemein liebenswerte und lebhafte kleine Hund eignet sich gut als Haushund. Er ist ein erstklassiger Ausstellungshund.

KURZINFO
• GRUPPE Zwerghund. Anerkannt von AKC, ANKC, CKC, FCI, KC (GB), KUSA.
• GRÖSSE Widerristhöhe: um 22 cm. Gewicht: maximal 3,1 kg.
• FELL Glänzend, fein und seidig.
• FARBE Dunkles Stahlblau (nicht Silberblau) vom Hinterkopf bis zum Schwanzansatz, nie mit andersfarbigen Haaren durchsetzt; Gesicht, Brust und Pfoten leuchtend Lohfarben.
• KÖRPERBAU Kleiner, oben flacher Kopf; ; dunkle, funkelnde Augen; kleine, V-förmige und aufrecht stehende Ohren; kompakter Körper; üblicherweise etwa auf die Hälfte kupierter Schwanz.

BICHON HAVANAIS

Wegen seines langen, üppigen Fells, das ihm ein geheimnisvolles Aussehen verleiht, ist dieser Hund auch als Havanneser und als Havanna-Seidenhund bekannt. Er gehört zur Gruppe der Bichons, jenen aus dem Mittelmeerraum stammenden Zwerghunden, zu denen man den Bolognese, Maltese und den Bichon Frisé zählt. Jeder der genannten Hunde kommt als weniger bekannter Vorfahr des Bichon havanais in Frage, einer Legende zufolge soll er jedoch von Bologneser Hunden abstammen, die mit den aus der italienischen Region Emilia ausgewanderten Bauern nach Argentinien gelangt sind. Dort sollen dann kleine Pudel eingekreuzt worden sein, was zu diesem Bichons neuen Typs geführt hat. Schließlich kam dieser Hund nach Kuba, wo er schnell zum Liebling der Reichen in der Hauptstadt Havanna aufstieg.

Charakter und Pflege

Der Bichon havanais ist ein intelligenter, ernster und eher ruhiger Hund, der über alle Maßen anhänglich ist und seinem Herrn zu gefallen sucht. Zwar braucht er nicht viel Auslauf, dafür erfordert aber sein Fell, das nicht getrimmt oder in Form gebracht wird, um so mehr Pflege mit Kamm und Bürste

KURZINFO
• GRUPPE Zwerghund. Anerkannt von FCI.
• GRÖSSE Widerristhöhe: 20–27 cm. Gewicht: 3–5,5 kg.
• FELL Lang, eng anliegend und weich; an den Extremitäten federartig.
• FARBE Beige, Havannagrau oder Weiß; kräftige oder breite Abzeichen in diesen Farben.
• KÖRPERBAU Schwarze Nase; vorzugsweise spitze, nach vorn geklappte Ohren; ziemlich große, sehr dunkle, fast schwarze Augen; hoch getragener, geringelter und mit langem, seidigen Haar bedeckter Schwanz.

ENGLISH TOY TERRIER

Der English Toy Terrier, durch selektive Zucht aus den kleinsten Exemplaren der Manchester Terrier entwickelt, besitzt viele Arbeitsmerkmale der größeren Hunde.

Ein langer, schmaler Kopf und buchstäblich gespitzte Ohren verleihen diesem kleinen Hund ein aufgewecktes und würdevolles Aussehen.

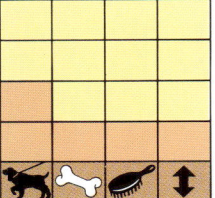

In Großbritannien war der English Toy Terrier zunächst unter diesem Namen bekannt, dann nannte man ihn Toy Black and Tan und später Miniature Black and Tan, bevor man 1962 auf die ursprüngliche Bezeichnung zurückgriff. In den USA sind die Hunde dieser Rasse als Toy Manchester Terrier bekannt.

Der English Toy Terrier stammt vom Manchester Terrier ab. Diese größere, doch ansonsten identische Rasse wurde aus dem inzwischen ausgestorbenen Black and Tan Terrier sowie weiteren Rassen entwickelt. Das Italienische Windspiel und vielleicht der Whippet haben ebenfalls zum English Toy Terrier beigetragen. Der Manchester Terrier wurde für den öffentlichen Schaukampf gegen Ratten gezüchtet, und so ist auch sein kleinerer Verwandter ein ausgezeichneter Rattenfänger.

Charakter und Pflege

Der heutzutage überraschend selten anzutreffende English Toy Terrier kann nach wie vor Nagetiere jagen und ist zugleich ein anhänglicher und intelligenter Begleithund. Er ist sehr kinderlieb und pflegeleicht; sein Fell braucht kaum mehr als tägliches Bürsten und Abreiben, damit es glänzt. Er ist ein ziemlich zäher kleiner Hund und fürchtet den Regen nicht in dem Maße wie sein empfindlicherer Verwandter, das Italienische Windspiel.

KURZINFO
• **GRUPPE** Zwerghund. **Anerkannt von** AKC, ANKC, CKC, FCI, KC (GB), KUSA.
• **GRÖSSE** Widerristhöhe: 25–30 cm. Gewicht: 2,7–3,6 kg.
• **FELL** Dick, dicht und glänzend.
• **FARBE** Black and Tan.
• **KÖRPERBAU** Langer, schmaler Kopf; dunkle bis schwarze Augen; flammenförmige und an den Enden abgerundete Ohren; kompakter Körper; an der Basis dicker, spitz zulaufender Schwanz.

AUSTRALIAN SILKY TERRIER

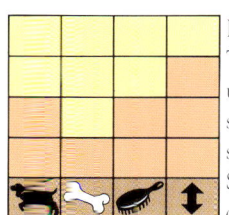

Der (Australian) Silky Terrier wurde erst 1945 unter diesem Namen registriert, denn er war ursprünglich als Sydney Silky bekannt. Er wurde durch das Einkreuzen von Sy... und Yorkshire Terrier entwickelt, hinzu kam... noch australische Terrier, in deren A... nicht nur das Blut des »Yorkie«, sonde... ebenfalls das des Dandie Dinmont, Cairn u... Norwich Terriers floß. Der erste Rassestandard wurde 1962 aufgestellt.

Charakter und Pflege

Von seinem Temperament her ist der Australi... Silky ein echter Terrier. Hin und wieder ma...ht er zwar noch gern Jagd auf Nagetiere, de... einem Herrn gegenüber zeigt er sich sehr an...änglich. Um seine überschüssige Energie lo...werden muß man ihn täglich ausführen. Se...n Fell erfordert regelmäßiges Bürsten und Kämmen – soll der Hund ausgestellt werden, ve...ie facht sich der Zeitaufwand.

KURZINFO
• **GRUPPE** Zwerghund. **Anerkannt von** AKC, ANKC, CKC, FCI, KC (GB), KUSA.
• **GRÖSSE** Widerristhöhe: durchschnittlich 22,8 cm. Gewicht: 3,6–4,5 kg.
• **FELL** Glatt, seidig, glänzend.
• **FARBE** Blau mit Lohfarben; Grau, Blau und Lohfarben mit silberblauem Schopf. Haare sollten an der Wurzel dunkler sein.
• **KÖRPERBAU** Kleiner, kompakter Hund mit einem Körper, der etwas länger als hoch ist; mittellanger Kopf; kleine, dunkle und runde Augen; v-förmige, kleine Ohren; meist kupierter Schwanz.

Das Aussehen des Australian Silky Terrier geht vermutlich auf den Dandie Dinmont Terrier zurück.

Anders als beim Yorkie (eines weiteren Vorfahren) fällt das Fell des Silky nicht ganz bis auf den Boden. Die Pfoten bleiben sichtbar.

MOPS

Bei dem ursprünglich aus China stammenden Mops handelt es sich um einen Mastiff in Miniaturformat.

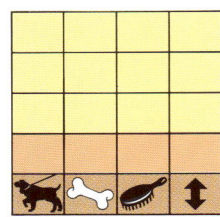

Wahrscheinlich stammt der Mops aus China. Er kann als Miniaturausgabe des sog. Tibetan Mastiff durchgehen. Zu Anfang des 16. Jahrhunderts gelangte er auf Handelsschiffen nach Holland, wo er beim damaligen Königshaus von Oranien großen Anklang fand. Dieser Beliebtheit verdankt er seine Bezeichnung als Holländischer Mops.

Es wird allgemein angenommen, daß ein Mops Wilhelm von Oranien 1688 nach England begleitete, als dieser unter dem Namen Wilhelm III. den britischen Thron bestieg. Während der Herrschaft von Wilhelm und Maria II. (1689–94) soll sich diese Rasse einer konkurrenzlosen Beliebtheit erfreut haben. Als

Königin Victoria im 19. Jahrhundert ihre Meute aufbaute, war der Mops in Großbritannien jedoch verhältnismäßig selten geworden. Erst 1883 wurden entsprechende Standards formuliert und der British Pug Dog Club gegründet.

Charakter und Pflege

Dieser fröhliche und intelligente kleine Hund ist kinderlieb und verlangt nur mäßig viel Auslauf. Sein Fell bekommt einen leichten Glanz, wenn man es täglich bürstet und mit einem Seidentuch abreibt.

KURZINFO
• **GRUPPE** Zwerghund. **Anerkannt von** AKC, ANKC, CKC, FCI, KC (GB), KUSA.
• **GRÖSSE** Widerristhöhe: 25–27,5 cm. Gewicht: 6,3–8,1 kg.
• **FELL** Fein, glatt, kurz und glänzend.
• **FARBE** Silber, Aprikosenfarben, Rehbraun oder Schwarz; schwarze Maske und Ohren; Aalstrich.
• **KÖRPERBAU** Großer, runder Kopf; sehr kurze, viereckige Schnauze; Vorbeißer; entweder Rosenohren oder Knopfohren; sehr große, dunkle Augen; kurzer, untersetzter Körper; hoch angesetzter und auf dem Rücken eng geringelter Schwanz.

ZWERGSPITZ

Dieser kleine Hund, der aus dem nördlichen Polarkreis stammt, gehört zur Gruppe der Spitze. Die im Englischen als »Pomeranian« bezeichnete Rasse geht auf einen weißen Spitz zurück, der etwa seit 1700 in Pommern lebte. Dies waren allerdings viel größere Hunde, die etwa 13,5 kg schwer waren und kleiner gezüchtet wurden, nachdem sie vor ungefähr 100 Jahren nach Großbritannien gelangten. Um 1896 wurde der Zwergspitz bei Ausstellungen in Gewichtsklassen unter und über 3,6 kg eingeteilt. 1915 zog der British Kennel Club die Titel-Anwartschaften für die größeren Schläge zurück.

Königin Victoria begeisterte sich für diese Hunde und hielt mehrere Hunde des größeren

Schlags in ihren Zwingern. Dies trug wesentlich zur Beliebtheit dieser Rasse in Großbritannien bei, die jedoch von den Pekinesen verdrängt wurde.

Charakter und Pflege

Der Zwergspitz steht in dem Ruf, der ideale Schoßhund für ältere Damen zu sein. Obwohl er sich gewiß hervorragend für diese Rolle eignet, da er reichliche Zuwendung zu schätzen weiß, ist er jedoch zugleich ein lebhafter, robuster kleiner Hund, der seinem Frauchen auf und davon laufen kann, wenn man ihn nur ließe. Dieser liebenswerte und treue Hund mag Kinder und gibt einen herrlichen Haushund ab. Er eignet sich auch als Ausstellungshund, falls man ausreichend Zeit für die Pflege seines doppelten Fells hat, das täglich gebürstet und regelmäßig getrimmt werden muß.

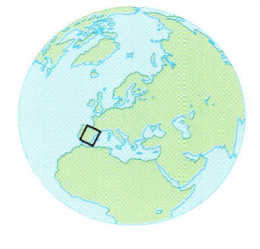

PAPILLON

decken. Papillons stellte man erstmals 1923 in Großbritannien aus, damals noch als »ausländische« Hunde; in den USA mußten sie weitere zwölf Jahre auf ihre Anerkennung warten.

Charakter und Pflege

Der Papillon ist ein intelligenter und für gewöhnlich gesunder Hund. In Gehorsamsprüfungen hat er sich als achtbarer Mitstreiter bewährt. Er benötigt kaum Pflege, da sein Fell nur einmal täglich gebürstet werden muß, um seinen Glanz zu behalten.

Dem Schnitt seiner aufrecht stehenden Ohren verdankt der Papillon (franz.: Schmetterling) – auch als Épagneul Nain Continental oder Continental Toy Spaniel bekannt – seinen Namen. Der Schlag mit Hängeohren ist als Phalène oder »Motte« bekannt.

Der Papillon ist häufig mit dem langhaarigen Chihuahua verwechselt worden, einer Varietät die mit seiner Beteiligung entstanden ist. In Wirklichkeit stammt dieser Zwergspaniel aus Spanien und ist womöglich ein Nachkomme der Zwergspaniel des 16. Jahrhunderts. Auf Gemälden von Rubens (1577–1640) und van Dyck (1599–1641) ist er zu ent-

KURZINFO
• **GRUPPE** Zwerghund. **Anerkannt von** AKC, ANKC, CKC, FCI, KC (GB), KUSA.
• **GRÖSSE** Widerristhöhe: 20–28 cm.
• **FELL** Lang, üppig, wallend und von seidiger Beschaffenheit.
• **FARBE** Weiß mit Flecken jeder Farbe außer Leberbraun; Tricolor: Schwarzweiß mit lohfarbenen Stellen über den Augen und in den Ohren, auf den Wangen und an der Unterseite der Schwanzwurzel.
• **KÖRPERBAU** Leicht gewölbter Schädel; große, aufrecht stehende Ohren in Form ausgebreiteter Schmetterlingsflügel; ziemlich langer Körper mit gerader Rückenlinie; langer, buschiger Schwanz.

Die Ohren in Form von Schmetterlingsflügeln, denen der Papillon seinen Namen verdankt, werden optisch durch einen buschigen Schwanz ausgeglichen.

KURZINFO
• **GRUPPE** Zwerghund. **Anerkannt von** AKC, ANKC, CKC, KC (GB), KUSA.
• **GRÖSSE** Widerristhöhe: maximal 27,5 cm. Gewicht: Rüden 1,3–3,1 kg.
• **FELL** Lang, glatt und rauh, mit weicher flauschiger Unterwolle.
• **FARBE** Alle Farben zulässig, jedoch ohne schwarze oder weiße Schattierungen; die Farben sind Weiß, Schwarz, Braun, Hell- oder Dunkelblau.
• **KÖRPERBAU** Weich gezeichnetes Kopf- und Nasenprofil; mittelgroße Augen; kleine, aufrecht stehende Ohren; kurzer Rücken und kompakter Körper; hoch angesetzter, über dem Rücken flach und gerade getragener Schwanz.

PEKINESE

Charakter und Pflege

Der Pekinese ist ein untersetzter, würdevoller kleiner Hund mit eigenem Willen, der sich Erwachsenen und Kindern gegenüber gleichermaßen freundlich verhält. Er ist intelligent und furchtlos und verschmäht es nicht, ein schlammiges Feld zu durchqueren. Er benötigt viel Aufmerksamkeit.

Anfang des 19. Jahrhunderts waren Pekinesen die Lieblinge am Chinesischen Kaiserhof. Ein Nichtadliger durfte einen solchen Hund nicht besitzen.

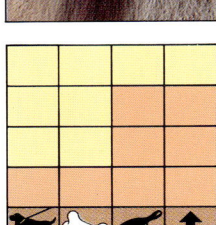

Die Ursprünge des Pekinesen reichen vermutlich etwa 1500 Jahre zurück. Man betrachtet sie als enge Verwandte des Lhasa Apso und des Shih Tzu und sagt ihnen nach, in ihnen paare sich die Würde eines Löwen mit der Anmut und Freundlichkeit eines Zwergseidenäffchens. Im 19. Jahrhundert wurden sie am Kaiserhof in Peking zu Tausenden unter außergewöhnlich privilegierten Umständen gehalten. Die Pekinesen gelangten nach Europa und später in die Vereinigten Staaten, nachdem die Engländer 1860 Peking eingenommen hatten. Fünf der kaiserlichen Pekinesen wurden in den Frauengemächern erbeutet und nach England gebracht. Einen dieser Hunde, auf den zutreffenden Namen »Looty« (abgeleitet von *loot*: Beute) getauft, erhielt Königin Victoria zum Geschenk. Er starb erst 1872.

Dem Pekinesen ähnliche Zwerghunde sind in China seit der Tang-Dynastie (8. Jh.) bekannt.

KURZINFO
• **GRUPPE** Zwerghund. **Anerkannt von** AKC, ANKC, CKC, FCI, KC (GB), KUSA.
• **GEWICHT** Rüden maximal 5 kg, Hündinnen maximal 5,4 kg.
• **FELL** Lang und glatt, mit rauher Ober- und dicker Unterwolle; üppige Mähne und federartiger Schwanz.
• **FARBE** Alle Farben und Abzeichen zulässig und gleichermaßen wertvoll, außer Albino oder Leberfarben. Particolor mit gleichmäßiger Farbverteilung.
• **KÖRPERBAU** Breiter, flacher Kopf mit gestauchter Schnauze und tiefem Stop; flaches Gesicht; hervorstehende runde Ohren; federartige, dicht am Kopf anliegende Ohren; dicke Brust und feister Nacken, kurzer Körper mit leicht rollender Gangart; hoch angesetzter und über dem Rücken gekrümmter Schwanz.

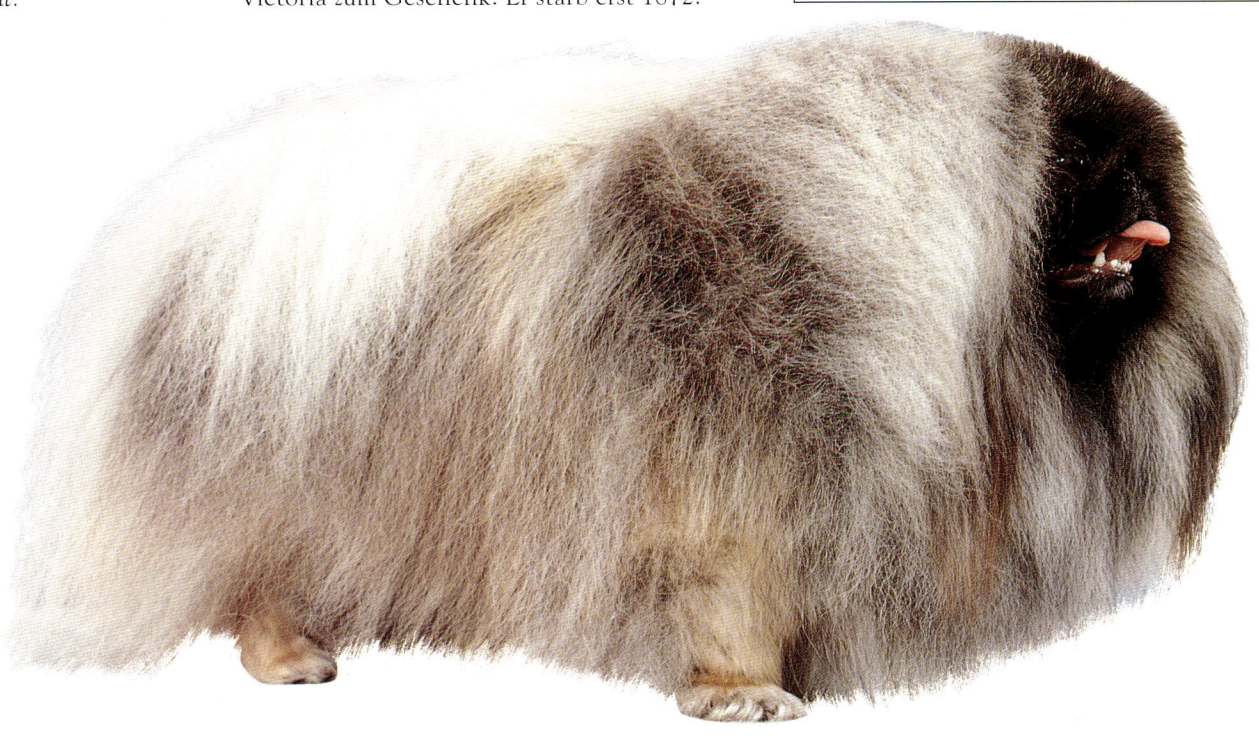

JAPAN CHIN

Der Japan-Chin besitzt wahrscheinlich die gleichen Vorfahren wie Pekinese und Mops.

Zwei Theorien über den Ursprung des Japan Chin wetteifern miteinander: Er stamme von pekinesenartigen Hunden ab, die buddhistische Zen-Mönche im 6. Jahrhundert n. Chr. nach Japan gebracht haben, so die eine; er stamme von einem Schoßhund ab, den der japanische Kaiser im Jahr 732 n. Chr. von einem koreanischen Gesandten als Geschenk erhalten habe, so die andere. Er ist zwar hochläufiger und leichter als ein Pekinese, unterscheidet sich ansonsten jedoch nur minimal. Wie auch immer: Dieser kleine Hund war mehr als 1000 Jahre lang der Liebling japanischer Kaiser, die den Hund verehren ließen. Es heißt, daß man die kleineren Chins zuweilen wie Kanarienvögel in Vogelkäfigen hielt.

Der amerikanische Admiral Perry brachte bei seiner Rückkehr aus dem Fernen Osten der britischen Königin Victoria zwei Japan Chins mit. 1862 tauchte diese Rasse dann zum ersten Mal in einer britischen Hundeschau auf.

Charakter und Pflege

Dem King Charles Spaniel nicht unähnlich ist der Chin ein beliebter Ausstellungshund, wird allerdings weniger häufig als Haushund gehalten. Dieser attraktive und fröhliche kleine Hund ist kinderlieb, braucht durchschnittlich viel Auslauf und nur minimale Pflege. Sein Fell muß täglich mit einer Bürste aus Naturborsten gepflegt werden. Wie andere kurzköpfige Rassen sollte er bei hohen Temperaturen nicht überstrapaziert werden, damit er nicht in Atemnot gerät.

KURZINFO
• **GRUPPE** Zwerghund. **Anerkannt von** AKC, ANKC, CKC, FCI, KC (GB), KUSA.
• **GEWICHT** Ideal: 1,8–2,3 kg.
• **FELL** Üppig; lang, weich und glatt.
• **FARBE** Schwarzweiß, Weiß oder Rotweiß (auch Sand-, Zitronen- und Orangefarben); nie Tricolor.
• **KÖRPERBAU** Breiter, runder wohlproportionierter Kopf; kurze Schnauze; kleine, weit auseinanderstehende Ohren; große, dunkle Augen; viereckiger, kompakter Körper; hoch angesetzter, buschiger und über dem Rücken geringelter Schwanz.

Der einst vom Adel sehr verehrte Chin hat höhere Läufe und hellere Farben als der Pekinese.

227

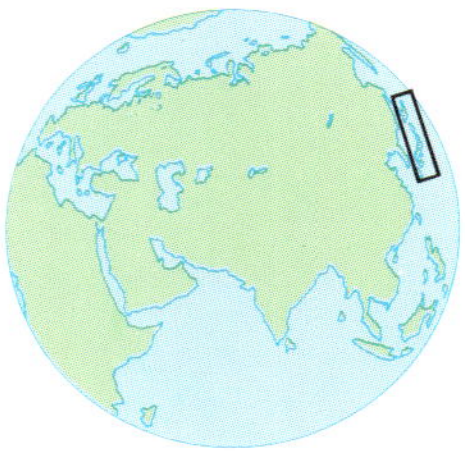

KING CHARLES SPANIEL

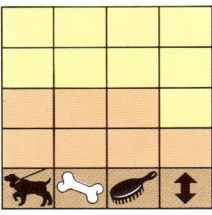

Dieser Zwerghund verdankt seinen Namen der Zuneigung, die König Karl II. für dessen Vorfahren hegte.

Der King Charles, etwas kleiner als der Cavalier, hat einen ausgeprägt gewölbten Schädel und einen markanten Stop.

In den USA und in Kanada ist diese populäre Rasse als English Toy Spaniel bekannt; die Bezeichnung »King Charles« trägt ausschließlich die Black and Tan-Varietät.

Obwohl der King Charles Spaniel als britische Rasse gilt, führt seine Geschichte nach Japan und bis ins Jahr 2000 v. Chr. zurück. Der etwas größere Cavalier King Charles Spaniel (siehe rechte Seite) gleichen Ursprungs erfreute sich im 16. Jahrhundert am englischen Hof großer Beliebtheit. Dann kamen kurzköpfige Hunde in Mode, und der King Charles Spaniel trat auf den Plan. Es heißt, König Karl II. (1630–1685) sei so vernarrt in diese kleinen Spaniel gewesen, daß er häufig die Staatsangelegenheiten vernachlässigte, nur um sie streicheln und mit ihnen spielen zu können. Nach wie vor ist in England ein Gesetz in Kraft, das besagt, ein King Charles Spaniel dürfe »überall hingehen«.

Charakter und Pflege

Dieser kleine Spaniel eignet sich hervorragend als Haushund, ist kinderlieb, fröhlich und paßt seinen Bewegungsdrang dem seines Herrn an. Sein Fell sollte täglich mit einer kräftigen Bürste gepflegt, und die hervorstehenden Augen müssen peinlich sauber gehalten werden.

KURZINFO
• **GRUPPE** Zwerghund. **Anerkannt von** AKC, ANKC, CKC, FCI, KC (GB), KUSA.
• **GRÖSSE** Widerristhöhe: um 25 cm. Gewicht: 3,6–6,3 kg.
• **FELL** Lang, seidig. Leicht gewellt zulässig.
• **FARBE** *Black and Tan* Rabenschwarz mit lohfarbenen Abzeichen über den Augen, auf den Wangen, in den Ohren, auf Brust, Pfoten, Schwanzunterseite; weiße Abzeichen unerwünscht. *Tricolor* Schwarzweiß, unterbrochen von lohfarbenen Abzeichen an oben genannten Stellen. *Ruby*: einfarbig in kräftigem Dunkelrot, weiße Abzeichen unerwünscht. *Blenheim* kastanienbraune Abzeichen auf perlweißem Untergrund; getrennte Abzeichen auf dem Kopf mit rautenförmigen Punkten zwischen den Ohren.
• **KÖRPERBAU** Großer, bis zu den Augen gewölbter Schädel; tiefer, gut ausgeprägter Stop; lange, tief angesetzte und federartig behaarte Ohren; breite, tief gestellte Brust; buschiger, oberhalb der Rückenlinie getragener (und in den USA kupierter) Schwanz.

CAVALIER KING CHARLES SPANIEL

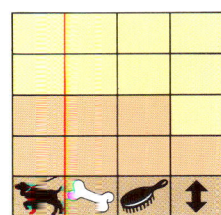

Der Hund stammt aus Japan und ähnelt dem Japan Chin und dem King Charles Spaniel (siehe linke Seite). Während der King Charles einen apfelförmig gewölbten Schädel besitzt, ist der etwas größere Cavalier zwischen den Ohren fast flach und auch sein Stop ist flacher. Beide Rassen wurden nach König Karl II. (1630–1685) benannt; der Cavalier war ursprünglich dessen Favorit. Zweifellos meinte der berühmte Tagebuchschreiber Samuel Pepys (1633–1703) diese Rasse als er sich in seinen Aufzeichnungen darüber beschwerte, daß der König seinen Hunden mehr Zeit widme als seinen Staatsangelegenheiten.

In Großbritannien und in Amerika ist der Cavalier einer der beliebtesten Haushunde (obwohl er in den Vereinigten Staaten nicht als eigenständige Rasse anerkannt wird).

Charakter und Pflege

Als Haushund ist diese Rasse eine vorzügliche Wahl, da er umgänglich und kinderlieb ist. Innerhalb der Zwerghunde gehört er zu den größten und benötigt ziemlich viel Auslauf. Sein Fell sollte täglich mit einer kräftigen Bürste gepflegt werden.

KURZINFO
• **GRUPPE** Zwerghund. **Anerkannt von** ANKC, CKC, FCI, KC (GB), KUSA.
• **GEWICHT** 5,5–8 kg.
• **FELL** Lang und seidig, ohne Wellen.
• **FARBE** *Black and Tan* Schwarz mit lohfarbenen Abzeichen wie beim King Charles Spaniel; weiße Abzeichen unerwünscht. *Ruby* kräftiges Rot, weiße Abzeichen unerwünscht. *Blenheim* deutlich voneinander abgesetzte kastanienbraune Abzeichen auf weißem Grund; auf dem Kopf gleichmäßig verteilt, rautenförmig zwischen den Ohren. *Tricolor* Schwarzweiß, lohfarbene Abzeichen wie beim King Charles Spaniel.
• **KÖRPERBAU** Flacher Schädel; hoch angesetzte, lange Ohren; große, dunkle Augen; abfallende Rückenlinie; langer, buschiger Schwanz.

Der Cavalier, ebenfalls ein Liebling von König Charles II., hat einen flachen Schädel mit hoch angesetzten Ohren. Der Körper ist lang und der Schwanz befedert.

Diese Rasse unterscheidet sich vom King Charles Spaniel durch eine spitz zulaufende Schnauze, einen flachen Schädel und einen weniger ausgeprägten Stop.

229

CHIHUAHUA

Der Chihuahua, kleinster Hund der Welt, wurde nach dem mexikanischen Bundesstaat Chihuahua benannt und galt zu Zeiten der Azteken als heiliger Hund. Ein dem Chihuahua ähnlicher Hund hat wahrscheinlich in Ägypten vor etwa 3000 Jahren existiert. 1910 hat der Zoologe K. Haddon die in einem ägyptischen Grab entdeckten, mumifizierten Überreste eines kleinen Hundes beschrieben, der eine weiche Stelle im Schädel aufwies: ein Merkmal dieser Rasse. Auf Malta, wohin Chihuahuas um 600 v. Chr. aus Nordafrika gelangten, sind sie seit Jahrhunderten bekannt. Um 1482 hat Botticelli in der Sixtinischen Kapelle einen Hund abgebildet, bei dem es sich eindeutig um einen Chihuahua handelt. Solche frühen Chihuahuas waren etwas größer und mit größeren Ohren versehen als die heute bekannten Exemplare – möglicherweise wurde der Chinesische Nackthund eingekreuzt.

Von den Chihuahuas existieren zwei Schläge, ein kurz- und ein langhaariger. Der letztere hat ein langes, weiches Fell, das entweder glatt anliegt oder leicht gewellt ist. Früher wurden Kurzhaar und Langhaar miteinander gekreuzt und beide Varianten kamen im gleichen Wurf vor, doch das ist inzwischen verboten. »Midget« hieß der erste Chihuahua, der 1904 in den Vereinigten Staaten registriert wurde. In den fünfziger Jahren war ein Chihuahua in Großbritannien noch ein verhältnismäßig seltener Anblick, doch inzwischen wird er bei Ausstellungen häufig gemeldet.

Charakter und Pflege

Der Chihuahua ist ein äußerst intelligenter, anhänglicher und besitzergreifender Hund, der sich ausgezeichnet zum Wachhund im Kleinformat eignet. Obwohl er im allgemeinen als Schoßhund betrachtet wird, begleitet er seinen Herrn auch auf den längsten Spaziergängen. Allerdings muß man ihn daran hindern, mit anderen Hunden Streit anzufangen, da er seine

Obwohl der Chihua-
hua, der kleinste Hund
der Welt, nach einem
mexikanischen Bundes-
staat benannt worden
ist, liegt sein Ursprung
im Dunkeln.

Früher durften die
beiden Schläge des
Chihuahua – der kurz-
und der langhaarige –
miteinander gekreuzt
werden, doch ist dies
inzwischen verboten.

Größe und Stärke meist überschätzt. Haltung
und Pflege beider Varietäten sind recht un-
kompliziert. Tägliches Kämmen und der Einsatz einer weichen Bürste reichen vollauf.

KURZINFO
• **GRUPPE** Zwerghund. **Anerkannt von** AKC, ANKC, CKC, FCI, KC (GB), KUSA.
• **GRÖSSE** Widerristhöhe: 16–20 cm. Gewicht: bis 2,7 kg.
• **FELL** *Langhaar* lang und weich, leicht gewellt zulässig; *Kurzhaar* kurz und dicht, weich.
• **FARBE** Alle Farben oder auch Farbmischungen.
• **KÖRPERBAU** Apfelförmig gewölbte Kopfform; große, ausgestellte Ohren; runde, aber nicht hervorstehende Augen, gerader Rücken; mittellanger, hoch angesetzter und über dem Rücken gebogener Schwanz.

ITALIENISCHES WINDSPIEL

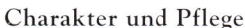

Es besteht kaum Zweifel darüber, daß das Italienische Windspiel (auch Piccolo Levriero Italiano genannt) vom Greyhound abstammt, doch gibt es keine Aufzeichnungen darüber, wie und wann man ihn kleiner gezüchtet hat. Der Greyhound gehört zu den ältesten Hunderassen der Welt und ist bereits auf den Wandmalereien in den Gräbern ägyptischer Pharaonen abgebildet. Zeichnungen kleinerer Windhunde gehen auf die Zeiten des Alten Ägypten und der römischen Antike zurück.

Seit 1900 besteht der Italian Greyhound Club in Großbritannien. Nach dem Zweiten Weltkrieg wurde aus Nordamerika und Europa neues Blut zugeführt, und in den Ausstellungen in Europa, den USA und Kanada sind heute herausragende Exemplare zu bewundern.

Charakter und Pflege

Das Italienische Windspiel ist ein wunderbarer und anhänglicher Haushund, der leicht zu trainieren ist, kaum haart und nicht riecht. Tatsächlich wurde er unlängst als idealer Haus-

Das Italienische Windspiel ist womöglich die erste Rasse, die ausschließlich als Begleit- oder Haushund gezüchtet wurde.

hund angepriesen, so daß die Züchter befürchteten, diese Hunde könnten in ungeeignete Hände geraten, denn dieser fragil wirkende kleine Hund ist sehr sensibel. Er ist kälteempfindlich, schnell beleidigt und bricht sich leicht die Läufe. Das Windspiel genießt einen ausgiebigen Auslauf, muß im Winter jedoch einen wärmenden »Mantel« tragen. Das Fell verlangt nur minimale Pflege.

KURZINFO
• **GRUPPE** Zwerghund. **Anerkannt von** AKC, ANKC, CKC, FCI, KC (GB), KUSA.
• **GRÖSSE** Widerristhöhe: 32–38 cm. Gewicht: 2,5–4,5 kg.
• **FELL** Kurz, fein und glänzend.
• **FARBE** Einfarbig Schwarz, Blau, Cremefarben, Rehbraun, Rot oder Weiß oder jede dieser Farben mit etwas Weiß; Weiß mit einer der zuvor genannten Farben; Schwarz oder Blau mit lohfarbenen Abzeichen sowie gestromt nicht zulässig.
• **KÖRPERBAU** Langer, flacher und schmaler Schädel; geringer Stop; nach hinten gerichtete Rosenohren; große, ausdrucksvolle Augen; Hasenpfoten; tief angesetzter, langer Schwanz.

Das Italienische Windspiel macht einen zerbrechlichen Eindruck, liebt aber die Jagd auf Kleintiere und kann leichtfüßig in die Höhe springen, um selbst nach einem Vogel im Flug zu schnappen. Wegen seines eleganten Kopfes ist er ein attraktiver Ausstellungshund.

ZWERGPINSCHER

Der Zwergpinscher ist ein kompakter, wohl-proportionierter Zwerg-hund, dessen Selbstbe-wußtsein seine Größe Lügen straft.

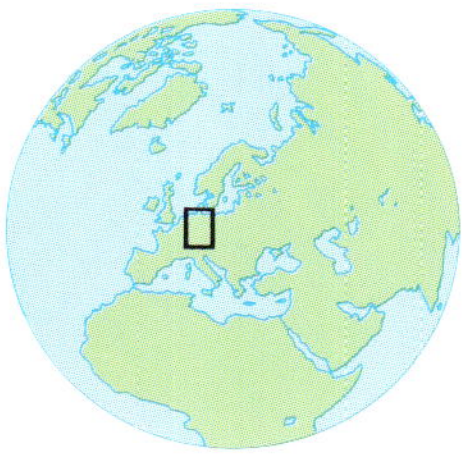

Breite Brust und mus-kulöse Läufe sind die Voraussetzung dafür, daß der Zwergpinscher in der charakteristi-schen Weise eines Tra-bers läuft.

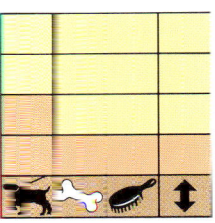

Der deutsche Zwergpin-scher wird in angelsächsi-schen Ländern gewöhn-lich Min Pin (Miniature Pinscher) genannt. Es handelt sich nicht, wie man vielleicht annehmen mag, um einen kleinen Dobermann; sein Vor-fahr ist der Deutsche Pinscher, in den das Ita-lienische Windspiel und wohl auch der Dachs-hund eingekreuzt wurde. Im Pariser Louvre ist auf dem Gemälde *Die Bauernfamilie* aus dem Jahr 1640 ein dem Zwergpinscher ähnlicher Hund zu sehen.

In Deutschland wurde diese Rasse 1870 offi-ziell anerkannt, die in mehreren europäischen Ländern sehr viele Liebhaber gefunden hat. Der Miniature Pinscher Club of America wur-de 1929 gegründet, und diese Hunde sind dort nach wie vor beliebter als in Großbritannien.

Charakter und Pflege

Der Zwergpinscher hat einen attraktiven Trab. Er ist ideal als Haushund für die Stadt oder auf dem Land, da er liebevoll und intelligent ist und kaum haart. Hunde dieser Rasse mögen Gehorsamsübungen und Auslauf, wobei sie häufig eine Fährte aufnehmen. Tägliches Bür-sten und Abreiben des pflegeleichten Fells mit einem Polierleder erhält den feinen Glanz.

KURZINFO
• **GRUPPE** Zwerghund. **Anerkannt von** AKC, ANKC, CKC, FCI, KC (GB), KUSA.
• **GRÖSSE** Widerristhöhe: 25,5–30 cm. Gewicht: 4,5 kg.
• **FELL** Hart, glatt und kurz.
• **FARBE** Schwarz, Blau oder Schokola-denbraun mit lohfarbenen Abzeichen auf Wangen, Lefzen, Unterkiefer, Hals; Zwil-lingsflecken über den Augen und auf Wangen, unteren Vorderläufen, Hinter-läufen und Afterregion und an den Pfoten.
• **KÖRPERBAU** Schmaler, spitz zulaufen-der Kopf; hoch angesetzte, kleine, auf-recht getragene oder hängende Ohren; große, dunkle Augen; kompakter, vier-eckiger Körper; hoch an der Rückenlinie angesetzter, häufig kupierter Schwanz.

MEXIKANISCHER NACKTHUND

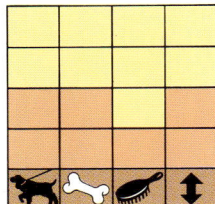

Der Mexikanische Nackthund oder Xoloitzcuintl ist eine der ältesten Rassen der Welt. Mit nomadischen Vorfahren der Azteken gelangte er von Nordostasien nach Mexiko, stammt jedoch womöglich aus der fernen Türkei, wo ein anderer Nackthund, der Türkische Greyhound, existierte. Die Tolteken, frühe Bewohner Mexikos, hielten den Chihuahua zu religiösen Zwecken in ihren Tempeln. Nach dem Sieg der Azteken über die Tolteken lebten Chihuahua und Mexikanischer Nackthund gemeinsam in den Tempeln, und aus ihren Kreuzungen ist vermutlich der Chinesische Schopfhund entstanden. Der Mexikanische Nackthund war als lebende Wärmflasche sehr gefragt und geschätzt, beträgt seine Körpertemperatur doch 38,6 °C. Diese Rasse droht nun auszusterben, obwohl es in Nordamerika noch einige Züchter gibt. Mexican Kennel Club und Canadian Kennel Club erkennen ihn an, nicht jedoch die US-amerikanischen Vereine.

Charakter und Pflege

Dieser höchst liebenswerte, intelligente Hund besitzt ein gutmütiges Temperament und verlangt nur wenig Auslauf. Da er sozusagen nackt ist, muß er häufig gebadet und mit Babycreme eingerieben werden, damit seine Haut weich und geschmeidig bleibt. Von Natur aus ist er ein Vegetarier, mag aber auch Fleisch.

Anmerkung: Diese Rasse muß vor Sonnenbrand geschützt werden.

KURZINFO
• **GRUPPE** Zwerghund. **Anerkannt von** CKC, FCI.
• **GRÖSSE** Widerristhöhe: um 41–51 cm, aber auch kleiner.
• **FELL** Büschel auf Kopf, Schwanzspitze und zwischen den Zehen zulässig, ansonsten glatte Haut.
• **FARBE** Verschiedene Farben, einfarbig oder gesprenkelt.
• **KÖRPERBAU** Keine Vorbackenzähne; schwitzt über die Haut; langer, spitz zulaufender Schwanz; mit seinen Hasenpfoten greift er nach belebten wie unbelebten Objekten.

CHINESISCHER SCHOPFHUND

Der fast haarlose Chinesische Schopfhund soll aus China stammen und vor vielen Jahrhunderten auf chinesischen Segelschiffen nach Südamerika gelangt sein. Allerdings hat es in vielen Kontinenten und Ländern Nackthunde gegeben, Afrika und die Türkei eingeschlossen. Gelegentlich heißt es, der Chinesische Schopfhund sei das Resultat der Kreuzung des Mexikanischen Nackthundes mit dem Chihuahua. Tatsächlich kann das Kreuzen des Chinesischen Schopfhunds mit dem Chihuahua zu einem völlig haarlosen Hund führen.

Bis 1966 besaß eine ältere Dame in den USA die einzigen überlebenden Exemplare dieser Hunderasse. Vier davon wurden nach Großbritannien eingeführt, und nun gedeiht diese Rasse in beiden Ländern. In Großbritannien lockt sie auf Ausstellungen zahlreiche Besucher an und erhielt in den 1970er Jahren die Zulassung für das Championat.

Der Chinesische Schopfhund ist bis auf die üppigen Haare am Kopf, an den Pfoten und an der Schwanzspitze haarlos. In fast jedem Wurf finden sich jedoch auch behaarte Welpen, die zu Hunden mit üppigem Fell heranwachsen und dann kleinen Hirtenhunden ähneln. Diese

Für Ausstellungszwek-
ke kann das Haar des
Chinesischen Schopf-
hunds zwar kurz oder
lang sein, jedoch sind
ein fülliger Haarschopf
und ein quastenartiges
Schwanzende er-
wünscht.

Die behaarte Form des
Chinesischen Schopf-
hunds heißt Powder
Puff (Puderquaste)
und verdankt ihren
Namen dem seidigen
Doppelfell, dessen
Gewicht zu Hängeoh-
ren führen kann.

sind als Powder Puffs (Puderquasten) bekannt
und dürfen neben ihren haarlosen Geschwi-
stern ausgestellt werden.

Charakter und Pflege

Dieser liebevolle kleine Hund eignet sich hervorragend als Haushund für all jene, die seine
liebenswerte Natur schätzen und sich von seiner Ausgelassenheit nicht abschrecken lassen.
Häufig ist er überaktiv, unendlich verspielt und
tollt im Kreis herum, wenn er auch nur den
kleinsten Futterkrümel erwartet. Der Körper
des Chinesischen Schopfhunds fühlt sich wär-
mer an, nachdem er gefressen hat. Deshalb
sollte man im Winter seine Rationen vergrö-
ßern. Mit seinen Pfoten vermag er auf beinahe
menschliche Weise zu greifen. Man sollte ihn
etwa alle drei Wochen baden und seine Haut
eincremen. Für Ausstellungen werden die
Schnurrhaare und dergleichen entfernt.

Hunde dieser Rasse gehören *nicht* in den Außenzwinger und müssen stets vor Sonnenbrand
geschützt werden.

KURZINFO
• **GRUPPE** Zwerghund. **Anerkannt von** AKC, ANKC, CKC, FCI, KC (GB), KUSA.
• **GRÖSSE** Widerristhöhe: Rüden 28–33 cm, Hündinnen 23–31 cm. Gewicht: maximal 5,5 kg.
• **FELL** *Haarloser Chinesischer Schopfhund* lange, weiche Haarbüschel nur auf Kopf, Pfoten und Schwanz. *Powder Puff* langes, glattes Deckhaar, seidige Unterwolle.
• **FARBE** Alle Farben und Kombinationen.
• **KÖRPERBAU** Leicht gewölbter Kopf und Schädel; tief angesetzte, aufrecht stehende Ohren; dunkle Augen; rassiger, feinknochiger oder schwererer Körper; schlanker, hoch angesetzter und spitz zulaufender Schwanz, der beim Laufen über den Rücken gerollt wird.

SELTENE RASSEN

BEGLEITHUNDE

Die **MALLORCA-BULLDOGGE** wird auch Perro de Presa Mallorquin genannt. Sie stammt von der spanischen Baleareninsel Mallorca. Mit seinem massiven Kopf, den Rosenohren und der breiten Brust ist dieser Hund offensichtlich verwandt mit der Englischen Bulldogge, hat allerdings einen längeren Hals und Schwanz. Sein Fell ist gesprenkelt mit weißen Abzeichen; je weniger Weiß, um so besser. Wie seine englischen Vettern wurde er für die Stierhatz und den Hundekampf gezüchtet. Der Bestand nahm zusehends ab, als diese »Sportarten« verschwanden.

Dieser kräftige, mutige Hund gibt einen hervorragenden Wachhund ab. Wie die meisten Bulldoggen ist er von freundlichem Wesen. Er braucht ein Mindestmaß an Auslauf, und sein Fell muß nur einmal täglich mit einer harten Bürste gepflegt werden. Leider wird der Hund nicht sehr alt.

GEBRAUCHS-HUNDE

Die **ALTDÄNISCHE DOGGE**, die von einem aus England importierten Mastiff abstammt, war im 16. Jahrhundert der beliebteste Hund am dänischen Hof. Graf Niels Frederik Sehested auf Broholm-Fünen stellte 1886 den Rassestandard auf. Dieser Hund entwickelte sich zum Nationalhund wie auch zu einem beliebten Gebrauchshund, der beim Viehtreiben eingesetzt werden konnte. Nach dem Ersten Weltkrieg drohte er auszusterben. 1974 organisierte man in Dänemark eine Suche, und auf abgelegenen Gehöften im Norden des Landes fand man noch einige Exemplare, die dem Standard entsprachen. Der FCI erkannte die Rasse 1982 an.

Die **ARGENTINISCHE DOGGE** oder Argentinischer Mastiff wird in seiner Heimat zur Jagd auf Pumas und anderes Großwild wie auch als Wachhund eingesetzt. Der große Hund mit dem bei Kampfhunden charakteristischen breiten Schädel, der tief gestellten Brust und den losen Hautfalten am Hals ist einfarbig weiß. Sein Fell ist kurz und glatt.

Glaubt man den Besitzern, so ist dieser mächtige, loyale und mutige Hund sehr zuverlässig. In Großbritannien gilt er allerdings als potentiell gefährlich. Er braucht viel Platz und Auslauf und eine feste Hand.

Der **ITALIENISCHE SPITZ** ist auch als Volpino Italiano bekannt, zudem als Cane de Guirinale und in der Toskana, wo er besonders oft anzutreffen ist, auch als Florentiner Spitz. Der Italienische Spitz ähnelt dem Deutschen Spitz und dem Pomeranian so sehr, daß man sie kaum auseinanderhalten kann. Der Italienische Spitz allerdings hat etwas größere Augen, längere Ohren und einen stärker gewölbten Schädel. Es ist ungeklärt, ob er ein Vor- oder Nachfahre des Deutschen Spitz ist, den es in seiner Heimat seit Jahrhunderten gibt. Früher war er in Italien ein beliebter Begleithund, doch sein Bestand ist inzwischen zurückgegangen.

Dieser loyale kleine Hund ist seinem Herrn gegenüber anhänglich; Fremden begegnet er jedoch mißtrauisch, weshalb er sich auch zum Wachhund eignet. Verbietet man ihm das Bellen nicht, so kann er darin sehr ausdauernd sein. Das Fell muß regelmäßig gebürstet werden, doch ansonsten ist er pflegeleicht.

Der **KARELISCHE BÄRENHUND** oder Karelsk Bjornhund gehört zur Spitz-Familie und ist mit dem Russischen Laika eng verwandt. Er ist nach der Gegend Karelien im Grenzbereich von Finnland und Rußland benannt. Entwickelt wurde er im wesentlichen in den dreißiger Jahren in Finnland. Der dortige Kennel Club hat ihn 1935 anerkannt, die FCI dann 1946. Er ist ein mittelgroßer Hund, sein Fell ist schwarzweiß, hat eine harte Ober- und eine weichere, dichte Unterwolle. Seinen Schwanz trägt er – wie es für die Hunde dieser Familie eigentümlich ist – auf dem Rücken geringelt. Er wurde für die Jagd auf Bären, Elche und anderes Großwild gezüchtet. Ihm wird ein besonderes Gespür beim Auffinden von Beute nachgesagt. Von Natur aus ist er etwas mürrisch und streitsüchtig, lieber allein oder mit seinem Herrn zusammen als mit seinesgleichen. Gelegentlich jagt er auch allein.

Der Karelische Bärenhund ist ein kräftiger und temperamentvoller Jäger oder Wachhund, eignet sich jedoch nicht als Haushund. Seinem Herrn gegenüber verhält er sich loyal, Artgenossen gegenüber indes oft aggressiv. Hunde dieser Rasse werden üblicherweise im Außenzwinger untergebracht, benötigen viel Auslauf und tägliche Pflege mit der Bürste. Das Fell ist schwarz und weiß.

Mehrere **LAIKA**-Schläge werden in Rußland anerkannt, darunter der russisch-europäische, der westsibirische und der karelische Laika. Sie gehören zur Spitz-Familie und bellen gern (ihr Name bedeutet »bellender Hund«). Sie jagen Groß- und Kleinwild, verbellen die Beute und geben Standlaut, damit die Jäger wissen, wohin sie sich orientieren müssen.

Der russisch-europäische Laika ist im Westen vermutlich der bekannteste, weil ein Hund dieser Rasse 1957 mit dem sowjetischen Satelliten Sputnik 2 in den Weltraum geschossen wurde. Es handelt sich um mittelgroße Hunde, die manchmal als Wach- und Hofhunde gehalten werden. Alle drei Schläge haben ein rauhes, dickes Fell sowie gebogene Schwänze. Der kleinere karelische Laika kann als Schlitten- und Hütehund eingesetzt werden.

Diese lebhaften, energischen Tiere besitzen ein ausgewogenes Temperament und können vielfältige Aufgaben erfüllen, eingerechnet die eines Haus- und Wachhundes. Sie benötigen viel Auslauf und Futter, ihr Fell muß regelmäßig gebürstet werden.

Der **LUNDEHUND** ist auch als Norwegischer Vogelhund (Norwegian Puffin Dog) oder als Lummenhund (Lumme heißt auf norwegisch *Lund*) bekannt. Es handelt sich um eine Variante des Spitz, die vom Zwerg-Elchhund abstammt und seit Jahrhunderten auf zwei Inseln vor der Nordküste Norwegens lebt. Dort sucht er die Winkel und Spalten im Fels nach Lummen ab. Früher mußte dieser Hund die Eier der Lummen und die Vögel selbst finden, welche die Insulaner verspeisten. Die Rasse ist seit 1943 in Skandinavien anerkannt, doch außerhalb Norwegens fast unbekannt. Es handelt sich um einen recht

Der Lundehund klettert auf steile Klippen und in schmale Spalten, um die dort versteckten Lummen-eier zu erräubern.

Einen Hund mit rauhem, dichtem Fell, das in Schwarz, Grau oder in verschiedenen Braunschattierungen mit Weiß vorkommt. Er hat fünf (statt der üblichen vier!) Zehen an jeder Pfote und kann die Knorpel in den oberen Ohren schließen, so daß kein Spritzwasser eindringen kann.

Der wachsame, aktive Lundehund ist ein guter Jäger und treuer Begleithund. Er benötigt sehr viel Auslauf, und sein Fell muß täglich gebürstet werden.

Der PORTUGIESISCHE WACH-HUND ist auch als Cão de Castro Laboreiro bekannt. Er stammt aus den Bergen Nordportugals. Es handelt sich um einen Mastifftyp, der Schaf-und Rinderherden hütete und es dabei selbst mit Wölfen aufnahm. Heutzutage setzt man ihn als Wach- und Schutzhund ein. Sein kurzes, rauhes Fell ist wolfsgrau, von einem dunklen Fehlbraun oder gestromt.

Der Portugiesische Wachhund ist treu, aggressiv, fröhlich, intelligent und eignet sich gut als Schutzhund. Er benötigt sehr viel Auslauf, doch nur minimale Fellpflege. Er bekommt gerne eine Aufgabe gestellt.

Der **SLOWAKISCHE HIRTEN-HUND** arbeitet seit Jahrhunderten als Hütehund in den Karpaten in der östlichen Slowakei, ist inzwischen jedoch rar geworden. Er ähnelt dem Ungarischen Kuvasz und dem Polnischen Tatrahund (Owczarek Podhalanski), die beide ebenfalls in der weitläufigen karpatischen Gebirgskette anzutreffen sind. Obwohl sie in ihren Ursprungsländern als getrennte Rassen betrachtet werden, könnte es sich um drei verschiedene Schläge nur einer Rasse handeln. Der polnische und der slowakische Typ werden nach dem Tatragebirge manchmal auch »Tatry« genannt.

Der Slowakische Hirtenhund ist ziemlich groß und hat ein weißes oder elfenbeinfarbenes, mittelrauhes Fell, das glatt oder gewellt und mit einer sehr dünnen Unterwolle versehen ist. Sein Kopf ist charakteristisch und wohlproportioniert. Seine Mähne reicht bis hin zur Brust, sein Schwanz ist tief angesetzt.

Der Slowakische Hirtenhund ist ein loyaler, tüchtiger Wachhund und wird kaum als Haushund gehalten. Er ist lebhaft, wachsam und für sein extrem scharfes Gehör bekannt. Er braucht viel Auslauf, und sein Fell muß täglich gebürstet werden, damit es schön bleibt.

Der **GROSSE SCHWEDISCHE ELCHHUND** oder Grähund ist ein mittelgroßer, fuchsähnlicher und extrem energischer Hund vom Typ Spitz, der den Schwanz geringelt auf dem Rücken trägt. Er hat eine mittellange Oberwolle, eine weiche Unterwolle und kommt in sämtlichen Grauschattierungen vor. Der Große Schwedische Elchhund wurde in seiner Heimat bei der Elchjagd eingesetzt und in Amerika bei der Jagd auf Waschbär und Luchs.

Dieser gutartige, lebhafte und selbstbewußte Hund vereinigt in sich die Rolle des Jagd- und Haushundes, falls man ihn täglich gut durchbürstet und ihm viel Auslauf gewährt. In einem überheizten Haus fühlt er sich nicht wohl und bevorzugt daher den Außenzwinger.

HÜTEHUNDE

Der **ERMENTI** oder Ägyptische Schäferhund soll von einheimischen Hunden abstammen, die mit jenen französischen Hunden eingekreuzt wurden, die mit Napoleons Armee 1798 während des ägyptischen Feldzugs ins Land kamen. Der daraus entstandene Hund ähnelt einem Collie mit einem langen, rauhen und grauen Fell, einem ausgeprägten Backenbart und starkem Fang. Der Ermenti, nach einer nordägyptischen Stadt benannt, tat Dienst als Hüte- und als Wachhund. Als Haushund ist er auch heute wenig geeignet. Er braucht regelmäßigen Auslauf und viel Fellpflege.

Die Rasse erweckte vor dem Zweiten Weltkrieg allgemeine Aufmerksamkeit, als der damalige ägyptische Botschafter seinen Ermenti mit nach Berlin nahm. Außerhalb Ägyptens ist diese Rasse selten und bisher bei Ausstellungen noch nicht aufgetreten.

Der **ATLASSCHÄFERHUND,** ein Hütehund vom Typ eines Collie und auch als Aidi oder Chien de l'Atlas bekannt, ist eine marokkanische Rasse, über die wenig bekannt ist. In seinem Ursprungsland schätzt man ihn als sehr kräftigen und beweglichen Herdenschutzhund, der auch Raubtiere verjagt, sowie als Viehtreiber und Wachhund.

Sein Fell ist lang und dicht und soll ihn ebenso vor großer Hitze wie vor der Kälte in den Bergen und vor Angreifern schützen. Der Atlasschäferhund ist ein sensibler, lebhafter und muskulöser Wachhund, den man nur selten im Haus halten kann.

Der **BRESSE-** und der **SAVOYEN-SCHÄFERHUND** sind robuste, mittelgroße Hüte- und Treibhunde mit ziemlich langem Körper und einem an der Spitze geringelten Schwanz. Man sieht sie in Hell- oder Dunkelgrau mit dunkleren Haaren oder Blau oder Braun gefleckt. Am Kopf tragen sie ein dickes, rauhes und kurzes, an Körper und Schwanz etwas längeres Fell und um den Hals eine Krause. Sie wurden nach den jeweiligen ostfranzösischen Gegenden benannt, in denen sie gezüchtet wurden: Bresse ist eine fruchtbare Landschaft zwischen den Flüssen Jura und Saône, Savoyen liegt in den nördlichen Alpen.

Wie alle französischen Schäferhunde, so sind auch diese beiden gute Begleit- und Wachhunde als auch fröhliche, zuverlässige Gebrauchshunde. Nichts spricht dagegen, sie als Haushunde zu halten, wenn man ihnen ausreichend Auslauf verschafft und sie entsprechend pflegt. Sie fühlen sich am wohlsten, wenn man ihnen eine Aufgabe überträgt.

Unter der Bezeichnung **LANGUE-DOC-SCHÄFERHUND**, auch Cevennen-Schäferhund, faßt man eigentlich fünf verschiedene Schäferhundtypen aus der südfranzösischen Region Languedoc zusammen: Farou, Berger de la Camargue, Berger de la Grau, Berger des Carrigues und Berger du Larzac. Das unterschiedliche Fell dieser kleinen bis mittelgroßen Schäferhunde ist rehbraun oder auch schwarz und rehbraun.

Die kräftigen, fröhlichen, zuverlässigen und im allgemeinen gutartigen Hunde sind leicht erziehbar. Man kann sie auch als Begleithunde halten, falls sie genügend Auslauf und Platz haben. Ihr Fell benötigt regelmäßige Pflege.

Der außerhalb der Südstaaten der USA kaum bekannte **BLUE LACY** gilt als ein Nachkomme der wilden Pariahunde, die man mit Hüte- und Treibhunden kreuzte. Er wird beim Hüten und Treiben von Schaf- und Viehherden eingesetzt. Sein Fell ist black and tan, lohfarben, gelblich, cremefarben oder schiefergrau und

enthält das gesuchte »blaue« Gen, dessen Herkunft ein Rätsel bleibt.

Der Blue Lacy ist von Natur aus ein Hütehund und unermüdlicher Arbeiter. Da er als zuverlässig bekannt und von sehr freundlicher Wesensart ist, spricht nichts dagegen, ihn als Haushund zu halten, wenn er eine Aufgabe zu erfüllen hat. Er braucht regelmäßigen Auslauf und eine ebensolche Pflege.

Der **KATALANISCHE SCHÄFER-HUND**, auch als Perro de Pastor Catalan und Gos d'Atura bekannt, trägt den Namen der spanischen Provinz Katalonien. Wahrscheinlich handelt es sich bei ihm um den Nachkommen mehrerer europäischer Schäferhunde, insbesondere aus den Pyrenäen. Dieser Schäferhund existiert in zwei Schlägen, die sich nur im Fell unterscheiden: der Gos d'Atu-ra mit langem, leicht gewelltem und dem selteneren Gos d'Atura Cerdà mit kurzem, glattem Fell. Seine Läufe und Pfoten sind rehbraun bis lohfarben, der übrige Körper ist schwarzweiß. Lohfarbene, graue und weiße Abzeichen sind nicht zulässig.

Der Katalanische Schäferhund ist in seiner Heimat populär, wo er ein fähiger Hütehund ist und der Herde Vertrauen einflößt. Als Armee-, Polizei- und Wachhund hat er ebenfalls gute Dienste geleistet.

Diesem intelligenten Schäferhund mit dem sanften Ausdruck sagt man ein nervöses Wesen nach; doch er ist

trotzdem ein guter Begleithund. Gibt man ihm eine Aufgabe und viel Bewegungsfreiheit, so kann man ihn auch im Haus halten. Er braucht viel Auslauf, und sein Fell verlangt tägliche Pflege mit der Bürste.

Der **JUGOSLAWISCHE HIRTEN-HUND** (auch Charplaninatz oder Sar Planina) ist eine alte, besonders in den gebirgigen Gegenden der Adria verbreitete Rasse. Wahrscheinlich bestehen Verbindungen zu dem alten Römischen Molosser.

Der Jugoslawische Hirtenhund wird manchmal als Hüte- oder Treibhund, hauptsächlich jedoch als Herdenschutzhund eingesetzt. In den siebziger Jahren wurde er in die USA eingeführt. Dort, wie auch in Kanada, wird er ausgiebig zur Zucht verwendet. Dieser einsatzfreudige Wachhund, der sich besonders gern an nur einen Herrn bindet, bleibt im wesentlichen ein Gebrauchshund und eignet sich daher weniger als Haushund. Das lange, dichte und eisengraue Fell und sein wolfartiges Heulen verleiht diesem mutigen und enorm kräftigen Hund hat eine gewisse Ähnlichkeit mit einem Wolf.

Der energische Scha-
pendoes macht einen
schelmischen und zer-
zausten Eindruck.
Doch das äußere Er-
scheinungsbild trügt.

Der **KARSTSCHÄFERHUND**, der auch als Krasky Ovcar, Kroatischer oder Istrischer Schäferhund bekannt ist, gilt als mittelgroßer, fähiger Herdenschutzhund von kräftigem Körperbau und mit außergewöhnlich gut entwickelten Muskeln. Sein Kopf ist von edler Form und sein eisengraues Fell mittellang. Seit Jahrhunderten arbeitet er im Karst, also auf der istrischen Halbinsel (im Nordwesten des früheren Jugoslawien), ist anderswo jedoch kaum bekannt.

Dieser mutige, muntere, loyale und gehorsame Schäferhund eignet sich gut als Begleit- und Wachhund. Allerdings empfiehlt er sich nur für einen erfahrenen Hundehalter, da er Fremden gegenüber mißtrauisch und nicht leicht für sich zu gewinnen ist. Außerdem ist er bereit, seinen Herrn zu verteidigen, wenn er ihn in Gefahr glaubt. Er braucht viel Auslauf, reichlich Futter und tägliche Haarpflege.

Der **PORTUGIESISCHE SCHÄFERHUND** oder Cão da Serra de Aires gehört zu einer alten Rasse aus Südportugal. Dieser geschickte Gebrauchshund, der auch das Zeug zum Wachhund hat, wird hauptsächlich als Hüte- und Treibhund eingesetzt. Diesen mittelgroßen, kräftigen Hund mit der tief gestellten Brust, dem langen Körper und langen Schwanz gibt es in gelb, braun, grau, rehbraun, wolfsgrau oder schwarz. Sein ziegenähnliches Fell ist lang, rauh und neigt dazu, sich zu kräuseln.

Dieser zähe, aktive und intelligente Hund ist ein instinktiver Hütehund. Er braucht viel Bewegungsfreiheit und Auslauf und arbeitet gerne.

Der **RAFEIRO DO ALENTEJO**, ein portugiesischer Hütehund, stammt aus der südportugiesischen Provinz Alentejo. Dieser Hund vom Typ Mastiff mit dem massiven Bärenkopf gleicht einem leichten, kurzhaarigen Bernhardiner. Sein glattes, kurzes bis mittellanges Fell ist schwarz, grau, gestromt, cremefarben oder rehbraun mit weißen Abzeichen. Es kann auch weiß mit Abzeichen aller erwähnten Farben sein. Es war immer schon die Aufgabe des Rafeiro, die Herden vor Raubtieren zu schützen. Außerhalb seiner Heimat ist er kaum bekannt und bisher bei Ausstellungen noch

nicht aufgetreten. Dieser massive, kräftige und besonnene Hund ist ein wachsamer und etwas aggressiver Wächter. Er ist leicht zu erziehen, braucht jedoch viel Bewegungsfreiheit und Auslauf. Wegen seiner Dickköpfigkeit eignet er sich nicht zum Haushund. Sein Fell muß mit einer harten Bürste gepflegt werden.

Der **SCHAPENDOES** oder Holländische Hütehund (zu unterscheiden vom Holländischen Schäferhund, siehe Seite 101) ähnelt dem Bearded Collie. Wahrscheinlich haben diese alte Rasse, der Bearded Collie und der ungarische Puli, der Bergamasker Hirtenhund und der Schäferhund der Brie gemeinsame Vorfahren. Der attraktive zottige Schapendoes mit dem langen, tief angesetzten Schwanz hat ein langes, rauhes Fell mit weicher Unterwolle. Seit Jahrhunderten hat er Herden gehütet und tut es auch jetzt noch manchmal. In den Niederlanden, wo er sehr beliebt ist, wird er heutzutage allerdings häufiger als Hausgefährte und Wachhund gehalten. Diese Rasse, die sich etwa um 1880 durchgesetzt hat, wurde in den 70ern vom FCI anerkannt, ist allerdings außerhalb Hollands selten.

Dieser gutartige, lebhafte und intelligente Hund ist leicht zu erziehen und im allgemeinen freundlich zu Kindern. Sein Fell muß täglich gebürstet werden.

SPÜRHUNDE FÜR NIEDERWILD

Der **AUVERGNE-VORSTEHHUND** oder auch Braque Bleu d'Auvergne stammt aus der Provinz Auvergne in Mittelfrankreich. Dieser zähe und elegante Jagdhund ähnelt dem English Pointer und dem Deutsch-Kurzhaar, beides Nachkommen des Spanischen Vorstehhunds. Die Franzosen haben durch Kreuzen des Spanischen Vorstehhunds mit verschiedenen Jagdhunden zahlreiche Rassen entwickelt, von denen die kurzhaarigen als Bracken bekannt geworden sind. Der Auvergne Vorstehhund wird häufig als einheimische oder als eine aus dem alten Französischen Setter entstandene Rasse betrachtet. Andere wiederum sind davon überzeugt, daß

der Vorstehhund von jenen Hunden abstammt, die durch den Malteser Orden 1798 in die Auvergne gelangten.

Sein kurzes Fell ist weiß und glänzend, am Kopf schwarz und überall so schwarz gesprenkelt, daß sich der gewünschte Blaueffekt einstellt.

Dieser intelligente und sensible Hund braucht viel Auslauf und eine regelmäßige Haarpflege.

Der **BÖHMISCH-RAUHBART-POINTER** oder **SLOWAKISCHE DRAHTHAAR POINTER** scheint aus den einander ziemlich ähnlichen Deutsch-Drahthaar oder Griffon à poil dur-korthals und Rassen wie dem Pudelpointer und Deutsche Kurzhaarpointer entstanden zu sein.

Bis auf Fell und Farbe gleicht dieser Hund dem Deutsch-Kurzhaar. Sein Fell besteht aus einer kurzen, dichten Unterwolle (im Sommer nicht vorhanden), einer dicht anliegenden Oberwolle und längeren Deckhaaren.

Der **DRENTESCHE VORSTEHHUND** oder Drentse Partrijshond stammt aus der Provinz Drente im Nordosten der Niederlande, wo er schon seit mehr als 300 Jahren existiert. Das glatte, teilweise befederte Fell dieses mittelgroßen Hundes ist weiß mit braunen oder orangefarbenen Abzeichen. Er ähnelt dem Deutschen Langhaar, jedoch sind sein Kopf und seine Schnauze kürzer. Seine Nase ist hervorragend, und er wird bei der Jagd auf Rebhühner, andere Vögel und Kleinwild eingesetzt. Man kennt ihn fast nur in seinem Ursprungsland, wo er als vielfältig verwendbarer Jagdhund und Wettkampfteilnehmer bei der Feldjagdsuche eine große Rolle spielt.

Der zuverlässige und leicht zu erziehende Drentesche Vorstehhund ist in den Niederlanden bei Sportlern wie auch als Haushund beliebt. Er benötigt viel Auslauf und tägliche Haarpflege mit der Bürste.

Der **ALTDÄNISCHE VORSTEHHUND** oder Hühnerhund ist im heimatlichen Dänemark als Gammel Dansk Honsehund bekannt. Er wurde im 17. Jahrhundert aus spanischen und wahrscheinlich einheimischen Hunderassen entwickelt. Das kräftige, robuste und für das flache Gelände in Dänemark gut geeignete Tier wird dort als Vielzweck-Jagdhund eingesetzt. In unserem Jahrhundert drohte diese Rasse auszusterben, doch zum Glück wurde sie wiederbelebt, 1962 vom Dänischen Kennel Club anerkannt und ist inzwischen in ihrer Heimat wieder fest etabliert.

Dieser Hund hat einen ziemlich kurzen Kopf, einen gut entwickelten, muskulösen Körper, einen mittellangen Schwanz und dichtes festes Fell. Dieses ist weiß mit hell- oder dunkelleberbraunen Abzeichen.

Der Altdänische Vorstehhund ist ruhig und freundlich, leicht zu erziehen und gibt einen geschickten Jagdhund ab, der sich auch zum Haushund eignet. Er benötigt viel Auslauf, und sein Fell muß regelmäßig mit einem Hundehandschuh gepflegt werden.

Der **ÉPAGNEUL DE PONT-AUDE-MER** stammt aus Nordwestfrankreich und ist nach einer Stadt in der Normandie benannt. Seine Herkunft geht vermutlich auf den Französischen Epagneul und den Irish Water Spaniel zurück, die im 18. Jahrhundert gekreuzt wurden. Leider ist er überaus selten geworden.

Die Augen des Pont-Audemer sind dunkel bernsteinfarben mit einem freundlichen, weitblickenden Ausdruck. Sein Schwanz wird kupiert. Das lange Fell ist stark gewellt, und die Fransen auf den gut behaarten Ohren verbinden sich mit dem Oberkopfhaar zu einem Lockenbündel in dem ansonsten kurzhaarigen Gesicht. Das Fell ist kastanienbraun mit oder ohne graue Abzeichen.

Dieser attraktive, lebhafte und intelligente Hund ist ein ausgezeichneter Federwildjäger in nassem, moorigem Gelände. Die Rollen als Haus- und Jagdhund vereinigt er widerspruchsfrei in sich. Sein Fell muß täglich gebürstet und vor einer Ausstellung handgeschoren oder getrimmt werden.

Der **KLEINE FRANZÖSISCHE VORSTEHHUND,** in Frankreich als Braque Français de Petite Taille bekannt, ist vom Französischen Vorstehhund oder dem Braque Français (siehe Seite 133) ausgehend kleiner gezüchtet worden. Der wahrscheinlich aus der Gascogne stammende

Der spiralförmig geringelte Schwanz des Friesischen Wasserhunds verrät den Spitztyp in seinem Stammbaum.

Hund ist ein fast perfekt kleiner gezüchteter Schlag des Französischen Vorstehhundes, abgesehen von Kopfform und Farbe. Wie sein größeres Ebenbild gehört er einer alten Rasse an, die in Frankreich seit Jahrhunderten als Jagd- und Fährtenhund eingesetzt wird. Er ist recht ausdauernd und kann in jedem Gelände arbeiten.

Der Kleine Französische Vorstehhund ist ein robuster, intelligenter und gutartiger Hund, der sich ausgezeichnet zum Jagd- und Apportierhund wie auch zum Haushund eignet. Sein Fell wird täglich gebürstet.

Der moderne, aus Nordspanien stammende **SPANISCHE VORSTEH-HUND** (Burgos Setter, Perdiguero de Burgos) ist ein Nachkomme des alten Spanischen Vorstehhunds, der als Urahn aller Pointer betrachtet wird. Dieser große, gut gebaute Hund arbeitet in jedem Gelände und bei jeder Witterung. Sein kurzes, glattes Fell ist entweder weiß mit leberfarbenen

Flecken oder Tüpfelung, oder leberbraun mit weißen Abzeichen.

Der Spanische Vorstehhund ist ein fähiger, ehrgeiziger und zuverlässiger Hund von gutem Temperament. Wie alle Vorstehhunde kombiniert er die Rollen des sportlichen Begleit- und die des Haushundes ohne Schwierigkeiten. Er benötigt viel Auslauf, und sein kurzes, feines Fell braucht regelmäßige, doch geringe Pflege.

Der **FRIESISCHE WASSERHUND** oder auch Holländische Wasserspaniel stammt aus der niederländischen Provinz Friesland. Ausgehend von anderen Otternjägern, wurde er ebenfalls zur Jagd auf den Otter und anderes Wasserwild gezüchtet. Dieser mittelgroße Hund ist ein furchtloser Jäger mit dichtem, gelocktem Fell, das ihn vor rauher Witterung schützt. Es ist schwarz, braun oder blau mit oder ohne weiße Abzeichen. In seiner Heimat ist der Friesische Wasserhund seit Jahrhunderten bekannt, wurde jedoch erst 1942 vom Niederländischen Kennel Club anerkannt.

Da er zuweilen aber auch aggressiv ist, wird er in den Niederlanden als Wach- und Hofhund (Außenzwinger) eingesetzt. Er braucht eine feste und zugleich freundliche Hand, viel Auslauf und regelmäßige Pflege.

JAGDHUNDE

Der **GRIFFON À POIL LAINEUX** (wollhaariger Griffon) wird auch nach dem französischen Industriellen Emanuel Boulet, der ihn im 19. Jahrhundert förderte, als Boulet Griffon bezeichnet. Hunde dieser Rasse sehen aus wie eine Kreuzung aus Griffon à poil dur-korthals und Französischem Vorstehhund. Er ist so groß wie der Griffon Korthals, hat den Kopf eines Pointers und ein dem Vorstehhund ähnliches Fell, nur seidiger und weicher – so wie der Afghanische Windhund. Das Fell ist von einem matten Braun toter Blätter. Emanuel Boulets Zuchtpaar »Marco« und »Myra« wurde international ausgezeichnet; die beiden sind im Stammbaum der meisten wollhaarigen Griffons von heute vertreten.

Dieser freundliche, folgsame Griffon ist ein vielseitig einsetzbarer Jagdhund mit einem hervorragenden Geruchssinn und enormer Ausdauer. Dank seines ausgeglichenen Temperaments eignet er sich auch zum Haushund. Er braucht viel Auslauf, und sein Fell muß täglich mit Kamm und Bürste gepflegt werden.

Der Griffon à poil laineux ist eine etwas kleinere, langhaarige Ausgabe des Griffon à poil dur-korthals.

Die **ÖSTERREICHISCHE RAUH-HAARIGE BRACKE** ist auch als Steierische Rauhhaarige Hochgebirgsbracke oder Peintinger Bracke bekannt. Dieser Hund aus der Steiermark wurde gegen Ende des 19. Jahrhunderts aus dem Hannoverschen Schweißhund und verschiedenen anderen Österreichischen und Rauhhaarigen Istrischen Bracken entwickelt. Ziel war es, einen Hund für den Einsatz im österreichischen Hochgebirge zu züchten, und er ist tatsächlich besonders für seine Robustheit bekannt. Der mittelgroße und muskulöse Hund mit den Hängeohren und einem säbelartig gebogenen, buschigen Schwanz hat ein rauhes, aber nicht drahtiges Fell. Dieses ist Rot, Fahlgelb oder Rehbraun, wobei eine kleine weiße Blesse auf der Brust zulässig ist. Die Bracke wird hauptsächlich zur Jagd gehalten, insbesondere für die Sauhatz. Sie hat eine enorme Ausdauer und ein herrliches Geläut.

Die gutartige, intelligente und attraktive Österreichische Rauhhaarige Bracke ist leicht zu erziehen. Sie ist eine beliebte, einsatzfreudige Arbeiterin, umgänglich und treu; ihr Jagdtrieb ist jedoch so stark, daß es nicht angeraten erscheint, sie als Haushund zu halten. Sie braucht sehr viel Auslauf, und ihr Fell verlangt tägliche Pflege mit der Bürste.

Die **ÖSTERREICHISCHE GLATT-HAARBRACKE** oder Brandl-Bracke ist außerhalb ihrer Heimat wenig bekannt. In Österreich schätzt man vor allem ihre vorzügliche Nasenveranlagung. Die Brandl-Bracke soll aus keltischen Brackenschlägen stammen und mit dem Jura-Laufhund und dem Bluthund eng verwandt sein. Sie ähnelt sehr der Tiroler Bracke.

Die gut aussehende Österreichische Glatthaarbracke ist stämmig, hat einen gewölbten Schädel, einen langen Kopf und Schwanz sowie ein glattes, glänzendes Fell in Dunkelrot oder Schwarz mit leuchtend roten Abzeichen. Kleine weiße Blessen auf der Brust sind zulässig.

Die Bracke wird bei der Jagd auf alle Arten Wild eingesetzt und ist dabei feinfühlig und folgsam. Sie benötigt viel Auslauf und regelmäßige Pflege mit der Bürste.

Die **BALKANBRACKE** oder Balksanski Gonic ist ein Laufhund aus dem früheren Jugoslawien, der für besondere Aufgaben und das heimische Klima gezüchtet wurde. Seine Ahnen gelangten mit den Phöniziern nach Europa. Das Fell dieses mittelgroßen Hundes ist kurz, rauh und dicht, von fuchsroter Farbe und mit einem schwarzen Sattel, der bis zum Kopf reicht. Auf rauhem Gelände macht er Jagd auf Klein- und Großwild, darunter Kaninchen, Fuchs und Rotwild.

Der kräftige, unermüdliche, fleißige Arbeiter mit hellem Geläut ist zum Fährtenhund prädestiniert. Er benötigt ausgesprochen viel Auslauf.

Der **BANJARA GREYHOUND** wird mit dem Volk der Banjara im indischen Rajasthan in Verbindung gebracht. Die Banjara gelten als Vorfahren der Europäischen Zigeuner, und ihre kleinen Laufhunde könnten zur Entwicklung des Lurchers beigetragen haben. Es handelt sich bei dieser Laufhund-Jagdgebrauchskreuzung um eine Mischrasse, so daß ein reinrassiger Banjara einzigartig wäre. Diese Rasse ist nicht anerkannt und außerhalb Indiens unbekannt geblieben.

Es handelt sich um einen muskulösen Jagdhund, der auch bei Hunderennen eingesetzt wird. Das rauhe Fell ist gestromt, grau, weizenfarben oder sandfarben.

Der **BASSET ARTÉSIEN NOR-MAND** ist ein Nachkomme der kurz-läufigen Hunde aus dem Artois und der Normandie in Nordfrankreich. Die beiden Hundeexperten George Johnston und Maria Ericson berichten, daß es vom zweifarbigen Artois sowie vom dreifarbigen Normand Zwergexemplare gegeben habe, die man miteinander kreuzte und aus denen sich im Lauf der Zeit der moderne Basset Artésien Normand entwickelt habe. 1911 erhielt die Rasse ihren modernen Namen.

Der Basset Artésien Normand besitzt einen Rumpf, dessen Länge seine Widerristhöhe übertrifft. Dadurch ist er für die Arbeit im dichten Unterholz besonders geeignet. Er ist entweder zweifarbig (Orange mit Weiß) oder dreifarbig (Weiß mit lohfarbenem Kopf, schwarzem Rücken und Extremitäten). Der Basset jagt Kleinwild und hat in ganz Europa – bis auf Großbritannien – viele Anhänger.

Wegen seines starken Jagdtriebs kommt er in Frankreich noch immer seiner traditionellen Aufgabe nach. Als Haushund ist er ungeeignet.

Der **BAYERISCHE (GEBIRGS)-SCHWEISSHUND** wurde um 1900 gezüchtet, weil man festgestellt hatte, daß der Hannoversche Schweißhund – obwohl ein vorzüglicher Fährtenhund – für die Arbeit in den Bayerischen Alpen zu schwer ist. Daher kreuzte man den Hannoverschen Schweißhund mit der Tiroler Bracke (eine Verwandte des alten Bayerischen Laufhunds), um ein leichteres und wendigeres Tier mit vorzüglichem Geruchssinn zu entwickeln.

Es besitzt einen kräftigen, eleganten Körper mit Hängeohren. Sein Fell ist dick, rauh, eng anliegend und kommt in den Farben Dunkelrot, Rotlohfarben, Rehbraun bis Weizenfarben, Rot gescheckt oder gestromt vor. Der Bayerische Gebirgsschweißhund wird bei der Jagd auf Hochwild und zum Verfolgen der Wundfährte im dichten Unterholz eingesetzt.

Dieser intelligente, lebhafte und muskulöse Hund eignet sich zum freien Arbeiten oder an der Leine in den Bergen. Er ist von ruhigem, ausgeglichenem Temperament. Als Haushund wird er nicht gehalten. Sein Fell wird mit einem Hundehandschuh gepflegt.

Die **SLOWAKISCHE BRACKE** (Slovensky Kopov) gehört zu der alten und einzigen in der Slowakei entstandenen Jagdhunderasse. Erst nach dem Zweiten Weltkrieg wurde die Slowakische Bracke offiziell anerkannt, doch seitdem sind große Anstrengungen unternommen worden, um sie zu erhalten. Der mittelgroße, schwarzlohfarbene Hund hat ein dichtes, eng anliegendes Fell. Er besitzt einen starken Jagdtrieb, einen erstklassigen Geruchs- und gut entwickelten Orientierungssinn. Außerdem eignet er sich gut als Wachhund. Bei der Fährtenarbeit ist er zielstrebig und kann eine Spur stundenlang und laut bellend verfolgen. Heutzutage jagt er vor allem Wildschweine.

Dieser anhängliche und lebhafte Laufhund hat enorm viel Mut, ist allerdings extrem unabhängig und benötigt eine strenge Erziehung. Daher ist er als Haushund eher ungeeignet.

Der **BLAUGEFLECKTE WASCH-BÄRHUND** (Bluetick Coonhound) sieht dem American Foxhound ähnlich und stammt von verschiedenen Foxhounds ab, die mit französischen Hunden wie Grand Bleu de Gascogne, Porcelaine und Gascon-Saintongeois gekreuzt wurden. Eine Zeitlang ist er zusammen mit anderen Laufhundarten als Englischer Waschbärhund registriert worden, doch 1945 wurde er als eigenständige Rasse eingetragen. Damit wollte man verhindern, daß er immer schneller gezüchtet wurde.

Dieser recht große Hund hat ein glattes, kurzes und sich leicht grob anfühlendes Fell. Seine Farbe ist Weiß, kräftig gesprenkelt (gefleckt) mit dunkelblauen Flecken und lohfarbenen Abzeichen an Kopf und Ohren. Während der Verfolgung verwandelt sich sein Laut zu einem stetigen, nach dem Aufbaumen zu einem heiseren Bellen. Er ist folgsam und ausdauernd. Man sollte ihn draußen im Zwinger halten und ihm viel Gelegenheit zum Auslauf geben.

Die **BOSNISCHE RAUHHAAR-BRACKE** oder Bosanski Ostrodlaki Gonic-Barak stammt aus Bosnien im ehemaligen Jugoslawien. Dieser kapitale Jäger hat einen dicken, spitz zulaufenden Schwanz und einen Rumpf, dessen Länge seine Widerristhöhe knapp übertrifft. Sein langes, rauhes Fell mit der dichten Unterwolle verleiht ihm ein attraktiv-zottiges Aussehen und erlaubt ihm, bei jeder Witterung zu arbeiten. Das Fell ist weizenfarben, rötlichgelb, grau oder fast schwarz. Zwei- oder dreifarbiges Fell ist zulässig, ebenso wie weiße Flecken auf Kopf, Wamme, Brust, den unteren Gliedern und Schwanzspitze.

Dieser Hund schaut zwar ernst, doch er soll ebenso verspielt wie mutig und sehr ausdauernd sein. Man kann ihn bei der Jagd auf alle Wildarten ansetzen, und auch als Haushund zeigt er sich umgänglich, wenn er sehr viel Auslauf hat.

Der **BRASILIANISCHE FÄHR-TENHUND** oder Rastreador Brasileiro wurde aus dem American Foxhound und dem Treeing Walker, dem Blaugefleckten und dem Schwarz-roten Waschbärhund entwickelt, um einen zähen, ausdauernden Fährtenhund zu züchten, der den Jaguar verfolgt. Die Rasse hat ein kurzes, dichtes und bei Berührung grobes Fell, einen ziemlich langen Kopf, lange Hängeohren und dunkle Augen. Der Brasilianische Fährtenhund trägt die Farben des Fuchshunds, Treeing Walker,

Der kraftvolle Basset Artésien Normand ist eine beliebte europäische Jagdhundrasse.

Blaugefleckten oder Schwarz-roten Waschbärhunds: Graublau, Weiß mit schwarzen oder lohfarbenen Flecken oder Black and tan.

Obwohl er allgemein als hervorragender Fährten- und Jagdhund gilt, ist der Brasilianische Fährtenhund ein gutartiges Tier, von dem noch keine Aggressionen gegenüber Menschen bekannt geworden sind.

Der **DREVER** oder Schwedische Dachsbracke ist in Schweden eine der populärsten Hunderassen, sonst jedoch selten zu sehen. Er wurde durch Kreuzen des Deutschen Dachshunds mit Schwedischen Jagdhunden entwickelt, ist mittelgroß, von vierschrötigem Körperbau mit ausdrucksvollen Augen. Sein Fell ist glatt und dick, und alle Farben sind zulässig, wenn weiße Abzeichen auf Gesicht, Hals, Brust, Pfoten und Schwanzspitze im Vordergrund stehen. Der Drever ist berühmt dafür, daß er Fuchs, Kaninchen, Rotwild und sogar Wildschwein – dank ihrer feinen Nase und ihres tragenden Geläuts – den Jägern zutreibt. 1949 erkannte der schwedische Kennel Club ihn an und vier Jahre darauf die internationale Organisation FCI. Von den Kennel Clubs in den USA und in Großbritannien wird er jedoch nicht anerkannt.

Der Drever ist in Schweden ein bevorzugter Jagd- und populärer Ausstellungshund. Der intelligente, seinem Herrn ergebene Hund mit dem ausgeglichenen Temperament eignet sich zum Haushund, wenn man ihm Gelegenheit zu viel Auslauf gibt. Sein Fell muß täglich gebürstet werden.

Der **DUNKERHUND** oder Norwegische Hound ist nach seinem Züchter Wilhelm Dunker benannt, der den Russischen Harlekinhund mit anderen Jagdhunden kreuzte. Der daraus entstandene Hund ist eher für seine Ausdauer und sein Stehvermögen bekannt als für seine Geschwindigkeit. Er hat einen geraden, starken, aber nicht zu langen Rumpf und eine tiefe Brust, einen bis an das Sprunggelenk reichenden Schwanz und ein dichtes, hartes Fell. Dieses ist schwarz oder graublau mit rehbraunen und weißen Abzeichen. Der in seiner Heimat Norwegen und in ganz Skandinavien beliebte Hund ist anderswo wenig be-

kannt und vom British oder American Kennel Club nicht anerkannt.

Der Dunkerhund gilt als selbstbewußtes und anhängliches Tier, das sich seinem Herrn gegenüber zuverlässig und loyal verhält. Gewöhnlich wird er nicht als Haushund gehalten.

Wie auch andere Waschbärhunde, so stammt der **ENGLISCHE WASCHBÄRHUND** von Englischen und anderen Laufhunden ab. Alle Waschbärhunde außer dem Schwarz-roten und dem Redbone, der frühzeitig Rassestatus erlangte, wurden ursprünglich als Englische Waschbärhunde registriert. Innerhalb dieser Rasse gibt es unterschiedliche Hundetypen mit einem schnellen oder langsamen, jedoch stets geduldigen Jagdstil. Sie werden bei der Jagd auf viele Wildarten eingesetzt. Im 20. Jahrhundert wurden Schläge wie der Blaugefleckte als Rasse anerkannt, um ihre Eigenarten zu erhalten.

Der moderne Englische Waschbärhund ist ein mittelgroßes Tier mit einem kurzen, harten Fell. Dessen Farbe ist gewöhnlich Rotgesprenkelt: Weiß mit roten Flecken oder rote Tüpfelung auf weißem Grund; allerdings sind auch andere Farben zulässig. Er ist ein schneller und tüchtiger Jäger und bei Sportlern wie auch beim Wettbewerb beliebt. Man sollte ihn draußen im Zwinger halten und viel Gelegenheit zum Auslauf bieten.

Die **FINNENBRACKE** – auch als Finnische Stövare und in Finnland als Suomenajokoira bekannt – ist ein mittelgroßer Hund mit einem ziemlich schmalen, edlen Kopf und mittellangen, dickem und dichtem Fell. Dessen Farbe ist Black and tan mit weißen Abzeichen an Kopf, Nacken, Brust, Pfoten und Schwanzspitze. Die Rasse wurde von einem finnischen Goldschmied namens Tammelin entwickelt, der behutsam das Blut deutscher, schweizerischer, englischer und skandinavischer Hunde mischte. Diese Hunderasse ist seit 1700 bekannt und wurde Ende des 19. Jahrhunderts in Finnland populär. Die Finnenbracke ist ein in seinem Ursprungsland geliebter Hund, wo er einen guten Ruf als Jäger auf Fuchs, Kaninchen, Elch und Luchs genießt. Anderswo ist er jedoch kaum bekannt.

Die Finnenbracke ist ein gutartiger, auch als eigenwillig bekannter Hund mit ausgeprägtem Jagdtrieb. Obwohl man ihn außerhalb der Jagdsaison auch im Haus hält, wird er mehr seiner Jagdfähigkeiten wegen, denn als Haus- und Begleithund geschätzt. Er braucht viel Auslauf, und sein Fell muß regelmäßig mit einem Hundehandschuh gepflegt werden.

(GROSSER UND KLEINER) GASCON-SAINTONGEOIS: Der Große Gascon-Saintongeois ist ein kräftiger Laufhund für die Hetzjagd, der nach seinem Schöpfer Baron Joseph de Caryon Latour de Virelade, ebenfalls unter dem Namen Virelade bekannt ist. Sein Ziel bestand darin, einen Hund mit den Fähigkeiten der edlen Jagdhunderassen Ariégeois, Grand Bleu de Gascogne und dem Saintongeois, dem inzwischen ausgestorbenen Wolfsjäger, zu entwickeln. Ihm gelang ein Hund mit sehr feinem Geruchssinn, der stark genug war, um es mit so großem Wild wie dem Wolf und dem Rehbock aufzunehmen, und überdies in Schußweite jagen konnte. Der kleine Schlag wurde in Südwestfrankreich für die Kaninchenjagd entwickelt. Henri de Caryon, Baron de Virelades Neffe, versuchte, die Rasse zu veredeln, indem er Blut aus Bordeaux einkreuzte, doch darüber liegen kaum Informationen vor. Heutzutage ist der Gascon-Saintongeois selbst in Frankreich selten geworden.

Das kurze, dichte Fell ist überwiegend weiß mit schwarzen, am Kopf braunen Abzeichen. Auf den Läufen gibt es graubraune Flecken.

Die **GRIECHISCHE BRACKE,** auch als Albanische Bracke bekannt, ähnelt dem Saluki. Sie ist ein robuster Hund für die inzwischen selten gewordene Hetzjagd. Ihr Fell ist kurz und dicht, Ohren und Schwanz sind befedert. Alle Farben sind zulässig.

Die Griechische Bracke ist eine treue Jagdgefährtin, doch sehr selten. Sie braucht ausgesprochen viel Auslauf, ihr Fell muß mit einer weichen Bürste gepflegt und mit einem Handtuch oder Hundehandschuh kräftig abgerieben werden.

Der **HALDENSTOVER** ist nach jener norwegischen Stadt Halden benannt worden, in der er durch Kreuzen einheimischer Hunde mit Hunden aus Frankreich, Großbritannien, Deutschland und vermutlich Rußland entwickelt wurde. Es ist ein kräftiges, stämmig gebautes Tier von erheblicher Ausdauer, auch im Schnee. Er hat einen mittelgroßen Kopf, einen geraden und starken Rücken, breite Lenden und einen ziemlich dicken Schwanz, den er tief trägt. Sein Fell ist weiß mit schwarzen Abzeichen und brauner Schattierung an Kopf, Beinen und zwischen den weißen und schwarzen Flächen. Diese Rasse ist in ihrem Ursprungsland populär, anderswo aber kaum bekannt.

Da der Haldenstover in Skandinavien nicht in der Meute gehalten wird, lebt er meist im Haus. Sehr viel Auslauf und regelmäßige Fellpflege mit einem Hundehandschuh ist erforderlich.

Der **GRIECHISCHE LAUFHUND** (Hellenikos Ichnilatis) ist ein Fährtenhund altgriechischen Ursprungs. In seiner Heimat arbeitet er allein oder in der Meute auf jedem Gelände, häufig sogar auf felsigem Terrain, das für Menschen unzugänglich ist.

Seine Nase ist ausgezeichnet und sein Geläut angenehm volltönend. Das Fell ist kurz und dicht; die Farbe ist Black and tan.

Dieser kräftige, intelligente Hund wird in Griechenland sehr wahrscheinlich nicht als Haushund gehalten. Er braucht reichlich Auslauf, und sein Fell muß mit dem Hundehandschuh gepflegt werden.

Seinen Namen erhielt der **HYGEN-HUND**, ein edler norwegischer Jagdhund, nach seinem norwegischen Züchter Hygen, der ihn Ende des 19. Jahrhunderts entwickelte. Hygen kreuzte die Holsteiner Bracke und diverse andere Laufhunderassen, um einen Hund von großer Ausdauer auf Schnee zu züchten. In der Folge wurde der Hygenhund mit dem leichteren Dunker gekreuzt, und man versuchte, deren Nachkommenschaft unter der Bezeichnung Norwegischer Beagle registrieren zu lassen. Da diese Bemühungen ohne Erfolg blieben, wurden Hygenhund und Dunker fortan als eigenständige Rassen betrachtet. Der Hygenhund ist nach wie vor

in Norwegen verbreitet, doch außerhalb Skandinaviens kaum bekannt. Das Fell des mittelgroßen Hundes mit dem breiten Kopf, den haselnußbraunen Augen und der langen, tiefen Brust ist glatt, dicht, glänzend und bei Berührung leicht grob. Es ist kastanienbraun oder ockergelb mit oder ohne schwarze Schattierung, oder black and tan. Es kann auch weiß sein mit lohfarbenen Abzeichen, oder mit Black-and-tan-Abzeichen.

Dieser zuverlässige, anhängliche Jäger ist sehr ausdauernd. Er braucht eine Menge Auslauf sowie Fellpflege mit einem Hundehandschuh.

Die **ISTRISCHE BRACKE** (Istrishi Gonic) existiert in zwei Schlägen, die sich lediglich im Fell unterscheiden. Die Kurzhaarige (Kratkodlaki) besitzt ein Pointer-ähnliches, kurzes, dichtes Fell, die Rauhhaarige (Resati) hingegen ein langes, glattes und rauhes Fell über weicher Unterwolle. Sie ist schneeweiß mit orangefarbenen Abzeichen an den Ohren. Andere Abzeichen sind erlaubt, insbesondere an der Schwanzwurzel. Die Bracken haben einen langen, schmalen Kopf, einen geraden, breiten Rücken und einen mittellangen Schwanz. Beide Schläge stammen von der Halbinsel Istrien im Nordwesten des früheren Jugoslawien. Die Istrische Bracke ortet ihre Beute mit ihrem feinen Geruchssinn und treibt sie den Jägern zu. Sie wird bei der Jagd auf Fuchs und Kaninchen eingesetzt und erweist sich auch als nützlicher Fährtenhund.

Die Istrische Bracke ist sehr ausdauernd und als aktiv, freundlich und leicht zu erziehen bekannt. Im Haus verhält sie sich zahm und kommt ihrer Rolle als Jagd- wie als Haushund freudig nach. Die Kurzhaarige sollte mit einem Hundehandschuh gepflegt werden, die Rauhhaarige mit einer Drahtbürste.

Der **KÄNGURUHHUND** ähnelt einem schwerer gebauten Windhund und wird daher manchmal als Australischer Windhund bezeichnet. Er wurde etwa 1885 von australischen Siedlern gezüchtet, die sich einen Hund mit scharfem Auge wünschten, der einerseits schnell genug war, um Känguruhs und Wallabies zu hetzen, und andererseits stark genug, um die ge-

stellte Beute festzuhalten. Dieses Ziel versuchten sie durch Kreuzen des Englischen Windhunds mit dem Irish Wolfhound zu erreichen. Ihr dichtes, hartes Fell ähnelt dem des Wolfhound. Es ist gestromt, gescheckt, schwarz, lohfarben mit weiß, oder black and tan. Obwohl noch einige wenige Exemplare auf abgelegenen Schaf- und Rinderzuchten Australiens existieren sollen, handelt es sich um eine aussterbende oder gar bereits ausgestorbene Rasse.

Der **LEVESQUE-LAUFHUND** ist nach seinem Schöpfer Rogatien Levesque benannt worden, der 1873 diesen Jagdhund für Nieder- und Hochwild entwickelte. Dazu paarte er eine Hündin des Grand Bleu de Gascogne mit einem Foxhound und deren Welpen aus zwei Würfen wiederum mit dem Virelade. Die Nachkommenschaft aus dieser Verbindung paarte er mit Gascon-Saintongeois Vendéens. Die erste Meute des Levesque-Laufhunds erregte in Paris Aufsehen. Trotz aller Einkreuzungen war diese Rasse sehr typenrein.

Der Levesque-Laufhund ist ein gutartiges Tier mit hell kastanienfarbenen Augen und einem Ausdruck, der als niedlich wie auch intelligent beschrieben wird. Sein Fell ist glatt, kräftig und dicht und immer schwarzweiß, obwohl auf dem Rücken leicht purpurfarben. Wie alle Jagdhunde braucht auch der Levesque viel Auslauf und eine regelmäßige Haarpflege.

Der **MAJESTIC TREE HOUND** wird im tiefen Süden der USA als Fährtenhund bei der Jagd auf Großkatzen und anderes Großwild eingesetzt. Amerikanische Hundeliebhaber züchteten diese Rasse in jüngster Zeit, indem sie den Bloodhound und andere große Jagdhunde kreuzten. Der daraus hervorgegangene große Hund besitzt eine feine Nase, ein wohlklingendes Geläut und große Ausdauer. Er hat lose Hautfalten an Gesicht und Nacken, und sein kurzes, dichtes Fell kommt in allen Farben oder Farbkombinationen vor.

Der Majestic Tree Hound ist ein anhängliches, gutartiges Tier, das als Haushund gehalten werden kann, wenn ausreichend Raum zur Verfügung steht und die Nachbarn nichts

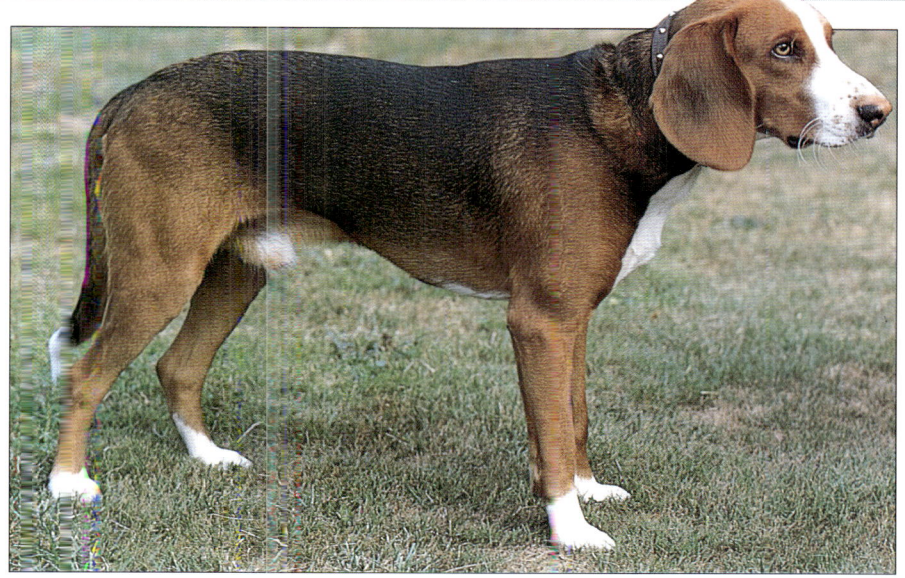

*Die Steinbracke ist an-
hand ihrer typischen
weißen Abzeichen an
Kopf, Brust, Pfoten
und Schwanzspitze
sofort zu erkennen.*

gegen sein melodiöses Geläut einzu-
wenden haben. Das Fell wird mit einem Hundehandschuh gepflegt.

Der wenig bekannte **MOUNTAIN
CUR** stammt von Hunden ab, die europäische Siedler nach Amerika mitbrachten, und möglicherweise von
einheimischen Pariahunden. Dieser
Hund erinnert an den inzwischen ausgestorbenen English Drover oder Cur.
Der Mountain Cur ist ein untersetzter
Laufhund, der auf schwierigem Gelände arbeitet. Besonders geschickt
bringt er seine Beute zum Aufbaumen. Er ist auch ein guter Fährtenhund, der selten Hals gibt und sich
außerdem gut zum Wachhund eignet.

Der Mountain Cur ist ein zäher,
mutiger Hund, der es auch mit großem Wild aufnehmen kann. Er besitzt
kein sehr umgängliches Temperament
und gewöhnt sich eher an ein rauhes
Arbeitsleben als an den Müßiggang.

Der **PLOTT HOUND** ist ein mittelgroßer Laufhund, der von Schweißhunden abstammt, die mit der Familie Plott im 18. Jahrhundert aus
Deutschland nach Amerika emigrier-
ten. Etwa 200 Jahre lang ist er in
North Carolina reinrassig gezüchtet
worden. Sein kurzes, hartes und eng

anliegendes Fell ist lohfarben gestromt und hat einen schwarzen Sattel. Der Plott Hound jagt alle Wildarten, darunter Wolf, Puma, Prärie-
wolf, Rotluchs, Rotwild, Bär, Wildschwein und Kleinwild. Am besten
hält man ihn draußen im Zwinger und
bietet ihm reichlich Auslauf.

Die **SAVETALBRACKE** oder Po-
savski Gonic ist ein kraftvoller Hund,
der nach dem Tal des Flusses Save im
früheren Jugoslawien benannt ist. Der
außerhalb seines Ursprungslands wenig bekannte Hund wird für die Jagd
auf Klein- und Rotwild eingesetzt. Er
hat ein dickes, dichtes Fell, dunkle
Augen mit einem sehr wachen Ausdruck und einen langen, schmalen
Kopf mit Hängeohren, deren Spitzen
abgerundet sind. Sein kurzer Schwanz
sollte nicht bis unterhalb des Sprung-
gelenks reichen, und die Rumpflänge
sollte die Widerristhöhe um etwa 4–8
cm übertreffen. Das Fell ist gewöhnlich rötlich; weizenfarben bis rehbraun ist zulässig, nicht jedoch bis hin
zum dunklen Schokoladenbraun.
Weiß an Kopf, Brust, Pfoten und
Schwanzspitze ist zulässig.

In seiner Heimat wird der schnelle,
folgsame und anhängliche Hund sehr
geschätzt. Er braucht viel Auslauf und
sollte mit einem Hundehandschuh
gepflegt werden.

RUSSISCHE LAUFHUNDE und
der **ESTNISCHE LAUFHUND.** In
Rußland werden drei Laufhunderassen anerkannt: der Russische (Gelbrote), der Russische Vielfarbige (Har-

lekin oder Gescheckte) und der Estnische Laufhund. Der Gelbrote, der
Anfang des Jahrhunderts standardi-
siert wurde, ist eine einheimische russische Rasse. Dieser fügte man das
Blut des Foxhounds hinzu und erhielt
den Vielfarbigen, der lohfarben ist,
manchmal mit einem schwarzen Sattel und weißen oder gelblichen Abzeichen. Diese beiden setzt man bei
der Jagd auf Fuchs, Kaninchen und
zuweilen Dachs ein.

Der schwarze Estnische Laufhund
mit den rehbraunen Abzeichen hat
einen gestreckten Körper und längere
Ohren als der Russische Laufhund.
Die beiden Russischen Laufhunde
sind mittelgroß und von vergleichba-
rem Körperbau, obwohl Ohren und
Schwanz des Vielfarbigen kürzer sind.
Der Rumpf des Estnischen Laufhunds
ist doppelt so lang wie seine Widerristhöhe, ähnlich dem des Basset. Das
Fell ist immer kurz und dicht.

Sie sind allesamt gute Fährtenhunde, dazu gutartig und ausdauernd,
mit feinem Geruchssinn. Sie jagen in
der Meute oder allein und brauchen
viel Auslauf. Ihr Fell sollte mit einem
Hundehandschuh gepflegt werden.

Der **SCHILLERSTÖVARE** ist nach
dem schwedischen Züchter Per Schil-
ler benannt worden. Dieser entwikkelte ihn in den 1880er Jahren, indem
er einheimische schwedische Hunde
mit Schweißhunden aus Österreich,
Deutschland und der Schweiz kreuzte.
Der Schillerstövare ist der schnellste
aller skandinavischen Jagdhunde. Das
kurze Fell dieses kräftigen, mittelgroßen Hundes ist schwarz mit rotbraunen oder gelben Abzeichen. Er jagt
alleine und arbeitet auch als Fährtenhund. Die Rasse wurde 1952 anerkannt und stellt in Schweden heutzutage die beliebtesten Jagdhunde.

Der Schillerstövare ist ein ausgezeichneter Jagdhund, eignet sich jedoch nicht als Haushund. Er braucht
viel Auslauf und sein Fell die Pflege
mit einem Hundehandschuh.

Der **PETIT GRIFFON BLEU DE
GASCOGNE** vereinigt in sich die
Qualitäten des Griffon und des Petit
Bleu de Gascogne, aus dem er gezüchtet wurde. Er ist ein rustikal aussehender, solide gebauter, niedriger französischer Jagdhund, der äußerlich dem

Petit Bleu de Gascogne gleicht, nur kleiner, hat eine kürzere Schnauze, kleinere Ohren und ein trockenes Fell, das sich rauh anfühlt. Dieses ist weiß mit schwarzen und charakteristischen lohfarbenen Abzeichen. Der Petit Griffon Bleu de Gascogne ist inzwischen äußerst selten geworden.

Er ist ein hart arbeitender Jäger mit einer feinen Nase, der zur Kaninchenjagd eingesetzt wird. Als Haushund eignet er sich nicht. Wie alle Jagdhunde braucht er viel Auslauf. Sein Fell muß täglich gepflegt werden, damit es nicht stumpf wird.

Der **SMÅLANDSTÖVARE** ist ein aus Schweden stammender Hund, der nach der dichtbewaldeten Provinz Småland in Südschweden benannt wurde. Dort und anderswo geht er allein auf Wildjagd. Der Smålandstövare ist ein leichter, mittelgroßer Hund mit ausgezeichneter Nase. Obwohl er einer alten Rasse angehört, wurde er erst 1921 anerkannt und der Standard 1952 revidiert. Das kurze, glatte Fell dieser kräftigen, mittelgroßen Rasse ist schwarz mit lohfarbenen Abzeichen. Er wird mit langem oder kurzem Schwanz geboren.

Dieser ruhige, zuverlässige und seinem Herrn treu ergebene Hund eignet sich nicht zum Haushund. Der Smålandstövare braucht sehr viel Auslauf und sollte mit einem Hundehandschuh gepflegt werden.

Der **PETIT BLEU DE GASCOGNE** wurde vom Grand Bleu de Gascogne aus kleiner gezüchtet, um Niederwild zu jagen. Er unterscheidet sich von seinem größeren Verwandten lediglich in der Größe, durch seinen fein geschnittenen Kopf und seine dickeren Ohren. Seine Vorfahren zählen zu den ältesten französischen Jagdhunden. Der Petit Bleu de Gascogne hat eine feine Nase und wird vorwiegend bei der Hasenjagd eingesetzt, ist jedoch außerhalb Südwestfrankreichs nur selten anzutreffen.

Beim **SABUESO ESPAÑOL,** dem spanischen Jagd- und Schweißhund, unterscheidet man zwei Schläge: den Großen (de Monte) und den Kleinen (Lebrero), die sich nur hinsichtlich Größe und Farbe unterscheiden. Diese beiden Schläge stammen von Jagd-

hunden ab, die im 1. Jahrtausend v. Chr. mit den Kelten nach Spanien gelangten. Diese kurzläufigen Hunde mit dem langen Rumpf besitzen eine feine Nase, lange Köpfe, eine gefurchte Stirn und ein glänzendes Fell. Die Fellfarbe des Großen ist Weiß mit schwarzen oder rotbraunen Flecken. Bei dem Kleinen bedecken die Flecken fast den ganzen Körper. Früher jagten sie in der Meute, heutzutage werden sie noch als Fährtenhunde eingesetzt, überwiegend jedoch als Polizei- und Wachhunde.

Sie zeigen sich zuweilen dickköpfig und brauchen daher eine strenge Erziehung. Sie benötigen sehr viel Auslauf und sollten mit einem Hundehandschuh gepflegt werden.

Die **STEINBRACKE** ist ein mittelgroßer deutscher Jagd- und Fährtenhund, mit dem man auf Niederwildjagd geht. Diese seltene Bracke gehört zu einer Anzahl alter Jagdhunde ähnlichen Typs, die einst in Deutschland existierten.

Der Deutsche Brackenverein legte 1955 den Rassestandard fest, den die FCI akzeptierte. Diese Rasse zeigt einige Ähnlichkeit mit der Westfälischen Dachsbracke, ist jedoch langläufiger und von der Statur her viereckiger. Ihr Fell ist lang, sehr dicht, hart und stets dreifarbig.

Der Griffon Fauve de Bretagne ist eine alte europäische Rasse, die zum Schutz der Herden entwickelt wurde.

Die Steinbracke ist ein lebhaftes, freundliches Tier, das viel Auslauf und Pflege mit einem Hundehandschuh braucht.

Der **STEPHENS' STOCK** gehört zu einer von fünf Varianten des Mountain Cur aus dem tiefen Süden der Vereinigten Staaten und ist vom Typ zwar ähnlich wie dieser, nur kleiner. Dieser Jagdhund, der auch »Kleiner Schwarzer« genannt wird, wurde Ende des 19. Jahrhunderts von der Familie Stephens für die Jagd auf Niederwild entwickelt. Doch erst 1970, also nach mehr als hundert Jahren reinrassiger Zucht, wurde ein eigenes Register erstellt. Der eher kleine Hund mit dem kräftigen, sehnigen Aussehen hat einen kleinen Kopf mit einer schmalen Schnauze und einen Rattenschwanz. Sein kurzes Fell ist schwarz.

Der Stephens' Stock ist vor allem bei Jägern äußerst beliebt, da er flink, mutig und leicht zu erziehen ist. Man kann ihn auch als Haushund halten, falls er viel Auslauf bekommt und vor allem bei der Arbeit eingesetzt wird, für die er gezüchtet wurde.

Der **GRIFFON FAUVE DE BRETAGNE** ist ein mittelgroßer, muskulöser Hund von rustikalem Aussehen, mit starken Knochen, einem harten, rauhen und rehbraunen Fell, ausdrucksvollen Augen und Hängeohren. Angeblich jagte diese alte Rasse im Mittelalter Wölfe. Die Griffon Fauve de Bretagne-Meuten wurden in der heimatlichen Bretagne nach 1885 aufgelöst, nachdem die Wölfe ausgestorben waren. Heutzutage jagen die-

se Hunde in ihrer Heimat Wildschweine und Füchse, sind allerdings auch dort noch immer vergleichsweise selten.

Die **SIEBENBÜRGER BRACKE** (Erdeliy Kopo) geht auf Hunde zurück, die im 9. Jahrhundert mit den Magyaren in die Karpaten gelangten. Sie entstand durch Kreuzen der Magyaren-Hunde und einheimischer, später polnischer Hunde. Das Ergebnis ist ein vielseitiger Jagdhund, der mit dem dichten Wald und den extremen Klimaverhältnissen im karpatischen Gebirge zurechtkommt. Einst wurden diese Bracken von ungarischen Königen für die Jagd auf Wolf und Bär in den Bergen eingesetzt. Heute existiert ein großer und ein kleiner Schlag. Mit der Großen Bracke jagt man Wildschwein, Rotwild und Luchs, und mit der Kleinen Bracke Fuchs und Kaninchen. Die Große ist von mittlerer Statur, ihr Fell mittellang, glatt, dicht und schwarz mit lohfarbenen Abzeichen. Das Fell der Kleinen ist kurz, glatt, dunkel und braunrot mit etwas helleren Abzeichen zum Bauch hin. Beide haben einen ziemlich langen Körper und einen tief angesetzten Schwanz.

Die Siebenbürger Bracke ist unermüdlich, folgsam und mutig, dabei leicht zu erziehen. Sie braucht endlos viel Auslauf; ihr Fell sollte mit einem Hundehandschuh gepflegt werden.

Der sog. **TREEING TENNESSEE BRINDLE** ist ein kleiner Waschbärhund und wurde – wie alle Waschbärhunde – durch Kreuzen Englischer und anderer Jagdhundtypen gezüchtet. Er ist ein ausgezeichneter Fährtenhund, furchtlos und flink, und jagt Waschbär und Eichhörnchen. Er ist zudem intelligent, anhänglich und eignet sich gut zum Jagdgefährten. Man sollte ihn draußen im Zwinger halten und ihm viel Auslauf gönnen.

Beim **TREEING WALKER COON-HOUND** handelt es sich um eine Rasse, die von dem mit anderen Hunden gekreuzten English Foxhound abstammt. Dieser mittelgroße Hund bringt das Wild geschickt zum Aufbäumer, und obwohl man ihn auf sämtliche Wildarten ansetzt, eignet er sich am besten für die Jagd auf

Waschbär und Beutelratte. Sein kurzes, glattes und hartes Fell gibt es in verschiedenen Farben: Schwarzweiß, Schwarz, Weiß, Braun, Kastanienbraun, Kastanienbraun mit Weiß sowie andere Kombinationen. Er besitzt ein klares, klingendes und tönendes Geläut, das sich bei der Arbeit auf der Fährte in ein kurzes Bellen oder truthahnähnliches Krähen verwandelt. Am Baum klingt sein Geläut tief, kehlig und durchdringend. Er ist beharrlich, folgsam und als Hund bei der Felljagdsuche populär. Man sollte ihn draußen im Zwinger halten und ihm viel Auslauf gönnen.

Die Jäger aus der österreichischen Provinz Tirol züchteten die **TIROLER BRACKE** ausgehend von mehreren einheimischen Hunden. Die Bracke hat einen langen Kopf, einen langen, leicht gebogenen Schwanz, ein glattes oder auch rauhhaariges kurzes Fell und sieht im übrigen der Steierischen Rauhhaarigen Hochgebirgsbracke sehr ähnlich. Das Fell ist schwarz, rot, fahlgelb oder dreifarbig (Black and tan mit weißen Abzeichen). Von dieser Rasse existieren zwei Schläge, die sich nur in der Größe unterscheiden und als Standard und Miniatur beschrieben werden. Beide jagen in den Tiroler Alpen. Die Tiroler Bracke besitzt eine feine Nase und spürt das Wild auf. Besonders geschickt ist sie auf der Fährte von waidwunden Tieren.

Diese geschickte und ausdauernde Jägerin wird gut mit den Witterungsverhältnissen im Gebirge fertig. Dieser intelligente, zuverlässige und folgsame Hund wird gewöhnlich im Außenzwinger gehalten. Er braucht sehr viel Auslauf und ist ein idealer Jagdgefährte. Sein Fell sollte mit einem Hundehandschuh gepflegt werden.

Der **WALKER HOUND** wurde aus dem American Foxhound (siehe Seite 177) gezüchtet und mit Hunden gekreuzt, die aus England kamen. Er findet als Meutehund bei der Jagd auf verschiedene Wildarten Verwendung. Das kurze, harte und dichte Fell des mittelgroßen Hundes ist gewöhnlich schwarz mit lohfarbenen Flecken oberhalb der Augen, doch kann es auch eine andere Farbe des Foxhounds haben.

Der **JUGOSLAWISCHE GEBIRGS-LAUFHUND** (Planinski Gonic) sowie der **DREIFARBIGE GEBIRGS-LAUFHUND** (Tribarvni Gonic) stammen aus der südlichen Gebirgsregion des früheren Jugoslawien. Der Dreifarbige ist etwas schmächtiger. Sein kurzes, dichtes und glänzendes Fell ist schwarz oder auch gelblichschwarz, fahlgelb bis lohfarben und weiß. Das dicke, flache und leicht rauhe Fell mit üppiger Unterwolle des Jugoslawischen ist schwarz mit rostfarbenen Abzeichen. Beide Gebirgsjagdhunde werden auf Kaninchen, Fuchs, Rotwild und anderes Wild angesetzt und erweisen sich bei der Verfolgung als unermüdlich und fleißig. Außerhalb ihrer Heimat kennt man sie kaum.

Diese kräftigen, kompakten, attraktiven Hunde sind von ruhigem, freundlichem und gutartigem Wesen. Sie brauchen viel Auslauf, und ihr Fell muß täglich gepflegt werden.

TERRIER

Der **AMERICAN STAFFORD-SHIRE TERRIER** (Pit Bull Terrier, Yankee Terrier) stammt vom Englischen Staffordshire Bull Terrier ab, der wiederum das Resultat der Kreuzung von Alter Englischer Bulldogge und Englischem Terrier ist. Dieser kräftige Hund gelangte etwa um 1870 in die USA, wo er – genau wie in Großbritannien – in der Kampfarena (Pit) gegen andere Hunde kämpfte. 1935 wurde er vom American Kennel Club als Staffordshire-Terrier anerkannt. 1972 wurde das Wort »American« zugesetzt, um ihn vom Englischen Staffordshire Bull Terrier abzugrenzen. Zu dieser Zeit waren Hundekämpfe als »Sport« schon verschwunden, und dieser Terrier war längst zu einem Begleithund geworden.

Früher gestattete der American Kennel Club, den American Staffordshire und den Staffordshire Bull gemeinsam auszustellen und sogar miteinander zu kreuzen. Der American Staffordshire wurde allerdings größer und schwerer als sein englischer Vetter gezüchtet und ist nunmehr recht verschieden. Die Ohren können kupiert werden.

Der untersetzte American Staffordshire Terrier beantwortet eine feste Führung mit ewiger Loyalität.

Obwohl anhänglich und zuverlässig, und auch als guter Wachhund geeignet, haben sie ihre Kampflust anderen Hunden gegenüber nicht verloren, daher brauchen sie eine strenge Führung. Leider haben einige verantwortungslose Halter die aggressiven Neigungen des Hundes auch noch gefördert, so daß Hunde dieser Rasse inzwischen weitgehend gefürchtet werden. In Großbritannien wurde sogar ein Zuchtverbot verhängt.

Der Hund braucht sehr viel Auslauf und eine regelmäßige Pflege.

Der **ÖSTERREICHISCHE KURZHAARPINSCHER** ist eine österreichische Rasse mit Geschichte. Anderswo ist sie kaum bekannt, und es herrscht kein Konsens darüber, wie ein Kurzhaarpinscher im einzelnen auszusehen hat. Gewöhnlich allerdings handelt es sich um einen mittelgroßen Hund mit einem kurzen Nakken, untersetztem Körper mit breiter Brust. Der kurze Schwanz ist über dem Rücken geringelt oder kupiert, die Ohren werden am birnenförmigen Kopf in jeder Position getragen. Das

kurze, glatte Fell ist rehbraun, goldgelb, rot oder black and tan, manchmal gestromt; weiße Abzeichen sind weit verbreitet. Er gilt als furchtloser Jäger und spürt seiner Beute in Terrier-Manier auch unter der Erde nach.

Dieser mutige, quirlige und geräuschvolle Hund eignet sich gut zum Wachhund, noch mehr aber für ein aktives Leben auf dem Land, wo man ihn am besten im Außenzwinger hält. Er braucht sehr viel Auslauf, sein Fell wird mit einer harten Bürste gepflegt.

ZWERGHUNDE

Der **PERUANISCHE INKA ORCHIDEENHUND** oder Moonflower Dog ist eine alte, aus Peru stammende Nackthundrasse. Der einst vom Inka-Adel geschätzte rehähnliche Hund wird auch heute noch in Peru gehalten und wurde nach Nordamerika, Europa und andere Kontinente exportiert. Es gibt auch einen behaarten Schlag, der zum Teil in den Würfen dieser Nackthunde vorkommt. Gelegentlich haben sie einen Haarschopf auf dem Oberkopf, besitzen ansonsten aber ein glattes, seidiges Fell. Dieses ist einfarbig blaßrosa, cremefarben oder weiß, oder stark marmoriert. Dieser Hund hat eine hohe Körpertemperatur und keine Vorbackenzähne. Mit seinen Hasenpfoten kann er Gegenstände greifen.

Der Peruanische Inka Orchideenhund ist ruhig, sensibel und eignet sich zum liebenswerten, anhänglichen Begleithund. Seine Haut sollte eingecremt werden, damit sie geschmeidig bleibt. Diese Rasse muß sowohl vor Kälte wie vor Sonnenbrand geschützt werden.

NICHT REINRASSIGE HUNDE

Der **CAROLINAHUND,** den man im tiefen Süden der Vereinigten Staaten findet, stammt von den Pariahunden (siehe Seite 8) ab, die vermutlich vor Jahrtausenden von Asien nach Nordamerika gelangten. Das Fell der mittelgroßen, leicht gebauten Hunde ist gelb, daher sein Spitznamen »Old Yeller« (Alter Gelber). Wahrscheinlich hätte niemand außerhalb der Südstaaten ihn je zu Gesicht bekommen, hätte er nicht im Walt-Disney-Film *Old Yeller* von 1957 die Hauptrolle gespielt.

Der Carolinahund ist eine Spur freundlicher als viele Hunde der Pariarassen. Manche werden sogar als Begleithunde gehalten und sind an Schußgeräusche gewöhnt worden. Dennoch handelt es sich um einen wilden Hund, der schon sehr jung behutsam erzogen werden muß, um ihn zu domestizieren und auszubilden. Daher wird aus ihm sicher nie ein idealer Haushund.

Der australische **DINGO** ist ebenfalls ein Hund des Pariatyps. Wahrscheinlich ist er vor mehr als 20 000 Jahren mit den Aboriginals nach Australien eingewandert. Die Aboriginals haben einige Exemplare gezähmt und als Jagdhunde eingesetzt, doch die meisten Dingos lebten wild. Ob in der Meute oder als Einzelhund, der Dingo ist immer ein tüchtiger Jäger. Nachdem die Europäer eingewandert waren, machte der Dingo Jagd auf importierte Kaninchen und Schafe wie auch auf einheimische Tiere. Daher erschoß man ihn, sobald man seiner ansichtig wurde. Obwohl man ihn intensiv jagte, hat er überlebt. Das kurze, dicke Fell des mittelgroßen Hundes ist gewöhnlich rötlich bis hellrehbraun, manchmal mit Schwarz am Rücken. Schwarz, Weiß oder Cremefarben – einfarbig oder gefleckt –

kommen ebenfalls vor. Der Dingo ist von Natur aus mißtrauisch, wachsam und äußerst klug. Es kann zwar vom Menschen von klein auf erzogen und behutsam trainiert werden, bleibt aber im Grunde ein wilder Hund.

Der JINDO oder Koreanische Hund ist ein ausgezeichneter Läufer, der einen Hasen oder anderes Wild mit erstaunlicher Geschwindigkeit erlegen kann. Er ist nach der koreanischen Insel Jindo benannt, wo diese alte Rasse während der Jagdsaison kleine Tiere und Wildschweine jagte. In der übrigen Jahreszeit verdiente er sich seinen Lebensunterhalt als Wachhund. Das glatte Fell des stark gebauten Hundes ist gewöhnlich rotbraun mit hellen Abzeichen. Er besitzt alle Merkmale eines wilden Hundes, und so hat die FCI diese Rasse nicht anerkannt.

Dieser schöne Hund ist als Rüde leider sehr stolz, herrschsüchtig und nur sehr schwer zu erziehen, eine Hündin zeigt sich etwas zugänglicher.

Der LURCHER ist kein reinrassiger Hund, jedoch von fest umrissenem Typ. Gewöhnlich stellt ein Mitglied der Windhund-Familie einen Elternteil. Vermutlich ist er entwickelt worden, weil es früher in England dem Adel vorbehalten war, einen Windhund zu besitzen. Daher kreuzte man Windhunde mit anderen Typen, um einen tüchtigen Jagdgefährten für Nichtadlige und Wilderer zu züchten. Zu den gekreuzten Hunden aus der Windhund-Familie gehören im weiteren Sinne noch Saluki, Deerhound (Hirschhund), Afghanen und Barsoi. Das Fell des Lurcher ist glatt- oder rauhhaarig, im übrigen sollte der Hund wie ein Verwandter des Hirschoder Windhundes aussehen.

Gewöhnlich ist der Lurcher ein gehorsamer Hund, der sich ausgezeichnet zum Renn- und Jagdhund eignet und diese Rolle mit der eines treuen, anhänglichen Familienhundes kombiniert. Er braucht viel Auslauf und tägliche Haarpflege mit der Bürste.

Der NEUGUINEADINGO ist ein wilder Hund, der von der großen Insel Neuguinea im Norden Australiens stammt. Dieser vom Typ her dem Dingo ähnliche, mittelgroße Hund, der

vermutlich von früh domestizierten Hunden der südlichen Erdhalbkugel abstammt, wird nach dem überraschend melodiösen Klang seines Heulens im englischsprachigen Raum New Guinea Singing Dog genannt. Er hat einen breiten Kopf, und sein kurzes, glattes Fell mit dem buschigen Schwanz ist rot mit oder ohne weiße Abzeichen. Wild lebt er noch in den gebirgigen Gegenden seiner Heimat, wird jedoch zunehmend seltener. Die meisten Exemplare sind in Zoologischen Gärten zu sehen.

Menschen können diesen zähen, tüchtigen Jäger gelegentlich abrichten, es handelt sich allerdings um einen argwöhnischen Hund von unstetem Temperament, der immer in die Wildnis zurückkehren muß.

Der **MALAYISCHE EINGEBORENENHUND** oder Telomian ist ein ziemlich kleiner, aus Malaysia stam-

*Der Lurcher ist ein
ausgezeichneter Hund
für Wilderer, denn er
reißt seine Beute
schnell und lautlos.*

mender Pariahund. Er ähnelt in etwa dem Basenji, mit dem er einige Merkmale teilt, darunter etwa Hautfalten und die weniger bellende als vielmehr jodelnde Stimmgebung. Das kurze, glatte Fell des mittelgroßen Hundes ist sandfarben mit weißen Abzeichen und zuweilen gesprenkelt. Der Telomian ist jahrhundertelang von den in Pfahlbauten lebenden Malayen als Haushund gehalten worden. Der Hund soll nachts die Leiter hinaufgeklettert sein, um zu seinem Herrn zu gelangen. Er jagte Kleinwild und ernährte sich ansonsten vegetarisch. Vermutlich wegen der Nahrungsumstellung werden diese Hunde inzwischen etwas größer.

Der Malayische Eingeborenenhund ist zwar zunehmend in Europa und Nordamerika bekannt geworden, wartet allerdings immer noch auf seine offizielle Anerkennung.

Obwohl der Telomian klug, mutig und im Grunde gutartig ist und in Malaysia mit Menschen zusammengelebt hat, bleibt er ein halbwilder Hund, der sich als Haushund eigentlich nicht eignet. Von frühester Jugend an muß er behutsam zum Begleithund erzogen werden, denn Einschränkungen liebt er nicht.

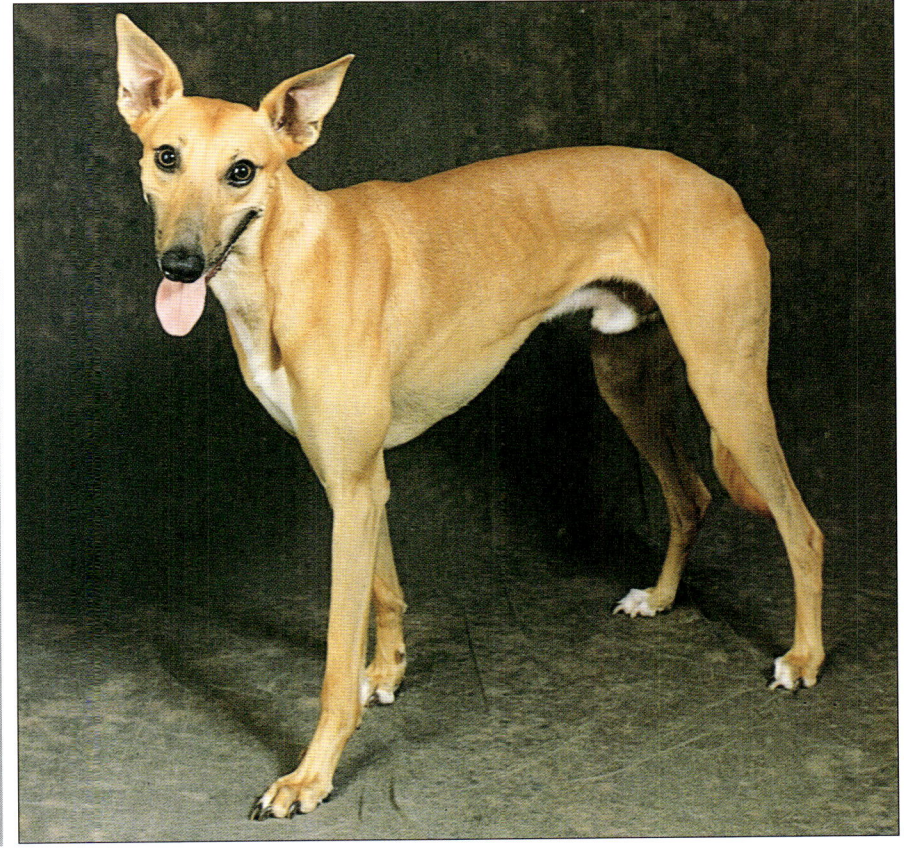

REGISTER

DANKSAGUNG

Wir danken allen Hundebesitzern für die Genehmigung, ihre Hunde für dieses Buch fotografieren zu lassen.

Zusätzliche Fotos wurden uns zur Verfügung gestellt von: Ace **Seite 7 Ml** (Bo Cederwall), **176** (Lazlo), **20 Mr** (J. Stathatos), **85 u** (Paul Steel), **7 l** (Paul Thompson), **20 ul**; Val Connolly **25 l**; Marc Henrie **6, 7 Mr, 15, 20 ol, 21, 23 r**; Jacana **154 u, 157, 168, 237 or, 248** (Axel), **154 o** (Jean-Paul Ferrero), **156** (Frederic), **128, 236 r, 244** (Jean-Michel Labat), **162** (Elizabeth Lemoine), **155, 160, 179** (Mero), **138**; Robert & Eunice Pearcy **177 u & o, 236 M**; Pictor **8, 18 l**; Unicorn Stock Photos **7 r** (Betts Anderson), **20 ur, 22** (Christian Mundt), **23 M & l** (Perry Murphy), **20 Ml** (Alon Reiniger); Wim Van Vugt **57 M, 95 u, 145, 199 r, 239, 240, 242, 243, 247, 250**.

(Abkürzungen **o** = oben, **u** = unten, **M** = Mitte, **l** = links, **r** = rechts)